情 礼 之 间

——身心灵的自由

陆瑜芳 编著

上海大学出版社

·上海·

图书在版编目(CIP)数据

情礼之间：身心灵的自由 / 陆瑜芳编著. —上海：
上海大学出版社，2018.6(2021.4重印)
ISBN 978-7-5671-3148-4

Ⅰ.①情… Ⅱ.①陆… Ⅲ.①恋爱心理学-通俗读物
Ⅳ.①C913.1-49

中国版本图书馆CIP数据核字(2018)第128523号

责任编辑　王悦生
封面设计　柯国富
技术编辑　金　鑫　钱宇坤

情礼之间
——身心灵的自由
陆瑜芳　编著
上海大学出版社出版发行
(上海市上大路99号　邮政编码200444)
(http://www.shupress.cn 发行热线 021-66135112)
出版人　戴骏豪
＊
南京展望文化发展有限公司排版
上海新艺印刷有限公司印刷　各地新华书店经销
开本 710 mm×1000 mm　1/16　印张 22　字数 335 千
2018年7月第1版　2021年4月第2次印刷
ISBN 978-7-5671-3148-4/C·124　定价　45.00元

版权所有　侵权必究
如发现本书有印装质量问题请与印刷厂质量科联系
联系电话：021-56683339

前　言

本书是在上海大学核心通识课"爱情心理密码"课程内容的基础上编纂而成，是一本爱情心理的科普读物，凝结了笔者六七年的心理辅导和心理咨询的经验和感悟，也融入了课程思政的很多内容。书中不仅有爱情心理的知识性介绍，还有许多经典、鲜活的爱情案例分析，能够帮助广大青年读者，尤其是大学生开阔视野，从不同层次、不同角度认识爱情。

爱是人类永恒的主题。对爱、爱情的研究和探索也是新时代下建构美好生活的重要方面。古今中外，对爱情的描述不计其数，但从心理学视角来对青年人，尤其是大学生的爱情进行分析和探讨的不多。面对纷繁复杂的现实世界和神秘多变的情感世界，青年人需要在爱的实践和总结中提升爱的能力，做到在情礼之间获得身心灵的自由。

笔者在书中提出了"爱需要终身学习"的理念，爱情的"身心灵"模式，即爱情具有身体表达、心理交流和灵性整合等多层次的体验和认知。相爱双方如果能够在身体层面做到接纳和表达，在心理层面做到博弈中共情、分享和启迪，在灵性层面超越人性中的卑劣，达到创造和重整，爱情中的两人都能够获得心灵的成长，达到人格的成熟，那就是一个高境界的爱情了。对我们而言，激情只有在对自己厌倦了时才会失去，亲密感也只有在自己心田枯萎了才会消失，如果从来没有对自身崇高信仰和使命感的追求，又何来爱情中灵性层面的满足？

本书阐述了古今中外不同的爱情观、爱情的意义以及如何在情礼之间获得身心灵的自由；介绍了性别的表现、界定及性别的多元化，人生不同发展阶段的性心理；探讨了男女在认知、情感、核心恐惧和友谊等方面的不同，以及如何处理这些差异的方法；介绍了爱情的起源、产生和"一见钟情"等的心理规律；归纳了单恋、初恋、次恋、热恋、依恋、畸恋、灾恋和失恋的特点和应对策略；描述了爱情激素理论、爱情测量理论、爱情三角理论、爱情故事理论、爱情投资理论；分析了荣格理论中的"阿尼玛"和"阿尼姆斯"原型，弗洛姆的《爱的艺术》以及海伦·费雪的爱情研究成果；重点探讨了如何学会爱自己、爱别人，以及个人心理成长的方法和途径。

书中描述、分析了心理学关于爱情的理论、实践及其研究成果。比如原生家庭、童年经历与爱情，爱情中的安全感，"强迫性重复"，"恋母恋父情结"，爱情中的自我价值感，爱情与依赖、独立及心理边界，爱情中的权力、控制及心理防御机制，爱的终身学习及爱的能力培养，情绪管理，爱无能的表现及对策，亲密关系的维护方法和策略，分手和失恋的应对策略，幸福婚姻的要素等。这些内容对爱情做了多层次、多侧面的解读，所提供的方法和策略也在亲密关系实践、心理咨询中得到了运用并产生了很好的效果，相信对青年人掌握爱情的心理规律、获得幸福会有很大的启示。

自 2012 年在上海大学开设大类通识课"爱情心理解读"以来，笔者一直有把上课内容编写成书的念头，这个想法随着此课程升格为核心通识课"爱情心理密码"以后变成了现实。感谢上海大学顾晓英教授、顾骏教授的大力支持和帮助，尤其是在课程思政方面的指导给了笔者很多启示。本书在写作过程中，还得到了很多心理学同行的指导和帮助。国家职业技能（心理咨询师）鉴定考评员朱小平先生帮助构建了本书的框架，上海知名公益心理平台"一杯咖啡"创始人、国家二级心理咨询师陈鼎先生也提供了很多建议，上海大学学生刘真、韦丰、袁菲等也对本书的图文做了不少工作，笔者对此表示诚挚谢意和衷心感谢。同时，也非常感谢我的课程搭档陶新桂老师以及提供案例内容的上海大学的同学们。本书还参考了不少国内外心理学著作，借鉴了很多心理学研究者的成果，在此一并表示感谢。

陆瑜芳
2018 年 5 月

目 录

第一章　爱情观及爱情的意义 / 001
　　爱情的定义知多少？/ 002
　　古今中外经典的爱情观有哪些？/ 004
　　身心灵的爱情观由哪些因素构成？/ 008
　　爱情中的身体语言是怎样的？/ 011
　　爱情中的心灵交流包含哪些内容？/ 014
　　爱情中的灵性整合是说什么？/ 020
　　爱情的意义有哪些？/ 022
　　如何在情礼之间获得身心灵的自由？/ 027

第二章　性别差异和多元化 / 035
　　有哪些性别的表现和界定？/ 036
　　如何看待性别的"双性化气质"？/ 037

如何看待性别多元化和性别平等？ / 040

如何看待男女差异？ / 042

男女之间有真正的友谊吗？ / 045

"男人来自火星，女人来自金星"，真的是这样吗？ / 047

男性和女性的核心恐惧分别是什么？ / 049

怎样才是处理男女差异的最好办法？ / 052

人生不同发展阶段的性心理具有什么特点？ / 053

男女两性的性心理差异有哪些？ / 059

新时代需要怎样的性教育？ / 061

第三章 爱情的文化多样性解说 / 067

爱情的起源告诉我们什么？ / 068

"生理唤醒说"和激情的产生有什么关系？ / 070

爱情的产生有规律吗？ / 071

爱上一个人会有什么样的感觉和表现？ / 073

"一见钟情"是真爱吗？ / 074

爱情的状态有几种？ / 077

单恋，为什么称为梦幻之恋（或苦涩之恋）？ / 077

初恋，为什么称为青涩之恋？ / 080

次恋，为什么称为成熟之恋？ / 083

热恋，为什么称为憧憬之恋？ / 085

依恋，为什么称为相依之恋？ / 087

畸恋，为什么称为情结之恋？ / 090

灾恋，为什么称为祸害之恋？ / 092

失恋，为什么称为伤痛之恋？ / 096

第四章　爱情的不同理论解读 / 097

经典的爱情心理理论有哪些？/ 098
爱情仅仅是荷尔蒙或激素玩的把戏？/ 099
爱情可以被测量和分类吗？/ 102
经典的爱情三角理论到底讲了什么？/ 104
你自己的爱情故事属于哪一种版本？/ 107
"阿尼玛"和"阿尼姆斯"是怎么回事？/ 109
恋爱过程中的相爱相杀是避免不了的吗？/ 112
爱情可以投资吗？/ 116
弗洛姆的《爱的艺术》是讲什么的？/ 119
你的爱情发展到了哪个阶段？/ 121
海伦·费雪的爱情研究告诉了我们什么？/ 124

第五章　原生家庭、童年经历与爱情 / 127

童年经历和成年后的爱情有关吗？/ 128
不安全型的依恋类型如何改变？/ 133
安全感是怎么来的？为什么说安全感是心理健康的基础？/ 138
恋爱中严重缺乏安全感会有哪些表现？/ 141
提升内在安全感有什么好办法吗？/ 142
怎样提升亲密关系中的安全感？/ 145
原生家庭是如何影响我们的亲密关系的？/ 147
如何消解原生家庭带来的负面影响？/ 151
如何理解亲密关系里的"强迫性重复"？/ 152
什么是"恋母情结"和"恋父情结"？/ 157

如何处理好亲密关系中的"恋母情结"？/ 160
父亲会如何影响女儿成年后的亲密关系？/ 162
如何处理好亲密关系中的"恋父情结"？/ 165

第六章　自我价值、人格发展与爱情 / 167

为什么说爱情的成功是个人心理成熟、成功的标志？/ 168
爱情中的自我价值感是如何体现的？/ 172
"爱无能"的表现及对策有哪些？/ 178
如何调整爱情中的过度依赖倾向？/ 182
爱情中应该有怎样的心理边界？/ 186
为什么说真正的爱情是既独立又依赖的亲密关系？/ 189
怎样认识爱情中的权力？/ 191
怎样看待爱情中的控制？/ 196
爱情中应该用怎样的心理防御机制？/ 199

第七章　爱的终身学习 / 207

为什么说爱的学习是终身的？/ 208
爱的终身学习有哪些途径？/ 209
爱的能力如何培养？/ 211
为什么说完美的爱情，爱和性是紧密联系在一起的？/ 220
男人是先有性再有爱，女人是先有爱再有性？/ 223
当代大学生如何正确理解爱与性的关系？/ 224
要完成心理断乳，需要做哪些工作？/ 225
是否存在"标准"的爱情（恋爱）模式？/ 227

真爱与迷恋的区别在哪里？/ 228
为什么说先要学会爱自己，然后才能去爱别人？/ 229
如何做到接纳自己，爱自己？/ 230
在亲密关系中，爱自己的表现有哪些？/ 232
如何改写自己的生命故事？/ 234
如何学会尊重别人，爱他人？/ 238
为什么说恋人和伴侣是最好的疗愈师？/ 239

第八章　亲密关系的维护 / 241

爱情的三个层次是什么？/ 242
爱的五种"语言"具体是指什么？/ 244
如何理解和处理恐惧爱、回避爱的困惑？/ 252
如何营造情侣间的愉悦感和亲密感？/ 257
如何维护异地恋的感情？/ 259
为什么你的爱情会输给日常琐事？/ 263
亲密关系中为什么会有冲突？/ 266
什么才是"正确"的吵架方式？/ 268
为什么嫉妒？如何应对爱情中的嫉妒？/ 270
如何看待亲密关系中的欺骗和说谎？/ 272
如何应对亲密关系中的背叛？/ 274
如何掌握亲密关系中的情绪管理？/ 275
亲密关系中如何学习对自己的情绪负责？/ 282

第九章　爱的分离与处理 / 285

分手的策略有哪些？/ 286

如果想要主动提出分手，应该怎么做？/ 289

为什么说失恋带来的是一种多层次的、复杂的丧失？/ 292

从心理学角度，失恋的成因和表现有哪些？/ 296

失恋了，如何减退爱的感觉？/ 302

分手以后还可以继续做朋友吗？/ 307

第十章　婚姻与爱情心理 / 311

什么是婚姻？婚姻有哪些功能？/ 312

婚姻的准备包括哪些内容？/ 315

"没吵过架，就不该谈婚论嫁"这种说法有道理吗？/ 317

婚姻关系的风险有哪些？/ 320

"家庭生命周期"中的情感、婚姻危机有什么典型特点？/ 323

婚姻的五大致命伤是什么？/ 327

如何解读婚姻关系中的外遇？/ 331

保证婚姻美满幸福的三个条件是什么？/ 334

成功婚姻有哪些基本的特征？/ 336

"中国式幸福婚姻"模式的基本要素有哪些？/ 340

第一章

爱情观及爱情的意义

爱情的定义知多少？
古今中外经典的爱情观有哪些？
身心灵的爱情观由哪些因素构成？
爱情中的身体语言是怎样的？
爱情中的心灵交流包含哪些内容？
爱情中的灵性整合是说什么？
爱情的意义有哪些？
如何在情礼之间获得身心灵的自由？

爱情的定义知多少？

古今中外，文人墨客留下了无数的爱情故事和爱情传奇，他们都对爱情提出了自己的看法和见解。但是，如果要对爱情进行一个明确的定义，则几乎不可能。这不仅因为爱情涉及的因素、成分众多，还因为每个人对爱情的感受、感觉都不一样，正所谓"一千个人眼中有一千个哈姆雷特"。

如果我们来归纳一下哲学、文学艺术大师们对爱情的论述，可以看到每个人都有其独特的观点。比如，罗素认为爱情就是生活，柏拉图认为恋爱是严重的精神病。毛姆则调侃，爱情不过是一种肮脏的诡计，它欺骗我们去完成传宗接代的任务。莎士比亚告诉我们他对爱情的感悟：爱情是感情的最高位阶。爱情不是花荫下的甜言，不是桃花源中的蜜语，不是轻绵的眼泪，更不是死硬的强迫，爱情是建立在共同语言的基础上的。忠诚的爱情充溢在我的心里，我无法估计自己享有的财富。

心理学家的见解看上去要实际一些。我国学者和心理学专家对爱情有不同的论述，比如宋书文、朱智贤等人编撰的心理学词典中分别认为："爱情是人类基本的情绪之一，它是对人或事物表示喜欢时产生的情绪。""社会心理学专业术语的爱，是超越日常体验所叙述的爱，意味着人际关系中的接近、悦纳、共存的需要及持续和深刻的同情、共鸣的亲密感情等。"

近几年的心理学专家车文博、林崇德也把爱情定义为"在人类生命繁殖的本能基础上,产生于男女之间,彼此相互倾慕又渴望结合的综合性情感体验和心理活动",认为"爱情是指男女之间一方对另一方所产生的爱慕恋念的感情。如苏武所言:'结发为夫妇,恩爱两不疑'"。

我国首都医科大学心理学教授杨凤池认为,爱情是一个人对于理想客体的投射及投射性认同的产物,婚姻是这一产物载体的存在形式的固化。华东师范大学心理学教授徐光兴认为,爱情是指男女之间相互爱恋,在恋爱阶段表现出来的至高、至纯、至美的特殊情感依赖。恋爱是指爱的过程和状态,着重于特殊的人际关系,恋爱这一过程可分为多个阶段,而爱情是一个终极性目标,强调的是情绪感受和体验。情侣指正在交往的、处于恋爱关系中的异性双方。婚恋关系是婚姻、恋爱关系的统称,涉及的范围更广,包括恋爱、婚姻和家庭。

国外心理学家对爱情也有不同的看法。比如,弗洛伊德认为,爱是对自我理想的挑战;古德认为,爱情是两个成年异性之间带有性的欲望和温柔体贴成分的强烈专注的感情;鲁宾认为,爱是一个人对另一个特定的人物所持有的一种态度,他以特定的方式表达自己对爱慕对象的思想、感情和行为;罗杰斯说:爱是深深的理解和接受,是一切感情中最美妙的。

那么,到底什么是爱?什么是爱情呢?

东汉许慎的《说文解字》是这样解释"爱"字的:繁体的"愛"由四部分组成——"爪"(爫)、"秃宝盖"(冖)、"心"和"友"。爱从受从心从夂,受即接受,夂即脚即行走,表示付出,心的接受与付出就是爱。

《现代汉语词典》对"爱"解释是:对人或事有很深的感情。对"爱情"的解释是:男女相爱的感情。

《辞海》对"爱"的解释是:喜爱,爱好;特指男女间有情。对"情"的解释是:感情,情欲,爱情。

《维基百科》对"Love"的英语定义翻译成汉语是:爱是各种不同的情绪和心理状态,通常是强烈的、积极的体验,包含了从最深刻的人际关系到简单的快乐这样一系列的内涵,母亲的爱不同于爱人的爱,又不同于对食物的爱。一般来说,爱是一种强大的吸引力和个人依恋的情感。爱也可以是一种代表着人类的善良、慈悲和友爱的美德——"一种为他人的无私的、忠诚的、仁慈的关怀"。爱也可以描述为对他人、自己或动物的同情和充满爱意的行为。

马克思认为，爱情是一对男女基于一定的客观物质基础和共同的生活理想，在各自内心形成对对方的最真挚的仰慕，并渴望对方成为自己终身伴侣的最强烈的、稳定的、专一的感情。

关于爱情的本质，不同学科有不同的看法。社会学认为，爱情的本质是爱情的社会属性。爱情是一种特殊的社会关系，是男女之间相互吸引、倾慕的两性关系。现象学认为，爱情的本质就在于相爱双方所具有的、渴盼彼此的生活能够结合为一的强烈欲望。生态学认为，爱情的本质是一个过程，即从两性相吸的生理需要，到两情相悦的审美情感，再到心心相印的道德情感，最后到生死相依的宗教精神情感的过程。哲学认为，爱情是人的社会属性与人的自然属性相结合的异性间的崇高感情。家庭学认为，爱情的本质是人的性爱与情爱的和谐统一。婚姻家庭学认为，爱情在本质上是性欲和精神恋爱的结合与统一，性欲是爱情的动力，是爱情的初级形式，情爱是爱情的高级形式。从人性理论角度来说，爱情的本质是人的自然属性与社会属性的统一。

有人总结认为，爱情是具有生物性、社会性、精神性、审美性和谐统一的人类两性关系。其中，生物性表现为人的性欲、性满足、性行为，是人的生物本能和生理基础；社会性表现为人的交际、尊重、赞同、相互认可、独立自理、自我价值观等，是人个体社会化的重要特征；精神性是人对爱情的向往和依恋，表现为对美好爱情的精神向往和道德追求；审美性是爱情的艺术象征，表现为好感、欣赏、美感、偏好、艺术观念等。爱情是在两性关系中人的这些特征的和谐与统一。

古今中外经典的爱情观有哪些？

我国古代对爱、对男女之情有很多解释和评述。比如《易经》中，通过不同的卦，分析了爱情的不同的阶段：一开始会有一种朦胧的无意识的感应行为，男女在身体上感应到对方吸引人的气息，然后产生有意识的感应行为，男女双方心动、心心相印，对未来有美好的憧憬。

孔子所提倡的中国传统的爱情观具有中正敦和的内涵。子曰:"《关雎》,乐而不淫,哀而不伤。"《关雎》是《诗经》里的第一篇,写男主人公追求心上人的忧思,并想象追求到以后的快乐。孔子评论说,《关雎》这首诗,快乐而不过分,悲哀而不痛苦。他肯定了"乐"与"哀"所起的作用,也要求"乐"与"哀"都不过分,都有所节制。孔子表达的是他对两性关系中情感调控的看法,就是凡事要讲求适度的"中和之美",以中庸之道来处理情感与理性的关系。这种古典的爱情观、审美观,相比某些现代人,崇尚极端的、盲目发泄的先锋艺术,寻找强烈的感官或物质刺激,其内在意志、修为涵养孰高孰低,是否也可见一斑呢?

"唐棣之华,偏其反而。岂不尔思,室是远而。"子曰:"未之思也,夫何远之有?"(《论语·子罕篇》)翻译成通俗的话是:"唐棣树的花,翩翩地摇摆。难道我不想念你?只是因为家住得太遥远。"孔子道:"他是不去想念哩,如果真的想念,怎么会觉得远呢?"所以,孔子认为只要是真爱,一定是存在于内心深处,即使距离遥远,只要心心相印,天涯也会变成咫尺。

"饮食男女,人之大欲存焉。"(《礼记·礼运篇》)孔子认为,生活的问题和性的问题,是人生的两大根本。这和告子的"食色,性也"有异曲同工之妙。他认为要坦然面对、承认爱情是有生理和物质基础的,人类的根本问题就是生存和繁衍的问题,而不必羞羞答答。2 000多年后西方精神分析流派鼻祖弗洛伊德也提出"性本能"理论,东西方的这两位伟人对人性都有深邃的洞察力,对两性关系也有相似的经典解读。

英国哲学家休谟认为,爱情是由美貌、性欲和好感组成的。他在《人性论》中提到,爱情是由美貌产生的愉快感觉、肉体产生的性欲望和纯真温厚结合而产生的感情。他认为,性欲是爱情的自然前提和生理基础,没有性欲作基础,就不会有爱情。休谟把爱情更多看作是人的自然属性,是人追求异性的生理需要,是男女之间的情欲。

苏格拉底认为,一个人如果能具有正确的爱情,他就应当从一开始和美的形体交往,爱一个能使他产生精神美的形体。而柏拉图认为,爱情应该是纯粹的精神体验,是没有肉体基础的灵魂融合。这种超越肉体的爱情被定义为"柏拉图式的精神恋爱"。这种"精神之爱"的爱情观认为爱情是高尚的精神活动和精神体验,仅是男女双方精神上的融合,是有意识地对异性的追求和爱慕。

英国哲学家罗素在《婚姻与道德》中说:"男女之间最高尚的爱是自由的、无畏的,是肉体和精神平等的结合;这种爱不应当因为肉体关系而失去其理想色彩,也不应当因此对肉体关系发生恐惧之心,认为肉体之爱必定阻碍理想关系的实现。爱,正像一棵大树,它的根子要扎在泥土之中,但树枝却高可参天。"因此,他认为爱情是美好和谐的性爱与有感情、有理智、有道德的精神生活的统一。

马克思主义爱情观认为,爱情是人类自然属性和社会属性的统一。爱情的自然属性是指成熟健康的男女的性欲、性需求以及性爱,这是爱情产生的生物基础;爱情的社会属性是指人类的性需求除了自然满足的方式之外,还有多种内容丰富、不断发展变化的社会方式来满足,即人类的情爱。自然属性的性爱或性欲,社会属性的情爱,这两者的和谐与统一,才是完美的爱情。马克思主义的爱情观有着丰富的内容,通常包括四个部分,即性欲、情感、理想和义务。

性欲是爱情的生理基础和自然前提,需要承担道德责任,是爱情的一个部分,是男女两性在一定条件下满足身体需要的本能冲动;情感是爱情的核心因素和中心环节,是人对客观事物符合需要而产生的一种主观体验、主观态度,表现为灵与肉融为一体的强烈感情;理想是爱情的社会基础,也是爱情的理性向导;义务是爱情的社会要求,表现为自觉的道德责任感。上述四个要素相互联系,缺一不可。

现代爱情观是以男女双方的共同理想和奋斗目标为前提,以自由恋爱为基础,以共同承担社会责任和道德义务为己任。当代大学生的爱情观包含了平等、互助、相互扶持、责任等因素,强调志同道合,能够正确处理爱情与学业之间的关系,懂得爱情是一种责任和奉献,应该严肃认真、感情专一。在恋爱过程中,要多一些理解、信任和宽容,互相尊重,共同进步,并能够正确面对恋爱过程中的问题。

如果纯粹从个人主观体验角度来看,有人认为爱情和别人无关,只和自己的感觉有关——"我爱你,与你无关",反映这种爱情观的有一首德国女诗人卡森喀·策茨(1801—1877)写的著名的诗:

我爱你,与你无关,
即使是夜晚无尽的思念,也只属于我自己,不会带到天明,
也许它只能存在于黑暗。

我爱你,与你无关,
就算我此刻站在你的身边,依然闭着我的双眼,
不想让你看见,就让它只隐藏在风后面。

我爱你,与你无关,
那为什么我记不起你的笑脸,却无限地看见,你的心烦,
就在我来到的时候绽放。

我爱你,与你无关,
思念熬不到天明,所以我选择睡去,
在梦中与你再一次相见。

我爱你,与你无关,
渴望藏不住眼光,于是我躲开,
不要你看见我心慌。

我爱你,与你无关,
真的啊,它只属于我的心,
只要你能幸福,我的悲伤,
你不需要管。

也有人说:"我爱你,你也应该爱我。"坚守这种爱情观的人对自己产生的爱的愿望很在乎,需要得到平等的回报,并且把这种条件作为恋爱的必须。但这样的爱情观有些风险。如果对方也对 Ta 情有独钟,对方也许会自觉自愿回报爱,但对方如果不爱 Ta 呢,Ta 也许会非常失望和伤心。所以,这是一种有控制

的爱。

爱情是人类文明进化的产物,是人性中一种美好的品格,爱情往往和美好、温馨、浪漫、激情、亲密、忠贞、责任等联系在一起,爱和爱情伴随着人的一生。爱情观的内涵既包含了初恋时朦胧、激情等体验,也包括了热恋中的亲密和责任,更包括了心灵沟通中的创造和喜悦。现实生活中,积极的爱情观有助于人们正确地了解自己、理解他人、把握生活,而消极的爱情观则可能导致人们的思维和观念混乱,情绪迷惘,行为失调,甚至陷入矛盾和冲突的境地,那就非常可惜了。

身心灵的爱情观由哪些因素构成?

爱情具有身心灵三个层次的结构。简而言之,身体接触是爱情的生理基础,爱情激素的自然反应,伴侣由性爱释放内在的激情;心灵碰撞是爱情的情感基础,由此产生的亲密、温暖和归属感牢牢联结着对方;灵性呼应则是找到了彼此灵魂的归宿,但常常可遇不可求,是让人魂牵梦萦的伊甸园,是"曾经沧海难为水,除却巫山不是云"。所以,真正的爱情,是爱把身心灵整合在一起,是人格走向完整、美好的重要方面。

身体层面的爱情包含激情、性、生育、健康、愉悦、安全等因素。两性之间的亲密关系有生理与现实层次的交流,有接吻、拥抱等身体的接触和性的交流。如果生活在一起,生病了相互照顾下,有困难了相互帮助下,仅限于现实层面的交流。双方彼此比较独立,不怎么依赖对方,如果亲密关系(这里主要指情侣或伴侣之间的关系,下同)仅止于这些,那这种爱情多少有些悲哀。当然"一夜情""炮友"等的关系也可以归入此类。

心理层面的爱情包含温情、亲密、信任、理解、接纳、认同、尊重、包容、谅解、关怀、责任、感恩、安全感等因素。两性之间能够在情感层次上进行交流,彼此能够说说知心话,累了能给以温暖,在外面受委屈了能给以抚慰,受挫了能给以支持,走到哪里都不会觉得孤单与无助,感觉到自己并不是一个人,而是还有一个人可以给你足够的安全感。

灵性层面的爱情包含信仰、价值观、独特、超脱、人格发展、自我实现、成果化等要素。还有一种亲密关系,他们除了有身体的激情、心理的温情,还有着共同或相似的信仰、价值观,共同或相似的理想、兴趣和爱好,甚至有共同或相似的人生的使命感,他们在关系里相互依赖,在专业领域里互相支持、互相补缺、彼此成全,共同为信仰为使命而奋斗,并有爱情的成果呈现出来,比如小说、乐曲和其他物化成果等。并在这个过程中彼此塑造,有人格的发展和成熟,有自我实现的追求和趋势。这样的爱情就接近于完美的爱情了。

在革命时期产生的"红色爱情"有很高的成功率。比如,周恩来和邓颖超、邓小平和卓琳、陈云和于若木、朱德和康克清、王稼祥和朱仲丽、彭德怀和浦安修等。很多红色爱情具备了身、心、灵三者结合的特点。身:激情、浪漫(身处白色恐怖、战争环境下容易产生激情荷尔蒙,在短暂的和平间隙容易对对方的言行举止产生浪漫的感觉);心:亲密、温馨(很多红色爱情中的男女既是恋人、夫妻,同时又是战友或师生,容易培养亲密感和温馨感);灵:三观一致、志同道合(革命时期的爱情和婚姻更强调有共同的信仰与价值观,是重要的灵魂伴侣)。

所以,红色爱情中的男女,具有为革命事业奋斗的相似的经历,更多的接触和了解,相互吸引,关系更亲密。同时,他们有为革命胜利而奋斗的共同目标,双方信任度高,即使异地恋也如此;还有共同的价值观,双方认同感高。遭遇危险、困难,共同应对,感情更加牢固。更重视精神层面的爱情,不重物质和生活琐事。这些都是爱情能够长远保持、感情更加稳定的重要因素。

案例　林徽因的爱情传奇

民国时期的女神林徽因,曾经留学海外,深受东西方文化艺术的熏陶,既有传统家庭文化渊源培养出的大家闺秀的风范,又有西方女性所具有的独立精神和现代气质。她优雅美丽,才华横溢,待人真诚,是同时代很多男性心目中的理想对象。由于她的学识、个性和容貌,同时吸引了三位优秀的男性。有人说她的这三段感情是:"与徐志摩共同出演的青春感伤片,浪漫诗人对她痴狂,并开了中国现代离婚之先河;和梁思成这个名字并置在一起的婚恋正剧,梁思成视她为不可或缺的事业伴侣和灵感的源泉;她还是一个悲情故事的女主角,她中途退场,逻辑学家金岳霖因她不婚,将单恋与怀念持续终身。"由此可见,林徽因的一生成就了她的爱情传奇。

当林徽因还是一个懵懂少女的时候,和徐志摩有过一段浪漫的爱情,徐志摩爱上了林徽因,为她写了很多情诗,甚至向他的原配妻子提出了离婚。但是林徽因没有选择这位浪漫诗人,因为她觉得徐志摩爱上的并不是真正的她,而是用他诗人般的浪漫情怀想象出来的她,所以她觉得这种爱情很虚无缥缈。

林徽因最后和梁思成结成了夫妻,他们一个有着宏远的生活目标,充满理智和智慧,思想成熟,另一个则有着丰富的艺术气息,崇尚自由,两人是郎才女貌,门第相当。林徽因在20岁时就立下了学建筑的志愿,因为她觉得建筑是一个把艺术创造与人的日常需要结合在一起的专业,而且她说动了梁思成与她一起在建筑领域探索、研究,成果卓著,双双成为著名的建筑师和艺术家。他们在生活上互相照顾,在事业上共同成长。走遍了中国的15个省、200多个县,考察测绘了200多处古建筑物,一起为美好事业的愿景付出努力。无论是在战乱还是在疾病面前,他们都有着共同的理想信念,在心理上和灵性上都达到了高度的默契。

金岳霖是梁思成家沙龙聚会上的常客,因为他们志趣相投,背景相似,比邻而居,交情很深。金岳霖十分欣赏和敬佩林徽因的人品与才华,林徽因也十分敬佩他的才学,受到了金岳霖的呵护和赞美,并且觉得自己也爱上了对方。于是她对梁思成表明,说同时爱上了他们两个人,不知道怎么办才好。梁思成虽然十分惊讶,但非常冷静。经过一夜的思考,他告诉林徽因说:"你是自由的,如果你选择了老金,我祝愿你们永远幸福。"林徽因把这些话转述给了金岳霖。金岳霖说:"看来思成是真正爱你的,我不能伤害一个真正爱你的人,我应该退出。"从此他们再不提起这件事情。林徽因和梁思成结婚以后,他们三个人仍然是好朋友,在学问上、观点上互相切磋讨论。生活中有时候梁思成和林徽因起争执,金岳霖还要帮着劝架。而金岳霖从此终身未娶,对待林梁的儿女们如视己出。

案例分析

爱情具有身、心、灵三个层次的契合:身体的融合、心理的接近和灵性的呼应。徐志摩和林徽因的爱情更多体现在文学才情的相互吸引方面,身体上和心理上的接近都比较浅,灵性的呼应更多停留在浪漫幻想的层面,他们的情感更多反映的是迷恋和梦幻,并不能脚踏实地,最终没能开出圆满的花来。林徽因和金岳霖惺惺相惜,但终究缺少更深层次的默契,虽然比邻而居,仍然与身、心、灵三者的完美结合擦肩而过。而林徽因和梁思成琴瑟和谐,鸾凤和鸣,既是生活中的伴侣,又有身体的融合和心理层面的理解、包容,在共同为理想和信仰而奋斗的灵性层面都是较为契合与一致的,所以他们两人的爱情才称得上是身心灵的较完美结合。

有人认为女人的价值是在被爱的过程当中体现出来的。爱情不是占有,再相爱的两个人也没有权力完全占有另外一个人,要求另外一个人为自己付出很多,只有为自己而活的权力。在金岳霖和林徽因的情感关系中,我们看到了金岳霖在爱情中把感性和理性、激情和边界、浪漫和承诺都协调得非常好。他一生都爱着林徽因,一直和他们比邻而居,默默守护着她,以理智驾驭自己的情感。他选择让林徽因做自己,成全林徽因的幸福,自己也得到了满足,这是一个比较崇高的境界,表现出的是一种超凡脱俗的宽广的胸襟和君子风度。他的爱情是经典的"发乎情、止乎礼"的典范。只有真诚无悔的心灵的芬芳,才超越了世俗的占有。

爱情中的身体语言是怎样的?

从进化心理学角度看,两性在求偶过程中,会通过身体特征和行为表现来吸引对方的注意。科学家和心理学家一直不断地在探索与研究现代社会两性表达爱的信息及行为。

科学家研究发现,一个人要向外界传达完整的信息,单纯的语言成分只占7%,声调占38%,另外55%的信息都需要由非语言的体态语言来传达,而且因为肢体语言通常是一个人下意识的举动,所以它很少具有欺骗性。

实验发现,两性在进入暧昧或恋爱过程中,除了"花言巧语"外,男女还会有意识地使用大量的肢体语言。如果你见到自己喜欢的那一半,你的身体会下意识地做出反应,这类肢体语言不受意识的支配。有研究发现,在恋爱过程中,男性往往是主动的一方，但更多的是被动中的主动。也就是说，男性是在得到女性的暗示和鼓励以后，才会在行为上表现出更多的主动性。比如，一对男女在咖啡馆相遇了，男生发现女生的眼光在他的身上停留的时间多了一些，于是他就会更多地把目光投向这个女孩，两个人就有了彼此的对视，对视了4—5秒之后，这个女生就把头转开了。过了一会儿，这个女生又开始看这个男生，还对他微笑，那么，在这个过程中，这个男生就会被一步步地鼓励，最后他可能鼓足了勇气走向这个女生。

在这个过程里，看上去是这个男生在追求女生，但实际上是这个女生在不断地通过调情、勾引的方式释放出信号，她虽然什么都没有说，但是她通过目光、姿势表达出了一种信息。根据一项实验结果，女性都有一致的非语言诱惑行为模式，就是所谓的"卖弄风情"。研究人员归纳出了女性对男性感兴趣的52个标准信号，其中主要有富有感染力的笑声、眼神接触、撩头发、把头发拨到后面露出脖子、轻舔嘴唇、撅嘴唇、摆动腰身展现身材、害羞（挑逗）的微笑、不经意地抚弄物体（如杯子、衣角）、打扮等。女性典型的释放爱的信号主要有：

- 点头或轻拂头发。女性为在心仪的男士面前保持形象，会不时地把滑落的头发理顺，或用手把它理向脸的一边，即使是留着短发的女性也会这么做。她还会通过点头向男士传递好感的信息。

- 眉目传情和微笑。社交礼仪场合，眼睛可以将内心最丰富的情感表达出来。一般谈话双方的视线接触占全部谈话时间的1/3—2/3。在初期交往中，如果女士的眼睛注视你的时间属于这个范围，那说明她对你兴趣一般；如果注视时间超过2/3，她可能对你有比较大的兴趣了；而如果注视时间在1/3以下，几乎不看你，她可能在企图掩饰什么，或有点讨厌你了。

- 抚摸物体。如果女性不停地抚摩一件物体，例如红酒杯的柄脚或杯口，或是晃来晃去的耳环，还频频向你放电，那她肯定觉得你很有吸引力。

- 无意识地触摸自己。这是女性表达爱的典型肢体语言，比如抚摸脖子、喉咙或大腿。

- 膝盖指向某处。一名女士优雅地交叠着双腿坐在那里时，她有可能将膝盖朝外，对着最感兴趣的那个人。

- 展示自己的脸庞。如果女性想要吸引男性的注意力,会将手肘支在桌面上,两手交叠,然后将下巴搁在手背上。如果脸庞直对你,可能在表达对你的赞赏之情。
- 手和肩的接触。当一位女士允许男士的手搭在她的肩头,是向你发出"我心已属于你"的信号,这时就可以进一步发展你们的恋情。
- 主动挽手并肩行。随着恋情的发展,如果男士发现女友主动与你手挽手并肩而行,这表明她对你已心有所属。
- 解开头发。女性将头发解开,散开的乌黑头发呈丰盈的波浪状,是诱惑男性、向往亲密感的表现。如果她让你触摸头发,表明心已许与你。

而男性也有表达爱的信号,譬如:

- 扬起眉毛。看到喜欢的人,会不自觉地扬眉或低眉。这一肢体语言在不同年龄层的异性之间都会出现。这种下意识的"眉目传情"只有短短五分之一秒左右。
- 嘴唇微启。如果喜欢一个人,他在面对你时,唇部会有瞬间的机械性的开启。
- 立正站立。如果一位男士面对你笔直地站着,肩膀自然下垂,说明他想向你展示他挺拔的姿态,希望引起你的注意。如果他身体稍稍前倾,靠近你倾听你的谈话,更能表明他对你有好感。
- 整理着装和头发。一位男士在你面前修正领带,整理衣领等,说明他希望吸引你的注意。如果在你面前抠纽扣,表明他很紧张。这些肢体语言还可能透露出他想与你有肌肤之亲的愿望。男士在和心仪的女士谈话时有整理头发的习惯,这一动作会得到女士很多的关注。
- 窥视。一般而言,男性是视觉动物。一位男士如果偷偷地、专注地盯着一位女士身体的某些部位,毫不掩饰他是在欣赏她优美的体形。
- 鞋尖或膝盖的朝向。男士的鞋尖朝向你,表明他对你感兴趣。如果膝盖朝向你,也许他潜意识在向你暗示,想和你建立更亲密的关系。
- 把玩柱状物。男人和女人一样,兴奋时喜欢把玩杯子,或者握着刀叉等物品,轻敲桌面,或用手指触摸它。

- 摸脸。如果对你感兴趣,他会不时地摸一下下巴、耳朵和面颊。这一行为表明他在试图掩饰内心的慌乱。
- 用手扶你。男士将手放在你的肘或肩部,是一种保护的姿势。这样可以更顺利地领着你通过拥挤的人群,并让他感到你不会从他身边走失。当然,这也是对其他男性的一个警告:靠边站,她已经有我保护了。还有,这能让他偶尔接触到你的身体。
- 把他的衣服披在你身上。男士向女士提供他们的羊毛衫或外套,是一种暗示"这是我的,也是你的"。他要取回衣服的话,又多了一些靠近你的机会。
- 握手。是男士接触陌生女士身体的主要机会,通过这个机会可以传达很多信息。比如,力度很重的握手,也许在证明他的力量和执着;右手和你握着,左手再拍几下你握着的手,可能意味着对你的喜爱或调侃;等等。

两性在恋爱初期和恋爱中,除了上述的各种动作表现和暗示外,还有许多微妙的身体语言在彼此间传达信息。而除了身体语言的表现,两性之间爱的激情状态最典型的就是性的接触和交流。

爱情中的心灵交流包含哪些内容?

心理层面的爱情包含温情、亲密、信任、理解、接纳、认同、尊重、包容、谅解、关怀、责任、感恩、安全感等因素。

对于恋爱、婚姻中的男女,学会爱、学会爱的表达方式,是很重要的能力和技巧,需要不断完善和加强,对个人和家庭幸福意义重大。但在我们的文化中,不太鼓励男性表达爱和情感。有些男性的自我建立在脆弱的基础上,将自己的情绪深埋在潜意识中,他们压抑情绪,看起来因沉默而显得强大,但当问题出现时,他们并不知道如何表达出来。而女性自降生就沉浸在情感的海洋之中,但有时也因表达不妥而横生枝节,让亲密关系陷入尴尬或冲突之中。

爱情中的心灵交流,强调语言的沟通和交流,包括分享彼此的思想,沟通彼此的感受,通过自我暴露来加深彼此的了解和理解,以同理心来换位思考,做出回应,使得爱情的质量得以提升。

爱情中的自我暴露。美国人本主义心理学家西尼·朱拉德认为，自我暴露是指个体与他人交往时，告诉另外一个人关于自己的信息，真诚地与他人分享自己个人的、私密的想法与感觉的过程。自我暴露的广度和深度是检验人际关系深度的一个敏感的"探测器"。一般来说，善于自我暴露的人是自信的，他希望在交往中把自我的内层信息传递给对方，让别人最大限度地了解自己。通过观察别人对我们的自我暴露程度如何，我们也可以知道别人与自己的关系深度如何，知道别人对我们有多高的接纳程度。

一般来说，自我暴露有四个层次：

第一层次是浅层的自我暴露，属于兴趣爱好方面的暴露。比如喜欢吃什么美食，喜欢看什么书，喜欢什么样的休闲和娱乐等。一般的社交聚会和聊天都会聚焦在这个层面上。但在中国文化背景下的人际应酬，有时候人们会主动暴露一些职业、收入、社会关系和婚恋等方面的信息。

第二层次涉及态度、价值观的自我暴露。比如认为当今中国最主要的问题是惩治腐败，未来最有影响力的产业是人工智能，讨论交流自己对社会的评价，吐槽社会现象等。在亲朋好友、社群团体中会呈现这个层次的信息。

第三层次的自我暴露涉及自我的人际关系与自我概念状况。比如我是一个什么样的人，自己与父母的关系，和朋友、孩子、同学的关系，一般会有什么样的情绪等。这一层次的暴露属于很高的自我卷入，一般不会轻易向不熟悉的人暴露。

第四层次是隐私的暴露，属于自我深层次的暴露。暴露自己不被社会价值观念所接受的经验、念头、行为等。比如同性恋，或者自己有过冲动的行为，自己的夫妻关系，个人私生活等。这个层次的自我暴露一般会在闺蜜、知己或心理咨询师面前呈现。这也是为什么在心理咨询中要有保密协议，就是为了保护当事人的隐私不泄露。有些人际关系中的矛盾或裂痕，就是因为利益关系而散播对方的秘密造成的。

在日常的人际交往中，自我暴露有很多有益的地方。其一，可以增加自我的认识。我们在暴露自己的观点、感受的同时，会促进对自我的了解。因为自己的思想、情感和需要只有表达出来才会变得清晰和有条理。与他人分享信息也会引出他人对自己的反馈，从而使我们对自己有新的更深入的认识。其二，有益身心健康。心理因素也会影响人体器官对疾病的易感性，一些研究已证实，回避情感暴露与某些严重疾病（如癌症和心脏病等）有关。所以要想身心健康，就需要在合适的时间、场合进行恰当的自我暴露。

在亲密关系中，自我暴露有更为深刻的意义。

第一，可以加强亲密关系。亲密关系和一般的人际关系相比，具有几个明显的特征：一是双方有较长时间的接触、沟通；二是双方在交往过程中形成了基本相似的价值观、需要和兴趣；三是双方在思想、情感和行为等方面有很大的相互影响力。阿伦等人认为，亲密关系的实质是把他人融入了自我概念，即他人成了自我的一部分。对自我和他人的了解是亲密关系的基础，如果双方都愿意暴露真实的自我，就会更加联结内心，加强亲密关系的深度；而如果各自有所保留，或不愿暴露，则恋人或伴侣的关系只能停留在浅层次，不会令人满意。

第二，可以增进交流，分享感受。自我暴露让恋人感觉到被信任，会使交往更加愉快，还会增进对方的暴露，对方会因为受到鼓励而更加开放自己，做出回应。恋人之间会更真实地表现自己，变得愿意分享感受、内心信念和深层需要，使得亲密感和愉悦感大大增加。

第三，可以减轻负面情绪。通过自我暴露，恋人可以释放很多负面情绪，包含内疚、气愤、害怕、痛苦等。在自己信任的人面前，可以不必处心积虑或小心翼翼地隐藏这些情绪，将这些负面情绪以及相关事件暴露出来后，可以减轻很多痛苦，也能够更加客观地看待它们，并可能得到回馈。这也是梳理自己的价值观和信念的好机会。

即使有这么多的益处，亲密关系中也不是所有人都愿意自我暴露的。不能或不敢自我暴露，是源于以下的原因：一是害怕自己不被接受。认为把自己的私密信息暴露给熟悉的人会带来很大的风险，即便是自己最亲密最爱的人也不可相信。二是害怕受到冷遇。自我暴露后，可能发现对方根本没有兴趣进一步了解自己。三是害怕受到控制。内心安全感比较差的人会认为，即使是恋人也会利用掌握的信息来控制自己。

一般社交场合，我们可以根据实践摸索出适合自己的自我暴露方式。要选择合适的对象、时机、场合及内容进行自我暴露。不分场合、关系，表现太过亲密或一点都不亲密都是不健康的交往方式。

自我暴露存在互惠性的特征，即一方的暴露会导致相互间的暴露，暴露的量会不断增加，暴露的程度也逐渐深入，且双方是相互影响的。人际交往中的自我暴露可以这么做：

- 先了解双方能接受信息的层次和程度，暴露的信息最好能换得对方的暴露；
- 评估暴露的风险，确定接受暴露可承受的风险时，才暴露出涉及自我或秘密的信息；
- 只有在亲密的、相互信任的关系中，才逐渐暴露出深层的信息，譬如内心的渴望、害怕或深层的秘密；
- 当对方有回应时再做进一步的自我暴露，相信人们都期待对等的自我暴露；
- 接受对方的自我暴露和将自己的秘密说给别人一样都要承担风险，因此，关系不熟、不深时不要随意接受别人的自我暴露。

在亲密关系中，怎样的自我暴露更有利于关系的发展呢？

可以用三步走的策略。当两人不是特别熟悉和亲密时，可循序渐进谈论自己的生活：先是聊聊近期的假期或经历的有趣的事情；然后可以聊聊关于过去或未来的想法；接着可以就当下的情况进行交流。由远及近、由事到己，两人之间的相互了解就会逐渐深入。

要调节好暴露与隐私的平衡。一见钟情虽然浪漫，但一见钟情式的迅速泄露过多信息却是不成熟的表现。当信任还未建立时，过多过早的自我暴露只会让对方感觉不适，自我暴露与保持隐私的良性平衡才会使亲密关系更为持久。

应该避开禁忌话题。当关系在起步阶段时，有些敏感话题会威胁到亲密关系的质量。常见的禁忌话题包括过去的感情经历、与前任的关系等。如果对方是个比较敏感谨慎的人，则有关未来的话题也需要到关系比较深入时才适合探讨。

自我暴露主要是针对自己的，而同理心的交流则要把关注点放在别人身上。人际交往中个人能够获得他人信任的最佳途径，或者说赢得信任的很重要的规则是同理心。爱情是最复杂的人际关系，无论是情感、心理和身体的联结都要比一般的人际关系程度深。在恋人或伴侣的相处过程中,除了了解自己、认识自己以外,还有一个很重要的能力,就是需要将心比心,设身处地去感受、体谅自己的另一半,这种能力就是同理心的能力。

心理学上,同理心就是在人际交往过程中,能够体会他人的情绪和想法,理解他人的立场和感受,并站在他人的角度思考和处理问题的能力。卡尔·罗杰斯认为,同理心是指进入到对方的内心世界中,不带任何评价地去体会对方的感受和经验,敏锐觉察对方经验的改变。南茜·艾森伯格则认为,同理心是对他人的情绪状态、所在处境的理解而在情感上有所共鸣。

同理心和同情心不同。同情心常常是针对弱者的苦难或不幸而产生的关怀、理解的一种情感。一个具有同情心的人,在恋人或伴侣处于情绪低潮或困境中时,会尝试着挤出一些希望,引领恋人从黑暗或困境中走出来,安慰恋人的话语经常是"至少你还有……""还好你还有……"这样的话语在一定程度上的确可以带给人一些亮光和希望,但有时候却不能起作用。尤其是对受伤比较严重、内心感受非常痛苦和糟糕的恋人,这样的说法不仅无法让对方感觉更好一些,反而会使彼此之间的距离越来越远。

同理心是如同自己也身处他人的境地一样,体会到他的感受。好像我是他,我好像能够用他的眼睛看他的世界,看他自己,体会他的感受。比如,男生小何与女生小莲是一对恋人,当小莲遭遇母亲去世、又被老板辞退的困境时,感觉就像掉进了一个深坑,陷入了人生低谷,怎么都爬不出来。这时具有同理心的小何会走过来陪着小莲,不加评判地体会小莲的感受:"小莲,我知道你很难过,我会一直陪着你的。"让小莲知道她并不孤单。因为小何知道,在这时候能否替小莲解决当下的丧亲之痛,改变她所处的困境,并不是最重要的事,最重要的是体会她的感觉。有时候,我们没有能力使对方的伤痛和处境变得好一些,但我们能透过彼此心灵上的联结,接收对方的感受,并察觉对方的情绪,进而进行交流。有时只要短短一句话,就能让对方感受到你的诚意,这就是同理心的力量。

📚 案例　先生和太太的对话

珍(妻子):你晚上还要加班吗?

明（丈夫）：是啊！没办法！

珍：我们说好今晚出去逛街的。

明：我又不知道今晚临时要加班。

珍：你天天只知道工作、工作，从不留点时间给我。

明：你又在啰唆啦？真烦死人了！

珍：我才烦死了呢！你老是工作第一。

明：先生工作这么辛苦，别人家的太太都会心痛，你却这样抱怨我。

珍：太太理家也很辛苦，别人家的先生都那么体贴，你却一点也不关心我。

如果先生的回应改成这样，那么……

珍：你今晚又要加班了？

明：嗯，看来今天你又得一个人待在家里了。真对不起，老婆！

珍：能不去吗？

明：我也很想跟你待在一起，可是公司里最近这么忙，我又是具体负责这项工作的，不去能行吗？你看怎么办呢？

珍：不是说好了今晚我们一起去逛街的吗？

明：我知道你又要怪我开空头支票了。可是，你也知道我真的也是非常非常想多跟你待在一起的呀！

珍：哼，假惺惺！你就知道工作、工作，一点也不关心我。

明：你冤枉好人！我句句都是实话。再说，我多加班，多挣钱，不也是为我们以后的日子过得好一点点吗……

珍：走吧走吧，不要烦了。早点回来，自己当心点。

案例分析

以上对话，非常形象地道出了同理心在爱情婚姻中的魅力。丈夫说出了妻子想说的话，说出了妻子内心的感受，得到了妻子的共鸣。妻子觉得内心感受被看到了，被回应了，也就能够从丈夫的角度去体察他，为他考虑了。

爱情中的灵性整合是说什么?

一个人的心灵越是美好,感情越是丰富,爱情就越是对他蕴藏着更多的意义,爱情越是在他生活中占据着重要的地位。如有美好爱情的激发,在人生中,他的生命就越是有可能表现得更充分,得到最大限度的实现。

马斯洛从心理学角度研究了迄今人性发展所能够达到的境界。他所描述的自我实现者,是人性发展最充分的人。自我实现者的爱情,也是他曾经研究的主题:"自我实现者的性与爱能够,而且在绝大多数时候的确是完美地交融在一起的。""自我实现者一方面比普通人远为强烈地享受性活动,另一方面又认为性活动在整个参照系中远远不是那么重要。"

案例　威尔伯和崔雅的爱情

心理学家肯·威尔伯和妻子崔雅的故事也许非常典型地说明了爱情中灵性的部分。

崔雅也是一位心理学家。经朋友介绍,她和肯·威尔伯在1983年8月3日一见钟情。在此之前,肯·威尔伯有过一次婚姻,离婚后一直独居。而崔雅多少年来一直没有合适的男友,在见了肯·威尔伯后,她说"自己活了36岁才遇见自己梦寐以求的男人"。他们认识2周后就订婚,4个月后就结婚。

他们都觉得对方是自己一直在寻找的人。但不幸的是,就在举行婚礼的前夕,崔雅在体检中被发现得了乳腺癌。肯·威尔伯以平静的心态、负责的态度和实实在在的行动接受了突如其来的打击。他与崔雅生死与共,到1989年崔雅去世,他和崔雅一起和癌症搏斗长达5年之久。在此期间,他停下了自己的写作,和崔雅一起求医问药,一起调整心理,一起修炼,一起探讨生命和死亡的意义。为了照顾崔雅,他学会了烹调。最后,尽管崔雅走了,但走得非常平静、安详。肯·威尔伯在崔雅走后做了一个梦,这个梦可以总结他们5年来的收获。

"那天晚上我一直待在崔雅的房间,入睡后我做了一个梦,其实不大像是梦,更像是单纯的意象:水一滴一滴落到海里,立即与海水融合。起初我以为这个意象显示崔雅已经解脱,她就是融入大海的小水滴。后来我才明白它有更深的含义:我是水滴,而崔雅是那片大海。她谈不上什么解脱,因为她早已经解脱了。真正得救的人是我,我因服侍她而得救了。"

2006年初,肯·威尔伯的书 Grace and Grit 在中国大陆出版中文版,书名为《超越死亡:恩宠与勇气》。在书中,威尔伯生动描述了与崔雅之间相识、相爱、陪伴与支持,交织着灵性讨论与爱情的美丽故事。在5年的艰难岁月里,肯·威尔伯和崔雅各有各的痛苦与恐惧,也各有各的付出;而相互的伤害、痛恨、怨怼,借由静修与修行在相互的超越中消融,并且升华为慈悲与智慧……在这个过程中,病者的身体虽受尽折磨,而心灵却能自在、愉悦,充满生命力,甚至有余力慈悲地回馈。肯·威尔伯和崔雅在面对死亡时所展现出来的无畏和慈悲,能如此坦白、真诚和直面自己的内心,给人以极大的鼓舞和力量。

案例分析

充满灵性的爱情给伴侣带来的不仅是生活层面的希望,也是思想境界的升华。肯·威尔伯所具有的丰富的思想与他的爱情、生活体验关系密切。他对真理的探索和对感情生活的追求一样认真。真正的爱情是融合身心灵各方面的,这样的爱几乎能满足我们所有的需要,这是一种能量的整合。

我国心理学家许金声认为,所谓灵性,是人在终极关怀中与"大精神""道"发生的一种联结。它兼有好奇性、探索性、开放性、可持续性等特征,它通常在关心生命的意义和价值中体现出来。身心灵整合的爱,是指双方都有终极关怀,同时又有身体的吸引与心的共鸣、理解和相通。也就是身心灵的"三通",它是人生的终极体验之一。

他认为,自我实现者显得远比普通人更坦然地承认自己为异性所吸引,但他们倾向于与异性保持一种相当轻松的关系。比起其他人,他们很少滥用这种吸引。自我实现者的性爱,是一种身心灵整合的性爱。这一整合,也是人的四种性质,即"物质性""动物性""人性""灵性"的整合,体现了他们生命的高质量。

案例　萨特和波伏娃的爱情

让-保尔·萨特和西蒙·波伏娃的爱情始于1929年,两人在巴黎索邦大学的哲学教师资格考试中相识,萨特获第一名,波伏娃获第二名。两人相爱以后,因其信仰和价值观的高度相似,爱情建立在共同的思想力量和精神力量上,成为终身伴侣。两人终身不婚,以"契约婚姻"的方式创造了一个爱情神话,维持了长达51年的亲密关系。

在相处过程中,萨特与波伏娃约定:彼此承认各自的风流韵事,"在我们之间,存在着必要(本质)的爱情,同时我也认识到,需要偶然爱情"。萨特和波伏娃时而甜蜜恩爱,时而争吵吃醋,时而卷入各种社会事件中,但不变的是两人对社会、对人性的探索和洞察,共同成为其理论学派的开拓者,其理论和学术对后人影响深远。萨特的《存在与虚无》成就了他存在主义的先驱地位,而波伏娃的著作《第二性》,成为女权主义的标志性象征。

案例分析

这样的爱情就是一种灵性的升华,超越了自我,超越了个人的恩怨,接近于和另一个灵魂的合二为一,提升了思想境界,也丰富了人类的精神财富。

爱情的意义有哪些?

爱是人类永恒的主题,爱情是生活精彩的篇章。古今中外,人们对爱的探索从来没有停止过。现代社会科技发达,生活内容丰富、节奏加快,人们对爱的认识也发生了巨大的变化。无论是我国《孔雀东南飞》《西厢记》等中的古典爱情,还是外国的《罗密欧与朱丽叶》《泰坦尼克号》中的爱情故事,或是当今钱锺书、林徽因等人的爱情,总让人感受和体验到爱情的巨大魅力。美好的爱被世人歌颂,悲怆的爱则让人唏嘘感叹。那我们为什么需要爱情?爱情对我们每个人来说到底意味着什么?

我国早期实验生物学家朱洗院士在他的著作《爱情的来源》中认为:爱情并

不玄妙,有爱情进化的迹象。爱情主要有母子之爱、异性之爱和朋友之爱。母子之爱是保证子裔的发育与安全;异性之爱是保证下代的生殖;朋友之爱是建设社会的心理基础。这三种"爱"都有物理的原因可考,都有因果的原因可寻。

其他的科学家和心理学家的研究也说明,从进化意义上,爱情的产生是让原始男性和女性组成一个团队,节约资源以便更好地抚养人类的后代,让自己的基因传下去。因繁衍、生殖的本能冲动,首先产生的是性吸引,随后男性和女性的身体内和脑神经就会分泌一些荷尔蒙等化学物质。比如,研究发现,当一个人恋爱时,大脑的12个区域会协同工作,释放大量兴奋性物质如多巴胺、催产素、肾上腺素和血管加压素等,给人带来欣快感。当恋爱中的人看到自己爱人的照片时,大脑内的快乐区域就会被激活,使人感到愉悦、舒服和快乐。这些化学物质让男性和女性产生爱的感觉、依恋的感觉,出现如痴如醉的激情状态。这种依恋的感觉逐步深化,又会让人们产生另外一些化学物质,比如内啡肽和催产素,会让人们相依相随,依恋和亲密感进一步加深。

爱情对我们的身体和思想有着强烈的影响。在爱情的笼罩下,坠入爱河会使人在一年之内,身体里的神经生长因子水平处于增高状态,刺激脑细胞生长,增进记忆力,还会使人的身体和思想处于镇定状态。美国俄亥俄州立大学的一项研究发现:快乐甜蜜的爱情可以让伤口更快地愈合。科学家们分两次用小吸盘在42对夫妻的胳膊上吸出8个水泡,水泡破后留下了小伤口。第一次,这42对夫妻按科学家们的要求讨论一些情绪化的、双方看法非常不一致的事情。第二次,他们按要求谈论让他们感觉很亲密的事情。结果发现,仅半个小时的亲密谈话就可以让伤口的愈合周期缩短一天。他们得出的结论是:爱情对免疫系统有强烈的积极影响。还有很多实证研究表明,不抽烟、不喝酒、多运动、好饮食、多睡眠等所有因素加起来抵不上爱的关系对健康的影响。比如,与爱人拥抱时,体内会释放催产素,这种物质能出现在大脑、卵巢和睾丸中,能够起到止痛和减压的作用,在感情交流中发挥作用。在头疼时,爱人的拥抱能抵上一片止痛药。这些都是从生物进化和生理心理现象来描述爱情的。

1938年,哈佛大学开展了史上对成人发展研究最长的一个研究项目——"格兰特研究",这个研究持续了76年,在此期间,他们跟踪记录了724位男性,从少年到老年，年复一年地询问和记载他们的工作、生活和健康状况等，这个项目至今还在继续中。研究发现，那些 80 岁以后仍身体健康、心智清明，拥有良好婚姻，与孩子关系紧密，收入居前 25% 的人，他们主要得益于这些因素：不酗酒，不吸烟，能经常锻炼，保持健康体重，童年时获得父母的爱，共情（感受别人的情绪情感）能力强，青年时能建立亲密关系（尤其是在 30 岁前找到了真爱）。因为每个人在生活中遇到天灾人祸、意外挫折，其应对的手段完全不同。爱情和亲密关系会直接影响着人们的"应对机制"，有些人会变得非常恐惧、猜疑或退缩，这是比较差的应对方法；还有些人会变得压抑、消极，或用情感隔离、愤怒的方法去处理，这些方法都属于心理不够成熟的类型，而心理成熟健康的人，则会用无私、幽默和升华的方法来应对。活在爱里的人，遇到挫折时会自己开玩笑，接受家人的抚慰和鼓励，和朋友一起运动，流汗宣泄……所以，美好的爱情和婚姻是人们抵御艰难困苦、获得长寿和幸福的重要因素。

如果从婚姻的角度来看爱情，人们最早的结婚动机是经济和血缘传承的原因，爱情的因素比较少，而现代婚姻的缔结，人们普遍认为爱情是排在第一位的，或者说婚姻是以爱情为基础的一种契约。

从人生发展角度来看，爱情的成功是个人心理成熟的标志。美国心理学家埃里克森认为，一个人进入青春期以后，随着身体的成熟，心理上也要完成其人生任务。青年人要学习和人建立亲密关系，开展一段爱的关系，获得了亲密感，才能缓解或克服孤独感，并由一段亲密关系结成婚姻，生儿育女，有亲情、爱情和友情的灌溉、滋润，才能顺利地进入到人生新的阶段，随后进入中年期和老年期，这是每个人都要完成的人格发展任务。

从心理学或者从哲学意义上说，人本质上是孤独的，一个人很希望被别人看到和了解，而这种看到和了解是深刻爱情的标志。爱情就是一个人能够从内心深处包括潜意识里"看到"另一个人的存在。所以，恋爱的作用之一，就是我们可以从另外一个人那里看到自己，可以从对方身上感觉到自己的存在。爱情除了让我们有存在感，另外的意义还在于，生命是需要被欣赏和被赞美的，爱情中的两个人在一起互相关注、互相欣赏和互相支持，成为彼此生命中最重要的人。彼此陪伴人生的大部分时光，或陪伴走过一段旅程。这样的经历，既是亲密依恋的需要,也体现出一个人的价值感。

与一个人相爱又是一种重要的人生体验,其心理学意义还在于:恋爱是学习和另一个人建立亲密关系的过程。两个陌生人从相识、相恋到相爱,逐步培养发展了爱情,在此过程中也是对自己的认识和自我成长的过程。文学家莫里哀就说过:恋爱是一所学校,教我们重新做人!爱情产生的美好情感使人乐于承担责任,爱情改变人的趣味,升华人的人格,开发人的潜能,促进人的新生。

相爱的意义还在于更好地认识自己。亲密关系对每个人来说都意义重大,恋爱让人的心理得以成长。一个没有谈过恋爱的人,Ta 对自己的探索流于表面。因为不够了解自己,所以也不可能深刻了解他人。进入爱情,彼此往往会把最深层次的一面暴露出来,看到越多,领悟越多,自己的人格就越能慢慢成熟。爱情就像一面镜子,我们从这面镜子当中能够认识自己、了解自己、完善自己,找到真实的自我。因为,我们爱上什么人,就意味着我们从对方身上看到了自己的某一部分。透过爱情,照出了自己的人格,以及自己与他人与这个世界的关系。

爱情中的两个人,在相爱时发生矛盾和冲突也在告诉我们,自己内心深处的需求、渴望是什么,害怕、恐惧是什么。通过不同的恋爱模式,我们可以看到不同的人、不同人性深处的东西。在恋爱过程中,如果一个人特别自负,敏感多疑,情绪大起大落,非常神经质,遇到和恋人有矛盾时,经常会批评、指责和抱怨,总是说别人不好,似乎自己是没有责任的。那这样的恋人很可能是缺乏自我认识或者有偏执人格倾向的人;而如果一个生活很独立、学习能力很强的女孩,在进入恋爱不久就发现自己似乎变了一个人,对对方特别依恋、黏人,经常需要恋人的陪伴,发出短信就需要对方秒回,经常询问恋人是不是爱她,经常追踪恋人的行踪,那这个女孩在依恋类型当中也许就是一个"焦虑矛盾型"的人。

如果两个单身的人,人格都比较健全和成熟,心智化程度都比较高,都比较有自尊和自我价值感,他们在谈恋爱时,就不太会非常武断和主观,也不太会把自己的意志强加于对方,要求对方做什么,或逼迫对方改变什么。而这样的人在面对恋人的过分要求或逼迫行为时,也能够守住自己的心理边界,很好地处理自己和他人的情绪,与对方和谐相处。

好好恋爱,善于处理亲密关系,具备这些能力,并不是天生就会的,也不是一蹴而就的。所有的恋人在相爱过程中都需要不断地学习、不断地成长,才能不断收获甜蜜,才能达到一种和谐而幸福的状态。很多人抱着美好的愿望进入恋爱,想象着爱情的甜蜜,但却在相爱过程中不断受挫,有一些人因此而心灵受伤,痛苦不堪。还有一些人理智上想谈恋爱想结婚,但潜意识却因为害怕、恐惧,不敢进入恋爱,也不敢走进婚姻。还有些人甚至在恋爱婚姻中遭遇严重的控制、虐待,或在情绪失控时有自残自虐行为,这些都在提示着,除了爱情中的问题,也许他们有更深层次的心理困惑、心理痛苦需要去解决。

所以,爱是需要学习的,如何好好相爱是我们每个人必修的功课。如果一个人比较幸运,从小就感受过来自父母的无条件的爱,或者从父母那里学会了怎样去爱人和爱自己,那么他长大以后,恋爱过程会比较顺利;反之,就不太懂得爱,缺乏爱别人和爱自己的能力,恋爱过程可能会遭遇挫折和失败。这种情况下,他更应该好好地学习,借着自己的恋爱事件或者失恋经历,反省自己:自己的性格是怎么样的?自己表达爱、接受爱、付出爱的方式是怎么样的?建立亲密关系的能力是怎么样的?由此,还可以更深刻地反思自己:有哪些欠缺?有哪些需求?有哪些需要弥补的能力?自己的自尊和自我价值感是从什么地方来的?是靠恋人还是靠自己?如何才能做到?等等。通过这些,爱的能力才会逐步提升,恋爱才会更顺利一些。因此,爱情是我们更深刻地了解自己、找到自己、完善自己的很好途径,通过亲密关系,我们才能达到人格成熟、自我实现这样一种境界。

当今社会科学技术发达,各种信息扑面而来。媒体向我们呈现了很多模范情侣的感人事迹,也呈现了因情爱不当导致的凶杀和惨案。青少年尤其是大学生,对爱情的认识除了受到父母、亲朋好友的影响,也越来越多地受到媒体中明星人物的影响。大众文化的世俗性使得青少年的审美趣味多样化,有些大学生在爱情中追求性爱、追求享乐,也有些大学生的爱情少了浪漫情调和庄重优雅,多了许多"快餐"特色。所以,在这样的社会文化和环境当中,如何保持传统的爱情观中的精华,吸收其他民族爱情观方面的有益成分,就是摆在我们青年一代面前的重要任务。从社会发展任务而言,由爱情组成的婚姻、家庭是社会稳定的细胞。男大当婚、女大当嫁与其说是一种社会风俗,也可以说是我们每一个青年社会化的重要环节。中共中央、国务院印发的《中长期青年发展规划（2016—2025年）》要求加强青年婚恋观、家庭观的教育和引导,使得青年的婚恋观念更加文明、健康、理性,并切实服务青年婚恋交友等这些具体的任务,也传递出国家和社会对青年人的殷切期望。无论于公于私,当代青年应该树立起健康的爱情观和婚姻观,为自己的人生幸福而努力,也应该担当起为中华民族伟大复兴的使命,为实现中国梦而奋斗。

作家杜拉斯说:"爱之于我,不是肌肤之亲,不是一蔬一饭,它是一种不死的欲望,是疲惫生活的英雄梦想。"这也许是对爱情意义的最经典和浪漫的解释,也是我们每个人心中的梦想吧。

如何在情礼之间获得身心灵的自由?

《诗经》毛诗序里提到:"故变风发乎情,止乎礼义。发乎情,民之性也;止乎礼义,先王之泽也。"翻译成通俗的话是:"恢复《诗经》的传统,要从抒发我们最原始的情感开始,至于改变的程度,要用温柔敦厚的周礼来节制。用诗歌抒发性情,是百姓的天性;用礼义节制诗风,是先王留给我们的传统与恩泽。"中心意思是,儒家希望恢复温柔敦厚、适可而止的中正诗风。

"发乎情,止乎礼义",是对诗歌文风的一种评价,是儒家中庸思想在文艺理论上的具体体现。从我国的民族性格来看,也深受儒家思想的影响,即强调天人合一,强调中和之美,反对偏激的思想、过溢的感情。正如孔子论《诗》"思无邪",《关雎》"乐而不淫,哀而不伤"。

如果把这种民族情绪放到爱情中来,也是非常适用的。"发乎情,止乎礼义",现在通俗的理解是:对某些人阐发感情是可以的,但是不能逾越礼法的界限。给我们的启示是:作为一种人世间美好而珍贵的感情,爱情里既有本我的冲动,也要有超我的抑制;既有感性,也应该有理性;既要有激情,也要有边界。爱情和婚姻,事实上也存在着某种悖论或冲突,我们需要在一定的背景、一定的环境、一定的制约下追求人类这种美好的感情,获得身心灵的自由。因为,如果爱情是身体的愉悦，是心理的呼应，是灵性的整合，那么婚姻更多的是一种责任，一种担当。

我们谈到"发乎情，止乎礼义"，就会想到与之相似的西方心理学理论，弗洛伊德的人格理论——本我、自我和超我。弗洛伊德认为，本我就是人的本能，它包括生本能和死本能。生本能是指延续个体和种族生命的一种本能，又称为力比多，包括饥饿、渴、性，生本能是通过力比多的能量表现出来的；死本能是一种生物性的冲动，是一种破坏性的力量，是人的原始力量的来源，属于潜意识的范围。可以指向内部，表现为自虐和自杀，也可以指向外部，表现为仇恨和攻击等。弗洛伊德认为，本我贯彻"快乐原则"，就是一个人想怎么快乐就怎么做。本我必须受到理性、社会习俗和道德法律的约束，如果任其泛滥，不仅对自己有严重的后果，还会危害他人和社会。

超我，是认识到社会道德、法律规范约束的部分。包括两个部分：一部分是良心，一部分是自我理想。道德、良心、理想构成了人格当中的超我。儿童在父母的影响下受到社会环境的制约，逐步发展出明辨是非的道德观念，知道什么可以做，什么不可以做。如果违反了社会道德就会感到内疚，如果违反了法律就会有犯罪感。超我是遵循"道德原则"。

自我是现实化了的本能，婴儿出生后一开始只有本我，在父母的养育教导和社会环境的影响下，逐渐懂得只有在某些条件下才能满足本我，久而久之就形成了自我，也形成了超我。自我控制本我，同时也要受到超我的约束。既要避免本我过分泛滥，对社会和他人造成危害，同时又要考虑超我，评估所作所为是不是符合社会习俗、道德和法律。所以自我平衡本我和超我两部分，遵循的是"现实原则"，它代表着一种理智和深谋远虑。

一个成年人进入社会，他在公众面前仪表堂堂、温文尔雅，举手投足都符合规则，但是他的本我是想随心所欲，想做什么就做什么。他外表表现出来的状态是一种超我对本我的管束。在社会规则下，超我不允许他胡作非为。就像有些官员，在台上和公众面前，由于超我的制约和管束，令他不敢放肆，他的自我表现的是一本正经、循规蹈矩，但有时候喝了酒，在酒精的作用下，他的本我就会无限膨胀，他的超我就会隐退，最终可能导致自我严重倾斜到本我这边，就会做出一些令人匪夷所思的事情。比如有官员在醉酒状态下强行触摸、拥抱女下属,甚至公然侮辱女性,这就违反了社会道德,同时也触及法律的底线了。

人必须以自己的超我来管束本我,要发挥强大的自我的作用,调整好本我和自我的关系。类似于内心可以有激情,但表现出来要有节制,要做到"发乎情,止乎礼义"。

在恋爱当中,本我的一个突出表现就是性欲的满足。在身体层面,性是一种强大的本能。如果其中一方不能理解、不懂得尊重另一方,就可能"会错意",做出一些伤害对方的事,这涉及激情和边界的问题。有一种现象叫"约会强奸"。比如,约会过程中,男方在女方不同意的情况下,没有"读懂"女友在特定情景中的情感表达,有些还错认为"女生说不要嘛就是要呀……",强行对女友进行性活动,并伴有暴力手段。约会强奸大多发生在高中、大学里,强迫性行为多以恋爱名义,受害者为名誉一般采取隐忍的态度,这反而给强暴者传递模糊信息,使他更加肆无忌惮地对受害者施暴。约会强奸会对女性造成比较严重的伤害,有些恶劣影响甚至会超过一年,造成"强奸创伤综合征",表现出易激动、对性恐惧和冷淡、对男性持怀疑态度等。对此,我们必须引起警觉,除了加强对女性的保护,也需要教育和引导男女在两性关系中学会和谐相处的方法与策略,如果触及法律,受害者就要学会拿起法律的武器来维护自己的权益。

对受害者一方来说,如何把握和坚守自己的边界、如何学会说"不"就显得特别重要。心理学视野中的"边界"指的是:在人际关系中,每个人清楚地知道自己和他人的责任和权力范围,既保护自己的个人空间不受侵犯,也不侵犯他人的个人空间。如果一个人心理界限不清楚,那么他在人际关系中就会出现以下情况:一方面,在他人面前过多地暴露自己的内心想法和诉求,过分地渴望他人了解自己,并过度地依赖他人,在本该自己决定的地方要求别人替自己做出决定;另一方面,他过多地想了解别人的内心世界,以便获得与别人融为一体的感觉,还想别人依赖自己,要求参与别人哪怕是很私人化的决定,等等。

在亲密关系中,如果不懂得设定自己的底线和心理边界,就可能委曲求全,唯唯诺诺,或任由对方侵犯自己的身体和情感,给自己带来麻烦和危害。设定心理边界也意味着不去冒犯和侵犯别人的权利与底线,懂得自己的事情自己负责,不把责任推在别人身上。比如，男生和女生异地恋爱了，每次见面，男生总是提出要开房约会，女生的态度也一直含含糊糊，既害怕失去男朋友的爱，但也不愿意违背自己的意愿，为此两人常常吵架。实际上，这位女生在恋爱之初就可以告诉男朋友自己的边界和底线，让对方清楚地知道，她什么事会做，什么事是绝对不会做的。如果男朋友真的爱她，为她考虑，就会尊重她的意愿，每次见面就可以有所准备，彼此之间的关系就会更亲密和愉悦了。

"发乎情，止乎礼义"，情和礼之间未必是矛盾的，这两者之间存在着统一性。礼义规定的初衷也来源于情感，也就是我们在为生活定下一些规则与条款的时候，是怀有一种美好的情感和愿望去制定的。所以，生活中的礼、规则和情、感情并不是完全对立的，也不是两个极端。礼是情的衍生物，是情的浓缩物。如果我们按照这个逻辑来解读爱情、婚姻中的规则，也许是在提醒我们：为什么会有爱情？为什么要有婚姻？

爱情的产生和人类的生存繁衍本能以及进化有关，如果其体现出的自然属性更多一些的话，那婚姻的产生则更多是从人类的理性层面来考虑的，和社会属性、经济利益联系更紧密。爱情是情感，感性为主，很多是靠个人体验的、无法进行定义的东西，尤其很难用理性和伦理来清晰地定义。婚姻则更强调理性和社会性，婚姻是世俗规则下的一种生存方式，婚姻道德强调从一而终，爱情和婚姻似乎存在着悖论，有冲突和矛盾。因为就爱情中的身体吸引力而言，没有一段激情可以天长地久，欲望只有在不断更新中才有其生命力。相对于维系人伦秩序的社会规则而言，情感的自由似乎就是以不断的背叛为代价的；而且人性又是追求独立和自由的，人不会因为婚姻就失去了他的独立性和自由角色的权利，所以这是一个两难的困境。

当我们担心喜新厌旧是浪漫爱情的天性，或当我们沉溺于婚姻的种种规则而不能自拔时，如何获得另外一种自由呢？这就需要我们重新去解读这些规则，重新去理解婚姻。我们觉得伦理、边界或婚姻成为人生的桎梏、牢笼，成为不得不遵守的东西，我们或许应该换一种思维。就像《诗经》毛诗序中所说，追求一种中正平和的感情观，而不是单纯地把激情和边界、爱情和婚姻割裂成矛盾的两端。我们应该看到其中的统一性，并且在这个统一性当中找到有利于感情发展的自由。

自由并不是随心所欲,自由并不是没有边界,自由是有一定的规则或是在一定的条框之内才能获得的。就好像走在马路上,要有交通灯,这样行人走路和汽车通行才可能井井有条,才会获得一定程度的自由。否则,没有了红绿灯,就会混乱不堪,根本谈不上通行的自由。爱情中的激情如果任其泛滥,没边没际,那么激情之火烧起来可能摧毁一切。激情就因为其中有一定的制约,归于中正平和,这种感情才可能绵长、隽永。

　　对自由的理解在不同的语境之下也有不同的看法。我们可以选择去做什么,我们也有权利选择不做什么,同样可以选择拒绝什么。比如对女性来说,应该拥有决定自己的情感归属的自主权,进入爱情或者不进入爱情;应该掌握自己人生的自主权,进入婚姻或者不进入婚姻;应该掌握自己身体的自主权,能够自主决定生育或者不生育。无论恋爱不恋爱,结婚不结婚,生育不生育,都不能成为被轻视、被歧视的理由。尤其是在大众文化里,或是在亲密关系里,都能够拒绝被物化、被矮化、被附庸化,都能够得到真正平等的爱和尊重。具备了这样的社会舆论和规则制度,人们或许就能达到一种真正意义上的自由。

　　人们走入婚姻的很大部分原因是出于对两个人能长久相爱、能天长地久在一起的一种美好愿望,而用婚姻这种形式来见证。婚姻是相爱双方对彼此感情付出的一种回报,这种预设的承诺本身就包含承担责任的因素,海誓山盟的诺言更是一种承担责任和自我牺牲的预先表达。恋爱过程中有无责任意识还是一个人的人格成熟的重要标志。责任感的强弱、利他还是利己,都是一个人人品和修为的表现。古今中外浪漫的神话传说,或经典文学作品中催人泪下、感人至深的爱情故事,很多都是为对方所作的努力和付出,这种付出有的甚至是生命。履行承诺、承担责任本身就是一种牺牲。爱情不仅仅是一种感性和心灵的体验,其中的重要部分也伴随着一种自觉的付出和牺牲,伴随着奉献和承担责任的内容,这些不仅在婚姻外可以实现,在婚姻里更是经常可见。所以,从这个意义上说,爱情和婚姻并不矛盾,是可以融合、整合在一起的。

　　本书提出的爱情观基于身心灵三个层面的架构,即身体层面、心理层面和灵性层面,爱情的最高境界是三者的结合。激情只有在对自己厌倦时才会失去,亲密感也只有在自己心田枯萎了才会消失，如果从来没有对自身崇高信仰和使命感的追求，又何来爱情中灵性层面的满足？

婚姻中的人们要去觉察，要尽可能保持两人之间感情的长久长新。如果相爱的两人同时有自己的事业，又各自有自己的兴趣爱好，那么两人就可以有合作、有支持，经常有激情，时时有亲密，彼此鼓励、互相包容，共同为事业而奋斗，不断有新的有形或无形成果的出现。两个灵魂需要不断进步、成长，去共同经历一些东西，去创新一些东西，让爱情之花长开，婚姻的生命力也更长久。也许这就是爱情与婚姻的一种最佳境界，这样的爱情和婚姻可以说达到了在情礼之间的身心灵的自由。

案例　我的爱情和爱情观

我和我的男朋友是高中同学，我们从高考前在一起，到现在已经两年多了。我们是异地恋，他在广州，我在上海。我们见面的时间只有假期，大部分时间由于上学不能在一起。在高中，我们都是年级里的优秀生，但是我的高考失利了，他却发挥得很好。原来的我，因为和他学习成绩相当而自信，但高考后的我显得很自卑，对自己失去了信心，生怕和他产生差距。我们是异地恋，我便更加缺少了安全感，所以在大学刚开始的一年里，我越来越觉得不安，对他有了很强的占有欲。我希望时刻知道他的生活，知道他在干什么。我们也经常因为这个而争吵，就像许多课堂上的案例里展示出的一样。占有欲真的是一种不理智的爱情心理，虽然我知道自己不应该这样想，不应该这样去控制对方，但是内心的不安，还是让我保持这样的状态很长时间。

随着我们的关系越来越好，生活中越来越亲密，包括我们与对方家人也互相熟悉，我放下了不安的心。其实他真的为我们关系的改善做了很多努力，在我一味施加自己占有欲的时候，他慢慢地迁就我，满足我的许多在外人看来不合理的要求，让我对他越来越信任。通过他的努力，我也对自己慢慢恢复了以前的自信，减少了很多不安全感。

通过课堂学习，我更加确信了自己应该慢慢改变对对方占有的心理。爱情里的双方应该给对方足够的空间、足够的自由，完全占有和控制另一个人是不可能的,没有人有这样的权力。安全感不是别人给的,而是自己给自己的,不安全感往往是对自己不信任的表现。人生中除了爱情,还有很多能让自己获得快乐的东西,如果一味关注爱情,就没有办法发现自己人生的价值。

现在我们之间已经不再有那么多的矛盾和不信任了,一切都在慢慢变好,我不再为不知道他在干什么而紧张害怕,也不会时刻想了解他的事情。逐渐变得给对方自由,给对方空间,也逐渐放下自己不安的心。我们一直在为未来共同的幸福生活努力,我相信相爱的人是要给对方动力,而不是带给对方压力。我也慢慢知道,要给男生多一些成就上的鼓励,男生的最终目标始终是出人头地。作为他身边的女生,应该多给他这方面的自信,让他获得对自己价值的肯定,这也更有助于我们关系的长久维系。

总结一下我的爱情观是这样的:第一,只有脚踏实地的爱情才能开花结果,任何爱情的满足都是多层次的,只停留在一个领域的契合,走进现实会很快变得单调乏味。身体、心理和灵性都彼此相适的爱情才是最完整的爱情。

第二,我们都被具有自己隐性人格的那个人所吸引着,有时正是这些才把两个人结合在一起,性格上的互补可以成为互相依赖的基础。所以,相处的时间长了,如果你开始对对方不满,不要急着否定对方或否定自己,理性思考下,可能这正是你人格当中的隐性的东西,学会接受他人在你眼中的缺点,就是接受自己的不完美。

第三,事业上的互帮互助会让两个人走得更近,达到更多心灵上的契合和沟通。有机会要多去了解对方的事业,相爱的两个人要共同成长、相互鼓励,在恋爱中让自己变得更优秀才是最佳的恋爱效果。

第四,爱情不是占有,要给对方足够的自由和空间,理性也是感情的一部分。

第五,安全感来源于自己的内心,只有爱情的人生不是理想的人生,人生还有很多价值等着我们去实现。

第六,爱情里重要的是信任和坦诚,这是爱情的基础,由此发展的爱情才会是健康的爱情,并且会走得长远。在我自己的感受看来,陪伴是最长情的告白。爱情最终会变成亲情,一生的守护,陪伴的心永不变质,永远是爱一个人的最好的方式。

案例分析

本文是"爱情心理解读"的课程论文的片段,作者较好地把爱情理论和恋爱实践结合在一起,有很好的反思、总结和感悟,给我们展示了当代大学生对爱情的理解:努力提升爱的能力,以及勇敢追求情礼之间的身心灵自由的理想和愿景。

第二章

性别差异和多元化

有哪些性别的表现和界定?
如何看待性别的"双性化气质"?
如何看待性别多元化和性别平等?
如何看待男女差异?
男女之间有真正的友谊吗?
"男人来自火星,女人来自金星",真的是这样吗?
男性和女性的核心恐惧分别是什么?
怎样才是处理男女差异的最好办法?
人生不同发展阶段的性心理具有什么特点?
男女两性的性心理差异有哪些?
新时代需要怎样的性教育?

有哪些性别的表现和界定？

当代人们对性别的认识大多数以男女两个性别为基础。实际上，性别是个比较宽泛和复杂的概念。本书对性别的描述，以及以下各章关于爱情心理的描述，也主要在男女二元性别刻板印象的基础上展开，因为性别二元论在现实生活中影响巨大，无视或否认这种常识的存在，读者很难理解不同性别之间的区别。但基于二元划分的性别研究是有局限的，随着社会的发展和学科研究的深入，我们应该探讨性与性别的多元性和复杂性、流动性和建构性，以符合社会的现实，体现出人类的文明和进步。

人类的性别有很多维度的解读，主要是生理、心理、社会等方面。

生理性别：是指生理意义上的性别，又称自然性别。通常分为男性、女性或双性，由染色体和性器官等因素所决定的性别。

心理性别：是指个人对于男性化或女性化的主观感受，对自己性别的认同。这一方面与基因和遗传因素有关，另一方面也与家庭养育和角色认定有关，一般认为性别认定自1—2岁开始形成，3—5岁时基本完成。性别认同是对自己的性别或者身份的想法和理解。一个人可以认同自己的性别为男或女，或性别酷儿（介于男女之间，或不认同传统的男女分类），而不管Ta的生理性别是什么。比如一个男生，生理性别是男性，Ta可以对自己的性别认同为女性。

社会性别：是指男女社会行为方式上的差别，称为"性角色"或"性别角色"，是对男女两性不同的期待、要求和限制。社会性别是在社会的政治、经济和文化等因素下造成的。比如，从外表形象看，认为女性应该是娇小优雅的，而男性是高大宽肩的；从人格特性看，女性是柔弱、情绪化的，而男性是自信坚强的；从角色行为看，女性是应该照顾孩子的，而男性是应该干重体力活的；从职业分工看，女性是擅长做护士的，而男性擅长勘探、建筑等。

和性别有关的其他重要概念有性别表达、性倾向等。

性别表达：是指在行为举止、穿着打扮以及与其他人的互动中，如何将自己的性别气质表达出来。根据传统的男或女的分类，性别表达可以有比较女性化的阴柔的表达，或者男性化的阳刚的表达，或中性化的气质表达。女性可以穿女装，男性也可以。比如一个男性穿女装，做出柔美的姿态；一个女性也可以穿男装，表达阳刚的男性气质。

性倾向：是指一个人在爱情上和性欲上对男女两性有什么形态的永久吸引，包括一个人在爱情依赖感、亲密行为等非性方面的吸引，以及性行为方面的吸引。典型的性倾向有异性恋、同性恋、双性恋和无性恋。

跨性别：是指出生时根据其性器官被指定了某个性别，但在成长过程中感到无法认同的人，其具有某种程度的异性心理、行为或异性气质。这些人包括跨性别者——通常全部或部分时间以异性的角色生活；变性者——寻求通过变性手术永久改变自己的身体，以符合对自身性别的定义；易装恋者——穿着异性服装，以达到情绪或性方面的目的者；双重灵魂者——具有男性与女性灵魂的人；双性或雌雄同体者——出生时就具有男性和女性器官的人。

如何看待性别的"双性化气质"？

我们先来了解一下性征的概念。性征是指男女两性的性别特征，综合生物学意义和社会学意义的性别特征，可以分为：

第一性征：指男女生殖器官可以分辨出外形和构造的差异。男性有睾丸、阴茎等；女性有阴道、子宫等。这是由遗传决定的，是与生俱来的性别特征。第一性征确立了人们要经历的性别社会化过程，是建立社会性别的基础。

第二性征：指男女在青春期出现的一系列生理特征。具体表现是青春发育后，男性开始变得高大、肌肉结实、喉结突出、变声、长胡须、汗毛加重；女性皮肤细嫩、嗓音尖细、乳房隆起、肌肉柔韧、脂肪增加、月经来潮。随着生理的变化，人们的社会性别意识越来越清晰，社会各因素对个人的影响也更加明显。

第三性征：指男女在性格和心理方面表现出来的特征，又称性别程度，简称性度，是男性气质和女性气质的明朗化。第三性征是以第一、第二性征为基础的，强调在社会环境下男女两性相对立的心理和行为模式。比如，男性气质是行动取向、成就取向。主要是地位、坚强的心理和非女性化。要主动、争强好胜、竞争性强、直率，不能有依赖、温柔、软弱等特征。女性气质是情感取向、亲和取向。主要是与家庭相关的特征，温柔、整洁、依赖男性，要有同情心、关心他人、羞涩、多愁善感、被动等，不能有男性的特征。

第四性征：又称"性别的双性化"，是指兼具男性气质和女性气质的性别表现，指"男性化"和"女性化"的混合与平衡。又称为性别的"双性化气质"或"兼性气质"。具体来说，就是指在一个人身上同时具备男性与女性的兴趣、能力和爱好等方面的长处。双性化人格表现为既独立又合作，既果断又沉稳，既豁达又敏感，既自信又谨慎。男女的双性化不涉及性取向，突破了性别刻板印象的束缚，是事业成功和家庭生活幸福的基础。

心理学家贝姆认为，如果传统认为男性具有独立性，而女性具有依赖性等，那么同时具备男性、女性个性长处的人有很多的优点。比如，双性化人格的男性具有女性的依赖、温柔的特点，但他的独立性却没有受到影响；而双性化人格的女性的独立性增强了，但她的温柔、善解人意却依然存在。双性化人格者还表现得特别富有教养，对人有同情心，同时还有更积极的归因模式。他们把成功的因素归结为自己内部的稳定的因素。比如，自己的成功是因为努力了，能力提升了，而把失败的原因归结为不稳定的外部因素；又比如，失败可能是外界环境比较恶劣，时机不到，等等。这样一种归因模式使双性化人格的男女具有较强的自我价值感，能够不断地朝着目标去努力，而把失败看作是暂时的状态。

在工作、事业等适宜表现男性气质的场合，双性化人格者就能以男性特质来应对;在人际交往和亲密关系等适合女性特质的场合,双性化人格者就善于用女性气质来施展 Ta 的魅力。可以这么说,双性化人格中的男性气质使 Ta 的事业会更成功,而女性气质会使 Ta 的生活和亲密关系更幸福。

要让我们每个人的人格中具有双性化的特质,是可以通过学习达到的。一个男性可以去学习女性特质中的优雅、感性和善解人意,一个女性也可以学习男性特质中的自信、逻辑和果断坚定。但不得不说,我国男性的双性化进程速度比较慢,目前还基本是以男性的标准为通行标准。如果一个男性不具备女性特质的话,他在事业上或许不会受到很大的影响,但在生活中尤其在亲密关系中,我们常常可以看到有一些男性情商很低,不善于表达,不太懂得女性的感受,更不会换位思考。由于这些,他们常常找不到恋人或即便进入婚姻,也会遭遇种种阻碍,使他的生活和情感方面的幸福度不高。

案例　李安的奶爸角色和奥斯卡获奖导演身份

1975 年,李安毕业后前往美国留学,先是在伊利诺伊大学学习戏剧导演专业,获戏剧学士学位。毕业后,李安留在美国试图开拓自己的电影事业,但一直没有找到适合美国人的剧本,他开始了长达 6 年的等待。那段时间,李安失业在家,主要靠身为药物研究员的妻子林惠嘉在外工作,养家糊口。

李安每天在家除了大量阅读、看片、写剧本外,包揽了所有家务,买菜做饭带孩子,家里收拾得干干净净。每到傍晚做完晚饭后,他就和儿子一起兴奋地等待着"英勇的猎人妈妈带着猎物回家",这常常令林惠嘉觉得很温馨很感动。

1995 年,李安凭借英文电影《理智与情感》,获得奥斯卡金像奖七项提名,进入好莱坞 A 级导演行列。2001 年,他因执导《卧虎藏龙》首次获得奥斯卡金像奖最佳外语片奖。2006 年和 2013 年,他凭借《断背山》和《少年派的奇幻漂流》获得第 78 届和第 85 届奥斯卡金像奖最佳导演奖,成为首位两度获得奥斯卡金像奖最佳导演奖的亚洲导演,也是首位获得奥斯卡最佳外语片奖的华人导演。2001 年,小行星 64291 以李安的名字命名。2006 年,李安获评《时代周刊》"影响世界的一百人"。

> **案例分析**

李安即属于我们所说的有双性化人格(兼性气质)的人。他在事业层面,有追求和上进心,有理性和逻辑性,能够制作出举世瞩目的杰出的电影作品;在家庭和情感层面,他温柔体贴,有很强的爱心,关怀夫人和养育孩子。所以,李安能够在事业和家庭获得双丰收。

如何看待性别多元化和性别平等?

性别是一个复杂的系统,性别本身就具有多元化的内涵。在人类的胚胎期,胎儿在母体子宫内同时分泌雄性激素和雌性激素,哪种荷尔蒙居于主导地位,以后就成为什么样的性别。成为男性的主要激素是雄性激素(睾丸酮),会产生性冲动和攻击性行为;成为女性的主要激素是雌性激素和孕激素,可以产生亲密行为。雄激素、雌激素和孕激素在每个男女身上都有,只是比例不同而已。因此,性别在生物学意义上具有多样性的含义,或者说男性身上有女性成分,女性身上也有男性成分,每个人几乎都是雌雄同体的。

在社会建构意义上也是如此。人类学家玛格丽特·米德在20世纪30年代的研究,为社会文化决定性别心理这一命题提供了较客观的证明。她对阿拉佩什、蒙杜古马、德昌布利三个原始部落进行了细致的人类学研究。她发现阿拉佩什人强调合作和协商,无论男女都十分顺从、攻击性极低,男人和女人相亲相爱,孩子从小就在温馨和睦的氛围中学习爱与体贴。他们不欣赏为了炫耀勇敢或男子气概的暴力行为。孩子们的游戏,也没有一个是鼓励进攻和竞争的。

蒙杜古马人则相反,无论男女都冷酷残忍,自傲自大,举止粗鲁,喜欢暴力,带有强烈的攻击性。男孩女孩从小就被鼓励要独立和坚忍,在任何场合都不能表现出温柔感性,要成为强而有力的人。

德昌布利部落里的女人占有实际的统治地位,在经济生活中扮演着重要的角色,而男人则很少有责任心,且多愁善感,依赖性极强。女人整天忙于捕鱼和纺织,而男人则忙于举行集会,热衷跳舞。遇到挫折,男人会表现出神经衰弱或歇斯底里的情形,但女人却不会因遭受挫折而表现出情绪化的行为。

从以上研究我们可以看到,原始部落都在性别认同上有着不同的方式,在阿拉佩什,我们所认为的"女性"特征为男女共有;在蒙杜古马,我们所认为的"男性"特征为男女所共享;德昌布利的性别角色则与我们所认同的男女角色完全地颠倒过来。所以,男女两性的气质和性格是由社会条件形成的,性别差异也取决于社会文化。性别角色的分配与差异是与社会的文化环境相匹配的,并随着社会、环境、文化的发展而相应地变化。

随着我国社会经济文化的逐渐开放,转型期价值体系的多元化也给予了性别多元化更多的舞台,无论什么性别,每个人都有希望成为自己愿意成为的那个性别个体。男性可以成为柔情似水的"暖男",女性也可以成为意志坚定的"女汉子"。

但传统观念带来的性别刻板印象也不容忽视。尤其是在生活和情感领域,有些人常常对男女两性的行为做出主观武断的判定,以二分法为依据,赋予男女各自不同的性格、态度和生活方式、职业等,这种评定往往忽略了个体的差异。这种性别的刻板印象主要集中在"性格特质"方面,其影响面会波及男性和女性的知觉、归因、动机、行为,在身体特性、角色行为、分工与职业、两性关系形态等方面体现出来。比如,典型的男性特征是:粗犷,勇敢,大胆;好动,有活力,敢于拼搏,有某种攻击性;独立性较强,依赖性较弱,不易受他人影响;做事比较坚决果断;爱冒险,富于竞争性;不注意修饰外貌,不拘小节;慷慨大方,讲义气等;而典型的女性特征是:细心,谨慎,对人关心体贴;非常文雅,虔诚;喜欢安静,习惯过稳定的生活,不习惯剧烈运动;依赖性较强,易受暗示,容易相信别人;心肠软,易于表达温柔的情感;爱整洁,喜欢打扮自己;容易表露情感,对小事敏感,易激动等。

如果一个男性在恋爱中表现得如女性一般"黏人"、敏感、易激动等,有可能会导致女朋友的嘲讽,他自己也可能看不起、接受不了自己。这就是社会文化中的性别刻板印象带来的影响,这对恋爱和婚姻的进程是非常不利的。

如果我们的社会舆论和学校教育仍然沿袭传统的"阳刚男性""秀慧女性"标准,以强化性别差异为出发点,本质上是人们对于既有性别规范改变的焦虑,也是对男性、女性向兼性气质、双性化人格融合与整合的困惑或恐惧。性别教育应该以提倡性别平等、尊重性别多元为目标。尊重"多元差异"的存在，才更有助于社会平等和每个人充分且自由的发展。

性别，是由生理的性衍生的差异，包括社会制度、文化所建构出的性别概念；而平等除了维护人性的基本尊严之外，更谋求建立公平、良性的社会对待。希望通过教育和舆论的引导，使男性、女性或跨性别的人都能站在公平的基础上发展自己的潜能，不会因为生理、心理、社会及文化上的性别因素而受到限制，更期望经由教育上的性别平等，促进男女及性别多元化的群体在社会上的机会均等，从而在性别平等的原则下，共同建立和谐的多元社会。我国台湾地区经历了2002年的"两性平等教育"到2004年后的"性别平等教育"，从"两性平等教育"到"性别平等教育"的变更，揭示着性别平等不仅是男女两性之间的平等，还包括多元性别的平等。只有消除一切的性别歧视与偏见，尊重多元发展，才能从根本上消除对女性的歧视与不公，使女性获得真正意义上的解放。

如何看待男女差异？

如果以传统的男女二元划分来说明性别的差异，男女之间的确存在着不同，但这些不同也远非有些书上所描述的，男女存在着不同星球的差异，个体的差异远多于性别差异。我们在这里讨论的性别差异仅就统计学意义上的差异来加以说明。

男女都有23对染色体，22对常染色体男女相同，只有1对性染色体是有差异的。决定性别的染色体只占全部染色体的1%—2%，多于98%的遗传特性都是相同的，所以说男女的相似远多于差异。我们认为，要讨论男女两性差异，还不如说讨论男性气质和女性气质的差异，因为，就男女个体而言，Ta身上既具有典型男性气质的因素，也具有典型女性气质的东西，不是截然不同的分裂，而是融合与整合，这才是未来人类健康生活和幸福的标准。

影响男女心理发展的基本因素主要有遗传因素、环境因素（社会分工、家庭环境、大众传媒）和学校教育因素。学校的教学方式也影响男女心理的发展。在学校教材中出现的男女形象强化了男女的性别角色,对男女心理的发展也起到了潜在的影响作用,这是需要改变的。

男女(气质)差异的具体表现为:

20世纪早期,人们认为男性智力优于女性,但最新的研究结论却认为总体来说,男女智力不相上下。男女的智力差异只是在不同的年龄段有些区别。在婴儿期,男女几乎没有智力差异;到了幼儿期,女孩智力优于男孩;学龄期时,女孩的智力明显优于男孩。青春期开始时女孩智力优势有所下降,而男孩的智力在青春发育高峰期逐渐优于女孩。青春期以后,智力发展越来越不受制于年龄,而与教育、文化、实践等密切相关,差异减弱。男女中学生的推理能力没有明显差别,而在解决问题能力方面,男生均高于女生。

在感觉的性别差异方面,除视觉外,其他感觉女性都优于男性;触觉,女性更敏感;听觉,女性听觉的绝对感受性要比男性高;嗅觉,女性比男性更敏感;味觉,女性对苦味较敏感,喜欢甜味,而男性对咸味较敏感;空间知觉方面,女性更多借助于某些具体的地点来识别,而男性借助于距离、东南西北等术语来表达,男性脑中有"方位地图"。

在言语发展的性别差异方面,女孩的口头言语发展速度比男孩要快,发展水平高。婴幼儿期,女孩说话时间要早2—4月,词汇量也比较大。女孩言语优势在四年级开始明显化,有更明显的流畅性和情感性;而男孩有更明显的逻辑性和哲理性。女性面部表情丰富、经常变换,更多微笑,而男性更多用微笑表示自信和大度。调查认为,在绝大多数场合,男性说话的时间多于女性,现实中对男女言语行为的评判有不同的评判标准。比如,女性交往方式是以他人为中心的,较少打断别人的谈话,而男性交往方式是以权力为中心的,较多打断别人的谈话。总体而言,女性比男性在语言能力上的性别优势非常微小,语言能力的性别差异还受到教养、行为、文化和环境等因素的影响。

在情绪的性别差异方面,在人们的印象中存在着男女情绪的刻板印象,"女人易哭,男人易怒"。女性的面部表情、形体姿势表情、语言语气表情比男性丰富,如经常流眼泪。在公共领域中男性经常有愤怒等情绪反应,而私人关系中女性更容易有生气、愤怒等情绪反应;而且女性发怒时考虑得比男性周密,对产生的后果更担心。男性、女性在同一情境中产生情感体验的"数量"是相同的，只不过表达方式不同，女性更倾向于把内心体验外显出来。男性用愤怒攻击、身体对抗、大吼大叫等直接方式，女性用哭泣、生闷气、诽谤等间接和关系型方式来表达。

女性的情绪感受性比男性强很多，更加容易情绪化。日常生活中，女性被形容成喜怒无常、歇斯底里、小题大做、大惊小怪，常因一些鸡毛蒜皮小事大哭大叫、寻死觅活；有时还表现出极端的怨恨和残忍。

移情能力是设身处地以别人的方式体验其经历的事件和情感（快乐、悲伤）的一种能力。女性不仅比男性更容易移情，而且在对他人情绪的感知方面，女性也比男性更快、更准确，但在感知愤怒时相反，男性比较强。这也是进化让女性更能够"读懂"婴儿的情绪情感，以及时安抚照顾孩子，保证后代存活下来。

在对待情绪、调节情绪方面，两性被教育以不同方式来面对情绪、处理情绪。大部分国家的社会文化倾向于鼓励男孩压抑情绪，默认可以通过暴力来表达愤怒情绪，而不是用更合适的方式来管理情绪。比如，男性可以用愤怒去控制、批评、威胁和羞辱他人，而对恐惧、悲伤等情绪却只能默默吞下，尽管极度沮丧却不敢发泄，更不敢表现脆弱。这导致男性似乎只能扮演勇猛刚强的"男子汉"，不能流露除愤怒以外的其他负面情绪，这对男性的身体健康和全面发展非常不利。

社会环境一般允许女性流露情感，大部分女性也善于表达情绪，有些女性还善于掩饰和夸张地表达情感。比如，用比较强的防范心理和自我压抑来压制强烈情绪，以保持所谓的"淑女"形象。

在攻击行为方面，男性的直接攻击行为高于女性，女性的间接攻击行为高于男性。女性更喜欢诽谤、冷淡孤立和使用诡计等间接攻击方式。男性用攻击行为来控制他人，而女性的攻击行为通常是由于情绪的失控。在童年向青少年过渡时期，男孩女孩用不同的策略、行为方式来表现攻击性，男孩正面攻击，女孩间接攻击。青春期以后的男性希望在攻击行为中扮演厉害的角色，所以，他把攻击当成控制他人的方法，以获得更多权力和自我价值感；而女性只是表达失控，有内疚和负罪感，并不是为了证明自己的强大。攻击性形成的愤怒是一种很强的能量，这种能量如果得不到释放，就会越积越多。因此，培养男孩学会移情，培育同情心和爱心，教会他懂得宣泄自己的感情，把自己的烦恼、愤怒通过适当的途径宣泄出来，非常重要。

男女之间有真正的友谊吗？

男女对交友的方式有明显的区别。男性通过相同的活动、共同做某些事来获得友谊，友谊的稳定性比较低，而且职能划分明确，是一种肩并肩的模式；而女性往往通过自我表露、分享内心的想法和秘密来建立和维持友谊，友谊的稳定性比较高，而且职能交叉，是一种面对面的模式。在择友标准上，男性注重态度、兴趣、价值观等相似性，思想、性格、能力、威信等个人品质，以及交往对象的外貌、风度、仪表等方面的吸引力；而女性的标准则是倾向于能与交往对象有福同享、有难同当等回报因素以及时空的接近方面。男女两性对友谊亲密性的重视度比较一致，都看重友谊中的地位平等性、忠诚、信任、支持在友谊中的作用。两性最希望从友谊中获取的东西是支持和亲密感。

自我暴露是告诉另外一个人自己的信息，真诚地与他人分享自己个人的、秘密的想法和感受的过程。女性的自我暴露是为了分享自己的感受，而男性是为了解决具体的问题。在自我暴露的频度和深度上，女性比男性有更多、更深的自我暴露。女性自我暴露的话题更多是与家庭相关的私人性话题，比如，谁和谁关系好，谁很胆小，等等；男性谈论的话题主要是共同喜好的运动和工作。虽然女性比男性更愿意和同性朋友谈论亲密话题，但在谈论非私密话题上男女不存在差异。

在看待和处理同性友谊方面，男性女性存在着比较明显的差异。一般认为，异性之间友谊的竞争最小，男性同性间的友谊竞争最激烈。男性不会向对手暴露自己的弱点和困境，交友有所保留。在男性看来，男性之间的竞争会使得成功一方对另一方造成伤害，这一点在女性身上的表现不明显。由于社会文化要求男性刚强果敢、事业有成、沉稳干练、不拘小节，如果过多自我暴露会使弱点暴露，所以男性很少表达情绪情感，而这会抑制朋友间的友情，再加上男性在言语表情动作上一般比较弱势，会妨碍其提高友谊亲密度。此外，男性对同性间的亲密友谊存在着一些障碍。比如,有些人认为如果和同性走得近,会有同性恋的嫌疑。而对同性恋抵触的人在信任、善解人意、共情、关心的表达上比其他男性低,尤其是那些男性气质明显的人。

如果承认存在异性友谊,而且认为异性友谊是指与异性之间的一种情感,不包括浪漫、性和家庭上的关系,那在对待异性之间的友谊方面,一般认为,女—女之间的友谊最稳定,最为亲密;其次是女—男之间的友谊;再次是男—女之间,最后是男—男之间的友谊比较脆弱。和同性友谊相比,男性和异性间的自我暴露水平要高于同性之间,而女性更愿意在同性友谊中自我暴露。男性从异性友谊中比从同性友谊中获得更多的亲密感和被接受感。两性都认为社会规则对异性友谊影响更大,社会对异性友谊并不完全认可。

大部分心理学研究表明,异性之间存在着友谊,而且异性友谊有同性友谊不具备的益处。比如,异性友谊存在着互补性。异性之间既可以个性互补,又能够在情感、心理和思维等方面互励互慰。个人交往范围越广泛,和周围联系越多样,社会关系越深入,精神世界越丰富,个性发展就越全面。异性友谊还有智力互偿效应。男性的理性、抽象和逻辑思维与女性的具体、感性和形象思维,通过交往,取长补短,促进两性智力水平和学习、工作效率的提升。异性友谊还有异性效应,就是我们通常所说的"男女搭配,干活不累"。有异性参与,异性间心理接近的需要得到满足,使人获得程度不同的愉悦感,激发潜在的积极性,可以获得巨大的创造性。我们可以这么说,恋爱、婚姻的空间比较狭小,对男女双方的约束比较多,往往带有独占性或自私性;而同性朋友的趣味比较单调,且难免有利害关系。相比较,纯真的异性友谊则是美好心灵的闪光和陶冶,给人们带来不一样的体验。

但异性友谊也面临着挑战,主要有五个方面:第一,随着女性参加社会工作的增多,在各种不同场合接触不同的性别,异性友谊的机会增多。但有些男性往往把异性朋友看作约会对象,没有把异性看作真正朋友的意识或意图。第二,异性友谊在男性看来,如果走得比较近,有从亲密友情向爱情发展的可能,存在模糊性,要把浪漫、性欲、友谊等一一区别开来,是件非常困难的事。第三,如何克服异性之间的性吸引力,男女之间看法相差颇大。在某个研究中,研究者问及

150多对职业男女,关于异性友谊他们有哪些好恶?在女性最不喜欢的因素中,位列首位的是性吸引引起的性紧张;男性则恰好相反,绝大部分回答是,性吸引是开始一段友谊的首要因素,甚至还会因此加深友谊。调查有62%的研究对象表示,性紧张存在于他们的异性友谊中。第四,在当今文化中,男性拥有的权力大于女性,男性所拥有的统治权、威望和力量都可能导致男女之间的友谊发生倾斜,达不到平等的状态。在异性友谊中,如果女性要避免陷入被动、顺从的角色,女性就要冒点风险,要争取自己平等、有尊严的地位。第五,通常人们对"无性的友谊"抱有怀疑的态度,整个社会都需要对异性间的友情和亲密调整看法,以更宽容、更理解的态度来对待。

"男人来自火星,女人来自金星",真的是这样吗?

大部分的爱情发生在男女之间,在爱情产生之初,人们由于激情的作用,会抱着好奇的心态来看待彼此的差异,但激情过后,这些差异就会越来越多地显现出来,给恋人们带来非常多的苦恼和麻烦。

案例 一对情侣的电话对话

台湾网友上传了一段很有趣的情侣对话,起因是女朋友开车出门,发现车发动不了了,给男朋友打电话,就是这个电话让男朋友一步步走向"崩溃"。

女:车子的引擎发不动了……
男:真的?会不会是电瓶没电了,大灯打得开吗?
女:昨天还很正常的啊,为什么会突然变成这样……
男:遇到这种事真的很倒霉。总之先看看有没有电吧,灯会亮吗?
女:今天我还要赶到法院去耶,没车要我怎么办?
男:唉,还真是麻烦大了。嗯,那大灯会亮吗?
女:之前开我爸那台车就不会这样啊,早知道就不要换车了。
男:……大灯打得开吗?还是打不开?
女:要是七点之前还没到我就完了啦,吼,好烦。

男：嗯嗯,那结果,大灯打得开吗?

女：哈?我没听清楚。

男：呃,嗯,你引擎发不动对吧?说不定是电瓶没电了。

女：什么意思?你是不是在生气啊?

男：没啊,我生什么气。

女：是我说错什么了吗?你跟我讲,我可以道歉啊!

男：真的没有啦,我没有生气,真的!

女：那干嘛那样一直强调!

男：我们还是先谈电瓶的事吧!

女：是在讲车子吧?

男：对,对,是车子,车子!

女：真是的,你们男生就是不听别人说话!

男：好啦好啦,对不起。结果呢?大灯开了吗?

女：少在那边扯开话题了!我不是在讲大灯,是在讲你这个人!

男：对不起,我错了,那大灯……

女：是我错了,我就不该打电话给你!

男：……

从以上对话我们可以看到非常典型的男女思维差异,有一本书叫《男人来自火星,女人来自金星》,非常经典地描述了男女之间的差别,这种差别大到好像男女是两个不同星球的人。乔治大学语言学博士德博拉·坦嫩教授也认为,男性和女性就像是两种不同文化背景的人,他们在沟通时用的是不同的方言。而典型的男性气质的谈话风格是"报告式"的,摆事实讲道理,吸引别人的注意力,获得更多信息,赢得对话主动权并建立自己的身份地位。男性说话是为了维持自主,保护自己,提防被压制、被摆布;而女人的说话方式则是"关系式"的,主要为表达情感,获得亲密感。通过表达自己的感受,分享私人情感,将心比心、感同身受式的诉说和倾听,拉近、建立和保持与对方的紧密关系。

男性在沟通时,因为更多是为了满足和提升身份地位的需求,往往从寻找问题、解决问题的角度入手,很少谈论感受,甚至避免讨论感情;而女性则有着强烈的与人保持亲密感的动机,她们往往会具体表达自己的感觉和感受,有时甚至以弱者或受伤的姿态出现,以获得更多的理解、同情和共鸣。所以,女性如果跟男性诉苦、抱怨,她们并不需要男性提供解决方法,而是希望对方能够认真倾听并表示理解;如果男性和女性对话,他们更希望得到明确的、具体的信息,而不是含糊的感受和不着边际的猜想。

所以,案例中的男女对话,我们可以看到女生一直在强调她的心情和感受。因为汽车坏了,不能开车,她不能准时到法院,会耽误很多事情,心情非常着急和焦虑,她希望把这种感受分享给男朋友,而男朋友却一直在引导她检查故障、修汽车,希望尽快把汽车发动起来,并没有理会女朋友的心情。一个不断在强调感觉,而另一个则在不断重复如何解决问题。这是一种"鸡同鸭讲"的对话模式,最后导致两个人的对话走向崩溃。

男性和女性的核心恐惧分别是什么?

在男女相处过程中,或者在恋爱、婚姻过程中,男女双方都有一些相同的内心需要渴望被满足;同时,男女也会呈现出不同的内心恐惧,希望避免被激发和触及。有些内心恐惧是处于核心地位的,也就是这些恐惧是潜藏在人内心深处的,平时不会被觉察和发现。很多时候,双方之间的矛盾和冲突,看起来是些生活小事,但却会引发某些人的极大反应,这是因为内心需求没有得到满足,或者是引发了彼此之间的核心恐惧。

男女之间共同的内心需求有以下这些:第一,希望自己的努力和价值被看到,被肯定;第二,希望自己的一切能够被欣赏,被表扬;第三,希望自己所做的一切,包括自己的人格能够被尊重,被公平地对待。

女性的核心恐惧是:大部分女性最害怕对方不爱自己了,害怕孤单一人,害怕被忽略、被抛弃,害怕断绝关系。大部分女性为了能从对方身上得到被爱的证明,会用各种方式方法去测试、考验对方,甚至会通过撒娇、讨好、屈从,或者批评、指责、无理取闹等,来表达自己的内心渴望:请你爱我,请你关注我,我需要你,请不要忽视我,请不要抛弃我。

男性的核心恐惧是:害怕失去个人空间,害怕被控制、被吞噬,非常恐惧内心的无力感和无助感,害怕自己被打败,被别人贬低和讽刺。因为大部分男性强调自我的力量、自我的价值。男性的内心渴望是:我不会让你伤害我,我会控制局面的,我需要一点自己独处的时间和空间,为了达到这些目的,有些男性会用愤怒、暴力来吓退对方,也有的人会选择回避、冷漠来隔绝和对方的联系,而这样做的一切,都是为了保护自己。

男性的信念是:做个强人,我才有价值。在压力面前,大部分男性的表现是沉默;而女性面对压力的方式是倾诉,觉得把心里的话说出来就好了,她们的信念是:被人爱,我才有价值。

男性在恋爱婚姻中需要被满足信任、接受、感激、赞美、认可和鼓励这六种基本需求,女性则是关心、理解、尊重、忠诚、体贴和安慰这六种基本需求。比如,"能力"与"成就"是男性评断自己最重要的指标,所以男性的能力需要被信任,才华需要被欣赏,付出的努力需要被感激。

就像李安的太太林惠嘉,在李安长达 6 年的失业期间,靠自己在外工作养家糊口。李安为缓解经济压力,想去做电脑程序员,被太太阻拦了,她说:"学电脑的人有那么多,又不差你李安一个!"她知道丈夫只会拍电影,别的事情不会也不感兴趣。她对李安的才气十分肯定,相信丈夫一定会成功的。李安也说:"妻子对我最大的支持,就是她的独立。她不要求我一定出去工作。她给我充足的时间和空间,让我去发挥、去创作。要不是碰到我妻子,我可能没有机会追求电影生涯。"林惠嘉经常被丈夫对电影的执着感动。1999 年暑假,她曾经带着两个儿子到大陆探过一次班,当她看到李安当时面临困境、身心俱疲时,她心疼得直掉泪。功夫不负苦心人,经过几年的奋斗,李安拍摄了《卧虎藏龙》《断背山》《少年派的奇幻漂流》等优秀的影片,赢得了东西方观众的一致好评,赢得了世界级电影导演的地位,这样的成功和太太林惠嘉的信任、鼓励和支持是分不开的。

女性在恋爱婚姻中的主要心理需求是:时常被关怀,再三得到爱的保证,感受被看到并得到尊重。比如,有位女士前不久做了乳腺部分切除手术。手术后,她向姐姐诉苦,说她感觉很不好,乳房有缝线,形状变了。姐姐听了说:"我了解你的感受,一个女人做了这样的手术,感觉一定不好……"当她向丈夫倾诉时,丈夫的反应是:"你可以再去动个手术弥平伤口,恢复原来的形状。"这位女士听后更加不安,因为她非但没听到想要的安慰,丈夫竟然还建议她再去开一刀。在她看来,丈夫是不喜欢她乳房动过手术后的样子了。

丈夫很困惑并反驳:"我并不在乎啊,只是因为你说你因为乳房外形的改变而忧虑,所以……"

这里,这位女士希望得到丈夫对她感觉的认可和尊重,看到她内心的不安,希望丈夫作出"不管你变成什么样子,我永远爱你"这样的保证。但丈夫并没有觉察到妻子内心的想法和感受,而是从男性一贯的解决问题的思维角度,要求她再去做一次手术,这显然偏离了妻子的需求。

案例　男人应该给女人买奶茶吗?

一个男人在微博上问:在火车站看到如下场景,一个男人给女人买来奶茶,女人说我不要了。男人很困惑,不是你刚才跟我要吗?女人说,我现在不要了,男人就把奶茶倒掉了。女人又说,我说不要就不要啊!你为什么不给我?男人彻底崩溃。

请问,男人应该给女人买奶茶吗?这个女人是怎么想的?男人可以怎么做?

案例分析

看到这个案例也许有的人会说,那就再给这个女人买杯奶茶呀!或者就直接问她,到底想不想喝呀?这样的回答基本上都是解决问题导向的思维。如果我们看这两人所处的环境,也许大致可以猜到女人的一些想法。这是在火车站,假设把他们看作是一对恋人,这对恋人很可能要分别了,或暂时分开了。这个女人可能非常担心分开以后他们的感情会怎么样,她急切需要得到男朋友对她的保证,获得男朋友对她爱的确定感。她不想告诉男朋友自己真正的想法,或许不懂得如何来表达自己内心的感受,只是借助要奶茶来考验男朋友到底爱不爱她,懂不懂她。

面对这样的情景,男人怎么做才好呢?如果男朋友猜到女朋友的担心,就可以说:"亲爱的,我们现在要分开了,你是不是很担心啊?请你放心,我会每天给你打电话的,我会一直爱你的,我有时间也会到你那边来看你的……"诸如此类。这些话可以给女朋友一些安全感和踏实感,因为女人的"作"就是为了得到男朋友对她的承诺,而不是想不想喝奶茶的问题。如果这个男人不太了解女人的心思,也不懂得如何对待女人的"作",也可以用另外的办法来处理,就是实话实说:"亲爱的,你刚才让我去买奶茶,但是你现在又不想喝了。不过没关系,我先把奶茶放着,你什么时候想喝就喝,不想喝也没关系。我看到你这个样子很难过,很想为你做点什么……我也不知道你怎么了,我只知道我爱你,我也舍不得离开你……"这样的话也能够安定女朋友那颗不安的心。所以,如果能够以上面两种方式来应对这个女人的"作",可能就会收到比较好的效果,这才是了解到了女朋友的深层渴望和恐惧,这样的应对方法才是真正有效的。

怎样才是处理男女差异的最好办法?

看到了男女的差异,那我们应该用怎么样的思路和方法来处理差异呢?我们先看一个案例。

刚谈恋爱的女大学生小婷感到非常苦闷,因为每当她和男朋友认真说话时,男朋友就会有一个奇怪的动作:在地板上躺下,闭上眼睛,然后用胳膊盖住脸。小婷认为他不愿意听她说话,开始打盹了,但男朋友却坚持说:"我在认真听呢……我平时听人说话会分心,注意力被周围的东西干扰,只有躺下来才会集中注意力仔细去听。"随着接触的增加,小婷理解了男朋友的这个独特的习惯,也知道了男女之间存在着不少的差异。她向男朋友解释了男女沟通习惯的不同,她希望男朋友在她讲话的时候看着她。

当小婷再次和男朋友说话时,他还是照老样子躺下来,蒙上眼睛。小婷心里有些不愉快的感觉在泛起,但她很快就打消了自己的疑虑,告诉自己男朋友的确在认真听。小婷继续对着地上的男朋友侃侃而谈,让人惊讶的是,男朋友坐了起来,并且望着她。她感到有些奇怪,就问他为什么。

男朋友回答道："你喜欢说话时我能看着你，所以我想尝试着做一下。"当他理解了男女处理方式的不同，听话时看不看对方并没有对错之分，他也知道了女朋友小婷的内心渴望，他因为爱小婷，所以愿意为女朋友改变自己的行为。

从这个案例，我们似乎可以得到这样的结论：男女之间原本存在着很多不同，每一个男生或女生也有和别人不一样的独特之处，就像一个喜欢吃甜，一个喜欢吃咸；一个喜欢安静，一个喜欢热闹……如果我们仅仅以自己的价值标准要求别人，认为自己的标准就是唯一的答案，是标杆，那么亲密关系就会走入死胡同；而如果看到不同，允许有差异，允许不同的答案，允许 Ta 保留自己的独特，允许 Ta 做自己，这时，对方才可能有所感悟，或许会改变。也只有这样，才能有效处理好两性的差异问题。

我们可以看到，两人相处不仅仅有两性性别气质的差异，还有价值观、个性、原生家庭、处事行为等的差异。能不能做到既有独立意识，做到人格独立、情感独立和经济独立，敢于遵从自己的内心，同时又能换位思考，理解和包容对方，接纳差异，允许对方做 Ta 自己，这需要我们不断学习，提升各种爱的能力，练就自己拥有博大的胸怀、想象的空间和沟通的技巧。如果男性能够更体贴女性，更懂得女性的感受，允许女性的"情绪化"，而女性如果更能理解男性的思维，学会倾听男性的内心呼声，允许男性的"不反应"，那这个世界会变得更加美好。以下这几句话可能会给我们带来更多的启示：

因为我们不一样，
所以我可以拓宽我的视角，让我可以从你的角度看世界；
所以我可以学着有效沟通，学着理解另一颗跳动的心灵；
所以我可以在你身上看到我渴慕的，在你身上看到我缺失的；
所以我更加确认我的存在是如此独特，我的世界因你而变得如此丰富。

人生不同发展阶段的性心理具有什么特点？

人类的性可分为性生理、性心理。性生理主要指生殖系统的发育成熟，其标志为月经、遗精的出现。性心理是指在性生理的基础上，与性征、性欲、性行为有关的心理状态和心理过程。或者说,性心理主要研究人类在性活动中的各种心理活动,以及这些心理因素与生理因素相互之间的关系。"性"的概念里至少包括:性观念、性体验、性话语、性表达、性实践、性想象、性意义等,内容十分丰富。性心理的研究有益于人们提高生活质量,有利于人类的身心健康,对于整个社会的精神文明建设有着重要的意义。

世界卫生组织对性心理健康的定义是:通过丰富和完善人格、人际交往和爱情方式,达到性行为在肉体、感情、理智和社会诸方面的圆满与协调。性心理健康的标准应该具备这些条件:具有良好的性知识;对于性没有由于恐惧和无知所造成的不良态度;性行为符合人道;在性方面能做到"自我实现";能负责地做出有关性方面的决定;能较好地获得有关性方面的信息交流;接受社会道德和法律的制约。

我国学者彭晓辉认为,人们的性心理受到社会文化、家庭教育的影响。有研究表明,在妈妈子宫里的男婴就有勃起的现象,由此可见,性生理反应和性心理活动是伴随我们的一生的,而且性心理一直都在不断地发生着变化。

出生至1岁的婴儿期,男婴女婴就能感受到刺激性器官会给他们带来快感。从心理上说,婴儿并没有形成性意识,但从行为和发展来看,婴儿期的性心理现象是存在的,其性心理特点是一种无意识的性愉快体验。例如:男婴玩弄生殖器,女婴有"夹腿综合征",吃奶吮乳和抚摸母亲乳房等,这些都是婴儿的一种本能反应,和成年人的性欲望完全不一样。

1—3岁的幼儿期是儿童心理发展的飞跃时期,是性意识的孕育期,也是性心理发育的重要时期。这时,男孩女孩逐渐认识到性器官的差异。大部分孩子很容易地按照家长所教导的方式,去接收和内化他们的性别角色。如果父母硬要按照自己的性别愿望去打扮孩子,男扮女装或女扮男装,甚至将女孩当成男孩抚养,男孩当成女孩抚养,将严重影响孩子的性别心理发展,可能导致性别认同障碍。

3—8岁的儿童期是性生理和性心理成熟发展的关键时期。到了4岁左右,男孩和女孩就可以确认他们的性别,孩子们是从男女不同的服饰、头发、称呼、声音和行为等认清自己或他人的性别,也按照社会的要求来规范自己的性别角色。

例如,男孩子要勇敢坚强,女孩子要文静淑雅。

从幼儿期开始,儿童就对性以及性活动的各种事务抱有非常大的好奇心和探究的欲望,而且这种性好奇是伴随终身的一种正常心理现象。儿童通过学习和模仿成人的行为,为探究自身或寻求自己与同性、异性的身体差别进行各种儿童式的性游戏,以满足自己的性好奇心理。比如模仿成年人的结婚仪式,男孩掀开女孩的裙子看看与自己的不同。这种性游戏是儿童增长性知识,获得性别认同的一个重要的环节。

十一二岁进入青春期以后,伴随着第二性征的出现,男女生的交往不像以前那么坦率,而是怀有某些羞涩、腼腆的心理。这时,青少年的交往是以同性之间的交往为主,就是男孩和男孩玩,女孩和女孩玩。即使是儿童时代的好朋友,这个时期也会不自然地回避,甚至连课桌也要画条"三八线",有时会对异性产生一种反感心理,女生尤为明显。同时,他们非常重视与珍惜同性伙伴间的友谊和感情。这种交往模式造成了少男少女们无形的隔阂,也增添了异性之间心理上的疏远感和神秘感,这种暂时的分隔,成为日后异性相吸的巨大动力。所以,虽然是同性交往,但少男少女们会暗暗留意异性的一举一动。这时,男女生表面上装出不屑一顾的样子,内心却非常希望得到异性的赞美和肯定。此外,他们还可能暗地里通过各种渠道获得性知识,以满足自己的好奇心和求知欲。

到了十四五岁,这时的男生和女生有了更明确、清晰的性心理,彼此都渴望了解自己的身体变化和异性的身体秘密。这时,女生开始愿意跟男生相处,男生也有意或者无意地在女生面前展露才华,以博得女生的好感、欢心和接近;开始希望了解、接触和爱慕异性,心理和情感上相互吸引;喜欢和异性一起活动,努力表现以引起对方的注意,对异性表现出关心和体贴。男生注意自己的外形打扮,表现外露和热烈,有时故意做出一些"英雄行为",显露自己的能力和才华,掩盖自己的短处。女生则以腼腆、矜持和单纯来表现,但即使对某个异性有好感,也不轻易显露,有时甚至故意造成对方窘态,从中得到精神上的满足。此时的女生常充满幻想,做"白日梦",构想与心目中的异性在一起生活时的浪漫情景,容易崇拜迷恋有才华的异性,达到精神上的寄托和喜悦,有的可能出现单相思。

到了十六七岁,这时的男女生对性的认识有了进一步的深入,会形成异性间特殊的感情,男女生都开始有广泛的异性间的交友活动,产生对爱情的追求和模仿。青春后期,男女生的性心理趋向于现实化,他们不再像以前那样,与异性仅仅保持一种尝试性的不稳定的关系,而是更现实和面向未来,希望寻求一种稳定、持久的亲密关系。对异性的爱慕和追求开始出现专一化,萌发出爱情,为两性初恋期。此时的爱是一种比友谊浓但又比爱情淡的朦胧关系,甚至成为隐藏在内心深处的秘密。他们大多不以直接的肉体接触来表达爱意,而通过语言等交流从精神上显示出爱恋的纯洁感情。但此时的爱多半凭直觉,往往被对方的容貌、外在气质所吸引,一见钟情或一往情深,显得幼稚或单纯。

女生与异性的交往中,性意识是含蓄、渐进的,欲望并不迫切,这时所体会到的爱是被所爱的人无微不至地关心、体贴和呵护,更看重两性的心灵接触和情感交流,对肉体关系一般较为慎重。男生在两性关系上表现得较为主动、外露,一旦有了心仪的对象,就会创造机会主动接近对方。一旦确定了恋爱关系,往往也是由男生主导,并因性欲望和性冲动强烈而希望发生性关系。

青春期恋爱比较少涉及成年人的谈婚论嫁,更多是一种情感满足和心灵抚慰。恋爱可以成为学习动力,激励青少年努力学习,这种恋爱可以沉淀为一段温馨的回忆;但也可能因青少年自身人格幼稚、脆弱或学校、家庭和环境等原因,导致恋爱失败,形成创伤,这时就需要教育者和父母、家庭的正确引导。

在青春期,许多年轻人还会有涉及同性的性幻想,有一些会参与同性间的性游戏。许多同性恋青少年表示他们在童年期就觉察到了自己跟其他人有所不同,他们会在青春期开始探索自己的性倾向,并逐渐对自己有了更深的认识。但是目前社会总体上对同性恋还是抱有不友好的态度,不少教师和家长也对同性恋与性别多元化等缺乏客观的认识,这会导致同性恋的青少年很少有机会和周围人谈论自己的性倾向,会被迫承受着巨大的心理压力。

18—35岁是青年期。当一个人进入青年期以后,逐渐经历了恋爱、婚姻和生育,要面对工作、家庭的压力,扮演多种社会角色,面对感情危机、离婚、单身的考验。这时候的性激素水平达到有生以来的最高值,且一直维持到成年后期。青年人会主动学习和规范自己的性别角色,寻找在社会中的位置。

进入青年期的人从本能上讲与异性交往的愿望变得极为迫切,性行为的欲望非常强烈,其潜意识是让自己的基因传下去,达到传宗接代的目的。受过文明教育的当代大学生,受到社会文化和习俗的制约,本能和冲动淡化为两性间的相互吸引,交往目的不仅仅是性欲望的满足,更注重精神交流、思想沟通和互助学习。一般先和自己喜欢而不甚了解的异性在一起,逐渐加深认识,彼此理解、互动频繁而建立友谊,随后建立恋爱关系,并愿意终身相伴。大学生为树立自己良好的形象,在择友和恋爱期间,可以改变自己的习惯、爱好甚至是交友方式。

随着性意识的成熟,性冲动在两性交往中会更加强烈,在耳鬓厮磨中双方都有发生性行为的期望。性行为不仅是性交,还包括与性心理满足有关的各种行为,如接吻、拥抱、爱抚、抚摩性感区乃至生殖器,在抚摩中双方都有性愉悦。这一时期的青年性幻想和性欲望处于人生的高峰,但当没有合适的对象释放性冲动时,会用手淫来满足,采用较中学生更丰富的手段来自慰和自娱。这时期会出现以下的性心理问题:

一是不敢和异性交往,或和异性交往不适应。主要因形体、容貌或才学等方面自卑,或青春期没有机会练习和异性交往所导致。这时,需要明确交往目的,放下太强的目的性,先从朋友开始做起。只为了解异性,学习交往方式,不在意得失。可以从广泛交往开始,多结识各种朋友;或者多参加团体活动,在集体中学习别人的成功经验;还可以多看些指导性书刊,参加培训班等。

二是过分自信,不懂得如何和异性交往。比如认为自己在很多方面都很成功,与异性交往也一定会成功,但在实践中却处处碰壁。当交往方法不当出现失误时,没有很好地总结,依然急躁蛮干,导致心理失衡。这时,需要客观分析自己的优劣势,在合适的时机发挥自己的优势,而不是一开始就滔滔不绝,标榜自己的优点。还可以客观探索、分析对方的性格特点和兴趣喜好,投其所好,用对方喜欢的方式打动 Ta。还要不断学习,充实自己,让自己具备体贴、温柔等魅力,能吸引异性,变被动为主动。

三是内心胆怯不敢表达,陷入单相思。在男女相处中发现了对方的很多优点,却自卑怯懦,不敢表达也不敢接触,自己的发光点没有让对方看到。这种情况下,要在尊重对方的前提下,敢于用适当的方法向对方表达自己的爱意。既展示自己的美好,又给对方选择的空间。或者在集体活动中展示自己的歌唱、幽默等长处。

四是被追求时不懂得有效地拒绝。这时,应该表明自己的坚决态度,不能暧昧、含糊,不能因怕伤害对方而使其抱有幻想,还应该反思一下自己在异性面前的表现,与异性交往有没有明确的信号和界限。在明确表达后,对方如果执意继续追求,应尊重对方,保持在集体中交往,总有第三者在场。

五是不能很好地应对失恋。有些失恋是有一定感情基础的,因一时不和而生气分手;有些是发现对方不合适,理智上认为应该分手,但情感上难分开;有些是对方提出分手,自己不能接受,或对方突然去世等。在这些情况下失去爱情,会使得失恋者遭受比较大的打击,情绪波动很大。这时,应该用一定时间好好处理自己的情绪,随后用理性来应对,也可以求助亲朋好友或专业人员帮助自己度过这段艰难时期。

大学生,包括未婚男女的性欲望比较强,应该采用合适的方式来缓释、解决这些生理需求。第一,要客观、科学地认识自己的性欲望。第二,可以通过各种方法来应对自己的欲望。比如,交异性朋友,参加集体活动,还可以参加体育锻炼、自慰,更好的办法是转移注意力,投入到自己感兴趣的事情中,让性欲望升华,等等。如果决定要有性活动,必须遵守性爱三原则,即不涉及未成年人,双方自愿,不在公共场合进行。

进入婚姻以后,性生活是夫妻生活的重要内容。性生活的和谐与否将直接影响夫妻感情和家庭幸福。男女双方在婚前婚后都应学习和性爱有关的知识,提高性生活质量。同时,也要理解结婚后性爱的激情不可避免地会随着时间的流逝而逐渐减弱,爱情需要以不同的方式来维护和经营,夫妻双方应做好这方面的心理调适。

35—60岁这一阶段从性心理的角度看是中年期。中年期在工作和家庭中均负担较重,生理上又处于由强壮向衰老过渡的时期。一般而言,男女间的性欲和性能力在不同年龄阶段有明显差异。据统计,男性性欲最强的年龄在18—25岁,而女性在30—40岁左右,而且性欲或性能力有着明显的个体差异,在中年期这些差异尤其典型。中年男女的性欲、性能力往往和生理与心理状况有关,生活、工作压力大，人际关系紧张，或遭遇重大挫折事件时，会直接影响性欲和性能力的发挥。性关系是已婚伴侣关系中的重要内容，夫妻通过性行为繁衍后代，享受生理、心理上的快乐和满足，加深伴侣间的亲密感。但当夫妻关系不佳，性爱也会不平衡或不协调。而如果性生活不协调，也会影响亲密关系的走向，会出现严重的性心理矛盾，甚至导致分居或离婚。因此，从生理和心理上调适中年人的感情生活与性生活，对中年人的身心健康极为重要。比如，需要有一定的审美距离，要创造条件互相保持性吸引力，给平淡的生活增添激情和浪漫色彩，等等。

女性在45—55岁，以月经停止为标志，男性在45—60岁，称为更年期。更年期是人生从成熟转向衰老的转折时期，从中年向老年过渡的阶段，会发生一系列的生理和心理变化。这时期，女性的卵巢功能逐渐衰退，月经周期紊乱直至停止，有些会出现面部潮红、头痛、消化不良、易激动、忧郁、失眠、注意力不集中等更年期综合征。男性也可能有类似的变化，但不如女性明显。更年期的女性性欲变化有可能是性压抑，对性生活敷衍、回避或反感，还有可能是性欲增强，性交频度增加。近年研究表明，部分女性在更年期性欲、性能力减弱主要是由于心理因素和社会因素造成的，和生理因素关系不大。男性的更年期比女性稍晚，一般其性欲及性能力水平会缓慢下降，没有很明显的转折点，直至老年仍可维持在一定水平。更年期伴侣应当体谅、理解对方的生理和心理变化，善于进行情感交流和心理调适。这不仅能使性爱和谐，还会促进彼此的情感更充实，生活更美好。

男女两性的性心理差异有哪些？

据一项研究显示，25%的男性在第一次约会就会爱上对方，很快产生亲昵的需要；但仅有15%的女性到第四次约会才会爱上对方，并更多地愿意只是待在一起，只从语言、目光中体会愉悦，得到满足。

美国心理学家拉塞尔请一位漂亮女士帮助他们进行一场实验。"你今晚愿和我一起过夜么？"这位女士在一所大学校园里向陌生男子问道。75%的男子表示立刻可以和她走。其余25%的男子中有大部分表示遗憾,称今晚已有约会。将提问者换成美男子,结果只有6%的女性表示可以去他家里,但没有人答应立刻动身。实验揭示了人类繁衍的主要矛盾,即面对性诱惑,男性更冲动和主动,女性至少在一段时间内要把可靠的伴侣拴在身边。

在人生的不同阶段,男女的性心理存在不同的特点,尤其体现在性意识方面。两性的性意识表现在对两性关系的领悟,对两性差异的认知,以及表现在对性产生特殊的心理体验方面。

在性发育最初的心理反应上,存在着性别差异。例如,青春期发育的时间早晚对男女有不同的影响。如果女孩发育早,擅长社交,但因生理心理准备不充分、缺乏支持,则会承受比较多的内在危机和困扰,或有较低的自尊心,较差的自身印象(因为比其他女孩高大、稍胖),社会评价往往更消极。早熟的女孩可能较早地发生性行为,更有可能参加冒险活动;晚熟的女孩社会压力比较小,与同龄的男孩可以发展比较好的友谊,因发育晚,身材纤细,对自身印象比较好。早熟的男孩在显示力量、耐力等活动中表现优越,容易被选为领导者,比较受女孩欢迎,初期可能有忧郁、焦虑,对智力活动的好奇心以及探索精神比较少;晚熟的男孩在运动项目上表现不佳,与女孩的关系发展也存在不利条件,容易受到团体的忽略,但在认知及适应技巧上有较好的表现。总的说来,早熟的男孩更有利于适应环境,更容易受到尊重,而晚熟的男孩容易自卑,更不利于适应环境。

初潮是女性性成熟开始的最显著的标志,女孩对这一重大的性成熟事件有着不同的心理反应。影响对初潮心理体验的因素主要是初潮发生的年龄、对这方面的知识、母亲的态度等,有些女孩会有害怕、羞涩等心理。遗精是男性性成熟开始的最显著的标志,男孩对首次遗精的心理是普遍消极的,男孩普遍会产生害怕、恐惧、紧张、内疚等消极的情绪反应。造成男孩对遗精消极体验的原因,主要是出于认识上的误解和偏见。如果学校或父母能够及时进行性教育,给予合适的解释,知道月经和遗精都是正常的生理现象,少男少女就不会恐惧了,知道这是男孩女孩发育长大的重要标志。

青少年性心理的差异在以下这些方面有所体现,这些差异更多的是由于社会文化环境中对男女性别的刻板印象所形成的：

第一，性意识存在性别差异。在性意识的疏远期，女孩比男孩表现得更为敏感。在爱慕期，男女的爱慕心理，无论在感情的流露、内心的体验上，还是在表达的方式、爱慕的类型以及对年长异性的感情上，都有着较为明显的差异。女孩往往比较羞涩、腼腆，喜欢潇洒、幽默、有才华的男孩，注意自己的修饰，表现文静、端庄、大方；而男孩比较重视同性伙伴，对女孩普遍好奇，情感外露、热烈，在异性面前容易紧张、失常、语无伦次。女孩对性知识的追求更开放、深入和透彻。男孩谈论性问题则比较肤浅，带娱乐、玩笑性质，多谈美貌等。在恋爱期，男女的性别差异主要表现在择偶的价值取向、恋爱的心理表现和失恋的心理反应上。

第二，性兴趣存在性别差异。青少年性兴趣发展的性别差异，主要表现在对性的关心以及向往与异性的交往上。对性的关心，男孩比女孩更为强烈，女孩则比男孩更向往与异性交往。

第三，性兴奋存在性别差异。青少年性兴奋发展的性别差异，主要表现在产生性兴奋的时间和比例以及性兴奋激起的特点上。性兴奋产生的时间和比例，男孩都要比女孩早和高。在性兴奋激起的特点上，男孩的性代偿行为和手淫比较明显，女孩的性兴奋带有弥散性，并不集中于生殖器官，期望互相接触和抚摸。

第四，性态度存在性别差异。女孩比男孩更消极。同意性行为的女孩，被男孩认为更具吸引力，是日常约会的对象，但很少被接受为建立长期关系的对象。在性态度方面还存在着双重标准。比如，认为男孩在性行为方面是为了获得快感，可以支配女孩，允许和鼓励发生性行为，鼓励主动和控制对方。而女孩则被认为在性行为方面主要是为了满足男孩的需要，发生性行为更多是为了受孕和分娩；在性态度方面更多是压抑和否定的，性行为表现为被动和依赖。

新时代需要怎样的性教育？

2015年，某高校课题组对四川省的4所高校进行了近600份问卷调查，调查大学生的性爱问题。结果发现：遗精、月经、怀孕、生育等性与生殖健康知识方面的回答正确率,男生为62%,女生是68%;性病艾滋病感染途径、症状、原因、检测等方法的回答正确率,男、女生分别只有38%、34%;避孕方法、人工流产、避孕药具等知识上回答不知道的占到26%。

在性与生殖健康知识方面,"你愿意向谁或向何处求助解答疑惑"的回答率,从高到低分别是:同性朋友、网络、报纸杂志、电视广播、兄弟姐妹、恋人、异性朋友、老师、父母、专业机构人员;有60%的大学生与父母讨论过友情、爱情与婚姻,但72%的大学生从未向父母咨询过生理、性心理、生育、避孕、人工流产、生殖道感染、性道德、性伦理和性骚扰等知识。"你为何未向父母亲咨询相关知识",回答"不好意思问"占53%,回答"我想父母不会告诉我"占26%,回答"父母会训斥我"占13%;对"同性恋"的看法,回答"是不正常的行为,不能接受"占34%,回答"是不正常的行为,但可以接受"占9%,回答"是正常的行为,但不能接受"占43%,回答"是正常的行为,可以接受"占11%,回答"不知道"占3%。

《新闻晨报》在2015年公布了一项包含20 000份用户的调查报告,对全国大学生的性行为进行调查。结果发现,有四成大学生第一次发生性行为的年纪是16—18岁,是因为好奇而发生的,而且第一次性行为只有50%采取了避孕措施。有48%的大学生不介意对方曾经有过性行为,七成的大学生接受未婚同居。七成大学生能接受婚前性行为,但却有近一半的人介意对方曾经"失身",这说明大部分大学生在对待社会现象和自身性问题上出现了双重标准。

中国计划生育协会在2016年发布的《大学生性与生殖健康现状调查报告》显示,20.3%的调查对象曾发生过性行为。已发生过性行为的调查对象中的45.6%的人在11—18岁之间发生第一次性行为。男性发生过性行为的比例(28.4%)显著高于女性(14.9%),约为后者的2倍。此外,在有过性行为的人群中,11%的人曾有过怀孕经历,9.9%的人有过人工流产经历,同时大学生群体知晓率较高的避孕途径为安全套(95.3%)、紧急避孕药(71.4%)和安全期避孕(54.3%)。

随着社会经济文化的进步,当代大学生对性行为持越来越开放的态度,恋爱、性行为以及多性伙伴等行为发生率逐渐上升,开展全面、科学和有效的性教育迫在眉睫。但目前我国的性教育存在着很多误区,具体表现在:

只进行生理知识的教育。类似学开车只教汽车机械、零部件原理,而不顾及整体的性观念、性态度、性活动、性权利等领域。事实上,性教育的领域广阔,而且需要根据儿童、青少年的不同年龄,提供适合其年龄的不同的性教育的内容。

只进行防性病、防艾滋病的教育。就好像还没有学会开车,就让看车祸的惨烈的照片。在性活动中,恋人体验到的更多是美好、愉悦的感觉,性病及其他恶性结果并不是主流。如果只进行防性病、防艾滋病的教育,就会以偏概全。对以后恋爱、婚姻中的"性"可能造成心理阴影,影响未来的两性关系。

只进行防性侵的性教育,而且不提男生的防性侵。这样做不仅会给女生留下"性肮脏"的概念,也掩盖了男女平等意识,忽略了男性的权利;而且在进行防性侵教育时,很少提"熟人作案",但事实上很大部分的犯罪分子是受害者的长辈、亲戚和朋友。

没有性别平等的概念。在具体教育过程中,应强调所有性别都是平等的,性别存在多元化。不特别强调某种性别应具有的性格特点,而应该强调每个人(不管是男性、女性或跨性别者)都可以顺应自己的天性发展,实现自己的人生目标。

没有建立关系的教育。如果把和异性交往看作是"洪水猛兽",想到性就是生理的、丑陋的、邪恶的,那对儿童、青少年会带来很大的负面影响,甚至会影响未来的两性交往、恋爱婚姻。应该教导他们如何与不同性别的人交流沟通,应该学会怎么去建立一段异性关系,如何有效地结束一段亲密关系,以及如何理解亲密关系中的"信号",如何处理两性关系中的差异,等等。

目前国际社会主要有三种性教育模式:一是纯洁型性教育,认为青少年的主流是纯洁的,认为青少年期禁止性交是唯一有效对抗预期外怀孕、生育、性病的措施。二是综合型性教育,主要是在美国。立足于青少年性活动的广泛性,认为禁止性交是理想的,但不应该也不可能是唯一对抗预期外怀孕、生育、性病的措施。三是赋权型性教育,这是联合国教科文组织倡导的性教育模式。让受教育者具有掌控自身与性有关事务的权利,提供他们资源,帮助他们获得这样的权利。

第三种性教育的模式最符合当代社会发展的趋势。事实上,现代性教育需要达到的目标应该是：给青少年提供正确的性知识，包括生理、心理、社会性别平等、亲密关系，自我保护的意识和知识。帮助青少年获得选择的能力，培养他们具有正确的性态度和价值观，使青少年具有掌控自身与性有关的事务的权利。比如，有能力管理好自己的欲望，有能力开始、结束一段亲密关系，有能力、权利拒绝某些不合适的性和关系。做性别平等的新一代、负责任的未来公民，做到自尊与尊重他人，并且具有良好的沟通能力，以及建立和发展人际关系的能力。

新时代性教育应该包括以下内容：

有关"早恋"方面。所谓的"早恋"还不如称为"青春期恋爱"或"青少年恋爱"，青春期的男生女生都对异性的生理和心理抱有非常大的好奇心，男生女生在接触和交流过程中会产生亲密的情感。某些时候青春期恋爱有利于培养男生女生的情感发展，父母和学校对青春期恋爱的学生应该抱有的态度是，尊重孩子的感情，接纳孩子的感受，同时也为孩子的这种情感关系建立规则，并督促他们执行。

有关"社会性别平等"方面。整个社会的舆论都在倡导男女平等，但更多是在就学、就业、职业发展等领域，在有关性别差异方面，还有很多的不平等，甚至是歧视的观点和看法。比如，对一个女孩子是"假小子"的倾向基本是鼓励的，而对男孩子偏女性化的倾向则是打压、否定的。鼓励女性事业得到发展，同时更倾向于鼓励女性做好"贤妻良母"。鼓励男性在事业上有所成就，但几乎不鼓励男性在家庭、婚姻或亲子关系中投入更多时间、精力。事实上，男女两性都可以有主动性，都可以追求事业成功，社会不应对女性有物化、附庸化的舆论和评价。

从生理学、生物进化角度，男女两性体内都包含雄性激素和雌性激素，只是配比不一而已，男性身上也有很多"温柔、感性"，女性也有很多"刚强、勇猛"。现代科学研究发现，男女之外，还有多种性别，两性之间的边界变得更加模糊，出现了很多跨性别者。仅仅用简单的"男女"二元化描述性别，已经不合适了。男孩的"娘娘腔"和女孩的"女汉子"行为都不应被贬低与讽刺。可以提倡性别的多元化，教育青少年尊重各种性别，包括性少数人群。这样，会更有效地治理校园暴力的行为。

倡导性别多元化的观念,是社会文明进步的重要表现,传统社会的"男主外女主内"分工未必符合现代社会的发展,某些男性也许适合"全职奶爸",某些女性也许适合"事业强者",某些跨性别者也许适合"男女皆可",只要这种选择符合个人意愿,社会都应该允许、接纳。

有关"性观念"方面。可以传授的观念是:性是本能,性与生理、心理、性别平等、亲密关系有关。宣传性的"美好""积极""健康"的价值观,比如,性是亲密关系的表达、性是生命能量的绽放、性可以减压等。自慰是健康、安全地释放性能量的方式,没有所谓"过度"的问题(因每个人的性活跃度不一样),女性也可以自慰等,并且知道什么是正确的自慰方法,什么是危险的方法。

有关"避孕"方面。应该让青少年学习一些基本的生理卫生知识和避孕常识,知道月经期性交、性交后排尿、体外射精、阴道冲洗等这些方法都不能避孕。可以采用避孕药和避孕套,但也要了解,即使采用了避孕措施仍有一定比例的怀孕可能。还要懂得怀孕的一般常识,比如,如果性行为以后发现月经没有准时来,胸部变软和肿胀了,觉得容易疲劳和胃痛等,可能就是怀孕的征兆,就有必要去医院检查,而不应该私自采取危险方法堕胎。

有关"性活动中的潜在危险"方面。应该教育青少年掌握防止性病和艾滋病的方法与途径。比如,性病发生率在增长,部分原因是人们拥有更多的性伴侣;性病会导致不孕和并发症;艾滋病传播的三大途径是性行为传播、血液传播和母婴传播;人类免疫缺陷病毒(可能感染17年都不发病)和获得性免疫缺陷综合征是两回事;等等。

有关"性倾向"方面。我国在2001年的《中国精神疾病分类与诊断标准》(CCMD-3)中认为同性恋是正常的。据2015年《中国性科学》的文章,2004年中国卫生部向世界公布官方数据:我国同性恋者约占性活跃期男性大众人群的2%—4%,中国至少有500万—1 000万名男同性恋者。中国人民大学潘绥铭教授2001年对全国大学生的抽样调查显示,在心理上不同程度有同性恋倾向的大学生占11.4%,其中男生占7.9%,女生占16%。现在一般公认,已经确认的同性恋无法被转化成异性恋。所以,性教育应该包括对同性恋、双性恋等的认知,对不同性倾向的恋爱、交往、性行为有正确的处理和应对策略。

有关"爱、性以及婚姻的关系"方面。性是两性关系的生物基础,爱情更多的是激情、依恋、亲密等心理感受,婚姻是以爱情为基础的社会契约。应该指导青少年了解、掌握爱情和性的关系,爱情和婚姻的关系以及性和婚姻的关系等,在人际关系的互动和交往中学会处理同性、异性之间的关系,掌握男女交往礼仪,懂得亲密关系的相处要领。既要懂得尊重自己,表达需求,拒绝不合理要求,也要学会尊重别人,理解他人需求,学会倾听和换位思考,在"情"与"礼"之间掌握好平衡。

第三章

爱情的文化多样性解说

爱情的起源告诉我们什么?
"生理唤醒说"和激情的产生有什么关系?
爱情的产生有规律吗?
爱上一个人会有什么样的感觉和表现?
"一见钟情"是真爱吗?
爱情的状态有几种?
单恋,为什么称为梦幻之恋(或苦涩之恋)?
初恋,为什么称为青涩之恋?
次恋,为什么称为成熟之恋?
热恋,为什么称为憧憬之恋?
依恋,为什么称为相依之恋?
畸恋,为什么称为情结之恋?
灾恋,为什么称为祸害之恋?
失恋,为什么称为伤痛之恋?

爱情的起源告诉我们什么？

科学家、人类学家和心理学家对爱情的起源进行过很多的探索，也找到了一些证据，或是得出了一些结论。比如人类学家海伦·费雪认为，两性之间的恋爱是因为进化，而爱情的产生是让原始人类可以更好地寻求结合，产生后代。人类内在的性的驱动力以及进化而来的性选择，使得原始人类可以找到一个比较合适的个体，进行交流和配对。爱情，可以让原始人类比较多地待在一个看上去完美的伴侣身边，这样可以节约宝贵的交配时间和能量。而长期的配偶关系的进化，使得原始人类配偶像一个团队一样来养育孩子，以保证后代的生存和健康。

在原始社会，人类重要的功能是能够成功地将自身的基因遗传下去，而繁衍出更多更好的后代，就能保证自己的基因能延续下去。原始男性主要负责打猎，获得食物的来源。原始女性主要负责生育后代，抚育后代。两性的分工导致了他们的性选择，或者两性择偶的偏好是有所不同的。男性为了更多更成功地繁衍后代，会选择具有生殖能力或者生殖能力强的女性，而且"多多益善"，会同时和不同的女性有性关系。而女性为了孕育和抚养后代，以及种族延续，也会要求男性有比较强的生育能力，但更重要的是要求男性忠诚，有责任心，有足够多的经济资源和保障安全的能力。

原始女性和男性一旦结合在一起，女性就有可能付出巨大的代价，这些代价包括怀孕、生产、哺乳、养育，以及提供保护孩子的功能，而且时间跨度长。所以，这就决定了女性在选择伴侣的时候会非常慎重，主要考虑的择偶因素有以下几方面：第一，男性的经济、财富和社会地位。因为只有这样的男性才拥有比较多的资源、权力和地位，才能供养自己并保护自己和后代的长远发展。第二，男性的年龄。女性会追求比自己年长的男性，具有一定阅历的男性比年轻的男性经验更丰富，积累的财富更多。第三，要求男性具有诚实可靠、忠厚等特征。因为一个男性仅仅拥有资源和地位是不够的，还需要他为养育后代做出承诺，承担相应的责任，所以女性对男性的可靠性、责任感方面有更多的要求。

而原始男性的择偶偏好倾向于两个方面：第一，女性的年龄。年龄是衡量生育能力的重要指标，黄金年龄段的女性（一般是 25 岁左右），生育能力很强。年龄越大，生育能力也就越差。第二，女性的外貌特征，包括容貌和身材。从进化的角度来看，拥有迷人的脸孔、凹凸有致身材的女性，在身体上更健康，也就更能够成功地繁衍下一代。而美丽的脸，或称娃娃脸的共同特征是：大眼睛，小巧而挺拔的鼻子，略突出的颧骨，小下巴，饱满的嘴唇，灿烂的笑容。凹凸有致的身材，其明显的特征是不胖不瘦，腰部和臀部的比例在 0.7∶1 左右，因为拥有这样腰臀比的女性，生下健康孩子的比例大，难产的可能性也越小。另外，在不同年代，对女性的身材要求是不同的。在饥荒年代，比较丰满的女性更有吸引力，而在财富富足的年代，苗条纤细身材的女性才被认为是迷人的，而这也是商业宣传的需要。

如果仅从容貌上来比较，男女两性对美丽的脸都有很大的好感，但区别在于，女性对男性容貌的喜欢是有周期性变化的。女性在排卵期喜欢的男性要拥有一张英俊的脸，比如说有强壮的下巴和宽阔的前额，看上去坚强而有决断力；但是在另外一个时期则喜欢青春英俊的脸，俗称"小鲜肉"的脸，这样的脸型更温和柔美，有些偏女性化的特征。女性这样的选择是因为，强烈男性化特征的脸意味着这样的男性基因好，比较健康，有性吸引力；而青春英俊的脸，则意味着他的情感比较专一，喜欢孩子，对孩子更有耐心，养育功能强。

女性进化出的性策略表现为，不像其他动物一样有明显的发情期，而是具有隐蔽的排卵期，还有随时随地都可能被性唤起并接受性交。这就促使丈夫在经期之外的多数时候守在妻子身边，以防止她怀上别人的孩子。这样丈夫就没有更多的时间和精力去发展其他的性关系。

两性关系中，伴随进化而来的自私或独占性主要表现为性嫉妒。由于男性具有天生的"父权不确定性"，也即他不能完全确定配偶生下的孩子是他的后代，如果配偶背叛了他，他就有可能抚养他人的后代，因此就会损失很多财富和精力。因而，男性的性嫉妒主要表现为对女性身体不忠的警觉性上；而女性在两性关系中的性嫉妒则主要集中在男性情感的不忠上，因为如果丈夫背叛了自己，就意味着他会将资源和其他财富转移到其他女性身上，给自己带来毁灭性的打击。

所以，我们可以看到，女性对男性经济和财富地位的追求，以及男性对女性年龄和美貌等方面的渴望，主要是进化所带来的影响。随着社会的发展和文明的进步，男女两性在这些方面都有不同的变化，但是我们也不能完全否认这些因素在两性择偶方面的潜在影响。

"生理唤醒说"和激情的产生有什么关系？

当人们陷入热恋当中，或者说激情到来的时候，生理上会有很多的反应，比如脸红心跳、手发抖，那么这些感觉是哪里来的呢？人们是如何来评价这些感觉的呢？科学家和心理学家进行了很多的研究，其中的一个结论是"生理唤醒的错误归因说"。这种理论是说人们如果感觉到身体发热、心跳加快、手发抖，就会不由自主地到自己所处的周边环境中去寻找线索，来解释自己的这些生理反应。如果此时处在大森林里，迎面而来一头猛虎，你就会把心跳加快、手发抖解释为，是这头可怕的老虎让你觉得害怕、恐惧，从而引发了自己的身体反应；如果你正好坐在考场上，看到发下来的考卷上都是你做不出的难题，就会认为是这些题目让你觉得焦虑、恐惧，而导致了心跳加快、手发抖；如果你正在健身房里，你会认为自己在运动，所以心跳加快、手发抖是正常的，这和情绪情感没有关系。但如果你所处的环境当中有一个异性，也许你就会把自己的心跳加快、手发抖的感觉和这位异性联系在一起，认为是 Ta 让你产生心动的感觉或者说爱的感觉。

所以，是对面的那位异性让你产生激动、心动，还是你原本就有心动、激动的感觉而正好对面站着一位异性，这两者是让人很难分清的。如果依据这个理论，我们似乎可以营造激情、营造"英雄救美"的氛围。又或者，恋人约会时，可以选择能激活自己的身体、让情绪产生比较大的波动的活动，像坐过山车、蹦极等，从而能快速产生爱的感觉。爱 Ta 就让 Ta 心跳加快吧。

爱情的产生有规律吗？

爱情的产生包含很多因素，比如时间、空间、场合、人物，由这些因素的随机组合，形成了不同的缘分或姻缘。这些机缘包含很多偶然的因素，也有必然的因素。一般而言，爱情的产生有六个规律：

第一，物理空间上的接近，由此产生的熟悉感觉。无论是真实的物理空间上的接近，还是虚拟网络上的接近，都会给交往双方带来便利条件。很多实验也证实了，如果我们在一开始对某个人的感觉是中性的，或者是偏积极的而不是讨厌的，那么随着空间的接近、联系的增多，我们对这个人的好感就会增加，时间越长，就越可能喜欢上 Ta。相反，如果彼此之间存在着遥远的空间距离，再者接触、联系很少，那么就不太可能产生感情。再者，一旦双方有误解，也不太可能及时进行化解，会给爱情的产生和维系带来很多不利因素。

第二，外在的吸引力。美好的事物、美好的形象常常能给人带来愉悦的感觉，而爱情产生看颜值，也是有心理学的说法的，存在着一种"外貌吸引力刻板印象"的效应。就是说，人们无论在工作、生活还是日常交往中，往往更喜欢外表俊美的人，认为这些人更善良，更容易相处。而且研究者还发现，看脸的这个习性并不是后天养成的，而是先天形成的。比如英国的埃克塞特大学研究发现，婴儿对美丽脸庞的喜欢程度和成年人对美丽脸庞的喜欢程度是相当的。所以，外表的确会给一个人的吸引力加分。

第三，感受到对方喜欢自己，会产生吸引力。在相处中，如果对方喜欢自己，就会产生一种被接纳、被欣赏的感觉，会增强自尊心，我们会相应地喜欢对方；而如果感到被否定、被排斥，我们的感觉就会很糟糕。所以我们会尽可能地追求最

有可能得到回报的对象,比如说,存在着这样的一种公式:

评估是否可能成为伴侣＝伴侣的长相吸引力×自己被接受的可能性

如果对方的长相非常符合自己的喜好,而且对方对自己似乎也很欣赏,那么就会对这段关系抱有积极的态度,或主动撩拨,或展开追求。反之,伴侣的长相吸引力或自己被接受的可能性,其中任何一项有缺陷,则对这段关系的开始和维系都不乐观,往往采取消极、被动的态度。其中"自己被接受的可能性"这一项,有很多是自己的主观想象,并不一定是客观的事实。所以我们看到现实当中存在着很多的"暗恋"和"单恋"者,这些人主观认为,对方不会喜欢自己,不会欣赏自己,或者觉得自己不配、不值得。有这样的想法或感觉,对一段恋情的展开就非常不利,或者,具有这些感觉的人,就不太会积极沟通和主动追求。

第四,和自己具有相似或是互补特性的人,也有吸引力。如果发现对方的人格特征、世界观、人生观、价值观,或者教育、家庭等背景与自己的相似,那么我们就会有很多的共同点,在谈论某些事物时会有很多共鸣,这种被接纳的感觉会让我们产生愉悦,从而更欣赏自己、肯定自己。两人在相处过程中,会比较容易建立起信任、理解的感觉,产生的冲突和矛盾也比较少,双方更希望与对方长久地相处下去。此外,我们也很喜欢看到对方身上具有我们所欣赏但是自己目前还不具备的一些特质,也即互补的特质。我们会觉得他们身上的某些东西很有吸引力,比如说自己是比较内向的,就会对外向的人感觉很好;自己是比较理性的,就会对情感丰富的人特别欣赏。这种互补的吸引力是非常强烈的,有人把它称为"致命的吸引"。之所以称为"致命的吸引",是因为在双方彼此吸引的初期,这些互补的特质让人非常心动,但时间长了就会产生很多矛盾和冲突,如果磨合不好,就会因此而分手。因此,由互补特质而形成的恋人,相处过程更需要好好觉察和反省自己的内心,需要花比较多的努力才能调整好彼此的关系。

第五,由才能和个性带来的吸引力。如果一方具有特别或优异的才情,会使另一方产生崇拜和仰慕的感觉。如果一个人具有这样三个特点:热情善良,温和宽容,并且能够接受和回应对方的感情,那么,从这三个重要特点大致可以推测出,其内在具有自信自爱自尊的特质,往往能做到尊重自己,爱自己,又能够换位思考,理解别人,爱别人,而这些是维系爱情的重要条件。

第六，由逆反产生的吸引力。有些恋人在恋爱中遇到外界质疑、反对他们的时候，他们之间的感情非但不会减退反而会加深，这种效应称为"罗密欧与朱丽叶效应"，就是外在环境对恋人们越不利，比如父母反对、社会压力，那这对恋人越可能产生逆反心理，会产生强烈的爱，彼此间的吸引力反而会加大。

爱上一个人会有什么样的感觉和表现？

人类学家和心理学家解释了爱上一个人会是什么样的感觉，总结了这样几条：

- 觉得对方很特殊，会觉得"整个世界都变了，有了一个新的中心，而这个中心就是我的爱人"。有极强的动力想要与 Ta 在一起，即便非常忙碌，仍会想要见到 Ta，见到 Ta 后会觉得一整天都很幸福。

- 爱上一个人后，会不由自主地想到对方，想着对方的笑脸，对方说过的话，共处的画面。一开始，这些侵入性的想法只是偶尔出现，但随着迷恋程度的加强，一个人可能会花费一天中的绝大部分时间想着所爱的人，以至于在日常事务中频频分心。可以问问自己：Ta 是不是我"第一个"想起的人？Ta 是不是我睡醒想起的第一个人，也是我入睡前想起的最后一个人。当遇到不开心的事，我是不是最希望 Ta 能来安抚我？

- 会把爱人的缺陷放一边，特别美化对方的缺点，甚至认为 Ta 的缺点都很迷人独特。会忍不住和周围的人提起 Ta，身边的人可能会议论你是不是"瞎了"，你知道对方存在缺点，却觉得可以接受，甚至有些可爱。

- 在热恋过程中如果遇到对方拒绝，或是因为父母反对、环境压力无法在一起，这些阻碍反而会助长你对恋人的渴求，感觉到越被拒绝越渴望，爱得越狂热。

- 陷入热恋当中的人会产生无助感，你明白这种感情是非理智的，却不能控制，无法抵挡而深陷其中。

- 陷入激情有时会觉得压力很大，会产生自卑、焦虑、紧张甚至抑郁，或有些神经过敏，这些都是正常反应。焦虑型依恋的人因为经常在亲密关系中觉得不如对方,自信心不足,更容易在恋爱萌芽时体验到高度的激情。

还有心理学家进一步描述了我们爱上一个人会有的一些表现。第一,相爱的双方会彼此注视对方,凝视对方。第二,对喜欢的人说话的时候声音会变得更温柔,有一种仿佛在唱歌的感觉。会用说话的方式表达爱意,谈论的内容并不那么重要,会说一些很动听却是无意义的话。比如"这个红色真红""这里的食物不错"等。第三,如果两个人非常情投意合,那么他们的举止动作都会同步。当两个人面对面谈话时,其中一方手托着脸颊,而另一方也会做同样的动作。第四,忽然开始做一些新的事,开始尝试恋人喜欢的活动,如跑步、瑜伽等。第五,为了给对方留下更好的印象,开始努力提升自己。第六,愿意为恋人的需要付出金钱、时间、资源等,也愿意为对方做出更多的牺牲和妥协。

"一见钟情"是真爱吗?

爱情的产生有很多种类型,其中比较典型的是一见钟情和日久生情。"一见钟情"是很多年轻人所向往的,尤其是浪漫的爱情往往由"一见钟情"而开始。美国有一项针对 21—70 岁的单身男女的调查,询问 5 000 名调查者他们对"一见钟情"的感觉,有 59% 的男性和 49% 的女性相信有"一见钟情",而有 41% 的男性和 29% 的女性描述他们体验过"一见钟情"。

爱情当中的"一见钟情"是如何产生的呢?按照荣格的人格理论,每个人的人格中存在着显性人格和隐性人格。当一个人遇到和自己的隐性人格相似的人,就会有一种被丘比特之箭射中的感觉,一股春风吹入了心田。那种感觉就好似"一见钟情"。比如说,一个典型的理工男,理性、逻辑性强是他的显性人格,而感性、情感丰富则是他的隐性人格。如果他在生活中遇到非常符合自己隐性人格的那个异性时,就会有"一见钟情"的感觉。有关这部分的详细解释可以参见第四章的内容。

心理学对"一见钟情"或者吸引力的基本假设是,人与人之间吸引力的产生,是因为我们和这个人相处时有愉快的感觉,会带来奖赏的意义。这种奖赏有可能是直接的,比如有激情的感觉、愉悦的感觉;也可能是间接的,比如对方的财富地位,或者情感交流,能满足我们的安全需要,使我们产生归属和信任的感觉。此外,有可能产生一见钟情的因素还有很多因素,比如,外貌的吸引力,对方具有和我们相似或互补的特质,身处某些能够产生心跳加快的场合,物理上比较接近,比较熟悉等。这也是爱情产生的六个因素在特定时间、空间的典型表现。

"一见钟情"是不是真爱呢?那我们要从真爱的概念或者评估标准说起。心理学家黄维仁认为,判断激情和真爱的标准有以下几个:激情是在瞬间发生的"一见钟情",感觉非常强烈,而真爱是经过长时间相处充分接纳对方的优缺点产生的;对对方的激情通常是基于一种投射,爱的是心中理想的形象,而真爱则对对方有长期全面的了解;陷入激情,往往以自我为中心,有强烈的占有欲,而真爱是想了解对方,获得快乐,彼此共同成长;一见钟情产生的激情,与人体分泌的化学元素有关,而真爱时激情澎湃的时刻虽然不多,却有细水长流、绵绵不绝的深情;激情状态通常持续时间不长,而真爱,彼此之间有很强的承诺与责任感。

其他心理学家认为,评估一段感情是否是真爱或是否深刻,通常有"情感强度"和"现实基础"两个指标。情感强度指的是在某一个时刻恋人们所感受到的浪漫情感的强烈程度,而现实基础则指的是恋人们经过了你侬我侬的激情期,度过了矛盾冲突的磨合期,在长期相处过程中满足了彼此的很多需要,有相爱相依的现实基础。心理学家经过研究发现,经历过一见钟情的伴侣们,从一开始就有比较强烈的情感强度,他们也往往更愿意花时间陪伴彼此,沟通交流,这就为相爱打下了良好的现实基础。此外,一见钟情带给人们的情感强度,还会给伴侣们带来更多的对未来的美好想象和积极期待,恋人们会主动构建和营造积极的相处模式,用比较正向的沟通方式进行交流,比如说,他们会用"我需要你……",而不是用"你为什么不……"来表达自己的需要。所以这些更积极的正向的表达会带来更好的情感体验,能够更有效地化解彼此的差异和矛盾,增进彼此的感情。一见钟情产生的爱情,能够让恋人们主动寻找彼此的相似性。而研究者认为双方的相似性越多,对未来情感的维持和彼此满足越有利。一见钟情的伴侣们更相信能够吸引自己的人有很多和自己相同或相似的特征,恋人们在遇到矛盾和冲突时,也会积极寻找共同的愿景来解决矛盾,这些努力非常有利于恋情的长远发展。以上都是一见钟情所带来的正面的积极的效应。

但是，一见钟情的感觉有的时候是不可靠的。一见钟情在很大程度上是建立在人们的主观期待和想象当中的。尤其是身处浪漫激情之中的恋人们会有意无意地夸大与对方的相似性，无意识地把对方当作是自己理想自我的一部分。随着时间的推移，这些片面的或是想象当中的感觉会逐渐消退。随着恋人们相处时间的延长，彼此了解越来越深入，对方的很多行为举止和自己的期待不一致了，这时就会意识到原来对方不是理想中的那一位，对双方的差异和矛盾感到不可思议，因而矛盾冲突不断，而这正是不成熟爱情的表现。

印度心理学家曾经有个调查，把经历一见钟情、浪漫爱情而结婚的伴侣和经过父母之命、媒妁之言而结婚的伴侣进行对比（如图3-1）。结果发现经历浪漫爱情的伴侣，在前5年其爱情的分数是持续上升的，而5年以后，其爱情的分数则呈下降趋势，而且下降速度很快；经相亲而结成的伴侣，在前5年爱情分数缓慢上升，但从第6年开始则保持着持续稳定的发展，并没有下降。这也许说明了，爱情是如何产生的也许并不重要，但要维持这段美好而深刻的感情，使其稳定、长远发展，则需要恋人们做出不懈的艰苦努力。

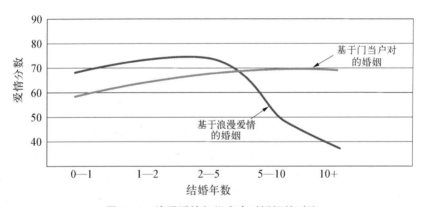

图3-1　浪漫爱情与门当户对婚姻的对比

一见钟情的伴侣，在出现差异、矛盾和冲突时，如果能够彼此尊重、理解和谅解，能够用足够的包容心态与协调能力去应对和处理，那么这段由激情开始的美好情感就可能善始善终。否则无论怎样开始，都可能走不下去，激情退却后才是考验真爱的时刻。协调亲密关系的各种能力，比如理解、包容、平衡、感恩等能力是从小培养起来的，和一个人的人格成熟度有关。所以，由"一见钟情"开始的亲密关系能否走到"真爱"阶段，考验的是恋人们的人格成熟度，而不是其他。

爱情的状态有几种？

埃里克森的"人格发展八阶段理论"认为，大学生处于人生发展的青年后期和成年早期阶段。大学生在这一时期适应和发展的主要任务是确立一个正确的自我概念。在18—25岁，发展亲密感，建立良好的社会关系，对于个人能否顺利进入社会具有重要的作用。

如果要对爱情进行分类，有许多种标准。如果我们根据一个人的人生发展趋势和某些爱情具有的典型特征进行分类，虽然不具严格的逻辑性，但从现象学上却能够对这些爱情进行比较详细的说明和解析。这些爱情状态包括单恋、初恋、次恋、热恋、依恋、畸恋、灾恋和失恋。

单恋，为什么称为梦幻之恋（或苦涩之恋）？

什么叫单恋？如果喜欢某个人，并对Ta表达爱慕之情，可对方不接受，自己还是喜欢Ta，这种情况就叫单恋。暗恋是单恋的一种形式，是指对某人情有独钟，有好感或渴望却没有表现出来，或是因为胆怯、害怕被拒绝，或是其中一方或双方已有伴侣等原因。可以表现为单方一厢情愿的暗恋，也可是双方默默关注、互相爱慕，只是不表达或没有行动。

单恋和暗恋的人一般性格都比较内向、敏感、富于幻想、有比较强烈的自卑感。单恋者对倾慕对象一往情深，希望得到对方的动机强烈。对爱情的体验表现为一种主观性的投射，就是常常把对方的言行举止按自己的需要去理解，存在着认知的偏差。暗恋又可以称为单相思，表现为听周围人说自己和Ta之间存在暧昧，表面很不以为然，心中却暗暗甜蜜，希望别人再多说一些。表面上说很讨厌Ta，但又特别关注对方的事情，总要创造各种机会跟对方在一起，感觉很亲密。暗恋者男性、女性都有,以青春期的女性为多。

单恋、暗恋是一部分青少年正常的心理体验,年轻男女短时间的单恋、暗恋存在着正效应。青少年需要通过对某些人物的单恋、暗恋来实现自我认同,确定情感发展的方向。比如,追星族通过对明星的崇拜和模仿,把明星身上的一些优秀品质内化为自己人格的一部分;或者在单调枯燥的学习环境下得到如童话世界般的浪漫和精神体验,获得情感的满足,或以此来憧憬未来的情感和婚姻生活。

但长时期的单恋、暗恋还是有一些危害的。这样的恋爱因缺乏双方的互动和回应,单方面想象中的交往会产生焦虑、抑郁情绪,或强迫性思维,沉溺在其中不能自拔会导致消极颓废。因心目中的理想化对象常常萦绕不去,会对现实中的真实人物缺乏感觉,因而高不成低不就,失去好机会而蹉跎岁月。

20世纪五六十年代约翰·鲍比等人提出恋爱中有不同依恋类型的人格:安全型——与恋人关系很亲密,且从不担心被抛弃,懂得包容、谅解、尊重对方,不试图改变对方;焦虑矛盾型——想与恋人亲近,但又害怕被抛弃,把对方抓得紧紧的,总担心对方不爱自己了;回避型——与恋人很难建立亲密和信任关系,内心很需要爱,但表现出来却很冷漠,不期望爱情带来的一切;混乱型——患得患失,爱或是不爱都有焦虑、不安全感,不知道该怎么办。

暗恋者似乎更像回避型人格的人:性格大多内向、敏感、压抑,因外貌、社交技能、家庭背景、处境不佳、遭遇挫折或失败而自卑,不自信。对异性往往怀有疑虑、恐惧,有些甚至是病态的单相思。因害羞、自卑不敢亲近心仪的对象,因害怕被拒绝、被抛弃而先不接近别人或离开别人。"要想不被别人拒绝,就要先拒绝别人",这就是暗恋者的内心写照。事实上,暗恋者回避的不是别人,而是他自己,因为内心对自己不认同,并坚信别人也不会认同自己。

回避型人格者看起来很冷酷,但实际上有着强烈的自我压抑。也许在幼年时体验到的是父母的挑剔、不接受或情感忽视,成年以后对过于亲密的关系感到不舒服,在身体、情感上刻意和伴侣保持一定的距离,也有一些想从关系里脱身,觉得可以完全依靠自己,因为依靠别人则意味着脆弱。

想要改变单恋的状态,就要把握好"爱情"和"友谊"的差别,仔细审视自己的真实感觉、内心需求。可以减少接触对方,急流勇退,或在认知上转变想法,得以理性解脱;也可以找好朋友或专业人员倾诉心事,缓解情感压力;或扩大自己的交友圈,与不同的朋友增加现实交流,多与异性接触,培养新的情感。

　　暗恋者的改变可以从改变认知模式开始,就是每当出现某些负性自动想法,或者高估危险因素,又产生自己打败自己的念头时,比如,"Ta那么好,我配不上Ta""Ta肯定看不上我"。当出现这些想法时,需要用理性重新看待自己,要看到自己的优势、特点,有意识地选择积极的词语和画面,用积极去化解消极。同时,改变自己的行为模式,尝试去接近对方,或在家里或找别人去练习对话;面对焦虑、恐惧情绪出现时,要接纳这些情绪,体验这些情绪(这是运用专业的暴露疗法);或者顺其自然,说出、唱出焦虑和恐惧(这是专业的森田疗法);或者想象处于某种场景中,正在体验积极的情绪;等等。当然,请专业人员协助,运用催眠疗法等也是改变的方法。

案例一　如果被你拒绝,连朋友也做不成了

　　我早已单恋你很久,一直没有勇气说出,我和你已有一年多没见面,这一年我每晚都思念你,也睡得不好,只因为我非常爱你。今晚中秋节我非常寂寞,我很想你能够陪伴我度过,可我知道这是不可能的事,而且我知道你根本就不会爱我。可我真的非常爱你,也非常思念你,所以今晚我鼓起勇气决定在这个网页上发出对你的爱的宣言,希望你能考虑。

　　写完这封信,我还是没有勇气发出,我怕被你拒绝,也许连起码的朋友都不能再做了。

案例二　避免了开始,就避免了一切可能

　　我从未真正意义上谈过一次恋爱,但我在心理上谈了一次与自己的恋爱。

　　那时高中,在面对一份突如其来的表白之后,我就开始将自己藏起来,我拒绝这份示好,也压抑自身情感波动。后来我才知道,人在面临幸福时会突然变得胆怯,抓住幸福其实比忍受痛苦更需要勇气。总之,我开始躲避他,也隐藏自己,我想得很深远,也很实际,我在想如果日后两个人的感情被琐碎的日常消磨得所

剩无几,只剩下对彼此的失望,当初为何要在一起?

为了避免这种结局,我避免了一切开始,用一种相比之下更为安全的方式来面对。当时我虽然埋怨过自己,但从未怀疑过自己做的决定。直到他后来黯然离去,我才知道没有人会一直等待。避免开始,就避免了一切可能,避免了一路风景。也许勇敢去爱,才是对彼此都好的办法。

▎案例分析

这两个案例反映了单恋和暗恋者的典型心态。在这些人的心目中,没有开始,就没有结束;没有拒绝,就没有伤害……因为种种原因,始终走不出恐惧、害怕伤害的阴影,没有勇气去面对爱情,面对他人,也没有勇气去面对未来的不确定。如果想要改变这种状态,可能需要接受专业人员的帮助。

初恋,为什么称为青涩之恋?

青春期或在青春期前,青少年随着身体的发育,情感的需求也逐渐增强,少男少女们对异性的吸引力或渴望在增长,慢慢走近对方,第一次萌发恋爱的感觉,这就是初恋。初恋的萌生主要是由性发育推动的,充满着理想和幻想,有很多不现实性和脆弱性,同时也给少男少女们带来心理上、情感上的巨大的满足或冲击。但是如果处理不好,也会留下比较大的后遗症。

初恋的典型特征是纯真,没有世俗浸染,两颗心凭天性和赤诚互相吸引,往往有"一日不见,如隔三秋"的渴盼心情。双方只要对视一瞬,万千言语都会尽在其中。有人把初恋的发生和发展划分为两个阶段:第一个阶段是爱慕阶段,对异性产生好感,会默默地关注、喜欢或暗恋,很多时候想接触异性但特别害羞,甚至会回避,有些人会把对异性的爱深深地埋在心底,从来不会表露。这种暗恋的感觉非常甜蜜也包含着忧伤。第二阶段是由爱慕发展到初恋的行为阶段,双方慢慢走近,彼此默许或承诺发展更加亲密的关系。这一阶段,男女在一起品尝到了爱情的甜蜜。初恋在大部分人的心目中会留下永远的印记,而且总是令人难以忘怀。为什么会出现这样的情况,在心理学家看来,因为初恋包含着两种效应,第一种效应是"契可尼效应",第二种是"首因效应"。

"契可尼效应"又叫"蔡格尼克效应",是指人们对还没有完成的事件印象会特别深刻。科学家让两组人做同样的数学题,一组让他们完成以后离开,另一组只做了一半就离开了。过一段时间,把这两组人再招募回来,让他们回忆上一次做的题目。已经完成的那组人几乎全部忘记了,而没有完成的却记住了留下没做的那些题目。"首因效应"是指人们在第一次接触某人某事时,印象会特别深刻,它会带来一种先入为主的效果。比如两个人第一次接触,彼此能够产生好感,那就奠定了以后关系进一步发展的基础;如果第一次见面,双方就有不适或是有反感,那后面的关系也不会开展得很顺利。

没能善始善终的初恋是一种"未完成"的事件。未完成性是对初恋念念不忘的一个重要原因。初恋是人身体成熟之后的第一份恋情,很多时候会刻骨铭心,它几乎决定了某个人一生当中情感的某种模式,你为什么喜欢 Ta,你怎么对待 Ta,是你自己人格的一个部分。你对待 Ta 就是你对待最重要人的一种行为模式。

初恋很重要,因为它慢慢形成了一个人人格的一部分。这个世界上只有很少一部分人能够把初恋变成有始有终,最后进入婚姻或伴随终生。也只有一部分人有机会在以后的岁月中重温初恋。大多数人把初恋变成了一个甜蜜或是苦涩的故事的前半部分,留下了很多悬念,埋藏在心底,在想象中让这种悬念演化成可能的各种结局,也在想象中体验心情的起起伏伏。

相对于成长而言,如果中年以后,或者过了很长时间还想重温初恋,这也许是一种退化,因为具有这种想法的人也许当下的情感关系、亲密关系并不舒心,美好的初恋的感觉会慢慢浮起。但是理性告诉 Ta 不可能,所以 Ta 用对现在家庭的、对爱人和孩子的责任感来对抗这种怀念,压抑自己的情感。也有人会对过去的初恋进行攻击,会谴责自己的过去。这两种情况都不是最理想的状态。对待初恋的态度,最好的是我们在心理上获得成长,也就是以我们现在的认知和情感去重新解读初恋,重新理解过去的那个自己,让美好更多地沉淀,让遗憾或创伤能够转化、消解。这样,才是对待初恋比较合适的方式。

案例　不成功的初恋

我的初恋持续时间不到三个月。那是在初三最后一个学期，为了节省来回学校的时间，我和一些同学都选择在学校外面的饭店吃饭，在那里，我第一次发现了她。那天下午的阳光正好，空气也比平常清新许多。就餐后，我习惯性地将餐具送到厨房餐台，然后转身跟老板道别。送完餐具，回过身来迎面遇到了同班的好友，她身边刚好有两位同行的女生，我不自觉地把目光移到了其中一位女生身上。那一刻，一抹阳光刚好照在她身上，散发着光芒。我仿佛感受到了时间的骤停，那一刻全世界恐怕只有我的心在跳动。时间其实很短，但我的心在那一刻却飞了好久好久。一面之缘之后，我们碰面的次数越来越多，我15岁的青春的心也越发躁动不安。

我们在同一个老师那里补课，只是上课的时间刚好错开。为了能有机会接触她，我谎称自己要刻苦学习，所以每天留在补习班写作业。她也每天来补习班，一起上课下课，时间长了两人就顺理成章地确定了恋爱关系。恋爱中我总是习惯付出的一方，又因为是初恋，我更理所当然地付出。每天早上5点半出门，坐车过去等她一起吃早餐，中午她家里来人接，送到转角看着她走远。然后晚上一起去补课的地方，写写作业、互相聊聊天。总之，每天都沉浸在初恋的幸福之中。

这样的日子一直持续到中考结束，假期里我们没有再约出来过。假期的某个下午，我们正式做了分手的决定，我很干脆，甚至没有一丝痛苦，因为在这之前我们已经有一周没有联系对方了。而真正感到有一些难过的是，在分手一个多月以后，我对于感情问题的愚钝，也许跟家庭有关。

初恋对我来说仍然是美好的，每每想起那时的自己，青涩、懵懂；每每想起初恋的她，青春、美丽。

案例分析

这是一个青春期少年的典型初恋，表达了内心的青涩的、懵懂的爱。相爱初期，一切都美好，阳光都灿烂。过程中，甜蜜愉悦，相处融洽，甘愿付出许多。不知不觉,激情、欢快消失了。进入末期,初恋的感觉变质了,爱情消失了。这正应了一句话"初恋时,我们不懂爱情",青少年就是在这样情感的起起伏伏中逐渐走向成熟,走向未来。

次恋,为什么称为成熟之恋?

次恋是指经过了初恋,一直到进入婚姻的一系列的恋爱过程,或者是指经历过初恋以后的很多次恋爱。初恋让少男少女、青年男女感受到了第一次恋爱的滋味。有很大一部分初恋是没有结果的,随后人们会经历各种不同的恋爱。

次恋和初恋不一样的是,在这个过程中伴随着身体的成熟,有增多的性的交流和投入,双方之间的亲密感和承诺也和初恋有所不同。而次恋更重要的作用在于,每一次的恋爱都让男女双方更清楚地知道自己,了解对方。伴随着恋爱的进程,双方都可以得到心理上的成长和人格上的成熟。但如果经历初恋以后,没有对上一次的恋爱有一个足够的反省、总结及提升,就匆忙开始新的恋情,那很可能是在走一条重复的老路,有些人甚至还会在一次一次的恋爱当中受伤,变得心力交瘁、伤痕累累,变得对自己和他人失去信心。所以也可以这么说,次恋是我们生命的重要阶段,使我们体验情感、认识社会、塑造自己的重要过程。我们需要总结每一次的恋爱感觉和体会,让自己更成熟豁达,为下一次的重新出发做好足够的准备,这样才能够收获比较圆满的爱情的成果。

案例　第二次恋爱,我最后还是受伤了

我是经人介绍认识他的。刚开始我对他兴趣不大,他对我却非常有兴趣,给我买吃的,会搂着我睡觉,会对我撒娇。我们属于那种一见就似曾相识的类型。他说他谈女朋友只谈可能成为老婆的,除非我主动开口,否则是不会分手的,我相信了。他能说会道,对人真诚,有魅力,有时候一句话就能把你逗得开开心心。这样我慢慢喜欢上他了。

我喜欢上他了,可他对我的兴趣却慢慢淡了。上一次出差前,他对我还是很

热情。可这次,本来约好星期六见面的,我怕他有事,星期五发短信问他明天有没有空。他回复说,不是还没有到明天吗?后来他被逼急了,说"咱们还是别联系了吧,不是一路人,就别凑一起了"。我看着愣了半天,说"哦,回来再说吧!"

此后,我给他打过两次电话,他态度非常坚决:"没有和你吵,不合适就是不合适,以后别给我打电话发信息了,我已经说得很明白了。"我听了心也凉了,在家饿了3天,一个人发愣,现在做什么事都提不起精神来。

我以前谈过一个男朋友,他很爱我。和他在一起时我很任性、傲气,不会打电话,也不会安慰人。有一次我和他吵架,他打电话给我,我没接。就是那次之后,他和他的女同学发生了不该有的事情。经过这件事,我悔悟了,所以我对现在这个男朋友看得有点紧,生怕他跑了。但越是这样他越会溜,最后还是分手了。

第一次恋爱,我很骄傲自大,目无中人;第二次恋爱,我珍惜了,改掉了以前的脾气,却由于过分珍惜,害怕失去,又失去了。恋爱真的会让人成长,明白了很多事情,再不是以前长不大的小女孩了。爱我的被我气跑了,最喜欢的又被我给气走了,真不知道以后还能不能谈恋爱。

■ 案例分析

有些人说,受过伤,会更懂得珍惜。但这必须建立在总结过去恋爱中的经验得失,深刻反省自己的所作所为,为自己的错误承担责任的基础上。如果没有反思和总结,就又懵懂地一头撞进新的爱情中,或企图以新的恋情来治疗旧的创伤,那很可能重复过去的错误。

案例中的女孩在第一段恋爱中很骄傲自大、目中无人,她男朋友在不断付出,很主动,她很被动。第二段恋爱,她说她非常珍惜了,追得有点紧,把男朋友逼跑了。所以,我们似乎看到这是一种模式:恋爱的其中一方很主动,另一方很被动,是一方在"控制"着另一方。无论是第一段恋爱她被动,还是第二段她主动,都是在重复着一种控制和反控制的模式。也许女孩需要去搞清楚,第一段恋爱中,为什么这么不珍惜?而第二段恋爱中又为什么追得这么紧?这些行为背后自己的内心需求是什么?她说恋爱真的能让人成长,那要看她总结了什么,感悟到多少。只有不断探索自己内心真正的渴望和恐惧,也许未来的恋爱才会更顺利些。如果没有从这两段恋爱中找到真正的问题所在,那未来的恋爱也可能不顺利。

热恋,为什么称为憧憬之恋?

我们把进入婚姻前的那一段恋爱称为热恋。大部分人是怀着美好的憧憬心态,与自己的心仪对象相爱相恋走入婚姻的,从而让这段恋爱画上了一个美满的句号。所以,热恋既是一种憧憬之恋,同时也是让我们心态更成熟的一段恋爱,这样的恋爱有更多的身体和心灵的渗透,有对未来理想的向往,并与现实生活结合的效应。男女两性经历了情感的不同过程,要实现理想和现实的重整,必须清醒地认识到:爱情也许是无价的,但现实的婚姻却是有条件的。王子爱上灰姑娘,公主爱上穷书生,这样童话色彩的爱情、婚姻在现实生活中也许有,但大部分人在进入婚姻之前却需要考虑彼此各种条件的匹配。这些条件包括对方的外表(相貌、身高、体重)、经济(收入、家境)、性格、地位、能力、年龄等,最重要的是彼此对未来生活的愿景要一致,世界观、人生观和价值观(三观)要尽可能保持同步。

有些人能够把浪漫的爱情和现实的婚姻结合在一起,愿与相爱的人相扶相携相守,共度一生,用婚姻的契约形式来履行自己的承诺。但也有些人却认为,婚姻只不过是一纸契约,并不能拴住追求自由的、个性化的爱情。相比较,前者更能符合社会大众的道德规范,也更体现出责任心和道德感。在这个方面,很多革命前辈给我们做出了很好的榜样。

案例 方志敏的爱情和婚姻

老一辈无产阶级革命家方志敏出生在江西一个农民家庭。在私塾里读书,他非常刻苦努力,聪明好学,才华出众,一年读的书超过其他学生三年所读,成了乡里远近闻名的"小才子"。他考入江西省南昌工业学校学习,开始阅读《新青年》等进步刊物,接触社会主义思潮。在校期间,方志敏认识了一位容貌出众的女友,两人算是老乡,交往逐渐频繁起来。放假时一同结伴回家,开学又一起到校,周围同学纷纷表示羡慕:"你们真是郎才女貌,天生的一对啊!"

后来,方志敏渐渐发现女友开始热衷打扮,不切实际地追求城里的奢侈生活,丢掉了原本的纯朴本色,经常说:"我长得并不比城市里那些娇小姐、阔太太差,为什么她们能够过上安逸、舒适的生活,我就不能呢?"她再也不认真学习了,经常和阔公子、娇小姐混在一起。时间一长,她和方志敏的共同语言越来越少了,也不再喜欢听方志敏谈论救国之道,进步学生的集会她也不参加了。方志敏目睹女友思想、行为上发生的变化,多次与她谈心,并对她进行耐心的说服教育,但她没有丝毫改变的表现。方志敏经过慎重考虑,与漂亮女友断绝了关系。为此,他感叹道:"没有革命的志同道合,就没有共同的思想感情,这样的爱情是不牢固的。"

蒋介石发动"四一二"政变后,在白色恐怖笼罩下,党组织安排方志敏隐蔽在南昌市的秘密机关里。为了同外界保持联络,继续开展工作,党组织派缪敏担任方志敏的交通员,两人在工作中逐渐产生了感情。时任全国农协会秘书长的彭湃风趣地对方志敏说:"共产党人又不是和尚,紧急时刻献衷情,只有革命者才能做得到。来得早不如来得巧,就让我做个证婚人吧。"就这样,在彭湃的撮合下,方志敏和缪敏打破了彼此之间的羞涩,明确了恋爱关系,并于当晚举行了婚礼。举行婚礼前,工作人员还买来了红纸,区委书记罗亦农高兴地说:"请日本早稻田大学的高才生,我们的才子彭湃同志写副喜联。"彭湃欣然挥笔,写下一副对联:"拥护中央政策方缪双方奋斗到底,努力加紧下层工作准备流血牺牲。"两人的新婚之夜,省委负责人以打麻将为掩护召开会议,研究下一步的工作。会议决定让方志敏到赣西开展农运工作。新婚三天后,缪敏恋恋不舍地将丈夫送出了南昌城,前往新的工作地。以后,夫妻两人出生入死,共同奋斗,都为革命事业贡献了自己的一生。

案例分析

由这个案例可见,热恋是我们生命旅程中最浓墨重彩的篇章,能够找到一位志同道合的恋人,并与之共同携手,共度终身是每个人的理想。热恋为每个人的未来奠定了基础,也开创了新生活的序幕。

依恋,为什么称为相依之恋?

由爱情走入婚姻,携手相扶。随着热恋期的结束,亲密关系中的激情减退了,亲情成分逐渐增多。这样的一种爱情模式,我们称为"相依之恋"。

科学家发现,当两个人相爱以后,身体会分泌一些化学物质。比如,会分泌苯乙胺、多巴胺等,这些物质让人能够沉浸在激情中,给相爱的人们一种如痴如醉、一日不见如隔三秋的感觉。但人体内的这些化学物质并不能永久存在,大概经过了两年左右,这些物质就会慢慢消失,恋人和伴侣间的激情也就逐渐地淡薄,相爱的男女就觉得没有感觉了,出现了所谓的"审美疲劳"。

尤其是进入婚姻以后,婚前所做的一切,现在似乎都变样了。他不再甜言蜜语,她也不再温柔似水了,看起来爱情似乎消失了。但也有一部分伴侣或夫妻,两年激情期过后,他们并不会彼此厌倦,感情反而会进一步加深,关系进一步巩固。科学家又发现,这是因为由于夫妻长期的共同生活,体内又会产生类似于镇静剂的一种物质——内啡肽,这种化学物质能够让伴侣之间产生温暖、平静、安宁的感觉,它可以使夫妻之间互相依靠,加深彼此的依恋感,使得爱情进一步深化。所以,这一部分夫妻似乎可以打破所谓的"七年之痒"的悲剧结局。相爱相依的夫妻能够长相厮守,也许并不是靠过去那种激情澎湃的感觉,而是如温泉般温暖、安详、平静的感觉。

这样看起来,婚姻也并不是爱情的坟墓。我们在现实生活当中也可以看到,相依相偎、伴随终生的伴侣,在一起几十年,感情依然深厚、隽永,让人羡慕和欣赏。比如,据2016年的报道,广东的萧锡纪、杨义伉俪,一起携手度过了87年的婚姻生活,世界纪录协会为这对老夫妻颁发了"世界上结婚时间最长的夫妻"的世界纪录证书。英国夫妇卡拉姆·昌德和卡塔里·昌德也在欢度他们结婚86周年纪念日。也许,这一类夫妻除了上面所说的,他们的身体中会分泌内啡肽,使得情感能够持续流动,亲密加深,还有一部分原因是因为两个人都能够用智慧和勇气去克服婚姻生活当中无数的差距、矛盾与冲突,都能够在平淡的生活中看到积极的成分,都愿意为对方做出忍让甚至牺牲,而这就是依恋这种相爱的模式给我们的启发。

还有人总结了能够让爱情保持天长地久的几大因素：

- 彼此都是对方最好的朋友，都可以无条件地喜欢对方，愿意和对方在一起；
- 双方都能心平气和地进行沟通，彼此非常坦诚地商量任何事情，不必担心被对方怀疑、蔑视、嘲笑或批评；
- 两个人在情感上有连结，在心灵上有共同的理念和价值观，两人都愿意为这个共同的价值观而努力；
- 彼此都认为婚姻是一辈子的事，都愿意为婚姻做调整，做改变，为对方着想；
- 当生活中有矛盾或冲突的时候，可以坐下来好好商量，一起协商解决，而不是一方追着另一方，或是逃避、压抑，更不是累积了很多小矛盾到一定极限才发作；
- 彼此相处时能够互相开个玩笑，讲点幽默的话语，哪怕有痛苦、挫折或灾难性事件，都愿意从积极的层面去考虑和对待；
- 双方都愿意去了解对方，也愿意去接纳对方的优点和缺点，都知道即使暴露了自己的弱点和无助，对方也是会接纳自己的；
- 彼此都知道对方是自己最信任的人，会得到支持和肯定，而不是批评和讽刺；
- 双方在一起时会有很浪漫的情感和举动，但大部分时间是安静、自得其乐的，各自能找到自己的兴趣和爱好，也愿意为对方的兴趣爱好鼓掌喝彩；
- 双方很享受彼此的温情，愿意陪伴对方，同时在出现问题时，也愿意以理性、成熟的方法去解决，渡过难关，而不是情绪化，或把责任都推给对方。

所以，只有具备了以上的这些条件，或者具备了这些处理双方差异、矛盾冲突的能力，这样的爱情之花才会长盛不衰。

案例　爱情天梯

徐朝清16岁出嫁，出嫁的那天两人首次见面。6岁的刘国江磕断了门牙，当时乡村里有个习俗,掉了门牙的孩子只要新娘子摸一摸,牙齿就会长出来。所以刘国江就由伯母抱着到新娘子的轿子前,让新娘子摸了摸嘴巴。从此,刘国江对徐朝清留下了深刻的影响。

后来徐朝清成了寡妇,独自带着4个孩子,生活非常艰难。刘国江经常帮他们母子干活,4年中培养了感情。但由于两个人的年龄相差10岁,徐朝清还是一个寡妇,为了避开村民的闲言碎语,在1956年8月的一天,两人一起到了海拔1500米的深山老林,自力更生,靠野菜和双手养大了7个孩子。刘国江为了让妻子徐朝清方便出门,用了整整50年的时间,一手一手凿出了6208级下山的阶梯,用坏了20多把铁凿。这个在徐朝清嘴巴里说的"小伙子"也变成了一个白发老人。"他总是说路修好了,我出山就方便了,其实我一辈子也没出过几次山。"徐朝清摸着老伴手上的老茧,流着眼泪对前来采访的人说。

2007年12月的一天,刘国江像往常一样,起床去看庄稼,回到家以后,突然栽倒在地上。徐朝清慌忙扑上去摇动老伴,但刘国江毫无声息。徐朝清沿着老伴凿出的6000多级天梯,跌跌撞撞冲下山去叫人,这是她第一次一个人走这个天梯。"他平时都是牵着我的手,扶我下山,他不放心我一个人走山路",徐朝清喊来了儿子,把老伴抬下山。三儿子等人赶到山顶,刘国江已无法开口说话。"我们准备抬他下山时,他艰难地举起手,颤抖着指了指橱柜上的'全国十大经典爱情证书'和一个日本友人为他和妈妈画的像。"儿子明白,父亲是要他将这些东西一起带下山——那是父母绝世爱情的见证。

刘国江患了脑溢血,此后6天,刘国江处于昏迷状态。直到去世,徐朝清一直守在他身边。"我们的日子是越来越好过了,政府给我们送来电视,你还没看够,却要丢下我走了。我一个人活着还有啥意思!"徐朝清的语气幽怨,"你说过哪天要带我坐飞机,坐火车。你还说你身体比我好,比我年轻,要给我送终。你说话不算话……"徐朝清旁若无人地对着棺材埋怨"小伙子",语气中,带着往常惯有的嗲声。"父亲去世时,他俩的手一直紧紧握着,我拖了好久都没拖开。"儿子刘明生说不下去了。

此后4年,徐朝清一直在想念着老伴,情绪低落。常常说"小伙子"为她操劳了一辈子,还先她而去,她很过意不去,希望"小伙子"把她接走。"妈妈老是反复念叨说爸爸要来接她了,说爸爸比她年纪小,为何要先走。边说边抹眼泪。"儿子对记者说。

2012年10月的一天,徐朝清终于去了天堂,和老伴又在一起了。

案例分析

感人的爱情故事,打动了无数人。刘国江花费50年凿出的"爱情天梯",不仅是通向山外、通向自由,更是通向妻子徐朝清内心的一条通道,使得夫妻两人心连心,相依为命、同甘共苦。这样的"相依之恋"是人世间最美好、珍贵的爱情,也是超越了年龄、身份、苦难、生死的爱的绝唱。

畸恋,为什么称为情结之恋?

弗洛伊德认为,情结是一种受到意识压抑,但会持续地在无意识当中活动的一种欲望,而且这种欲望主要是以本能冲动为动力的。现代心理学一般认为,情结是一群重要的潜意识的组合,它往往是藏在一个人内心深处的强烈而无意识的冲动。爱情中的情结主要有初恋情结、处女情结、恋父情结、恋母情结、完美情结、洛丽塔情结、英雄情结等。

弗洛伊德认为,影响我们行为和社交的不是意识,而是潜意识,潜意识的力量是非常强大的。荣格也认为,情结一般是由创伤造成的,它对人们的意识会产生重要的作用和影响。所以,情结虽然是在人们的潜意识深处,但对人们的行为有巨大的影响。平时生活中遇到一些人或事,或听到一些话,如果做出了一些激烈的、极端的反应,而且这些反应是突发的,或者通俗说是"想也不想"就采取行动的,那这些行为的背后往往就是由潜意识的情结在起作用。

有一对夫妻在商场购物,突然耳边传来了"抓小偷、抓小偷……"的呼喊,只见丈夫拔腿就追,朝着小偷的方向冲过去,拼命追赶。旁边的妻子看得目瞪口呆,因为她印象当中的丈夫从来都是温文尔雅,很少去管闲事,为什么今天听到"抓小偷",就这么见义勇为?后来丈夫去做了一次心理咨询,经过专业咨询,似乎找到了一些原因。丈夫小时候,家里曾经被小偷偷过,损失惨重。虽然他那时年幼无知,但是当时家中的气氛,大人对小偷的愤怒和咒骂,使小小年纪的他印象深刻。随着年岁的增长,往事渐渐忘记了,但对小偷的痛恨却留在了潜意识深处。所以,虽然他平时看起来是一个温文尔雅的人,但一听到有小偷,就会怒不可遏,想也不想就采取行动。这就是他的这个潜意识情结在起作用。

畸恋,一般被认为是非常态的爱情类型,或者爱情的过程、结局往往是痛苦不堪,或者是让人不可思议的,等等。当事人如果不知道导致这种经历和结局的是潜意识的情结在起作用的话,不论谈多少次恋爱,往往都会重复同样的模式,使恋爱陷入一种恶性循环。

比如,拯救者情结,是一种助人情结,也许人人都会有一些助人愿望。但具有这个情结的人,会觉得对世界或对某些事、某些人具有强烈的使命感,要去帮助他们,要使对方快乐,要救对方于危难之中,具有这种情结的人有时候会想象对方有困难,甚至会放大对方的困难和痛苦,所以他要千方百计地去帮助对方,甚至放弃自己的一些利益去满足对方,有时还会硬性插手对方的事,干扰对方。如果对方拒绝帮助,他就会产生很多负面情绪。

在爱情当中,如果一方有拯救者情结,就可能想尽办法想要去替对方负责,或者改变对方的行为,或者改变对方自己认为不完美的地方,甚至对方身上原本不太大的一些小缺点也会在他眼里被放大,硬要去纠正,这样的互相拉锯战会导致两人都筋疲力尽,给爱情蒙上一层浓重的阴影。

案例　爱情不是拯救,让她做自己吧

两年前,小刚在一次聚会上认识了单纯、带有抑郁气质的小樱。在小樱很小的时候父亲就抛弃了她和母亲,她和母亲相依为命,生活中经常感受到人情的凉薄。她和小刚说起往事:"我看到的是生活的苦痛,而且是无边无际的……"小刚听了非常心痛,他想拯救她、保护她,做她的天使,把她带出伤痛的世界,让她感受到生活的阳光和快乐。小刚向小樱表白了,两个人开始了恋爱。但小刚很快发现,热恋中的小樱仍然是那样的郁郁寡欢,话很少,也很少参加小刚的各种活动。介绍他的朋友给小樱,她都爱理不理。有时候小刚问她什么,她根本不搭理。

小樱要换工作了，小刚通过各种关系给她找了一份办公室的工作，但是也许是小樱过于孤僻的性格，也许是她不喜欢这份工作，面试时就被人家拒绝了。小刚说了小樱几句，小樱就摔门而出。打电话不接，发短信、微信也不回。小刚觉得，我对你这么好，你竟然是这样的态度！一怒之下，发了条短信说："我们分手吧！"得到的回信是"好"，两人的关系就此终结。

但是小刚现在非常后悔，他觉得不该在两人闹情绪时说分手，小樱的形象一直萦绕在他的脑海里，挥之不去，而且他一直在想象小樱过着很悲惨的生活："没有我，她怎么活啊……"他想不通，为什么他花了那么多的努力，都没有得到好的回报。

案例分析

这个案例当中的小刚，具有一种比较明显的拯救者情结。他被小樱的抑郁、落落寡合所吸引，爱上了对方。但同时，又不喜欢小樱一直保持这样的状态，千方百计想去拯救她、保护她，把她拉出抑郁的氛围。但他不知道小樱的天性就是如此，也许小樱并不需要被怜悯、被保护，也不希望改变自己的个性，更不希望被拯救。所以小刚对小樱做的几乎所有的一切，都是基于小刚自己的需要，而未必是小樱的需要。这种拯救别人来体现自己的能力，或者看不得别人某些状态，一定要逼着对方改变的心态，就是一厢情愿的做法。

在爱情中经常会发现这样的情况：一方出于好心认为对方应该改变自己的现状，朝着自己理想化的、标准的模式去改变。但事实上，这样的要求和逼迫改变几乎都会招致失败，这也许就是出于自身需要的"拯救者情结"。因为，如果真爱对方，就要尊重对方，尊重对方的情绪状态，尊重对方的人格，让 Ta 做自己，这样的爱情才是一种真爱。

灾恋，为什么称为祸害之恋？

在爱情中我们会发现有一些人，平时温柔体面，或温文尔雅，但一进入恋爱，就会有超强的控制欲，会采用种种办法逼迫对方，按照 Ta 的想法去做，如果对方不答应，Ta 就会采取语言攻击、身体攻击，或自残或威胁要自杀、伤害对方的方法，逼迫对方爱 Ta，这样的爱情会导致双方心力交瘁，伤痕累累，甚至有可能演变成你死我活的毁灭式的结局。这种恋爱模式，我们称为"灾恋"。这种模式的恋爱，一方会表现出很极端的情感和行为。比如：

- 恋爱开始时，遇到不顺心，男性往往会推推搡搡，或者以拳头击墙来发泄怒火，而女性则打人耳光、踢人。恋爱过程中，Ta 会经常用暴力殴打对方。

- 他们在刚认识不久就快速地向对方表白，经常用浓度很高的甜言蜜语向对方示爱。比如，"想永远和你在一起""想和你结婚"等。一般会在几个星期之内就确定关系，或者计划着要共同度过一生，在一个月之内就提出同居或结婚的要求。

- 他们的情绪控制很成问题，经常会暴怒或做出危险的举动，超速驾驶、乱扔东西、大喊大叫、威胁别人。这些暴力有时是针对别人，有时是针对恋人，甚至会在公开场合，当着很多人的面，咒骂羞辱恋人。这些人会经常贬低恋人，不断地纠正对方的小错误，说对方笨、差劲，渐渐地会摧毁恋人的自尊心，让恋人如履薄冰、胆战心惊。

- 他们对待恋人的方式是一种"虐待—体贴"的循环模式，在责骂、暴力威胁对方之后，会拼命道歉，变得特别温柔，会为 Ta 的恋人做很多的事情。

- 他们觉得自己的所作所为合情合理、理直气壮，不觉得自己的脾气有什么不对，总是觉得是对方做错了。他们如果是自己做错了事，会反过来责怪 Ta 的恋人，大喊大叫甚至公开羞辱对方。他们很难为自己的行为负责，似乎永远是别人的错。

- 他们会用行为控制恋人，切断恋人和朋友、家人的联系，理由是朋友或家人会带坏他的恋人。如果恋人谈论自己的家人朋友，他们会感到妒忌和威胁，甚至禁止父母兄弟来看自己的恋人。经常会打击恋人的积极性，恋人的兴趣爱好在他们眼里也一钱不值。会不停地查岗，用高科技手段来侦查，时刻追踪恋人在哪里，和谁在一起，尤其不能容忍恋人跟异性在一起。

- 他们的言行不会随着时间和场合的变化有太多的改变。他们没有什么朋友，在外人的眼里，他们的形象可能非常好，也有可能非常糟糕。恋人经常是处于恐惧、被质疑、批评的紧张状态中。他们会觉得别人的感受不重要，如果对Ta提出一些建议和疑问，Ta会认为是愚蠢的，不合理的，会非常抵触，甚至会暴跳如雷。恋人和Ta在一起也会变得非常神经质，有暴力倾向，会持续地陷入恐惧、愤怒的感觉之中，丧失自尊自信，甚至还有人身安全的威胁。

- 如果恋人提出要结束恋爱关系，他们会崩溃、哭泣、恳求，发誓一定会改变，会做很多的让步，想尽种种办法，表达大量的爱来挽回关系，想拉住恋人回到自己的身边。

案例　才财貌三全的她，为何会被异国男友暴力致死？

据媒体报道，2016年8月18日，留学英国的24岁女大学生毕某被男友殴打致死。事发后，施暴男友马修斯承认过失杀人，但否认蓄意谋杀女友。2017年2月7日，他终于在法庭上承认了自己的罪行。

报道称，毕某是某集团老板的女儿，生前是公认的才女，语言能力十分优秀，除了英文外，还会说法文及西班牙文，15岁就到牛津大学求学。毕业后，她又到卡迪夫大学念国际商务硕士。

马修斯是酒吧工作人员，还是空手道黑带选手。毕某在酒吧认识了马修斯，两人成了恋人。刚开始看起来很甜蜜，但不久马修斯就暴露了本性。法庭称，马修斯不仅暴力，而且是"嫉妒狂＋控制狂"合体，常常说毕某不值得他付出，动不动就拳脚相向。但在暴力之后，往往用甜言蜜语、温柔举动让毕某屈服，继续留在他身边。毕某在生前还长期资助男友，用自己的钱给他买车和其他很多东西。

进入这段恋情之后，原本外向的毕某变得越来越沉默寡言，甚至卑躬屈膝。在案发当天，毕某去伦敦看了她的朋友。据朋友说，毕某当时脸上有很多瘀青。晚上马修斯接毕某回家，开始抱怨她不关心自己。接着两人争吵，之后就拳脚相向。毕某自从交了男友后，在朋友眼中变得比以前安静退缩。一次次遭受暴力，她从来没向外求助，或者去结束这段关系，而是选择了忍受和沉默，受伤越来越重，直到失去生命。

案例分析

案例中的马修斯就是我们分析的恋爱中很容易情绪失控,对恋人施加暴力的人。在与马修斯的关系中,毕某当初很可能处在被控制而不自知的状态。马修斯扭曲了她的想法,让她觉得自己真的很差,觉得自己应该不断地去为他付出,才配得上他。马修斯几乎把所有的责任都推给毕某,从不承认自己有错,而且用情感挟持和野蛮暴力控制了毕某,使得她逐渐失去了自知力,不懂得求助,也不逃离,导致了悲剧的产生。

所以,这样的人在心理上有比较严重的人格缺陷,严格地说,这样的人应该进行心理治疗。那作为他的恋人应该如何保护自己呢?可能需要经历三个阶段:分离阶段、结束关系阶段以及后继保护阶段。

第一阶段,分离阶段。需要观察对方是怎么对待你的,注意 Ta 的行为举止。不要主动跟对方交流感情和思想,要让自己变得很无聊,减弱与对方的情感联系。可以联络自己的家人和朋友,慢慢地把自己的东西从共同的住处拿走。不要跟 Ta 争辩、讲道理或讨论,可以含糊其词说一些"我最近老是稀里糊涂"或"我的压力太大,我不知道为什么……"暗示自己得了抑郁症,表示自己有错,这样就比较容易脱离这段关系。

第二阶段,结束关系阶段。向这样的人提出断绝关系,Ta 会暴跳如雷。只能解释说感情上已经麻木了,筋疲力尽了,你对任何人都没有感觉了,可能对方才会想要结束这段关系。如果对方讨价还价,还继续提出要做朋友或约会,你不能接受任何条件,不能和 Ta 有任何联系。也不要有过多的解释,因为 Ta 不能理解你的感受。如果对方做出感人的举动、送贵重礼物、要跟你结婚等,你也不能接受,而应该迅速地离开,寻求专业心理咨询师的帮助。

第三阶段,后继保护阶段,是保护好自己。这样的人在恋爱中意识不到自己的责任,对别人的伤害也没有感觉。所以分手后要让这段关系永远结束,不要再跟对方见面,不要跟 Ta 谈论自己的新生活和新的恋爱,要尽快地挂断电话。即使对方打来电话,通话也越短越好。有需要的话,可以进行专业的咨询和治疗,这样才可能从伤害中逐渐恢复过来。

失恋，为什么称为伤痛之恋？

不是每一段恋情都能最终进入婚姻，或者两人一直相处下去的。如果相爱中的一方想要退出这段亲密关系，无论是主动离开的，还是被迫分离的，都会造成不同程度的伤痛，所以我们称失恋为"伤痛之恋"。主动提出分手的一方和被动离开这段关系的一方，如何处理好各自的内心世界，安顿好自己的情绪，总结好这段关系中的利弊得失，是我们每个人都需要去探索和思考的。失恋并不可怕，失恋不等于失败，失恋的过程就整个生命历程而言也是很常见的。甚至有人说，一个不曾失恋的人，就其整个人生而言是欠缺的。就其个人心智方面是不够深刻的。所以，如果我们能够正确地对待失恋，就能把它作为一种爱的资源。一个事件的结束，同时也是一种新生活的开始。有关失恋的详细情况请参见本书第九章。

第四章

爱情的不同理论解读

经典的爱情心理理论有哪些？
爱情仅仅是荷尔蒙或激素玩的把戏？
爱情可以被测量和分类吗？
经典的爱情三角理论到底讲了什么？
你自己的爱情故事属于哪一种版本？
"阿尼玛"和"阿尼姆斯"是怎么回事？
恋爱过程中的相爱相杀是避免不了的吗？
爱情可以投资吗？
弗洛姆的《爱的艺术》是讲什么的？
你的爱情发展到了哪个阶段？
海伦·费雪的爱情研究告诉了我们什么？

经典的爱情心理理论有哪些？

长期以来，人们对爱的认识只是表面的、经验的、直觉的。很多人认为无法从科学角度对爱这种美丽而复杂的心理现象进行科学研究，但也有很多科学家和社会学家从自然科学与社会科学的不同角度，对爱情这个领域进行了广泛的研究，也得到了众多的研究结论，产生了很丰富的理论学说。这些理论从生物现象、心理及行为表现等角度解释了爱情产生、发展的规律。

我国学者与心理学家对爱、爱情以及有关的概念和领域也做了很多研究，得出了在中国文化背景下的很多结论。比如，嫣静等人的研究发现，在中国文化的背景下，成年人爱的心理的结构包含四个主要的成分：亲密关系、激情、责任感和忠贞。其中"忠贞"这个成分，体现出了中国人的爱的理念中有重要的区别于西方人的特点。李朝旭等人的研究中还发现，人们对爱情的理解，和友谊等有很大的不同。人们投入爱情，需要有更多的理性和情感，会经历更多的痛苦，承担更多的责任。如果由爱情引发联想，中国人会更容易联想到婚姻、家庭、命运和缘分；而对友谊的联想，则没有或很少有这些成分。如果两个人原先就是好朋友，由此产生的友谊是比较容易转化为爱情的，但如果经历了爱情，分手了以后再想回到友谊当中，这种可能性就比较少。

他们还发现当代中国大学生对爱情内涵的认识包含有伦理与责任、浪漫体验、冲突及痛苦、理性、朋友式的关爱等。我国的大学生想到爱情时，首先会想到道德伦理与婚姻家庭，这充分体现着爱情在大学生心目当中的一种道德感和理性；其次他们才会想到浪漫、激情等。所以这些结论和我们前面谈到的毛诗序中的"发乎情，止乎礼义"的爱情理念是非常吻合的。大学生把"性"放在伦理责任的范畴，属于婚姻生活，更多会联想到爱人、婚姻、生活等，这与西方学者认为性属于激情成分，更多地和拥抱、牵手、接吻联系在一起是完全不同的，这也反映出中国文化的特点，更强调道德、责任和伦理。

国外心理学中关于爱情的经典理论和研究主要有爱情激素说、情绪双因素理论、"印刻效应"、依恋理论、爱情测量理论、精神分析论爱情、人格理论（弗洛伊德人格理论、埃里克森的人格发展八阶段论、大五人格理论）、爱情地图理论、"吸引力法则"、爱情三角理论和爱情故事理论、爱情阶段理论、爱情的投资模式理论、弗洛姆爱的艺术理论、海伦·费雪的爱情研究等。

用来解释爱情的产生、发展，或爱情中矛盾冲突的来源以及如何应对的重要概念还有：进化心理学中两性择偶差异、人际吸引中的"自我暴露"、同理心（共情、换位思考）、自我边界（心理边界）、情绪管理、原生家庭与爱情、恋父恋母情结、爱情中的"强迫性重复"、自尊和自我价值感、爱情中的权力与控制、防御机制等。

这些理论和概念不仅解释了爱情的来龙去脉，也从不同角度、不同层次说明了亲密关系中个体的人格因素、心理需求、认知、情绪和行为模式等。如果我们能够理解和把握好这些理论与概念，在实践中就可以比较清晰地理解亲密关系中出现的种种现象，以及现象背后的可能原因，对探索自己的亲密关系模式大有裨益。

爱情仅仅是荷尔蒙或激素玩的把戏？

人类从出生伊始就分泌和爱情有关的各种激素，青春期身体发育更是为爱情的产生打下了生物学的基础。从生物化学角度讲，爱情的产生是外界某个人的外表、声音、气味、行为等，刺激人的大脑，分泌了相应的化学物质，让人产生了浪漫、幸福、快乐、轻松的感觉，形成了早期强烈的冲动，这种感觉可以解释为爱情。由此，科学家将这些化学物质称为"爱情激素"或"爱情荷尔蒙"。这些激素主要有：

苯基乙胺，简称PEA，被称为"来电"激素。这种化学物质能让人感觉到极度兴奋，呼吸心跳都会加快，手心出汗，脸发红，瞳孔也会放大。我们平时所说的被"丘比特之箭"射中了，或者"来电"的感觉，就是PEA的杰作。由于PEA的分泌，恋人们的自信心会空前膨胀，在激情中喜欢海誓山盟，发誓永远爱对方，对方是自己心目中最重要的人，等等，也许这不是有意的欺骗，因为一个深陷情网的人，由于PEA的作用，他真的会相信自己有这样的能力。

但是PEA有一个副作用，就是在看到自己喜欢的人的时候，会产生偏执心理，坚信自己的选择是最正确的，对方是世界上最完美的人，甚至会丧失客观判断的能力。这就是所谓的"情人眼里出西施"。据英国伦敦大学的实验，他们对热恋中的青年男女采用核磁共振成像技术，记录他们的大脑活动，当看到自己恋人照片的时候，他们大脑的四个特定区域会出现血流量急升的现象，而同时负责记忆和评价的部分则受到了抑制。这个实验形象地说明了陷入恋爱中的人们的智商降低了，都变"笨"了。

科学家还发现，人在遇到紧张、危险、恐惧的时候，身体内的PEA也会急剧分泌，这和激情产生时的分泌是相似的。所以，这也就解释了为什么恐惧和激情刺激身体的感觉是差不多的，甚至恐惧还能够提升爱情的感觉，这真的不是身体给我们开的玩笑。恋人们想要增加身体内的PEA，除了去做一些刺激的能产生恐惧的事情以外，还可以吃巧克力，巧克力是食物中PEA含量最多的。情人节，恋人们在浪漫音乐和鲜花的簇拥下，吃一盒巧克力来增加爱的感觉，是有科学道理的。

第二种激素是去甲肾上腺素。它有强大的血管收缩的作用和神经传导的作用，会引起血压升高，心率和血糖增高，也会产生心跳的感觉。恋爱时恋人们脸红心跳，"怦然心动"，尤其是美好的初恋，看一眼，或者稍微碰碰手指就觉得过电，这就是去甲肾上腺素的功劳，也是它分泌最多的时候，这也是产生爱情的一种化学物质。

第三种激素是多巴胺，能让人产生一种欣快的感觉，它可以使我们的血管扩张，血流量增加。多巴胺的作用之一是可以刺激后叶催产素的分泌，而后叶催产素有消除紧张和抑郁的作用，恋人们拥抱时感受到的安全感、紧密感和满足感，都和此有关。有关研究表明，当人们对某些事物有强烈渴望的时候，多巴胺的分泌就会增加。比如，神经学家发现玩赚钱游戏的玩家、赌徒在赌博时，他们脑中的多巴胺会变得异常活跃。爱情来临的时候，也会使多巴胺增加，这和某些物质成瘾的感觉是相似的，说爱情会上瘾似乎也有科学依据。

前面所说的，苯基乙胺、去甲肾上腺素和多巴胺，在爱情开始的时候，也就是在激情当中分泌是最多的，但是短则6个月长则4年以后，这些激素的水平会下降甚至消失，所以恋人们会感觉到激情不在了。这也是婚姻时间长了以后，人们说爱情被亲情替代的感觉。

经历过激情以后，如果还会产生另外一种物质，这种物质叫内啡肽，那么恋人和伴侣之间的感情仍然能够维系下去，因为内啡肽的效果类似于吗啡，是一种镇静剂，它可以降低焦虑感，让人体会温暖、平静、亲密、安逸等感觉，可以让人享受到愉悦感。

有研究证实，运动能够使身体产生更多的内啡肽，从而让人感到快乐和愉悦，这种效果和激情是完全不一样的。当一个婚姻存在的时间越久，如果夫妻双方身体中能够产生足够的内啡肽，夫妇之间就能享受较多的宁静和幸福，这也是保证婚姻能走到金婚、钻石婚的原因。但是科学也证实了，并不是所有的人在激情下降以后身体都会分泌内啡肽，有些人就是没有办法得到充足的内啡肽让自己安定下来，所以他们就会不断地去寻找新的激情，就像前面说的产生苯基乙胺的分泌，他们的生活当中可能会形成"热恋——分手——痛苦——再热恋——再分手——再痛苦"这样的一种循环，可能真的会让自己成为"爱情瘾君子"。

人类在爱情当中还会产生另外一些物质，叫后叶加压素，或叫脑下垂体后叶荷尔蒙，它的作用是保证夫妻双方感情稳固，忠贞不贰，能够更长久地陪伴在彼此身边。这也是人类进化所带来的效应，因为人类需要安全可靠的伴侣，像团队一样互相合作，彼此支持，在漫长的怀胎孕育、养育过程中，保证婴幼儿能够安全、健康地成长。

后叶催产素是科学家在大草原田鼠的实验中发现的。20世纪80年代,这种大草原田鼠是比较少见的动物界遵循一夫一妻制的典范。经研究发现这种田鼠的爱情忠贞来自大脑中分泌的后叶催产素。研究者给雄田鼠注射药物,抑制这种后叶催产素的分泌,结果发现坚守一夫一妻制的雄田鼠迅速移情别恋,劈腿其他雌田鼠;而给雌田鼠注入后叶催产素以后,雌田鼠择偶的时候不再挑剔,确定关系以后会对其丈夫忠心耿耿。所以人们把后叶催产素称为"忠诚"激素,又叫"抱抱"激素,因为恋人们经常彼此摸一摸,抱一抱,就会增加这些激素的分泌,增加忠诚度,感情更好。

总之,苯基乙胺让人坠入爱河,多巴胺传递兴奋和愉悦的信息,去甲肾上腺素让暧昧者产生怦然心动的感觉,内啡肽能够使伴侣们持久温暖和快乐,脑下垂体后叶荷尔蒙则让我们能够对伴侣忠诚。当恋人们头脑中充满着这些爱情激素的时候,也正是意乱情迷的时候。但可惜的是,人体内这些爱情荷尔蒙不可能永远处在较高的水平上,我们身体的自我调节功能很强,总是试图将非正常状态调整回正常状况。有研究说,PEA的浓度高峰可以持续6个月到4年左右的时间,平均不到30个月(2.5年)。一旦爱情荷尔蒙消失,恋人们也就从热恋的痴迷状态中恢复过来,有人就说是失去了爱的感觉。爱情激素减退,恋人也许就会变心了。所以"爱情激素说"可以用来解释变心的生理基础。

但是,人类毕竟不是动物,我们还受到社会、精神因素的影响和制约,有更高的理想和追求。所以,古今中外美好、崇高的爱情从来不是以身体愉悦满足为标准,而是达到了心灵、精神的至高境界,才得以流传和传播开来。

爱情可以被测量和分类吗?

从20世纪70年代开始,有很多社会学家、心理学家开始试图用科学的方法探索、研究、分析爱情心理学:"爱是什么?为什么人类需要爱?它有什么样的体验?又有什么样的影响?从心理体验上讲,爱有没有文化差异(或阶级差异)?"还试图用测量方法和分类方法对爱情的不同方面进行研究,这方面代表性的理论有爱情态度理论和爱情测量理论。

20世纪70年代初鲁宾提出了爱情态度理论,他认为爱情是对某一特定的他人所持有的一种态度。这种理论将爱情归为社会心理学的人际吸引,鲁宾用了一般的测量方法来研究爱情,他假设爱情是可以被测量的独立概念,可以从一个人对特定他人的各种态度来衡量。他从文艺著作、普通常识以及人际吸引的文献资料中,寻找和编制了有关情感方面的题目,经过项目分析、信度、效度考查,建立了"爱情量表"和"喜欢量表"。根据这些量表,我们可以评估对意中人的态度究竟是什么。因得分的不同,我们可以判断到底是喜欢(liking)上了这个人,还是爱(loving)上了这个人。

鲁宾把"爱情"定义为三种基本体验:第一是依恋,是指我们愿意和某个人长期在一起;第二是关心,是指我们会像照顾自己一样地照顾某个人,满足对方的需求,希望对方幸福;第三是亲近,是指我们愿意和另外一个人分享感情、欲望、思想和各种身心体验。

他认为爱情与喜欢有四点不同:① 爱情有比较多的幻想,喜欢则不是先有对对方的幻想,而是先有对对方的现实评价;② 喜欢的情感体验比较单纯,平稳、宁静的感觉更多,爱情则比较狂热、激烈,并且还有很多类似于爱与恨、快乐与痛苦等相互冲突的情绪存在;③ 爱情往往与性欲有关,而喜欢则不太涉及这方面的需要;④ 爱情具有独占性和排他性,而喜欢则没有这些元素。

加拿大社会学家约翰·李的爱情分类理论将男女之间的爱情分成六种形态:情欲之爱、游戏之爱、友谊之爱、依附之爱、现实之爱和利他之爱。

情欲之爱注重理想化的外在美,是一种罗曼蒂克、激情的爱情。其特点是一见钟情式,看颜值重外表,缺少心灵沟通,情感热烈而专一,靠激情维持关系。

游戏之爱把爱情看作是一场吸引异性的游戏,不投入自己的真情实感,经常更换恋爱对象,恋爱重过程而非结果;不承担爱情的责任,寻求刺激与新鲜感。

友谊之爱是指如青梅竹马般的感情,追求一种细水长流型的稳定的爱。情感基础以友谊为主,在长期相处中彼此理解、包容和协调,并且能够平和地解决分歧和矛盾,是一种宁静、融洽、温馨和共同成长的爱情。

依附之爱是指某些人对情感满足的欲望非常强烈,采用的是依附、占有的方式,往往陷入妒忌、猜疑和焦虑中,恋爱中的情绪大起大落,很不稳定。这种恋人的控制欲很强，往往会上演情节曲折的爱情悲喜剧。

现实之爱者通常会考虑对方的经济基础和现实条件，相应地调整自己在爱情中的投入和付出，以平衡经济和情感上的投入与产出。这是一种理性高于情感、比较重视功利的爱情。

利他之爱则带着一种牺牲、奉献的态度，追求爱情，付出很多但不求对方回报。自我牺牲型的爱情给人感觉是无怨无悔的、比较纯洁和高尚的。

经典的爱情三角理论到底讲了什么？

美国心理学家斯腾伯格在 1988 年提出了爱情三角理论，他认为爱情由三个基本成分组成：亲密、激情和承诺。

亲密属于情感成分，是爱情中亲密、联结、结合的感觉，包括希望对方幸福的愿望，喜欢跟自己的伴侣在一起，共同分享美好时光，尊重对方。在危难时刻，彼此能够互相帮助，情感上互相支持，共渡难关。情侣间互相理解和包容，懂得以恰当的方式回应对方。乐意奉献自己的时间和其他东西，把对方放在重要的位置，彼此珍重，并且能够进行深层次和坦诚的沟通，分享内心深处的想法和感受，彼此充分感受到对方在共同生活中的重要性。

激情属于动机成分，是一种与伴侣紧密结合、日夜厮守的强烈渴望。相处时有怦然心动、激情澎湃的感觉，有兴奋的体验和性的需要。

承诺则属于认知成分。承诺由两方面组成：短期的和长期的。短期的承诺是做出爱某个人的决定，长期的承诺则是做出愿意和 Ta 维持长久关系的一种决心与行为，表达对爱情的忠贞和责任，患难与共甚至至死不渝的愿望。

根据这个理论，爱情可以分成八种类型：

无爱：三个因素都不具备。《婚姻法》颁布前那些没有法律保护的包办婚姻可能属于这种类型。

喜欢式爱情：只有亲密的成分。类似于友情，在一起感觉很舒服，但是感觉缺少激情，也不一定愿意厮守终生。

迷恋式爱情：只有激情体验。认为对方有强烈的吸引力，但不亲密，也没有想过将来。类似于"一夜情"。

空洞式爱情:只有承诺,没有激情和亲密。类似于政治、经济结盟下的婚姻。

浪漫式爱情:有亲密成分和激情体验,没有承诺,或缺乏长期承诺。类似于情人或同居关系。

伴侣式爱情:有亲密成分和承诺,缺乏激情。类似于激情不再的老夫老妻关系。

愚蠢式爱情:有激情和承诺,但彼此并不真正了解对方,没有亲密的感觉。类似于"闪婚"。

完美式爱情:同时具备亲密、激情和承诺三个要素。类似于美满婚姻的前几年。

案例　完美爱情的典范——周恩来和邓颖超的爱情

我国国务院前总理周恩来和他的爱人邓颖超,是一对让人羡慕敬仰的模范伴侣。他们两人在1919年五四运动的疾风暴雨中相识,邓颖超在台上作满怀激情的爱国演讲,台下听着的周恩来被深深地感动和吸引。演讲完毕,他找到邓颖超说非常欣赏她,此后两个人因为共同喜爱新剧有了多次的接触。随后周恩来到法国勤工俭学,其间与邓颖超有了很多书信往来。1923年春天,周恩来寄给邓颖超一张明信片,明信片上印有李卜克内西和卢森堡的画像,他写道:"希望我们两个人的将来,也像他们两个人一样,一同上断头台。"这就是周恩来给邓颖超的求爱信,这让邓颖超感觉很特别。因为有共同的革命理想和奋斗目标,邓颖超接受了周恩来的求婚。

1925年两人结婚,战争年代聚少离多,他们主要靠书信往来。在书信中彼此都热烈地诉说着对对方的爱恋。在长征路上,周恩来病得很重,邓颖超在他旁边守了三天三夜。用土办法冰块来帮助退烧,终于使周恩来转危为安。周恩来写道:"昨天你们走后,朦胧睡去。醒来已近黄昏……饭后读唐诗数首……天气虽热,尚能静心。望你珍摄,吻你万千。"邓颖超也在1944年11月写道:"窑洞的炕已经做好了,今日已迁回原居。窑内暖融融的,愿你能快回来享受一些温暖啊。祝福你,热吻你……深深的吻你,轻轻吻你"。

新中国成立后,他们两个人一直遵循着"互爱、互进、互勉、互让、互谅、互助、互学"的准则,相伴相携。深深的爱情没有因为形势的动荡、变化而改变,而是愈加浓厚。他们还经常以红叶、海棠花和书信等进行相互的安慰和支持。周恩来经常写给夫人情意绵绵的信,表达对邓颖超的爱,比如:"情长纸短,还吻你万千!"

周恩来去参加重要的万隆会议,在上飞机之前,他亲了亲邓颖超的额头,嘱咐她注意身体,要记得给他写信。在日内瓦会议期间,周恩来走出会场,穿着长长的很帅的风衣,所有人都看着他,但周恩来却把手放在大衣口袋里,因为口袋里放着邓颖超给他的西花厅的海棠。

1969年9月的一天,周恩来刚刚从越南回来,一家人都在西花厅的会客室等他。当他一进门,邓颖超就匆匆从沙发上站起来,快步向前,而且边走边说:"哎呀,老头子,你可回来了,你得亲我一下,我在电视上看到你在越南亲吻了那么多漂亮的女孩子,你得同我拥抱,同我亲吻。"邓颖超的这番话,让在场所有的工作人员都目瞪口呆,但是总理却哈哈大笑着一把把邓颖超搂在怀里,两人温柔而有风度地紧紧拥抱在一起,深深地吻了一下,那么自然,那么亲热,那么地旁若无人。

有一次,周恩来因工作忙了一夜,第二天一出门,发现半夜里下雪了,地上的雪都积起来了。他连忙叫人给邓颖超打了个电话,让她赶紧过来一下。邓颖超以为是急事,匆匆忙忙赶来。周恩来已经穿好了那件帅气的呢子大衣,迎了上去,对邓颖超说:"我们去外面边走边说。"两个人肩并肩地走在雪地里,邓颖超又问:"到底是什么事情啊?"周恩来对着她微微一笑,说:"没什么事,我就想请你来一起踏踏雪,散散步。"

周恩来对邓颖超说:"我一生都是坚定的唯物主义者,可是因为你,我希望有来生。"仿佛有了爱人,有了爱情就有了一切。邓颖超和周恩来曾经有过孩子,可是不幸流产了。周恩来听到这个消息,第一句话是:"这对你的身体多不好。"从此以后,他们就没有孩子了,但周恩来从来没有怨言。两个人的爱延绵了半个世纪都不曾减少,直到死亡才将他们分开。但最终,两个人的骨灰还是撒在了相同的地方。

1976年1月8日,周恩来去世。1992年7月11日,邓颖超因病逝世。她生前所在的党支部,按照邓颖超的遗嘱,用曾经装过周恩来骨灰的骨灰盒,将她的骨灰撒向曾撒过周恩来骨灰的江河大海中。从而,这两位伟人的恩爱之情与日月同辉,与江河同存。

案例分析

周恩来和邓颖超的绝世爱情非常形象地呈现了爱情三角理论中的"完美式爱情"的模式,是"亲密、激情和承诺"三者同时具备的爱情与婚姻。无论是战争年代还是和平时期,他们有为革命为人民而献身的崇高信仰,彼此深深地懂得和理解对方,互相支持互相鼓励,有很多亲密感的流露。即使在枪林弹雨或国事繁忙之际,也愿意和善于向对方表达激情与浪漫。从相恋到婚后到去世,周恩来和邓颖超都兑现了对对方的承诺。其中展现出的真爱、真情给我们青年人树立了光辉的榜样,让我们得到了很多的启示。

你自己的爱情故事属于哪一种版本?

斯腾伯格的爱情三角理论把爱情分成了八种类型,但他觉得还没有回答一些更关键性的问题,比如,是什么让一个人爱上这个人,而不是那个人?是什么决定了Ta爱的方式?为什么有些恋人可以白头到老,有些却如流星般陨落?有些人会爱上同一类型的人,还有些人在爱情中会一次次犯同样的错误,这是命运的安排,还是爱情的规律?斯腾伯格在2002年出版了中文版的著作《爱,请对号入座》,他和他的学生对康涅狄格州的1 000名居民做了问卷调查,写成了此书。他认为爱情在本质上不是分析性的,而是叙事性的。要理解一对情侣在爱情中的想法和行为模式,最好听听他们讲述自己的爱情故事,从故事中可以发现他们对于爱情以及生活的理想。通过大量的访谈和实证研究,斯腾伯格一共总结了5大类26个故事版本,每一个版本都对应着一种爱情关系的描述。

第一大类不对等故事，包括师生故事、牺牲故事、政府故事、警察故事、色情故事和恐怖故事。

第二大类协作故事，包括旅行故事、缝织故事、园艺故事、商业故事和成瘾故事。

第三大类类型故事，包括战争故事、戏剧故事、幽默故事和神秘故事。

第四大类客体故事，包括把人视为客体的科幻小说故事、收藏故事、艺术故事；把关系视为客体的家庭故事、康复故事、宗教故事和游戏故事。

第五大类叙事故事，包括幻想故事、历史故事、科学故事和食谱故事。

斯腾伯格的调查表明，旅行故事、园艺故事和幽默故事最为流行，恐怖故事、收藏故事和政府故事则比较少见。"旅行故事"版本认为，我相信爱情的开始就像一段旅程的启航，充满了兴奋与挑战；"园艺故事"版本认为，我相信爱情就像鲜花一样，如果不加照顾就会枯萎；"幽默故事"则认为，我在感情上应该浪漫轻松，太严肃了会毁掉彼此的感情。

相对少见的"恐怖故事"是说：当我的伴侣让我感到害怕时，我还会有兴奋的感觉，俗称的"痛并快乐着"；"收藏故事"是说：我喜欢同时和不同的对象约会，因为每个对象符合我某种特殊的要求；"政府故事"则是说：我认为在一段感情中由一个人来做出重要决定会更有效率。以上这些故事里的伴侣们往往相处不久就分手，彼此缺乏长期、稳定的情感。

女性比男性更喜欢旅行故事，而男性更欣赏戏剧故事（看重外表吸引力）、收藏故事（把伴侣当作收藏品）和色情故事（注重伴侣的性需求和性趣味）。此外，牺牲故事（相信牺牲是真爱的关键因素）也是男性喜欢的故事版本。故事版本还和不同的文化习俗有关。现代大部分主流文化里，婚姻是和真爱联系在一起的故事，但历史上很多时候却并非如此。此外，在一些文化背景里，通奸的故事会招致杀身之祸，而在另外一些文化背景里却不值一提。

斯腾伯格认为，每个人都有自己理想的爱情故事版本，在我们小时候就无意识地形成了最早的雏形。我们的个性特征、成长背景，与父母、朋友、兄弟姐妹的相处方式，青春期的交往经历等都组成了爱情故事的重要元素。爱情故事版本浓缩了我们对爱情的期待，以及对人生、命运的理解。一段感情从一开始能否幸福,或者能否稳定地持续下去,很大程度上取决于情侣双方彼此爱情故事版本是否匹配。如果匹配,或者同一类型的故事版本中的两个人互相处于互补角色,那这种关系是最容易相处的。比如说,"师生故事"版本当中的老师和学生,其中一方扮演精神导师,另一方扮演好学生,那么这两人的关系是比较容易相处的。又或者两个人的爱情故事版本有很多相似之处,甚至可以融合成一个新的故事,比如"师生故事"和"园艺故事"的结合,一方渴望被精神导师引领,而另一方希望指导、照顾另一个人,那这段感情也可以走得比较平稳。相反,如果两个人陷入了爱情之中,但是他们的爱情故事版本是不一致的,那他们的恋爱过程,以及在两人相处中会发生很多的矛盾和冲突,甚至爱情之路都很难走下去。

斯腾伯格还发现每一个爱情故事模板往往存在着一个主题,而对情侣们的爱情影响最深的因素,往往是那些痛苦的经历。例如,如果你曾经在求爱或恋爱过程中被拒绝过,你对爱情故事中"拒绝"这个成分就会特别敏感,甚至"拒绝"会成为爱情故事版本当中的主旋律,在故事的很多情节中都会体现出来。而如果你曾经遭遇过背叛,那么在描述爱情故事中,也会不自觉地描述一些和情感背叛有关的细节,甚至会不自觉地去寻找对方不忠的迹象。因为,"欺骗"已经成为你爱情故事的一个主题。

情侣们在描绘他们的爱情故事中,有时会加入自己的想象和很多戏剧化的效果,按照后现代叙事理论,这体现了情侣们对爱情的思考和理解,以及对自己未来人生的期待。依据爱情故事理论,我们也可以解释为什么有的人总会遇到相同或类似的恋人,也有人会抱怨自己不走运,总是遇到渣男或渣女。这也许是因为他们按照自己的爱情故事版本,无意识地在每一次的恋爱中寻找相同类型的人物角色,来配合他们演出,以符合自己预设的爱情故事套路。时间久了以后,就似乎形成了一种模式,变成了自己的一种宿命或自我实现的预言。

"阿尼玛"和"阿尼姆斯"是怎么回事?

"阿尼玛"和"阿尼姆斯"是分析心理学的基本概念。为什么男人与女人会一见钟情?为什么情人眼里会出西施?为什么相爱着的男男女女会有如此多的故事发生？为什么人们常说婚姻是爱情的坟墓？除了外在的原因，这些大概都是"阿尼玛"与"阿尼姆斯"在背后操纵的结果。

从生物学角度考察，男人和女人都同样既分泌雄性激素也分泌雌性激素，每个人都天生具有异性的某些特质。从心理学角度考察，每个人在心理上也都是雌雄同体的，人的情感和心态总是同时兼有两性的倾向。在柏拉图的《会饮篇》中，有一个叫作阿里斯托芬斯的人讲了一个古希腊神话故事：最早的人类是球形的，有四条胳膊、四条腿、一个头、两张脸，朝着相反的方向看。这些球形人类有着非凡的力量和智慧，与诸神战斗，结果被嫉妒的神砍成了两半，以削减他们的力量。这些最初的球形人类变成了两半，一半是女性的，一半是男性的。从此以后，这最初人类的两半一直在寻找对方，渴望重逢。也许，阿里斯托芬斯的故事是一种隐喻，就是每个人都在不断地寻找自己的另一半，当某一个人遇到了Ta的另一半时，就会融化在爱、友谊和亲密当中；遇到了就不忍分离，希望在一起共度终身。

荣格是最早观察到人类心理的雌雄同体现象的心理学家。他指出，在男性阳刚的内心里，生存着柔美的女性原型意象，她是男性心灵中的女性成分，荣格将此叫作"阿尼玛"（anima）；同样，在女性阴柔的内心中，也隐藏着刚强的男性原型意象，他是女性心灵中的男性成分，称为"阿尼姆斯"（animus）。人们经常会用"梦中情人"来形容某个人理想中的那个Ta。在现实生活中，当一个男性遇到一个女性，她的身上表现出这位男性的内在"阿尼玛"的时候，他就感到像被丘比特之箭射中一样，陷入了爱河；或者，一个女性在现实中遇到和她的内在"阿尼姆斯"很相像的人时，她就会感到内心被吹进了一缕春风，心花怒放，产生一见钟情的感觉。爱情，或者说激情就是这样产生的。

在电影《西西里的美丽传说》中，女主角玛莲娜就是少年雷纳多的"阿尼玛"，是雷纳多内在女性那部分的投影。玛莲娜一出现，就成了雷纳多内心世界的全部。影片开始，13岁的雷纳多刚进入青春期，在加入一个同伴团体时，第一次见到了玛莲娜，从此就被这个婷婷娉娉、摇曳生姿的美丽身影吸引住了。玛莲娜款款走来，孤傲、清灵、性感，她只是安静地走着，但她的形象和姿态却像一把利剑，击中了雷纳多，唤醒了他内在的"阿尼玛"。

荣格认为，男性的意识层面更多表现为理性和逻辑，而男性的"阿尼玛"则更多来自无意识，它是感性的、疯狂多情的。在影片中，我们看到雷纳多以一种狂热的爱慕，同时也是恭顺的态度追随着他的"阿尼玛"。他跟踪、偷窥、祈祷，竭尽所能靠近他的"阿尼玛"。他深深迷恋着她，追逐着她的身影穿过大街小巷，日日夜夜守候在她家门口，买来她所播放的唱片闭目畅想。在情窦初开的青春岁月里，了解"阿尼玛"，接近"阿尼玛"，在幻想和现实中与"阿尼玛"建立连接，成了这个少年生命中最重要的事。

芸芸众生中，一个人为什么会爱上这个人，而不是那个人？按照精神分析理论，通常在我们陷入热恋时，是我们从对方身上发现了自己喜欢的，或者是潜意识发现或吸引了自己内在的那部分特质（"阿尼玛"或"阿尼姆斯"），我们在无意识中陷入了与"自己"的爱情之中。所以有人会说"我们不爱别人，我们只不过通过别人来爱自己"。

案例　我父母的爱情故事

我的母亲是人们眼中的女强人，气场强大，生意场上霸气侧漏。在她年轻时，那是一个十足的暴脾气。在我很小的时候，记得那时候我的小姨到江南来学习做生意，暂时投靠我们。她一个外来的年轻女孩，常常受到当地一些市井无业游民的欺负，有一次没忍住，在母亲面前哭了出来。我至今还记得，母亲抄起家伙，骑着摩托车就冲了出去，去跟那帮流氓打架了。我没能亲眼见到母亲是怎样打败那些人的，看到的只是母亲回来时脸上也被抓破了，手肘腿上也都受了伤，但是后来再也没有在小姨的生意口上看见那群人。我想这件事足以说明我母亲的脾气了，但她也就是年轻时这么暴躁。再说说我的父亲，与母亲截然相反，他给人的印象就是一个瘦弱的文化人，戴着金丝细边眼镜，不高很瘦，是典型的一拳就倒的人。他每天做的事情就是坐在办公桌前，拿着笔，不停地写着什么，然后不断接电话、打电话，要不然就拎着公文包出去跑公务。

这看似是两个世界的人，在一起互补着走过了 20 多个年头。母亲总扯着很大的嗓门跟我爸大吼大叫，而我爸只是抬头听着，偶尔回一句嘴，更多的时候就是嘿嘿傻笑。年幼时我并不能理解，总觉得父亲很可怜，怎么妈妈总是这么凶啊！后来长大了才明白，正是因为他们这样的不同互补，才能爱得更深刻。

按照荣格的观点，人们都在追寻"完整自我"。每个人都具"显性"和"隐性"人格，也就是表现在众人之下的显性人格之外，还有一个隐藏在心底的隐性人格。那么，父母是一对互补的伴侣，恰好就是彼此的显性和隐性人格，彼此身体中另外一个自己。父母在一起走过了20多年，我发现母亲现在也不那么强势了，她现在表现出来的更多是，提前跟父亲沟通好再去实施。她也不是永远那么暴脾气，甚至有时候，父亲在生意场上遇到不平，忍不住要爆发，母亲会站出去主动示好，笑脸迎人，和平解决。而父亲也不是我年幼时那个只会嘿嘿笑着的人。他现在作为一个企业的管理者，更多的是以一个领导者的姿态去面对别人，有了更多的胆识和勇气，不再是一副文文弱弱老好人的样子了。所以，我觉得我的父母越来越像了，脾气好像反过来了，处事也是。岁月带给他们的是彼此的融合和协调，包容和成熟。可能是岁月已经让他们有了比较完整的自我了吧。

案例分析

作者对父母性格的描写栩栩如生，生动有趣。虽然父母性格迥异，但也许真的是包含着彼此的隐性人格，或者是内在"阿尼玛""阿尼姆斯"。从最开始的争争吵吵，到20多年以后的和平共处，彼此接纳、包容，其中经历了很多的学习、反省和磨合，才成就了两人的共同事业和幸福家庭。

恋爱过程中的相爱相杀是避免不了的吗？

当一个人遇到他的内在"阿尼玛"或"阿尼姆斯"的时候，会感觉到无比的欣喜和甜蜜，仿佛进入了天堂，按照荣格的理论，是因为我们每个人的人格中有显性和隐性的两部分，可以简单称为"显性人格"和"隐性人格"。比如，一个崇尚理性和分析的"理工男"，他的显性人格是理性，强调逻辑，而隐性人格是感性，充满情意，遇到一个充满柔情蜜意的感性的"文艺女"的时候，他深埋在内心深处的感性的那部分人格，就像注入了新鲜的生命力，如沐春风，心灵得以自由绽放。而"文艺女"的隐性人格如果恰好是"理工男"的显性人格（逻辑和理性）的话，那么他们两人就会一见钟情，感受到爱情的无比甜蜜和美妙，充满激情，仿佛进入了天堂。实际上，是他们彼此的显性人格和隐性人格能够得以相聚，如果整合得好，就能够发展出一个比较完善的、成熟的人格。这就是爱情让我们找到另一半，能够"变得完整"的这么一个过程，也是爱情让我们"重新做人"的原因。

爱情来临之初，恋人们品尝到的激情是如此的激动人心，如此的美妙。但相爱的两人在激情退却后，会发生什么呢？为了让爱情永存，莎士比亚甚至宁愿让罗密欧与朱丽叶结束生命。童话中的公主和王子也总是以"从此以后，他们幸福地生活在一起"为结束语，没有了下文。

现实中的恋人们在甜蜜的激情期过去后，却进入了矛盾爆发期，进入相爱相杀的阶段，称为"艰苦卓绝"的磨合期。一种解释就如前面所说的，在激情期我们的大脑自动屏蔽了批评、挑剔的一些区域，隐性人格和显性人格能够相融。但过了热恋期，大部分时候隐性人格是不被我们接受的。磨合期中，过去曾经最吸引对方的那些特质，现在却成了挥之不去的梦魇。譬如，女朋友过去特别欣赏男朋友的沉稳、理智，但是激情过后，却觉得他越来越不近人情，冷漠、不解风情，不懂浪漫。而男朋友或许在热恋当中，最欣赏他女朋友的特质是热情、奔放、浪漫，但激情过后却越来越受不了她的情绪化，动不动就要过纪念日，送礼物，等等。所以，磨合期中最大的问题是相爱的双方都竭尽全力想改造对方，把对方变成自己理想当中的样子，但是越想改造，越要求，对方越可能拒绝、抵制，使得关系中的双方冲突和摩擦也会越来越多，最终成了亲密关系中痛苦的最大来源。

彼此相爱，又互相不满以致冲突不断，这种相爱又相杀的原因之一，实际就是每个恋人内心深处的人格整合的问题。从激情期过渡到磨合期，隐性人格和显性人格整合的过程是一个必经的过程。如果整合得好，这段恋情就能够持续下去。也就意味着放弃改造对方，觉察到对方身上那些自己看不惯的东西原本是自己的一部分，学着去理解它、接纳它，这样就逐渐整合了自己隐性人格的那部分，让自己能够更豁达、包容、谅解和超越。如果不能做到，那矛盾就会越来深,不可调和,很多恋人就此分手,而恋人们对此的解释是:"我看错了人","你现在变了,你不是原来的那个人了"。或者,进入婚姻后时间长了,激情淡了,冲突多了,就形成了所谓的"婚姻是爱情的坟墓"这样的说法。所以,人们会说"相爱容易相处难"。实际上,需要解决的是我们如何与自己相处,如何与自己的隐性人格相处的问题。

我们如何让自己的隐性人格和显性人格更好地整合呢? 最好的办法是接纳自己的隐性人格是自己人格的一部分,专注于改变自己,让自己变得更包容,更通透。比如,如果"理工男"能够觉察、理解自己也有感性的、充满情意的隐性人格的部分,并且能够接纳自己的那部分,那么,他就不会讨厌他女朋友的浪漫多情和情绪化了;而如果"文艺女"也能够接纳自己理性、刻板的那部分隐性人格,她也不会太斤斤计较于男朋友的不解风情了。由此,双方都放弃改造对方,而专注于改变自己,接纳自己内心看不惯的那部分,这才是浪漫激情能顺利过渡到深情真爱的过程。只有我们真正地去了解另一个人,真正看到对方真实的、完整的样子,才能够完整地接受恋人的优缺点。当看到对方有缺点和不足,仍然喜欢并关爱对方时,才是真爱的开始,也是我们人格走向成熟和完善的阶段,而这也是爱情的终极目标。

案例 性格反差很大的两个人如何把爱情进行到底?

韩国电视剧《来自星星的你》,里面的男主人公都敏俊,来自外星球,他孤独地在地球上活了四百年,拥有高智商和几百年的不动产,具备了瞬间移动、预言能力等特异功能,表情冷峻,不苟言笑,超级自制。而女主人公千颂伊,却是非常的傲娇、蛮横,有点飞扬跋扈,稍不如意就会发脾气,不考虑别人的感受,个性非常张扬。这两位男女主人公演绎了一段精彩的爱情故事。

如果我们仔细分析一下他们相爱的理由,可以看出:一方面,都敏俊和千颂伊有非常相像的地方,另一方面两个人又有着完全不同的性格。而这两种很相像或者很不相像的方面,都可能是爱情产生的缘由。比如说,都敏俊和千颂伊共同的地方在于,他们都是人际关系的失败者。都敏俊是教授,到大学里工作已经一年了,但却连同事的名字都不知道。内心一直生活在四百年前,他很大的痛苦来自否认过去情感的丧失,封闭了自己的内心;而千颂伊是国民明星,创造了很多财富,都被别人享用或利用,比如她的妈妈和经纪人等,她的内心很少流露出真实的情感。男女主人公的不同和互补方面,表现为一个冷若冰霜,一个性如烈火;一个深沉阴郁,一个单纯放肆;一个被动封闭,一个主动出击。两人的性格充满了巨大的反差和矛盾,但这两人却深深地相爱了,而且爱得很深。

因为,从理论上说,都教授和千颂伊表现出来的个性都是彼此的隐性人格的一部分,都教授的隐性人格也许就是能让情感喷薄而出,冲出自己理性的围墙和边界,达到像千颂伊这样的毫无顾忌,这既是他的隐性人格,同时也是他的阴影部分;而千颂伊的隐性人格也就是都教授表现出来的冷漠、理性和坚持原则,这同时也是她的阴影。男女主人公的隐性人格对彼此都有着致命的吸引力,而且往往性格反差越大的恋人吸引越深,所以他们能够深深相爱。

他们看上去很般配,但如果他们真的生活在一起,会不会幸福呢?会不会爱得如火如荼,相处时冲突得也痛彻心扉呢?

案例分析

都教授和千颂伊如何才能做到白头偕老呢?关键就在于他们能否整合自己的内在阴影,也就是接纳自己的隐性人格,把它作为自己的一部分。在激情时,双方都从对方身上看到了自己现实中缺乏的部分,但激情退去后,这些互补的东西又暴露出来,彼此会非常不满。他们只有把这些阴影的部分整合好,高兴地接纳自己,都敏俊学会情感的表达,千颂伊也变得优雅和理性的时候,才可能真正地拥抱他们的真爱,获得幸福。

现实生活里,都教授是不存在的。他无所不能以及数百年对一个人的痴情,是所谓的"玛丽苏"的幻想,满足的是人们心中完美爱情的梦想。现实中这样的婚姻也很难持续下去,因为它违背了人性最基本的需求,即维持一段关系的基本原则是:付出与获得的相对平衡。我们只看到都教授在不停地付出,而千颂伊只是扮演受照顾的一个小女孩的模样。他们的生活在爱恨交织中,相爱而相杀,或者会在伤害得遍体鳞伤后分道扬镳,但仍然不知其所以然。所以,走入现实,这场轰轰烈烈的热恋也许会以悲剧结尾。

爱情可以投资吗？

爱情的投资模式理论是鲁斯布尔特在20世纪80年代提出的，他认为男女亲密关系中的"承诺"，是由满意度、替代性以及投资量等因素所共同决定的。根据这个投资模式理论，当亲密关系的双方，对关系有比较高的满意度，同时觉得对方的替代性很低（对方有很强的吸引力和核心竞争力），再加上投资了比较多的重要资源时，就会对这段关系做出比较强的承诺，换句话说，就不太容易离开这段关系。可以用这样的公式说明：

承诺＝满意度－替代性＋投资量

满意度是指两个人对彼此的恋爱关系是否感觉良好，重要的生理和心理需要能否得到满足，说得通俗一点就是两个人能不能吃在一起、玩在一起、睡在一起。还有一个满意度指标是指对对方的感觉，实际相处下来，是不是比期望的要好？如果相处下来感觉很好，那满意度就高。

替代性是指现在的这位伴侣是不是有很强的竞争性，觉得自己的生命中缺不了Ta？如果和现在的这一位分手，能不能另外再找一个，或者能找到比现在的这位更好的？如果觉得自己的价值提高了，有资本也有能力去追求或得到更好的对象，或者有比较强烈的自主倾向的时候，那现有的这一位的可替代性就提高了。

投资量指的是恋爱双方在这段关系中投入或者形成的资源。一般来说，投入的这些资源是不能单独地从关系中抽取出来的，即使关系结束这些投资也是没有办法回收的，而是随着关系的结束而消失。如何来计算投资量呢？标准有两个：一是恋爱时花费的时间、金钱、精力和情感，还有个人的隐私，为对方做出的牺牲；二是由关系所带来的共同的资源，比如双方共同的朋友，共同的回忆，以及共同参与的活动。如果一方投入的资源比另一方要多，对关系的投资量比较大，那Ta就不太愿意放弃这段关系，就增加了对关系的承诺。

按照爱情的投资模式理论，就意味着满意度越高，投资量越高，替代性越小，承诺也就越高越重。

案例　卡米拉和查尔斯的爱情

卡米拉是1972年在一个马球球场上初次遇到查尔斯王子的。据说，她对他说的第一句话是："我的太祖母是你太祖父的情妇，你觉得怎么样？"从一开始，卡米拉的这种自信、开朗随性的风度就强烈地吸引着查尔斯。据查尔斯王子的朋友回忆，从遇见卡米拉的第一天起，查尔斯的整个身心就被她彻底征服了，整个人显得有些魂不守舍，两个年轻人相遇后迅速坠入爱河。但没过几年，查尔斯应征到皇家海军服兵役，被派往加勒比海地区。有人说是这段别离把两人的热恋拖凉了；也有人说是卡米拉无法面对成为皇后的前景，当时拒绝了查尔斯的求婚；还有人说卡米拉不是处女，长得也不合标准，所以英国王室对她大门紧闭。不管怎样，一位名叫安德鲁·帕克·布尔的年轻军人走入了卡米拉的生活，两人在查尔斯走后的第二年结了婚。当然查尔斯也在这之后与戴安娜共结连理。当英俊潇洒的查尔斯王子牵着"灰姑娘"戴安娜王妃的手，出现在英国国民面前时，人们欢呼雀跃。盛大的婚礼，华美的服饰，闪耀的珠光，美丽的新娘，一切都是那样的完美，英格兰玫瑰在英国乃至世界舞台上绽放着。举世瞩目的光彩，天生丽质的容貌，超凡脱俗的气质，使人折服的微笑，集古典的尊贵与时尚的灵动于一身，戴安娜给尊贵的王室带来了青春的活力，但美丽的姑娘却不是幸福的新娘。

原来卡米拉和查尔斯情同初恋，查尔斯对她始终不能忘怀。有了这样的前科，难怪查尔斯王子在全世界人民共同编撰的童话婚姻中，始终耷拉着一张忧郁的长脸。在查尔斯与戴安娜的婚姻出现问题时，卡米拉被指为破坏这段婚姻的第三者。1992年，查尔斯与卡米拉之间的一段电话录音被媒体披露，彻底暴露了两人的暧昧关系。1993年，卡米拉与丈夫离婚，而查尔斯和戴安娜也并没有如童话那样过上王子与公主的幸福生活，而是以众人始料不及的离婚收尾。究竟为什么相貌平平还比王子大一岁的卡米拉能战胜戴安娜王妃，使查尔斯王子不为美丽年轻的公主所动，而成为最后的新娘呢？

首先，查尔斯和卡米拉兴趣相投，比如两人都热衷猎狐、马球和园艺，讨厌

"狗仔队"的围追堵截等;再者,卡米拉为人和风细雨,这是她与年轻气盛、容易暴躁的戴安娜最显著的区别,她充满母性的关爱与呵护让查尔斯感到放松。总之,卡米拉平凡的相貌,朴素的着装,温柔却不失坚强的性格,还有她的幽默、热情和质朴……一切都让查尔斯王子动情。她以无限的宽容和包容,默默陪伴着查尔斯王子承受着巨大的舆论压力,从婚变的第三者到戴安娜王妃的间接杀手,一切皆是那样的默默然。正是由于这种默默然,使其成为查尔斯王子最为信赖的人。有一次在电话中,查尔斯王子和卡米拉说:"你最大的成就就是爱我。"而卡米拉则说:"哦,亲爱的,这比从椅子上摔下来还容易。"卡米拉由于能这样自然地、无拘无束地、没有条件地爱查尔斯,赢得了王子同样的爱的回应,还荣获2005年"十大最具魅力人士"评选之榜首。他们的真爱逐渐为民众所接受,英国人发起了"对卡米拉好一点"的运动,他们发现,昔日被他们认为的丑女人并不那么丑,也许她还很美,与戴妃相比是一种别样的美。

三十多年来分分合合,卡米拉与查尔斯之间的来往却从未间断,尽管他们都曾经背弃对方,各自婚嫁,但是岁月却彰显出他们对彼此的深情。虽然因此招惹出了皇室丑闻和许多无辜的人无谓的牺牲,但最终卡米拉与查尔斯还是重新结合在了一起,有了心灵的归宿。我们每个人都会犯错误,失败是人生必不可少的组成部分,查尔斯和卡米拉从年轻时就相互爱慕,风风雨雨一直相爱了这么多年,理应得到世人的理解和祝福。

案例分析

如果把这个案例用爱情的投资模式进行分析,承诺=满意度-替代性+投资量。从满意度的标准,查尔斯、卡米拉青梅竹马,能够共同分享成功和痛苦,其实际结果比预期水准高,因而他们恋爱时的满意度比较高;从替代性的标准,相比戴安娜,卡米拉更能懂得查尔斯,理解英国皇室生活的规则,在查尔斯心里,戴安娜的替代性大,卡米拉的替代性小;从投资量标准,在查尔斯、卡米拉的亲密关系中,两人保持的关系已持续了30多年,直接和间接投入的时间、精力、情感等资源都很大。因而,彼此对对方的承诺就比较重,他们走入婚姻有其必然性。

弗洛姆的《爱的艺术》是讲什么的？

20世纪四五十年代，心理学家、哲学家艾瑞克·弗洛姆在《爱的艺术》中阐释了关于爱的一系列理论问题。他认为，人们为了摆脱孤独感，有与其他人结合的强烈渴望，所以，爱是每个人都需要的一种感情，而爱要求人与人之间相互给予，相互消除孤独感。爱的能力是需要培养和学习的，爱是一门可以习得的艺术。

弗洛姆的爱情四要素理论认为，爱主要包括关心、负责、尊重和认识等基本要素，缺乏这几个要素的爱都是残缺的爱。四个要素的有机结合才是真正成熟的爱。爱就是对生命以及所爱之物生出的积极的关心，缺乏这种积极的关心就只能是一种情绪，而不是爱情。负责是对另一半有责任，是一种自愿行为，"负责任"意味着有良好的心态回应对方，并有能力满足对方的各种愿望，包括精神需求。尊重是实事求是地看待对方，把对方看作是独特的、有价值的。能够接纳对方的优缺点，支持和满足对方的成长需求，让Ta以自己的方式和为了自己去成长、发展。如果缺乏尊重，所谓的责任就可能变成控制和利用别人的伎俩。在爱中，我们认识对方，了解对方才能尊重对方。如果不以了解为基础，关心和负责都可能是盲目的，而如果不是从关怀的角度去了解对方，那么，这种了解也是无益的。

爱是一种积极的情绪，在爱的世界里，有血浓于水的父母与子女之间的爱，有甜蜜的恋人之间的爱，有对世界上每个人的博爱，有对信仰的神的爱，还有至关重要的自爱。在这所有的爱当中，只有做到自爱，才有能力去爱其他人。爱并不是本能，爱是一门需要终身学习的艺术修养课。我们要获得爱的能力，就应该努力发展自己的人格，谦恭地、勇敢地、真诚地和有礼有节地去爱他人。

成熟的爱是："我被爱，因为我爱"，"我需要你，因为我爱你"，而幼稚的爱则是："我爱，因为我被爱"，"我爱你，因为我需要你"。爱注重给予，"给"显示了给予者的生命力，体现了给予者拥有爱人的能力，因而，"给"比"受"更让人快乐，更能体现出力量和价值感。真正的爱，是主动发出的，而且是有能力满足对方的。

在给别人带来快乐的同时，自己也能品尝到爱的快乐和意义。

在论述父爱和母爱方面，弗洛姆认为母爱是一种无条件的爱。母亲生下了孩子，照顾孩子，陪伴孩子长大，使母亲的生活更有意义，在某种程度上也实现了母亲的人生价值。对孩子来说，母爱是不用努力就可以得到的，从出生起，母亲对孩子的照顾就是一种温暖和安全的来源。而父爱则不一样，父亲代表着外界，代表着规则、法律和秩序、旅行和冒险。父爱的原则是：我爱你，因为你实现了我的期望，因为你履行了你的义务，因为你和我很像。也就是说父爱是必须经努力才能得到的，否则就会失去。在孩子幼小的阶段，孩子感受到的主要是母爱，但是在稍大一点以后，就需要父亲的权威指导。

理想的父爱和母爱是怎么样的呢？理想的母亲应该是：对未来比较乐观，对生活有信心，不会过分焦虑。在孩子幼小的时候，给孩子以充足的安全感。在孩子成长过程中给予信任和支持，并最终希望孩子能够独立，成年以后能够离开自己。理想的父亲应该是：有足够的宽容，对待孩子耐心，不专横，也不强势压人。帮助孩子发展各种能力，应对社会生活中遇到的各种问题，鼓励孩子进行探索，给孩子足够的信心。在孩子的成长过程中，允许孩子超越自己，而不是生活在父亲的权威之下。允许孩子保持自己的独特性，成为他自己。

有关博爱、性爱及自爱方面，弗洛姆认为一切爱的原初形式都是以博爱为基础的，博爱就是对所有人都有的一种责任、关心、尊重和了解，这种爱没有独占性。医生对病人的关爱、老师对学生的谆谆教诲、陌生人对求助者伸出援手等，都体现着伟大的博爱。对需要帮助的人、穷人和陌生人的爱是博爱的基础。人要学会爱，应该先学会博爱，也就是说当我们开始爱那些和自己利益不相关的人时，爱情才会得到发展。

通常人们认为，如果两个人互相拥有对方的身体，那这两个人便是相爱的，但如果这种身体的结合不以爱情为基础，那么这种结合只会带来短时的欢愉和激情，结合之后两人内心的距离并没有拉近，亲密感也无从产生。真正的性爱要求完全、彻底地实现合二为一，要求彼此灵与肉的完全融合。男女双方如果真的相爱，需要从生命的本质去爱对方，去体验对方的本质，接受对方本来的面目。真爱应该以了解对方为前提，尊重对方，用包容、智慧和意志才能维持一段爱情关系。性爱与博爱、母爱的不同在于性爱具有专一性与独占性,但性爱是通过爱一个人,进而爱全人类,爱一切生命。

爱别人是理所当然,是一种美德,那么爱自己呢?如果爱别人与爱自己相互矛盾,自爱是一种恶习,那么忘我就是一种美德?弗洛姆不这样认为。如果把他人当作是对象来爱是一种美德,那么爱自己也是以自己为对象来爱,毫无疑问自爱也是一种与爱别人一样的爱,也是一种美德。一个人有没有能力去爱人,首先要关心、尊重自己的生活,才有能力像爱自己一样去爱别人,所谓设身处地、换位思考也就是自爱的最好证明。

爱是一门艰深的艺术课,光从理论上理解是远远不够的,还需要我们去实践它。爱情是一种个人的体验,每个人只能通过身体力行才能感受到爱情的甜酸苦辣。爱的实践只能由本人自己走,没有绝对的捷径可以走。

弗洛姆说过:"几乎没有一场冒险像爱情那样,是以如此巨大的希望和期盼所开始,并以如此的规律性遭到失败。"弗洛姆先后有过数次情感经历,最后促使他对爱有如此深刻的理解,让众多的读者感受他爱的能力和爱的魅力,也是他爱的历练的结果。

你的爱情发展到了哪个阶段?

爱情发展阶段理论是心理学家苏珊·坎贝尔在她写的《伴侣的旅程》中提出的。爱情的发展需要经历五个阶段,分别是浪漫期、权力争夺期、整合期、承诺期和共同创造期。她认为,以上五个阶段都以某些主要问题为特征,这些问题或多或少地解决以后才能进入到下一个阶段,而且每个阶段都可能含有其他阶段的成分。浪漫期和权力争夺期是爱情的初级阶段,进入爱情的双方都充满激情和能量,但是彼此对对方的了解并不充分,有很多是靠想象来得到满足的。随着关系的进一步深入,双方都越来越了解自己和对方,亲密感也会不断地增加,彼此会有比较多的自我暴露,在坦诚自己的内心、对对方的好奇以及彼此的承诺中,双方就会建立比较成熟稳定的关系,由此进入一个新的阶段——创造期,双方都愿意为共同的愿景付出努力,创造理想美好的未来。

浪漫期的特征。当双方刚刚相爱时,彼此都感到非常新鲜,可爱、娇美、帅气等一举一动、一颦一笑都被对方看在眼里。双方互相取悦,激情澎湃,缠绵悱恻,都在用自己的想象、感受来体会对方的爱,也在付出自己的爱,都想把最好的一面呈现给对方,这种接纳和被接纳的关系使得男女双方对彼此的好感越来越多。但这一阶段的爱,更多的是对爱人的一种想象,对未来的憧憬,有很多时候对对方的评价和看法是缺乏理性的,也是不合逻辑的。所以坎贝尔称,浪漫期可能是一种暂时的"精神错乱",也就是恋人对对方真实的特点、个性还了解不多。

当热恋期的激情过去后,就进入了第二个阶段——权力争夺期,身体内爱的激素慢慢失去后,男女双方会越来越多地了解对方,发现对方身上的缺点,会发现恋人或伴侣很多地方不符合自己的期待,所以经常会感到失望和愤怒,彼此间会指责、抱怨、批评等,彼此都想改造对方,变成自己理想当中的模样。有一些人会觉得就是对方让自己变成现在这个样子,如果对方变得好一点,自己就不会受委屈,就不会有情绪。这个阶段充满了紧张、争执、受伤的感觉。在权力争夺当中,恋人们经常会用各种方法来控制对方的行为,如果双方关系能磨合好,就会建立一些标准,明了彼此的底线。比如,不说离婚,不施加暴力和威胁等。在这期间,双方也逐渐懂得如何处理彼此的差异,求同存异,懂得如何来调整自己的情绪,如何调整不合理的期待。度过了这个阶段就可以走向整合的阶段。而如果在争斗中失去了心的联结,焦虑、沮丧、不满,彼此的伤害加重,就可能使关系一直恶化,并导致双方越来越冷漠,彼此都不向对方敞开心扉了,看上去似乎关系也比较平稳,但这种看上去没有明显冲突的关系,事实上隐藏着很多负面情绪和对对方的不满,只是不表现出来而已。这些会严重阻碍亲密关系的发展,酿成对彼此的怨恨,有些就会分手。

关系的整合期是男女对对方的优缺点有了全面的认识,看到了真实的情况,依然能够接纳对方、爱对方,对对方抱以尊重、谅解和支持,并且愿意继续相爱,共同走下去,这就是在爱情中得到了心理的成长。整合期的特征是,相爱双方都放弃了自己所谓的"我是正确的"的偏执,愿意去了解和倾听对方,接纳、包容对方和自己的不同点,也愿意通过沟通呈现自己的缺点、无助和脆弱等真实的状态,信任对方,和对方保持情感的联结。所以,这个阶段是彼此有共同的地方,也有各自的独立性和空间，有创造力，生活得非常充实。双方能分享自己的兴趣，对对方的兴趣也抱有好奇心。在整合期，恋人或伴侣也会有愤怒、嫉妒等负面情绪，但能坦诚告知对方并善于处理好，而不是用这些情绪来控制对方。

第四个阶段是承诺期。经历了上面的三个阶段，彼此才能真正走入对方的内心，懂得和理解对方，达成了某种程度上的关系的整合，才能对这一段亲密关系做出坚实的承诺。在这个阶段中，权力争夺期出现的各种问题仍然会再次出现，差异不可避免。但伴侣双方经过了整合，更能认清这段关系的真相，彼此之间能够更客观地认识自己、认识对方，对未来的期待也变得更加实际了，尤其是都觉得对方在自己的生命当中是非常重要、不可替代的。所以，对关系的走向有信心，愿意以尊重、负责的态度和对方相处。这种因共同的经历，出自内心的真正需要而做出的承诺，会使得亲密关系更长久地保持下去。

第五个阶段是共同创造期。通过分享、磨合，两人在亲密关系当中培养出了理解、倾听、互动、包容等爱的能力，彼此的人格和心理都有所成长，能够共同创造出或者发现亲密关系继续保持下去的活力和动力。恋人或伴侣之间的关系不仅仅有身体的接触、心理上的亲密和抚慰，还增加了一种灵性上、价值观上的融合，生活充满了意义。这时，原先浪漫期的想象就可以变得更具体、更实际。恋人或伴侣跨过了前面的四个阶段，进入了共同创造期，丰富的感情或激情又会再一次地浮现出来，创造属于他们的一种共同理想的生活模式。

也有心理学家认为，一个真正成熟的爱情必须经历四个阶段：共存、反依赖、独立和共生。

有一对恋人，热恋时，两个人的单位相距比较远，男士小王经常往女士晓雨单位跑，只是为了接她上下班。小王知道晓雨上班很辛苦，吃饭时间很紧张，所以就学着做饭，给晓雨送饭。但那个时候小王做饭的水平很差，他就慢慢地去学习怎么做出好吃的饭菜。他也经常和晓雨进行讨论、沟通。小王和晓雨每天都愿意花很多时间待在一起。这段时间就属于共存阶段。

双方感情稳定以后，小王工作越来越忙，经常加班，而且每天晚上很晚才回家。晓雨很想见到男朋友，虽然也有不满和争吵，但是看到小王工作这么忙，她逐渐学着理解和包容他的工作与压力，懂得他也需要有一定的私人时间和空间。

所以她克制住自己的焦虑，经常会想办法去找一些自己感兴趣的事情做，让自己能够独立一些，也逐渐学会了给男朋友有一定的独处空间，而不是闹小性子，要男朋友满足自己的不合理欲望。这个阶段属于反依赖阶段。

第三个阶段是独立阶段，这是第二个阶段的延续。这个阶段小王和晓雨双方工作都比较忙，生活也很丰富，但仍然会时不时地相聚，也能保持自己独立的空间。为了让亲密感继续加深，他们用的办法是保证足够的、有效的沟通。双方都学会了向对方坦诚，告诉对方自己在做什么、怎么想的、怎么做的，表达如何想念对方、希望和对方在一起的感受。如果在工作和生活中出现问题，也坦诚地告知对方，并说出自己的担忧、焦虑和压力，这样就避免了很多不必要的猜忌和不解，也让对方明白自己内心真正的想法。所以这个阶段最重要的是心和心的联结，信任对方，告知对方自己内心的真实想法，哪怕是负面的，哪怕是对对方不利的一些信息。这才是高质量的爱情关系，内心有联结，但仍然可以保持心理上的相对独立。

第四个阶段是共生阶段。经历了上面的共存、反依赖和独立三个阶段，小王和晓雨形成了一个新的相处模式。双方都在心目中给对方留下了一个非常重要的位置，双方在一起可以相互扶持，一起开创属于彼此的共同人生，得到共同成长。所以，他们在结婚以后也保持了过去的那种良好的沟通形式。晓雨说，感觉自己和丈夫都长大了，明白了很多之前理解不了的事情。为了对方，也为了能够成为更好的自己，都愿意去努力，愿意去改变。这一对伴侣在爱情中能够不断学习、不断调整自己，而不是给对方压力。这样就做到了真正地爱自己，也爱对方。因此，爱不是本能，爱的能力是需要学习的，爱是一个不断学习的过程。在不同的阶段会有不同的爱的内涵，需要我们去努力，去经营，去珍惜。

海伦·费雪的爱情研究告诉了我们什么？

人类学家海伦·费雪经过几十年的研究，认为爱可能是由三种不同的欲望组成：一是性欲；二是爱情，它让我们费尽心机追求和体验浪漫的爱；三是依恋。这三种不同的欲望，在脑区都对应不同的区域，有不同的神经化学反应。费雪认为，爱情不仅是人类最强烈的情感体验之一，而且它比性的冲动更加持久有力。在爱的这三种欲望中间，最重要和最有价值的不是性欲，而是爱情。因为在人类四千多年漫长的文明史上，很少有人会因为性而死，但确有很多人为爱而生，为爱而死。人们为爱情如痴如醉，甚至愿意付出一切。经研究，她认为男性对爱情的渴望程度和女性是一样的，虽然很多女性认为男人对性的欲望更高，但实际上全世界为爱而牺牲的男性远多过女性，在 100 个为爱而献身的人中，有 75 人是男性，女性只有 25 人，这个比例高达 3∶1。所以，这个研究数据多少打破了人们以往的偏见。

费雪通过对 39 个国家的 700 万人的调查，出版了《谁会爱上你，你会爱上谁》《爱的剖析》等书。书中，她引用了神经科学的最新研究数据，揭示了性格与爱情的秘密，认为人们身体内的化学物质决定了人的首要性格类型，而这些性格类型决定了人们会选择什么样的另一半。

她揭示了我们为什么会爱上某一个特定的人，认为有这样几个因素：第一，我们在童年时就逐渐形成了理想爱人的标准，绘制了一个"爱的地图"。第二，我们会爱上一个容貌很漂亮、身材很完美的人，比如迷人女性的腰臀比大多接近 0.7∶1。第三，我们会通过接吻来判别彼此是否合适。热恋中情侣深深的一吻表达了爱意，也探索了彼此。如果接吻感觉不佳，就有可能分手。第四，每个人的首要性格类型会决定 Ta 会爱上谁。

她把性格类型分成四大类，分别是：探索者、建设者、指导者和协商者。探索者比较热爱自由，有好奇心和创造力，类似艺术创造者；建设者喜欢比较有规律的生活，喜欢做计划，什么事都喜欢安排得井井有条，乐意遵守规章制度，尊重权威和传统；指导者的特点是意志坚定，善于分析，有决断力，做决定的时候很少受到感情的影响；协商者则比较注重人和人之间的关系，决策的时候会照顾到别人的感情，善于换位思考，表达共情，有很强的想象力。费雪的研究认为，探索者和建设者都喜欢和自己相似的人，就是探索者喜欢探索者类型的人，建设者也喜欢建设者类型的人，而指导者和协商者则喜欢和自己相反的人，也就是指导者喜欢协商者，协商者偏爱指导者。

费雪认为，现代人对爱的理解和爱的追求与以前有所不同，大多数都希望在进入一段有承诺的关系之前,有更多的时间相处,彼此更好地熟悉对方,理解对方,能够磨合差异,融洽彼此,以此来培养依恋感。人的大脑需要时间来对伴侣产生依恋,而深刻的依恋感有助于维系关系。所以约会时间很长,是一种比较缓慢的爱。但是,这种缓慢的爱一旦进入到承诺阶段,比如进入同居和婚姻以后,则更有利于长远的亲密关系的构建和发展。

在中国传统观念中,谈恋爱是要先确定恋爱关系,双方才能走近,彼此深入接触,然后慢慢走入婚姻。承诺或确定关系是两性关系发展的前提和必要条件。对比海伦·费雪的理论,先确定两人彼此的角色,对未来的相处是有利有弊的。先承诺以恋人身份相处,有利于恪守各自的角色规范,朝着婚姻模式发展。但如果确定关系后发现有问题想退出,可能要比先不确定关系先从朋友做起,发现问题后退出更难。所以,我们如何吸取中西文化中的精华,发挥中国传统习俗的优势,使得亲密关系中的两人能够更好地相处,是一个留给现在和未来恋人们的人生命题。

第五章
原生家庭、童年经历与爱情

童年经历和成年后的爱情有关吗？
不安全型的依恋类型如何改变？
安全感是怎么来的？为什么说安全感是心理健康的基础？
恋爱中严重缺乏安全感会有哪些表现？
提升内在安全感有什么好办法吗？
怎样提升亲密关系中的安全感？
原生家庭是如何影响我们的亲密关系的？
如何消解原生家庭带来的负面影响？
如何理解亲密关系里的"强迫性重复"？
什么是"恋母情结"和"恋父情结"？
如何处理好亲密关系中的"恋母情结"？
父亲会如何影响女儿成年后的亲密关系？
如何处理好亲密关系中的"恋父情结"？

童年经历和成年后的爱情有关吗?

越来越多的心理学理论认为,我们成年以后的亲密关系与童年时期的经历有关,更具体地说是和童年时期的依恋类型有关。

"依恋"的概念是这样的,婴儿生下来以后,和他的照顾者(一般为母亲)之间存在的一种特殊的感情关系。它产生于婴儿与其父母的相互作用过程中,是一种感情上的联结和纽带,能给婴儿带来安全和安慰。

依恋理论,又称依附理论,1950年由英国精神病学家、发展心理学家约翰·鲍比首先提出。鲍比写了关于依恋的三部重要著作,阐述了婴儿与照顾者之间的联系。他认为婴儿出生以后必须和照顾者形成稳定的依恋关系,把父母作为安全基地,才能勇敢地去探索周围环境。如果婴儿寻找不到照顾者,或者照顾者也不能持续地亲近和保护婴儿,这个婴儿就会死亡。通常认为依恋功能包括四个方面:

第一,维持亲密。寻求、追踪并努力维持和所爱的人在情感与身体方面的亲近以及联结,渴望从这些人身上获得温暖及情感的回应和互动。

第二,抗拒分离。婴儿寻求与照顾者保持紧密的联系,拒绝分离。当所爱的人远离或者情感上感觉很遥远的时候,会想念Ta并感到心烦意乱。与所爱的人的分离会引起很强的分离焦虑,让人失去力量,而孤立某个人本质上就是对这个人最大的伤害。

第三,安全基地。婴儿会把依恋的对象作为探索外部世界的安全港湾。只有仰赖亲人提供情感的支持,有一个安稳的基础,婴儿才有可能到外面去冒险、探索,才会感到安心。我们越是能感受到这种安全的联结,就越能够独立自主和忍受分离。

第四,避风港湾。当受到威胁的时候,婴儿会寻求照顾者的帮助,以获得安全感。当我们感到缺乏信心,不安全或遭遇危险而非常焦虑的时候,特别需要寻求温暖。我们所爱的人让我们感觉是一个安全港湾,在那里能够得到安慰和支持。这种安全感也能够让我们学习调整自己的情绪,信任别人,与人和睦相处。

鲍比认为,以上四个依恋元素广泛存在于各种文化的关系当中。这说明我们与另一个人形成的这种深刻的情感的联结,是人类普遍的首要需求,如果这个需求没有得到满足,我们就会失去安全感,就不会有勇气去探索外部的世界。

玛丽·安斯沃斯在1978年设计了一个陌生情境实验。实验者邀请了一批年轻的妈妈,带着她们12—18个月的婴儿。他们首先安排母婴在一个完全陌生的房间里,周围有很多玩具,然后让婴儿分别经历母亲离开、陌生人进入等情境(图5-1)。实验者观察婴儿在与母亲分离和相聚的过程中,以及面对陌生人时

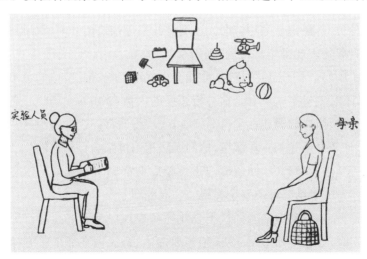

图 5-1 陌生人情境实验

的反应,从而对婴儿的依恋类型进行判断和评估。

根据婴儿在陌生情境中的不同反应,将婴儿依恋划分为以下三种类型:

第一种类型,安全型依恋。婴儿与母亲一起时,将母亲作为"安全基地",以她为中心主动去探索环境,并不是总依偎在母亲身旁,只通过偶尔的靠近或眼神注视与母亲交流。母亲在场时,婴儿感觉到足够的安全;当母亲离开时,明显表现出苦恼和不安;但当母亲回来时,会立即靠近母亲并与母亲抱抱,很快平静下来并继续玩玩具。这类婴儿容易被安抚,人数占65%—70%。安全型婴儿的母亲一般对孩子发出的呼求动作、信号及情绪表达很敏感,能及时了解婴儿的想法,鼓励孩子进行探索,而且喜欢和婴儿有亲密的接触。这类婴儿有安全感,并且感觉能依靠他们的父母。当父母离开时他们会不安,但他们会安慰自己,父母是会回来的。受到惊吓时,安全型依恋的婴儿会从父母那里寻求安慰,知道父母会及时提供安慰与保护。

第二种类型,回避型依恋。这类婴儿和母亲刚分离时并不紧张或忧虑,容易适应陌生的环境,很容易从陌生人那里获得安慰。当分离后再见到母亲时,他们不理睬或短暂接近一下又走开,表现出忽视及躲避行为。这类婴儿平时想要靠近父母时,父母经常因各种原因拒绝或忽视他们,他们也就学会不再向父母寻求帮忙了。这种依恋型的人数约占20%。

第三种类型,焦虑矛盾型依恋。这类婴儿当母亲要离开前就显得很警惕,当母亲离开时婴儿表现得非常苦恼,强烈反抗,大喊大叫。但当母亲回来时,婴儿的态度是矛盾的,当母亲想抱抱时,婴儿会生气地拒绝、推开,他们也不回去继续玩玩具了,不时朝母亲这里看。这种依恋型的人数占10%—15%。在日常生活中,焦虑矛盾型依恋的婴儿在父母离开时,表现得非常痛苦。每当这些婴儿有需要的时候,母亲并不是一直在那里,他们无法相信母亲会保护他们。

在这三种依恋类型中,回避型与焦虑矛盾型都属于不安全型依恋。之后进行的研究还发现了第四种不安全类型——混乱型。

第四种类型,混乱型依恋。这类婴儿往往表现出矛盾混乱的行为。当母亲站起来要走时,婴儿不知道怎么办,他想要追上去,又僵在那里。更触目惊心的是,当母亲回来时,婴儿双手张开,但是他却是向后倒退的。混乱型的婴儿在生活中经常遭受暴力虐待、严重忽视等。婴儿最爱的母亲，同时也是带给他最大痛苦的人，爱恨交织。他们对父母表现出又回避又反抗，甚至无法建立依恋关系。成年后，他们也很难与其他人建立稳定、持久、健康的亲密关系，这类人数量相对较少，也没有相对稳定的特征。

越来越多的实证支持安斯沃斯的结论，也进一步发现早年母婴之间的依恋类型可以预测成年后在亲密关系中的行为。1991年，巴塞洛缪和霍洛维茨认为，回避型的人避免和他人亲密接触，存在两种原因：一种情况是他们期望和别人交往，但同时又疑心重重，害怕被人拒绝和欺骗；另一种情况是他们真正喜欢独立自主、自由自在。巴塞洛缪和霍洛维茨将成人的依恋类型分为四种（图5-2）。

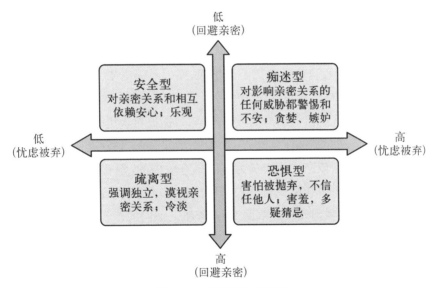

图5-2 成人的依恋类型

第一种是安全型依恋，和婴儿的安全型依恋基本相同。这种类型的人认为自己是值得爱的，他人也是值得信任和爱的。在亲密关系中，他们认为自己是友好、善良和可爱的，别人也是友好、可靠和值得信赖的。他们非常容易与其他人亲近，放心地依赖他人，也让别人依赖自己。安全型的人最容易对亲密关系感到满意，恋爱关系也能够持续更长的时间，彼此信任，彼此承诺，互相依赖。恋人需要空间离开时,他们不会过于担心被抛弃,有信心,知道恋人还会回来;也不怕恋人与自己很亲密会窒息,觉得安全。任何依恋类型的人与安全型依恋的人相爱都会比较快乐和幸福。

第二种是痴迷型依恋。这类就是焦虑矛盾型,这种类型的人会过度寻求认同,沉溺于人际关系,依赖他人的赞许,寻求他人的接纳来获得内心的平静坦然。他们认为自己是不值得爱的和没有价值的,他人是可接受的。痴迷型的人认为自己的恋人不可靠,不愿意与自己建立长久的关系。常常担心恋人并不真正爱自己,或者会离开自己,会不断地询问"你爱我吗?"以证明自己是被爱的。因此,他们的情感经常处于冲突中,一方面希望能与自己的恋人走得很近,另一方面又对恋人是否可靠和可信满腹猜疑。

第三种是恐惧型依恋。他们对自己和他人的态度都是消极的,这种类型的人因为害怕被拒绝,可能极力避免和他人有亲密关系的联结。虽然他们希望有人喜欢自己,但更担心自己因此离不开别人,而一旦建立了亲密关系,又往往过度担心恋人会抛弃自己,害怕受伤而战战兢兢,有时想到与恋人亲密相处时他们就会感到恐惧。有些恐惧型依恋的人对电脑、数据比对人更有兴趣,不善于和人打交道。

第四种是疏离型依恋。他们认为自己是有价值的,但有亲密关系后被拒绝就得不偿失,所以,他们会避免与他人亲密接触,以保护自己不受伤害。他们更相信自力更生,拒绝和别人相互帮助、相互依赖。他们的态度往往是:"我不需要你在身边支持我。请给我独立的空间!"他们不愿也无法与恋人分享自己真实的想法和感受,更希望浅层次的交往,比较容易被新朋友所吸引。

儿童期混乱型的人在亲密关系中往往心中充满矛盾和挣扎,最爱的人却又是让其感觉最痛苦的人,进退两难。一方面他们非常渴望亲密关系,另一方面太怕被爱了。和这类人恋爱,他们会处罚你,推开你,不断地考验你,而一旦你通过了安全型测试,就一下子缠住你,以"分手""自杀"相威胁,让你不敢走。这种类型的恋人类似于前文提到的"灾恋"的主人公。

由于遗传等因素,儿童期存在的依恋模式很可能延续到成年,影响成年的亲密关系。我们都期望和安全型的人谈恋爱,但 1997 年的一个研究证明,有些人并不会选择安全型的人作为恋人,他们会不由自主地寻求过去很熟悉的依恋模式。在婴儿时期因为父母的照顾方式形成不安全依恋类型的这些人,总是会下意识地寻找那些会让他们重复体验不安全依恋感觉的人。这是因为这种熟悉感就是某种程度的安全感,他们选择这样的人,能够再一次确认过去已经存在的、对亲密关系的信念,但这样做的后果往往不容乐观。

不安全型的依恋类型如何改变?

一般情况下,童年时养成的依恋模式或多或少都会给我们的未来造成影响,甚至在整个一生中都会对我们的亲密关系中的观念、思维和行为产生重要的影响。我们了解了依恋类型的不同表现,知道安全型的人在人际关系和婚恋方面可能更幸福,更容易获得稳定的亲密关系。如果发现自己是焦虑矛盾型或者是回避型,那应该如何改变自己呢?

第一,可以先了解自己的依恋类型,包括处事行为的细节。有时候,了解就是改变的动力,就是改变的开始;而且还要知道,虽然依恋模式会影响我们很多,但我们并不总是被动地受到童年经验的约束,成年以后的依恋类型会不断地受到现在和以后经历的影响。事实证明,约有30%的不安全型依恋者经磨炼、修正改变为安全型依恋者。因此,我们需要以积极的态度来看待过去。

第二,梳理一下自己过去的生活经历,理解过去发生的各种事件,学着对过去的经历进行不同的评价。即使童年时有很不幸或者悲惨的事情发生,用今天成人的眼光来看,转变对过去事件的看法,我们也可以改写自己的生命故事。当然,这不是一件容易完成的事情,尤其是面对自己的低安全感、低自尊等比较严重的心理问题时,有必要在专业人员的帮助下,修复它们,重建自尊,重新塑造自己。

第三,可以去找一个安全型的恋人或伴侣,建立一段比较长期稳定的恋爱关系。如果你的另一半能够用包容、平和的心态对待你,读懂你的需要,在困惑、脆弱的时候能够帮助你、支持你,那对你的依恋类型的改变作用是非常大的。对大部分非安全型(比如焦虑矛盾型或回避型)的人来说,刚开始遇到安全型的人,也许会觉得他们很无聊,但是如果你真的希望自己有所改变,那么第一步就要忍受这种无聊的感觉，或者不要太强调所谓的缘分，给自己和对方更多的时间和空间，打开内心，保持联系，彼此支持和鼓励，这样才有可能改变自己不安全型的依恋模式。

第四，焦虑矛盾型的人往往和回避型的人更可能结成一对。因为焦虑矛盾型的人由于早年被忽视、被冷漠对待的经历，使 Ta 对高冷的回避、退缩更熟悉，更有感觉；而回避型的人更容易被焦虑矛盾型的人的高涨热情所吸引，潜意识里也希望得到这一类人的爱和关怀。但这样的配对组合会有很多的冲突，如何解决这些矛盾和冲突？焦虑矛盾型的人更需要学会对自己负责，要能够培养对自己的信心，不是一味地去依赖对方，急切地想要对方的回应和支持，应该锻炼自己更独立，有豁达的精神和态度，给自己以安全感，先要学会信任自己，然后才能信任别人。

第五，恋人们在相处过程中，需要深入了解彼此的依恋类型，和对方坦诚沟通自己内心的真正想法和感觉。无论是焦虑矛盾型还是回避型，都应该知道每一种依恋类型都有自己独特的一套沟通模式和处事方法。无论对方看起来是如何怪异，和自己不同，都是过去生活经历的惯性使然。恋人应该从内心深处去理解对方这种独特的"语言"，包容和自己不同的方面，学会从对方的角度来考虑问题，这样，双方才能更好地相处。因为，无论哪一种类型的依恋模式，都曾经在过去的岁月里，帮助自己生存下来，现在的改变是需要巨大的勇气和毅力的，尤其需要身边最爱的人的支持。

譬如，回避型的人因为缺乏改变的动力，可能很难自觉行动，自行改变。他们可能还有很多合理化的理由。例如，觉得自己过得很好，觉得是因为对方太"作"，才躲避和远离对方，等等。焦虑矛盾型的人和回避型的人相处，如果觉得对方太冷漠、不回应，想要改变，首先要理解回避型的行为表现是因为害怕受伤害，要让他们意识到的确存在他们可以信任的人，接受回避型需要有很多空间的这种相处模式。同时，焦虑矛盾型的人要从自己的内心去寻找信任和信念，因为往往回避型的人很难帮助他们做到这些，但一旦回避型的人开始意识到，他们也就会开始改变了。

具体而言，焦虑矛盾型的人要相信自己是值得被爱、被尊重、被珍惜的。这可以帮助焦虑矛盾型的人更客观地看待对方的行为,减少对恋人某些冷淡行为的过分敏感。学着变得坚定,对自己的需求不讨好、不妥协,更不强求对方满足自己;学着觉察自己的内心渴望,勇敢坚定、流畅自如地表达出自己的情感需要,比如说"我需要你陪在我的身边,让我有一个依靠",而不是隐晦曲折表达,或用愤怒、控诉等极端情绪表达;勇于冒风险,不在感情中"玩心计",不用情感绑架或操纵手段控制对方,而是直接、坦诚地表达自己的真实想法,哪怕这些想法让自己有某些羞耻感,也要勇敢地去面对,并表达出来;练习接纳自己也接纳他人的各种想法和行为,不过于挑剔自己与恋人的错误和缺点;当产生矛盾时,要学着控制自己的情绪反应,学着处理和应对;学会从伴侣双方角度去看问题,而不是仅仅满足自己的需要。

回避型的人要学会依赖和信赖对方,让他们有机会发现自己的错误,而不是选择一味的疏远、躲避和退缩。不要将恋人完美化,也不要等待想象中的所谓"理想伴侣"。只有这样,才能与对方更亲密。要学会对伴侣更负责任,应该给对方更多的支持和鼓励,而不是保持虚假的所谓"独立"和"自由"。这样,焦虑矛盾型和回避型结成的亲密关系才有可能走下去,或者各自变成相对安全的类型。

回避型的人在日常生活中,可以主动加入一个安全依恋类型的朋友圈,一起聊天、出游等。还要督促自己每天和3—5个陌生人说说话,比如从不交谈的邻居,公司里陌生的同事等。努力发现朋友、爱人、同事的优点和好笑的事情,有意识地督促自己关心一些生活中的琐事,征求朋友、同事与爱人的意见,记录下来,经常看看;不要把秘密深埋在心底,可以和知心的朋友或专业人员聊聊。

我们每个人都有相对固定的思维和行为模式,即使有悲惨的过去,在现在以及未来的亲密关系中,也会不断地被新的经验一点一点地改造、更新甚至改写,有的时候,这种依恋模式或人生发展轨迹完全可能被重写。所以,对此我们要有足够的信心,应该直面过去,直面痛苦,用勇气和智慧来改变自己,创造新的未来。

案例　我的爱情为什么这么悲催?

不熟悉我的朋友都觉得我开朗乐观,但是只有在亲近的人面前我才会展现真实的自己,释放自己的不安全感和焦虑,尤其是在我的男朋友面前。他对我的评价,最常用的一个词语是"想太多"。我承认这一点,可是总是控制不住,继续想太多。问他一起去实习吗?他只要稍微犹豫一秒,我就觉得他不想和我一起,怕被别人看到,然后又开始想,为什么怕被别人看到呢?是他不够喜欢我,还是因为他其实喜欢别人,然后我就会说一句"算了,不去了",生气地走开,留下一脸茫然的他。和他在一起的时候,我会小心翼翼地观察他的一言一行,观察他的表情,他只要稍稍做出点不开心的样子,我就会失落,会一遍一遍地问他:"你怎么啦?"可事实是,他可能只是那天没睡好。

没和他在一起的时候,也会明里暗里地想要知道他的一举一动,会时不时地询问他在干嘛,和谁在一起。如果他没有及时回答,我就会觉得他一定是故意不想回复我,便又开始失落和愤怒。

我想每天和他待在一起,一起自习、吃饭、走路,一起去任何地方,可是显然他并不喜欢这样,他害怕亲密,害怕我天天黏着他,也从未主动和我说"我们一起去吃饭吧","下课一起回去吧"。而面对我的一次次觉得他疏远的控诉、愤怒和焦虑,他有时候会哄,但是更多时候是在逃避,转移注意力。我说:"我们一起解决这个问题吧!"但他宁愿放着成为心中的心结,也不愿主动去面对,或一起去解决。面对他的不主动,我会哭、会闹、会生气,一次次觉得他不爱我,一遍遍地逼着他说"我爱你,我不会离开你的",试图获得安全感。而面对我的步步紧逼,一次次的争吵,他只会叹气、沉默,拒绝进一步沟通。但这样只会进一步加深我的焦虑感和不安全感,这段恋情的结果可想而知,最后他托人给我递来一张纸条说:"让我们彼此都静一静吧!"他的回避,让他连分手都不愿当面说。我知道我们都累了,这段恋情可以算是伤痛之恋吧。

我的童年是在父母的吵吵闹闹中度过的,我至今清楚地记得三四岁的我看着父亲家暴我母亲,看他们互相用恶毒的话语伤害对方,我却无能为力。而他们在每一次吵架以后,经常会离家出走,留下我一个人在家担惊受怕。我只能用一次一次声嘶力竭的哭闹,逼着他们停止争吵或回家。同时我拼命学习,努力拿遍各种奖项,渴望得到父母的认同,希望能获得他们的笑容。在一起的时候,我总会小心翼翼地观察他们的神色,想要在他们出现争吵的征兆前及时制止。有时候一家人难得其乐融融坐在一起,一个念头总会迅速出现,这样的幸福不会长久的,他们马上又要吵架,又要抛下我了。童年的不幸让我极其缺乏安全感,害怕恋爱,害怕被抛弃。反映到那段恋情,就是对他一次一次的紧逼。我希望他能在我怀疑和焦虑的时候,立刻给我一个温暖的拥抱,坚定地对我说:"我爱你。"

可是,显然我找错人了。他有两个姐姐,父母因工作需要,他从小被寄养在奶奶家,他试图获得父母更多的关注和爱,但显然不可能,他没有选择直接表达和发泄这种失落,而是选择逃避,选择躲进自己的世界。所以他的性格看似沉稳冷静,其实只是一直在回避、隐藏自己的情感。他恐惧说出自己的真实感受,回避承诺,同时潜意识里一直和任何人保持安全距离。面对我的步步紧逼,他也一次一次后退,从心底里抗拒我们之间的冲突,而这只会造成我再一次声嘶力竭的控诉。他不能给我想要的安全感和支持,而我也一次次地侵犯他的安全空间,我们的矛盾越来越深,最后落得这样的结果也不足为奇了。

确认自己的问题以后,我应该学会主动去改变自己,给自己安全感。面对自己的被抛弃的恐惧,我要告诉自己:我值得被爱,而非渴望从他人身上得到认可。及时觉察自己的情绪状态,安抚自己,不该任由自己在恋人面前肆意发泄愤怒和不安。同时还要寻找生活当中的支点,安排好自己的生活,有好的兴趣和爱好,有热爱的事物。这样才能给自己带来足够的安全感和幸福感。

案例分析

这两个恋人的相爱模式比较像焦虑矛盾型和回避型之间的爱情类型。焦虑矛盾型的一方在不断地追,不断地渴望关注和回应,而回避型的一方却在焦虑矛盾型的步步紧逼下越来越退缩、封闭,最后导致分手的局面。有类似情景的恋人如果不懂得处理和协调好两者的矛盾与冲突,这种相爱相杀的一幕还会继续下去。所幸作者能够在伤痛中觉察自己,觉察这种恋情失败的原因。如果她能够做到如她所说,努力修复自己的内在焦虑和不安,未来还是有可能遇见合适的恋人,找到自己的幸福。而如果这两种类型的恋人之间能够打开心扉,彼此进行比较深的沟通,说出自己的经历和感受,告知对方自己的恐惧和无助,在此基础上就可以共同构建一个更好的相处模式。

安全感是怎么来的？为什么说安全感是心理健康的基础？

几乎所有不健康的爱情，都是没有安全感的爱情。比如，"明天，爱将去向哪里？""Ta会一直爱我吗？""Ta会对这份感情看得格外珍贵吗？""出现一个比我更漂亮、更温柔的女子，他会动心吗？""出现一个更帅、更有钱、更有地位的男人，她会离开我吗？"恋爱中的很多人在说自己"没有安全感"，这个使用频率很高的"安全感"到底是什么？

安全感是一种感觉，亲密关系中的安全感主要是一方的表现带给另一方的感觉，是一种让人放心、踏实，可以相信和依靠的言谈举止带来的心理感受。让人有安全感的因素有很多，包括主观的和客观的，我们这里主要谈主观的安全感。

弗洛伊德的经典精神分析理论认为，冲突、焦虑、防御机制等都是由个人幼年及成年阶段某种欲望的控制与满足方面缺乏安全感造成的。人本主义心理学家弗洛姆也认为，现代社会给人们很大的自由，但获得自由的同时，人们要对自己的行为负责任。由于现代人与社会、与他人的联系日益减少，会感觉到缺乏归属感，经常体验到孤独和不安全。

精神分析专家卡伦·霍妮有个关于婴儿早期"基本焦虑"的说法，她认为儿童出生以后就有追求安全、排解焦虑的基本需要。如果父母能够在生命一开始就营造温暖、慈爱的氛围，给予儿童稳定的、持久的爱。具体说来，每当儿童发出吃喝拉撒、要求关注、搂抱的信号时，父母能够及时、准确地回应孩子，照顾儿童，孩子就会得到满足，得到安全感，缓解基本的焦虑。反之，"当父母对儿童实施直接或间接的支配；冷漠或怪癖行为；对儿童个人的需要缺乏尊敬；缺乏真诚的指导；轻蔑的态度；过分颂扬或缺乏赞扬；缺乏令人信赖的温暖；使儿童在父母的争吵中选择一方；负担过多的责任或不负责任；偏袒、隔绝同其他儿童的交往；不公正、歧视、不守信用；充满敌意的气氛；等等"。如果父母这样对待儿童，儿童就会对父母产生一种基本敌意。但由于儿童自身的渺小和无助，必须依赖父母，因而必须压抑对父母的敌意，这种压抑的直接结果是儿童把敌意投向整个世界和整个社会,使儿童觉得周围的事物都充满了危险。这就是不安全感的基本来源。

奥地利精神分析学家埃里克森也提出,婴儿出生,如果母亲能够对婴儿慈爱、呵护,并且这种慈爱是经常的、稳定的和持续的,婴儿就会觉得舒适与满足,会产生最初的安全感,会对周围的世界产生信任和期待。

马斯洛认为心理的安全感指的是"一种从恐惧和焦虑中脱离出来的信心、安全和自由的感觉,特别是满足一个人现在(和将来)各种需要的感觉"。马斯洛还结合自己的临床实践,编制了《安全感——不安全感问卷》。他认为,安全感是决定心理健康的最重要的因素。缺乏安全感的人往往感到被拒绝,感到不被接受,感到受冷落,或者受到嫉恨、受到歧视;感到孤独、被遗忘、被遗弃;经常感到威胁、危险和焦虑;对他人抱不信任、嫉妒、傲慢、仇恨、敌视的态度;有悲观倾向,总倾向于不满足;表现出强迫性内省倾向,病态自责,自我过敏;有罪恶和羞怯感,自我谴责倾向,甚至自杀倾向;不停息地为更安全而努力,表现出各种神经质倾向、自卫倾向、自卑、自私和自我中心。而具有安全感的人则感到被人喜欢、被人接受,从他人处感到温暖和热情;感到归属,感到是群体中的一员,对他人抱信任、宽容、友好、热情的态度;有乐观倾向,倾向于满足;开朗,表现出客体中心、问题中心、世界中心倾向,而不是自我中心倾向;自我接纳,自我宽容;为问题的解决而争取必要的力量,关注问题而不是关注于对他人的控制,坚定、积极,有良好的自我估价;以现实的态度来面对现实,关心社会,合作、善意,富于同情心。马斯洛提出的十条心理健康的标准,其中第一条就是个体要"有充分的安全感"。

总而言之,安全感包含这样一些内容:确定感——这是肯定存在的,不会变化的;踏实感——觉得安心、放心,不会感到害怕和焦虑;控制感——这是可以掌控和操纵的。安全感的最早来源是父母对孩子的"无条件的积极关注和抱持、陪伴支持、稳定的回应"。焦虑常常是我们缺乏安全感的表现,在某方面的焦虑程度,正显示着在这方面的安全感的程度。

20世纪50年代,美国心理学家哈利·哈洛做了著名的实验——"恒河猴实验"。把一只刚出生的小猴和猴妈妈分开,放进隔离的笼子中,用两个假母猴代替真母猴。这两个假母猴分别是用铁丝和绒布做的,"铁丝母猴"胸前放了一个奶瓶,"绒布母猴"没有奶瓶,只有绒布包裹的身体。按哈洛的说法是"一个是柔软、温暖的母亲,一个是有着无限耐心、可以 24 小时提供奶水的母亲"。小猴在"铁丝母猴"那里吸了几口奶后,马上转到"绒布母猴"那里,紧紧抱着它,大部分时间小猴都与"绒布母猴"待在一起。实验人员把一个发出怪叫的机器"蜘蛛"放入笼子时,小猴惊叫着立刻跑到"绒布母猴"身边紧紧抱着寻求安慰,似乎"绒布母猴"会给小猴更多的安全感。这个实验似乎也可以说明,猴子需要的依恋和安全感,有时候更胜于食物的需要。与此相似,人也是需要情感依恋,需要温暖的爱的。爱的需求和食物一样是人的基本需求,很多时候并不是"有奶便是娘"。这个实验也让我们知道爱给人的感觉是柔软的、温暖的。

安全感是心理健康的基础,有了安全感才会有自信,有自尊,才能相信、信任别人,与他人建立和睦的人际关系。有了安全感,才有可能积极地发掘自身的潜力,实现自己的人生价值。

不安全感是许多精神疾病、心理障碍的根本原因。我国学者,如钟友彬、许又新教授强调不安全感与神经症发病有密切的关系。譬如,强迫症的核心是恐惧和不安全感,如对传染病恐惧的强迫性洗手,对门锁的反复检查,都是出于对生命和财产安全的担心与缺乏安全感。

如果儿童受到父母不公正的对待,比如,不尊重、讽刺、羞辱、鄙视,就会刺伤儿童的情感,严重损害他们的自我价值感,形成低自尊的人格。到了成年以后,他们往往会过度渴望得到别人的认可、表扬和赞赏。为此,他们会做出很多努力以满足内心的安全感和自我价值感,但也有一些人即使付出了很大的努力,刻苦学习、拼命工作,仍然不能摆脱缺乏安全感所带来的空虚、焦虑和痛苦。尤其在亲密关系中,这些人会要求恋人和伴侣不断证明对他们的爱,会过度索取、过度补偿过去的缺失,但即使恋人和伴侣做到了,他们可能也很难感受到。

家境富有的孩子,如果缺乏情感的呼应也会缺乏安全感。因为安全感的获得不仅仅是吃得饱、穿得暖,更重要的是父母能够给予情感上的回应。每当孩子欢笑分享喜悦,哭闹寻求安慰,有痛苦、愤怒时,父母要能够及时地辨识出孩子的这些情绪,及时回应 Ta,并给予恰当地处理。如果父母不能从婴幼儿的表情或动作中读懂 Ta 的意思,并给予恰当的回应,尤其是情感的回应,那这个孩子仍然会缺安全感。比如,小玲在幼儿园被小朋友欺负了,回来跟妈妈哭诉:"小明欺负我，打我。"有的家长会说："那你打回去啊！"或者说："那你告诉老师啊！"这些都属于没能给予恰当情感回应的类型，比较好的情感回应是："哦，宝贝，小明欺负你啦，你很伤心，很难过，是吗？那你跟妈妈说说……"这就是一种比较好的情感回应的模式，帮孩子把情绪表达出来，帮孩子为她的情绪命名，承接她的情绪。这样的做法会让孩子感觉到父母真正在乎她，给她实实在在的情感的支持，孩子的安全感就会得到满足。

小时候如果家境贫穷，或者遭遇过创伤事件，也会导致安全感的不足。这些孩子长大以后，就会很害怕钱不够吃不饱饭，又要过那种窘迫的日子，所以对他们来说，钱就是安全感的重要来源。儿童时期父母争吵不和、闹离婚，会让孩子觉得"是不是因为我不够好，所以爸爸妈妈才不爱我，所以爸爸妈妈才要离婚"，由此，会产生非常强的不安全感。如果小时候被别人暴打、性侵或抛弃过，也会非常害怕，极度缺乏安全感。

由主流文化引起的内心冲突也是不安全感的一个因素。如果我们的所作所为符合主流价值观，符合大众道德观念，就会觉得比较安全。如果处在主流文化的边缘，比如，由于自己的性取向、身材、思想等不符合社会的主流标准，我们也会觉得不安全。

恋爱中严重缺乏安全感会有哪些表现？

越来越多的研究证实，一个从出生开始就缺乏安全感的孩子，在未来的一生中都可能去不断地追寻，不断地期望获得满足。比如，对别人有过多的安全责任的期待，他们在亲密关系里会把安全感的责任放在别人身上，忽略了自己可以努力的部分，忽略了自己的力量。有时候他们会这么说，"就是因为我的男朋友太花心了，所以我这么悲催……""如果她能够及时回复我的信息，我也不会这么抓狂了"，等等，他们会特别渴望别人或者环境能给他们很多的支持。

亲密关系中缺乏安全感的本质就是害怕。害怕自己被抛弃，害怕自己有危险，害怕自己不值得被爱、被珍惜，自己无力承担失败的风险。在恋爱中，如果严重缺乏安全感，会觉得内心缺少爱，特别渴望爱的补偿，不太相信爱会一直存在，认为随时会有失去的可能；或者不知道什么是爱，别人给一点点温暖就感觉是爱，爱情来到身边甚至不敢相信。严重缺乏安全感的人会渴望有一个"爱我一万年"的伴侣，给 Ta 足够的保护，或想找一个有巨额资产的 Ta 提供物质上的安全感。无论男女，如果对物质过度沉迷，对另一半有过分敏感和依赖，或是极度自我的张扬和自恋，或者在恋爱过程中用各种手段试探另一半，要对方不断证明到底爱不爱 Ta，譬如，会通过是否买礼物、是否记得生日来验证爱是否存在等，都可能是缺乏安全感的表现。

严重缺安全感的人还会有其他一些状态，他们会时刻保护自己，不能放松自如地沉浸在恋爱中，必须要留个心眼来保护自己。如果验证失败，Ta 就可能会仇恨、离开或者自我封闭，会更加没安全感，更加不相信他人，认为"只有自己才能保护自己"。比如，当伴侣回家晚了或者跟某个异性发了个信息，就紧张不已，问个不停。最后对方可能会说："你再这样下去，我们只有离婚。"这更加触动了Ta"可能被抛弃"的不安全感的神经。因此，一个没有安全感的恋人，最后难以幸福。

还有些缺乏安全感的表现是，他们禁止自己的安全渴望。这些人会认为自己不是那么重要，在跟别人相处时很多是替别人考虑，特别忽视自己。Ta 对别人生气了也不会说，总感到这个事情是我做的不对，也许我需要改善一下。把自己放在一个边缘的、不被重视的位置。

两性在婚恋中不安全感的表现有很多是相似的，但也有些差异。譬如，有些男性由于家人过度呵护，心理敏感、脆弱，依赖性很强，很多表现类似于女性。还有些男性从小家人忙于工作，疏于照顾。所以他们特别强调独立和奋斗，很会照顾人，责任心很强。长大后因内心深处的不安全感，容易成为工作狂，他们希望通过名利权上的成功来获得更多保障以及社会的承认，还有些是潜意识中想获得父母的承认和妻子的肯定。

提升内在安全感有什么好办法吗？

提升心理的安全感需要从认知和行为等多方面做工作。主要有这样几点：

第一，对安全感要有正确的认知。要认识到这个世界上没有绝对的安全，没有什么事、什么人是我们能够完全掌控的，未来的发展和结局也不是百分之一百可以确定的。可以这么说，在我们人生的每个阶段，我们都会与不确定、不安全为伴。绝对的安全感是不存在的，就像我们人类的恐惧情绪是因不安全感而产生的。而恐惧的存在，对人类的生存是有很多的益处的，如果一个人有绝对的安全感，他可能会被伤害，会因为看不见危险而做出极端冒险的事，甚至失去生命。所以，我们既要追求安全感，又不能追求绝对的安全感。

我们追求的安全感大部分是来自我们的内心，如果希望依靠外在的条件，比如，物质财富、权力地位等，可能暂时给我们带来一些踏实的感觉，但这个不是安全感的根本源泉，一个人只有内心强大才可能有足够的安全感。如果因为童年时候的境遇导致自己缺少安全感，我们也不该再把这种责任推卸给父母。成年以后应该自己为自己负责，用自己的力量来弥补内在的欠缺和匮乏。如果有可能，我们还应该反过来为父母做些什么，给父母带来踏实稳定的感觉。如果我们对安全感有这样客观的认知，就能够勇敢地面对生活中的不如意，有意识地改变自己的生活方式，创造性地去争取自己的未来和幸福。

第二，要确立心理上的自我界限，建立安全感。我国心理学家曾奇峰认为，心理上的"自我界限是指在人际关系中，个体清楚地知道自己和他人的责任和权力范围，既保护自己的个人空间不受侵犯，也不侵犯他人的个人空间"。

自我边界不清的恋人或伴侣，会非常渴望了解对方，也希望对方了解自己，关心自己，把自己放在最重要的位置，甚至渴望和对方时时刻刻融合在一起。自我边界不清会导致过分的依赖，或过分的控制。这样做的结果往往会使得另一半感觉到有压力和被控制。这样的恋人要么不懂得保护自己，没有自己的心理空间，没有勇气说不；要么就是经常去侵犯恋人的空间，插手恋人的事情，提出过分要求。所以，要建立和维护良好的亲密关系，提升和建立亲密关系中的安全感，需要有比较强的觉察能力，坚持做到自己的事情自己做，尊重自己也尊重伴侣，不轻易突破伴侣的底线，也能够守住自己的边界。这样，安全感会增加很多。

第三，要营造和谐温暖的家庭气氛，创造安全感。心理上的安全感就像在内心搭建了一个稳固的空间，构建这个稳固空间的主要是父母的关系，以及父母给孩子的爱。一个人从出生开始就在父母的照顾和抚育下成长,如果孩子从小身处的就是父母吵闹打架或敌对冷战的环境,孩子就会觉得这个内心的空间充满了冷风恶雨,飘忽不定。因而,充满温暖气氛的家就是安全感的重要组成部分。相爱的双方应该学习一些心理学和婚恋、亲子关系方面的知识,不断提升自己处理这些关系的能力,或者获得亲朋好友的关心、支持,从爱情、亲情、友情当中得到力量。此外,让自己的居住环境干净整洁,室内布置温馨优美;平时两人相处时,时而放点音乐,点个蜡烛,做点美食,来一个浪漫的夜晚;等等,这样,获得了内心持续的安全感,亲密关系才可能和谐。

第四,根据自己的生命节奏来安排生活,构建安全感。每个人都有自己的生命节奏,或称为生物节律。健康的生物节律是早晨醒来工作,晚上困了睡觉,如果昼夜颠倒会造成身体内生物钟的混乱。身体的不适会带来心理的不适,会增加焦虑和烦躁。所以,盲目的加班加点,夜生活频繁,昼夜颠倒,暴饮暴食,"拖延症""工作狂"任其泛滥……不仅会使生活节奏失控,更加重了内心的不安和焦躁。因而,相爱的双方要互相督促,彼此都要学会自我管理,增强意志力,学会节制、学会控制、学会拒绝,减少或杜绝不科学的生活方式,拒绝强加给自己的工作量。"工作是工作,生活是生活",调整自己的生物节律,让自己时时处于自然舒适的状态,既可以提升内心安全感,也增加了亲密关系中温馨、融洽的感觉。

第五,提升自己处理各种应急事件的能力来构建安全感。不安全感是因为我们面对未来各种不确定时内心的恐惧和不安,安全感则是我们对未来不确定性的一种掌控感。如果我们提升自己的各种能力,就能够勇敢面对各种风险,增强有效处理未来事件的信心。不断地学习,不断地开发自己的潜在能力,就不会害怕失去工作。因为这份工作没了,还可以胜任另外的工作。如果能在亲密关系中学习到各种爱的能力,比如,表达的能力、共情的能力、换位思考的能力、处理各种差异的能力,就不用太担心自己的恋人或伴侣会离开自己,即使离开了,自己也有足够的信心重新去获得爱情。

第六,从爱情中的安全感出发,找到自己的人生使命。彼此相爱有什么意义?人生的意义和使命是什么?活着不仅是吃喝玩乐,爱情也不是生活的全部,男人赚钱养家、女人貌美如花也不是所有人的追求。有人期望在爱情中获得自尊,也有人希望增加存在感、价值感。恋人或伴侣如果能够从自己的经历中发现,满足安全感仅仅是弥补人生的缺失,而这些缺失的存在仍然具有深刻的价值含义,比如缺乏安全感给人带来了努力、谦逊、勇敢、坚韧等品质,让相爱的双方在不断探索过程中逐渐懂得了自己,理解了对方,看懂人生和人性;明了自己的人生使命,能够坦然接受命运的挑战,从相爱的过程中获得更多的感悟,就能够超越人生的缺憾,得到更多更大的收获。

总而言之,安全感来自自信,要有内在的信心和外在的能力;安全感也来自相信爱情,即使爱情消失了,也仍然相信会重新获得爱;安全感更来自信任自己,信任别人,相信自己会获得幸福。所以,真正的安全感只能来自你的内心,在亲密关系中要提升安全感,需要恋人和伴侣两个人的共同努力,给彼此多一点耐心,多一点心灵的空间和成长的时间,彼此好好相处相爱,最终找到一个舒适的融洽的相爱模式。

怎样提升亲密关系中的安全感?

如果在亲密关系中觉察到自己缺乏安全感,那 Ta 可以通过不同的途径和方法得以改善。增加安全感的最根本方法是体验、觉察、自我成长和有效地改变。心理学有一句名言,也是重新修复安全感最核心的内容:"人无法信任他没有体验过的事情。"我们要提高内在安全感,就需要让自己在生活中重新体验那些没有被满足的安全需要,重新构建内在安全感的状态。具体方法有自我提升和专业求助两种途径。自我提升分为三个部分:

第一个是自我了解。通过学习、反思、看书和了解自己,看看自己的安全感是什么状态,有哪些安全感没有被满足,有哪些安全感在形成过程中遇到了问题。

第二个是自我支持。最重要的是寻求多样化的支持。可以去多交些朋友,加入某些社交团体,在团体中重新体会一下被满足的感觉。譬如,参加蹦极、打乒乓球等活动,在活动中体验到信任别人、被人积极回应的这些安全需要。

第三个是自我照顾。可以问问自己:我能够为自己的安全感做点什么?当我感觉不安全时我能找到哪些支持？允许不允许创造一些安全环境，自己照顾自己？等等。

具体的对应策略主要有这些：

首先，让自己重新去体验那些没有被满足的安全需要。可以反思和觉察一下，在"无条件的积极关注和抱持、陪伴支持、稳定的回应"这些方面有哪些没有被满足。可以在恋人、伴侣或专业人员帮助下重新体验这些感觉。譬如，可以告诉恋人："我就是在这部分没有得到过满足，所以遇到问题你要特别照顾我。"创造类似"做什么都是可以被包容的，即使给别人添了麻烦也是可以被包容"的环境，自己和自己在一起，和恋人或伴侣在一起，跟亲密好友在一起，重新体验这些过程，就能够感受到安全感的满足，可以重新信任别人，信任这个世界。

其次，让自己重新哀悼原先没有被包容过的安全需要。对自己与父母的关系重新进行梳理，允许自己表达恨和不满。我们经过倾诉、表达，还需要哀悼过去的伤痛和不幸，用新的视角去看待过去发生的事情，与过去讲和，与父母讲和。只有对过去好好说再见，才能真正放下，这是一个必经的重要的过程。当我们真正放下以后，我们才能继续前进。

再次，要重新学习，试着为自己的安全感做些事情，把放在别人身上的安全责任拿回来。比如，可以思考：能不能尝试着做更好的自己？能不能去突破一下，做过去不敢做的事情？能不能去对方那里确认一下自己的想法和感受是否合适、准确？这样做了以后，如果能够得到不错的反馈，那就可以累积自信，让自己的安全感得以提升。

专业求助提升安全感主要通过"关系、分析、支持和改变"等方式。这需要专业人员和求助者建构良好的信任关系，即无论求助者在咨询师那里说什么都不会被批判、指责，即使有特别严重的问题，咨询师都会包容求助者，并且会帮求助者找积极的方面。咨询师通过了解求助者的内在心理，能够将潜意识行为放到意识层面，帮助求助者意识到可以规避那些自我伤害的行为，能够帮助求助者理解可以不用回避、远离、焦虑等，而改用其他更合适的方式来应对亲密关系。

很多时候我们要去面对、改变和适应是特别艰难的，如果有专业人员陪着就会顺利一些，而心理咨询师会通过专业的支持陪着求助者，和他一起去改变。内在安全感的形成是很早期的一个问题,提升和改善安全感需要长时间的积累,而且是一个艰难的过程。需要重新去激发,重新去体验,在体验中去相信,相信了再去尝试,在尝试中去改变,在改变中去重新构建。这些都会使得求助者有信心,找到和提升安全感。

原生家庭是如何影响我们的亲密关系的?

美国著名"家庭治疗大师"萨提亚认为,一个人和他的原生家庭有着千丝万缕的联系,而这种联系有可能影响他的一生。

印度合一大学创始人阿玛巴关也说:"生命中大部分的人际关系都是孩提时代与父母关系的复制。所有人际关系都反映了你与父母的关系,所有关系都会真实反映你与父母之间所发生的事。"

我们每个人一生中一般有两个家。一个是从小长大的家,有父母、兄弟姐妹或祖父祖母、继父继母等成员共同生活的家庭;另一个是长大以后,自己结婚成立的那个家。我们把从童年开始成长的家叫作原生家庭。

在一个人的一生中,对他影响最早、最大、最久的就是原生家庭。我们从出生开始,就一直受到家庭成员的影响,尤其是父母的思想观念、性格特点、行为方式、夫妻关系等潜移默化地影响着我们。心理学理论认为,我们的亲密关系、婚姻、情感模式往往来自童年时期与父母之间互动的心理经验。

原生家庭是我们学习与他人相处的起点,从小成长过程中的情感体验是我们未来选择恋爱婚姻的最早源头。原生家庭塑造我们的个性,影响人格成长,并且以后的恋爱婚姻是否顺利和幸福,通常在原生家庭和童年经历中就已经埋下了种子。一个人在原生家庭中没有得到满足的需要,比如关注、爱护以及情感支持等,往往会在成年以后的生活中拼命加倍找回,会在未来的恋爱婚姻中不断寻找,并极力渴望弥补这些欠缺和匮乏,给亲密关系带来很多困扰。如果一个人在原生家庭有很多需要被满足了,他就会从容淡定很多,很多选择也比较容易兼顾不同人的需求,亲密关系就相对和睦。

比如张爱玲,从小就被父亲言语否定,身体虐待,严重缺乏父爱。她在以后的情感经历中,会不自觉地想找一位和父亲完全不一样的伴侣,希望弥补童年父爱不足的遗憾。观察一下张爱玲的两段婚姻,我们可以看到,她的第一任丈夫比她年长14岁,第二位美国丈夫年长29岁。张爱玲的婚恋经历似乎也说明了她一直向往的婚姻当中"男人的年龄应当大十岁或是十岁以上,我觉得女人应当天真一点,男人应当有经验一点"的这种模式。由此可见,原生家庭中父亲的形象对她选择伴侣起着重要的作用。

原生家庭塑造人的个性,影响人格成长、人际关系、管理情绪的能力,以及对人与人之间情绪互动的了解。我们在自我探索的过程中,对原生家庭要有一些基本的了解,才能在处理亲密关系中明了自己的定位,逐渐摸索出合适的相处模式。我们需要掌握的信息主要有:

第一,每个人在家庭中的位置和获得的权力是怎么样的?如果一个家庭中有好几个孩子,那每个孩子在家庭中的地位是不一样的。伴随着成长过程中遭遇到的冲突和伤害,每个人会留下某些特别深刻的印记,可以说这是一种"心理按钮"或潜意识情结。比如,对家中的大孩子,从小父母教育要让着弟弟或妹妹,所以他一直的行为模式可能是忍让、委曲求全。长大以后在工作岗位上也可能沿用相似的人际交往方式,遇事不争,但内心是很希望有一个公平民主的领导的。一旦领导在某些方面要求他退让、妥协,就会激起他内心的不满,觉得领导不公平不公正,容易因这些"情绪过敏"而造成矛盾和冲突。

第二,家庭或家族中彼此是什么样的相处模式?有些家庭中的相处模式是和和气气的,每个人说话都会顾及别人的感受;也有些家庭成员在商量事情时习惯用争吵、批评,用高音大嗓来压倒别人;还有些家庭每天的气氛都是静悄悄的,彼此之间不怎么说话。某个男生的父母是通过媒人介绍认识的,他们以前都没有谈过恋爱,结婚以后双方的真性情才逐渐显露出来。父亲是公认的非常勤劳的人,但脾气急躁,不善于表达,每天忙于生意,无暇顾及家庭;而母亲是个精明的女人,操持家务,帮父亲打理生意,样样精通。父母之间经常有冲突,但在这个男生的感觉里,他们很少正面交锋,即使吵架,也会在很短时间内就陷入冷战。他们化解矛盾的方法是不沟通,让时间来抚平创伤。男生交往女朋友以后,慢慢发现自己也变得和父亲相似,不善于沟通,和女朋友有矛盾也是尽量回避,希望让时间来解决。女朋友提多了要求,他就会想起父亲对母亲的评论:"太作。"所以,儿子在很大程度上沿袭或继承了父亲处理亲密关系的模式。亲密关系中很容易产生这样的情景,就是恋人或伴侣因某件事或某句话会引发我们很大的情绪,这也许是因为我们的潜意识把过去和现在混淆在一起了,误认为过去的遭遇又重新出现了,但事实上也许是对方恰巧触动了自己内心的"心理按钮"。

第三,家庭的格言或内在信念有哪些?每个家庭或家族都有其历史传承的文化,形成了独特的家庭文化或家风,会凝聚成某些"家庭格言",给孩子的人格和信念留下深刻的烙印。每个人在成长过程中会无形地吸收很多信念,这些信念不但牢不可破,而且不断影响着我们。内在信念有其历史性的功能,曾在过去人生的某个阶段中保护我们不致受到太大的伤害。每个人的内在信念各不相同,有人怕"被忽视、被抛弃",有人则"要公平""要出人头地"。

内在格言也可以说是成长经验中的座右铭,或是一直留在心中的某种理念,成为我们人生的最高指导原则。例如:母亲被父亲抛弃,母亲经常指责、贬低父亲,女儿的内在格言就会是"男人都是不可靠的,所以我要努力奋斗,要独立"。如果从小过的是富裕的生活,父母几乎满足了自己所有的需要,于是学会了"人生就是要好好享受"。这些人生格言会不断地出现在日常生活和情感关系中,影响着人生道路上的各种选择。

我们会爱上什么样的一个人,在恋爱中如何表达爱,如何付出爱、接受爱、得到爱,都和我们过去习得的经验有关。与恋人或伴侣相处,每个人都有三种基本的心理需求想要得到满足:第一就是希望别人能够无条件地爱我们,接纳我们;第二就是希望看重我们的价值,希望自己在爱人心中是最重要的;最重要的是第三条,就是每个人都有安全感的需要,渴望在爱情、婚姻中彼此是忠诚的。这些愿望的实现很多是受原生家庭中父母的影响,具体来说,原生家庭对亲密关系的影响主要有:

首先,我们总是会爱上某种特定类型的对象。谈恋爱时,我们总是不知不觉地看上某种特定类型的对象,这是因为幼年时期形成的对异性父母的印象,会形成潜意识中的"爱情地图",长大后就会根据这张地图作为蓝本,来寻找自己的恋人和伴侣。

其次，我们从原生家庭学到了与伴侣相处的模式。有一位男生从小被爷爷奶奶抚养长大，小时候家里吃完晚饭，他经常看到爷爷奶奶坐在沙发上看电视，偶尔对视一下，说两句话。这位男生在大学恋爱了，他经常约会的地点是在图书馆里，他觉得最浪漫的时刻就是和女朋友你看看我，我看看你，偶尔相视一笑。但他的女朋友却不认可这样的恋爱模式，她希望在学校的湖边演绎一场"You jump, I jump"泰坦尼克号式的浪漫。由此可见，这一对男女朋友因童年时期从长辈那里学到的相处模式明显影响到了现实中的相爱方式。一方喜欢含蓄表达，另一方希望激情张扬，双方经常因这些表达方式的不同而产生争执和矛盾。

还有些人在成长过程中，曾经被人欺负、侵犯或是被父母虐待，有些甚至在幼年时从至亲的家属那里受到过身体和心理上的严重伤害。这导致他们形成了一种防御机制，习惯性地对任何人都有所怀疑。当成年后开始谈婚论嫁时，他们也会对身边人设防，产生不信任。有时候他们还会将成长过程中受到的伤害，不知不觉地投射到恋人和伴侣身上，把当下情景中的人视为曾经虐待、忽视、折磨他们的人，并用非常强烈甚至过激的反应对待他们。这样，在爱情的路上自己会受伤，也会对别人造成伤害。

再次，在亲密关系中，我们不自觉地想完成"未完成的事件"。在亲密关系中，对我们影响更多的，是那些在原生家庭中未被满足的需求。比如希望自己被关注、被肯定、被重视、被接纳、被保护……可是偏偏父母没能给我们这些，或者给的实在太少。心灵的干涸让我们几乎没有办法活下来，于是有些人会发展出各种各样的求生技能，比如遗忘、忽略，告诉自己不需要，没有那些我也照样可以活得好好的；比如坚强，凡事都要靠自己，只有自己强大才不用依靠别人；再比如乖巧懂事，细心体贴，先照顾别人的需求才会有人喜欢你……每一种求生策略后面都隐藏着一个信念，而这个信念正是自己在童年时做过的决定，这些信念慢慢进入了潜意识中，而需要被关注、被肯定、被重视、被接纳等这些未被满足的渴望就成为我们每个人的"未完成事件"。

一进入恋爱关系，我们会在恋人面前褪下盔甲和面具，会在心理上重新回到幼年时那个无助的、脆弱的孩童状态。我们没有办法满足自己，迫切希望恋人能够肯定、欣赏、关注、重视自己，希望眼前的恋人或伴侣能够满足（而且是加倍地满足)自己当年极度渴望却没能得到的需求。

如何消解原生家庭带来的负面影响？

亲密关系中两个人的相爱，都各自背负着原生家庭的文化和关系模式、家庭规则，两个来自完全不同背景的人，需要带着各自家庭的影子友好相处或组成新的家庭，如果没能清晰意识到各自在家庭文化关系模式等方面的差异，就可能上演相爱相杀的悲剧；而且有些伴侣还会无意识地复制着前辈们的思维方式和行为模式，代代相承。原生家庭带给相爱中的人的不仅有和睦相处、有效沟通等优良品质，也会有沉默压抑、彼此伤害等恶性模式，需要我们了解过去带来的影响，学会从原生家庭的负面效应中解脱出来。

两人的相爱，会让原生家庭所受到的负面影响旧伤浮现，但同时也是开启一个人医治和疗愈模式的最好时机。我们必须看见自己的思维和行为模式的特点，不能将所受的伤害再怪罪到恋人头上，更不能责怪 Ta 让自己的情绪波动，应该承认自己的需求并为自己的需求负责。此外，我们还要承认自己的脆弱和恐惧，学会在恋人的陪伴、支持下修复创伤，完善自己，重新开启亲密关系的新篇章，给自己和下一代带来新气象。

第一，反思各自的原生家庭，探索新的相处模式。恋人或者伴侣都会从各自的原生家庭中带来不同的生活习惯和相处模式，一定会存在很多的差异。所以，需要分析和探究各自家庭的特点，挖掘原生家庭中良好的优质资源，觉察到不和谐的因素甚至陷阱，彼此好好沟通，学会求同存异，共同制定出一个双方都能接受和执行的相处协议，并且在相处中遵守协议，维持亲密关系的进一步发展。

第二，觉察自己在人际关系中过度强烈的情绪反应。恋人或伴侣可以对原生家庭的情况做些总结，梳理一下自己的情绪，如果有愤怒、委屈、恐惧、焦虑等情绪出现在两人相处中，应该学习用现在的比较成熟的客观理性的视角去检视，并进一步探索自己和伴侣性格形成的原因。如果发现因冲突而引发了剧烈的情绪波动。比如，因普通的一句话、一件小事引发了特别愤怒、过于激烈的反应，就可以回溯一下原生家庭发生过的一些事情，了解自己在成长过程中所受的伤害、所引发的情结。要学会用合适的办法去处理它，等情绪平缓下来，还要进一步觉察这些情绪有哪些部分是针对当下的恋人和伴侣的，哪些部分是借题发挥，属于过去原生家庭所带来的"情结"。要学会不把过去对父母的情绪掺杂进来，投射并发泄到现在的恋人或伴侣身上，伤害了彼此的感情，要想办法在过去和现在的情绪之间设置一道屏障，不让过去原生家庭残留的"鬼魅"继续影响现在的恋爱和婚姻。学会互相帮助，走出父母婚姻的阴影，互相鼓励，彼此成长，重建美好和谐的关系。

第三，探索彼此之间有效的应对模式，开创自己的未来。如果我们经过了上述阶段，对原生家庭有了足够的觉察和反省，就可以培养出新的交往和相爱模式。无论恋人或伴侣有什么基本需求，比如，安全感、成就感、亲密感、需要陪伴、需要空间等，如果有足够的觉察和爱，我们就可以在另一半需要的时候及时提供，而对方如果也和自己同步学习和成长的话，也能够做到这些。双方都能做到，就可以达到这样的一种境界，即"我需要的，你能够给我，我给你的也正是你需要的"，如其所是，如我所愿，而这就是相爱的较高境界。消除和转化原生家庭的消极影响是特别艰难的工作，如果有需要，还可以求助专业心理咨询师，共同来完成以下这些工作：

- 与自己的过去握手言和，并解决它们；
- 试着与现在的原生家庭建立更有效的连接；
- 突破家族中代代相传的消极的人际交往模式，培养新的与父母相处的方式；
- 为自己的下一代和下下一代提供更健康的婚姻和家庭支持系统；
- 认识到在成年后重演的那些不恰当的行为模式，改变它们；
- 提升自己处理亲密关系的能力。

如何理解亲密关系里的"强迫性重复"？

恋爱婚姻中的许多问题常常是由原生家庭衍生而来的。大部分人在童年时心里就会埋下关于对另一半的想象,长大以后要去寻找集各种理想特质于一身的人,比如,具有坚强、温柔、体贴、和善等特质,但我们潜意识里的"标准"要奇怪且黑暗得多。真正吸引来的人,可能根本就和想象不相符合,也许是一个虚伪、不负责任,甚至刻薄难缠的人。为啥就不能和好人在一起呢?因为使我们爱上一个人的,根本不是那些优点,而是"熟悉"的感觉,是潜意识"爱情地图"里的那个人。更明确地说,在亲密关系里,吸引我们的,是那些曾令我们受伤的特质,我们要找的是和自己的父母在很多方面相似或相反的人。

案例 我爱上的女生都有母亲的影子

在家里,我和父母关系还是比较融洽的。但是父母之间经常争吵、打架,离婚、复婚都好几次了,所以家里隔三岔五就充满了火药味。而父亲的脾气平时都很倔,母亲的脾气也很固执,互相不服气。每当他们吵架以后,我的母亲就会赌气躺在床上不吃不喝,而我就担当起互相讨好的角色,给母亲准备三餐,劝母亲吃饭。母亲在气头上也不是每次都领情的,所以每次我都会费尽心机地想让她吃饭,哄她开心。

到了我找女朋友的年龄,我非常惊讶地发现,我喜欢的女生都是那些情绪不稳定、需要去讨好的女生。主动对我表达爱意的那些女生,我都没有感觉,从而错过了很多非常好的女孩。这个可能就是因为我喜欢的女孩身上都有我成长当中重要人物——母亲的心理特征,她们的任性给了我第二次补偿的机会,让我借着与她们或快乐或痛苦的深度情绪的互动,去医治过去所受的心理创伤,去弥补过去的遗憾,去满足未能得到的一些心理需求。而这个认识也让我清楚地认识到自己心理变化的缘由,会帮助我更好地去学会爱与被爱。当这个心理情结再浮现出来的时候,我不会再迷失,而会去认真地对待、分析和处理。

案例分析

作者爱上的对象,身上都有母亲的特质。潜意识里,他想要回到类似过去场景里,去完成过去没有能力完成的事件。过去,母亲的委屈和阴郁让他没有办法快乐起来。现在，他重新得到了一次机会，想通过改造讨好现在的女朋友，让她们快乐起来，以实现自己的愿望。

从某种意义上说，我们在处理关系上一直在重复我们童年的经历。小时候父母的心理特征埋下的"阴影"，会很大程度地影响我们选择恋人的标准。那些特质，尽管听起来都是缺点，但当我们与某人彼此吸引相爱，陷入一段令人不爽的纠缠关系时，我们感觉到的只是：熟悉、有爱。但是，很可能在热恋期过后，在原生家庭里遭遇到的被忽视、被贬低或争执、冲突等，也会再次在恋人或伴侣身上感受到。这些矛盾的起因，恰好是那些吸引恋人的特质，现在反过来成为亲密关系中最令人烦恼的部分，我们会非常失望，认为看错了人，以为再找一个"对"的人就不会出现这样的情况。但是再找一个恋人，依然具有类似的特质。一次、两次、三次……我们中的有些人，会反复陷入这种既挣扎、痛苦又无力摆脱的亲密关系中。

这种情况，心理学上称作"强迫性重复"。"强迫性重复是这样一种心理现象——个体不断重复一种创伤性的事件或境遇，包括不断重新制造类似的事件，或者反复把自己置身于一种'类似的创伤极有可能重新发生'的处境里。"弗洛伊德认为，强迫性重复是一种防御机制。人类的这种潜意识机制试图通过"重写"或"纠正"历史，让过去受创伤的痛苦过程能够重新有个完美的大结局。我们潜意识中都有一种想要回到事情最初状态中的渴望，希望能够变被动为主动，掌控那些在我们年幼时无法控制的东西，改变最后的结果。"当他们不将自己置于重现创伤的活动中时，就会有一种模糊的恐惧、空虚、无聊和焦虑感。"精神病学家贝塞尔·范·科尔克把这种现象称为"对创伤的成瘾"。然而，很多心理学家发现，尽管弗洛伊德认为人们重复的目的是想重新获得掌控权，但现实中几乎无人能够如愿以偿。强迫性重复甚至导致了更多的痛苦和悲剧，有时是受害者自己伤痕累累，有时是其身边人的受难。

所以，爱情，尤其是激情式的爱情、让人非常有感觉的爱情，其真正动人之处，并非是幸福和快乐，而是强迫性重复。因为强迫性重复的效应，我们会不知不觉地被某一种特定类型的人所吸引，对他们产生强烈的好感，不由自主地和他们发生爱和恨的关系,这是因为这些人身上具有我们父母的很多心理特征,我们会无意识地接近具有父母心理特征的人,借着和他们的互动,是想改变过去的感受,去医治过去所受到的被贬低、被忽略、被侵犯等等的心理创伤。在意识层面,我们觉得这是爱情是激情,但潜意识层面,我们进入这样的一种重复的关系,是要重写和自己的父母,尤其是改写与我们的异性父母的那一段令人不愉快、不安的关系。

我们在原生家庭中继承了很多父母的特点,包括缺点。在与恋人和伴侣相处中我们也会用这些特点来对待我们的伴侣。有一个女生,她的妈妈经常用发火、大声怒吼对她的父亲,而父亲则一直非常冷漠,这使得她的妈妈情绪更加激动。这个女生跟男朋友刚开始恋爱时,是一个非常温和体贴的小姑娘,但她找的男朋友非常像她父亲,不爱说话。相处久了,女生也渐渐变得和他母亲一样歇斯底里,用她母亲的方式来对待男朋友。冷静下来以后她才发现,她以前非常痛恨母亲的极端情绪化,但自己居然和妈妈一样了,这让她觉得非常不可思议。

强迫性重复还会有另外的一种效应,就是有时事情会反过来,我们会以一种曾经被虐待的方式来对待另一半。比如,曾经被父亲严厉批评、粗暴对待,在跟伴侣相处中,我们也会像父亲一样粗暴对待对方。这是因为只有在亲密关系中,许多深层次的情绪和渴望才会浮现出来,我们要么是和自己的父母的特征相类似,要么和这些心理特征相反。不管怎么样,父母的这些特征就是我们的标杆,这也是强迫性重复中特别经典的现象。可以这么说,我们在与另一半的互动中,内心深处的那个标准是自己曾经不愿成为的自己,但现在却成了毁掉亲密关系的敌人。如果我们没有深入觉察自己内心,这些潜意识的动机和防御机制就很难改变在亲密关系中的相处模式,也很难走向真正的幸福。

也许有人会问,为什么我们会把在童年时候所受的痛苦发泄到自己的恋人或伴侣身上,而真正伤害我们的人是过去原生家庭的那些人?原因是我们已经无法回到过去,而潜意识又要完成"未完成的情结",我们和父母之间的关系虽然有痛苦,但仍然有很多爱的感觉,而现在的另一半也同样给我们这样的爱的感觉。这样一种爱恨交织的关系,就是我们跟亲人深层连接的唯一的方式。

"强迫性重复"对我们人生的影响具有积极的和消极的两方面。如果一个孩子从小得到了父母无条件的爱与呵护,让 Ta 体验到了美好的感觉,长大以后 Ta 也会不断重复和父母的互动模式,友好、包容地对待他人,这时重复得到的是同样美好的感觉。但当我们遭遇消极的强迫性重复时,我们如何能觉察、反省和调整,以减轻对人生的不利影响,这也许就是我们每个人人生修行的功课。

强迫性重复是一种无意识的过程,尽管在这个过程中,身处其中者会体验到一种掌控感甚至是愉悦感,但最终它会给人带来长久的无助感和失控感。所以,如果有可能,陷入强迫性重复的恋人要学会去觉察这样的一种模式,去学习、修正或改进自己的恋爱进程。主要的途径有这样三个:

第一,在专业人员的帮助下,进入与过去相类似的情景当中,重新去体验那时候的感觉,重新描述所带来的感受。但这并不等于是重复经历创伤的过程,而是一种在安全的环境下治疗的过程。

第二,与一个安全型依恋的恋人建立一段比较紧密的安全的关系,恋人在某种程度上就可以帮助当事人进行疗伤。

第三,当事人对所处的处境要进行新的觉察和反思,要树立这样的一种认识:作为儿童的自己是没有办法来保护自己的,所以受到了伤害。但作为成人,可以改变对过去的看法,我们可以去选择,可以承担选择所带来的结果。现在的自己不需要逃避,是有能力来承担责任的,有能力去重新书写不一样的人生故事。

案例　我的三段恋情为什么都是这样的?

我曾经有过三段感情,从第一段糟糕至极的感情开始,后面两段似乎都一直在重复。第一次谈第一个男朋友的时候,一开始我很慢热,觉得感情要慢慢来,总是回应得很少。后来发现这个男生不适合做男朋友,因为他不仅不告诉别人我是他的女朋友,还跟其他女生在网上暧昧不清,当时我就斩钉截铁地分手了。可是被他花言巧语哄好了以后,我们又在一起了。但这时,我的态度却转变了,我在两人关系当中的地位变得很低,经常委曲求全。在他提出分手以后,我一直试图挽回,没有自尊的希冀,这种模式在之后的两段亲密关系中都存在。

与第二个男朋友的开始还算不错,只是那时我还沉浸在第一段的伤痛里。也是一开始慢热不回应,谈了半年以后我日久生情,对他非常依赖,但他已经想分手了。虽然我有所觉察，但真的听到分手，还是猝不及防。正式分手以后，我还翘课去了他的学校，想挽回他，一直不停地发消息，甚至打电话骂过他，现在想来那个时候自己确实毫无尊严。

第三个男朋友大概是最让我神魂颠倒的一个了，特别是在他提出分手以后，我的反应特别剧烈。在跟他恋爱时，我就发现自己太在乎他，在乎到厌恶自己的地步了。我对他的爱太热烈，也许让他压力很大，不堪承受，所以最后提出了分手。分手时我很爽快，可是分手之后忍不住回头，不想放手，执着地想让失去的人又回来，忍不住去找他，忍不住去想他，再次把自己和对方都逼到了死角。经历了这三段恋情，我终于渐渐意识到，我可能出了什么问题，我不能再这样下去了，自己都无法理解怎么会有这样的一种循环往复。

案例分析

案例中的作者经历了非常类似的三段恋情，都有这样的规律："被动——慢热——热恋——被分手——极力挽回"。这也许就是某一种"强迫性重复"的模式了，不知道作者在过去发生了什么，但庆幸的是她发现了这个规律。也许意识到了，在未来就有改变的可能。

什么是"恋母情结"和"恋父情结"？

"恋母情结"和"恋父情结"又称为"俄狄浦斯情结"和"伊莱克特拉情结"。我国心理学家陈会昌认为"恋母情结"是人的一种心理倾向，喜欢和母亲在一起的感觉，主要是对母亲的一种欣赏和敬仰，并非爱情。这是一种普遍的社会现象，儿童时期的男孩和女孩几乎都有恋母情结，大部分人是在3—6岁这个年龄段有恋母情结。另外一个心理学家林崇德认为，"恋父情结"是指女孩恋父仇母的复合情绪，是女孩性心理发展第二阶段（约3—6岁）的特点。在这一阶段，女孩对父亲异常深情，潜意识中把父亲作为主要的性爱对象，视母亲为多余，并希望自己能取代母亲的位置而独占父亲。这一情结的作用类似于男孩的俄狄浦斯情结。

现在恋父恋母情结的概念在生活中已广为人知,但是恋父恋母情结是不是一种病态?俄狄浦斯情结对恋爱、婚姻关系会产生怎样的影响?过度的恋父恋母情结会导致什么样的心理困扰?事实上,在生命的某个阶段,心理上的恋父恋母是每个人必经的过程。我们可以看到,生活中有的小女孩会跑到父母中间把父母分开,对爸爸说:"爸爸,你只爱我一个好吗?"或者男孩对妈妈说:"妈妈,我长大了要和你结婚。"这对3—6岁的孩子来说,是一种正常的心理状态,是一种儿童式的无意识幻想。父母如果能够给予合适的回应,孩子就能够顺利度过这一时期,进入青春期后,恋母恋父情结的对象不再是自己的父母,而是父母的替代者,可能是老师、明星或年长的朋友等。随着年龄的增长,这些钟情对象渐渐年轻化,终于被同龄人所取代,真正意义上的友情和爱情就会产生。但是,如果在这一心理发育期,父母的回应是失败甚至是有伤害性的,儿童的恋父恋母情结就会变成"未完成情结",心理上会停滞在某一个阶段。现实中表现出来的就是,到了该恋爱结婚的年龄无法建立良好的亲密关系,或在相处中矛盾重重,无法和自己的恋人、伴侣心心相印,深入交往。

案例一　一辈子和爸爸妈妈在一起也没有什么

游小姐是某500强公司的区域经理,长相甜美,身材出众,从小和父亲的关系特别好,父亲几乎什么都替女儿想到了,也指导女儿在职场上获得了成功。平时在家里游小姐也喜欢向父亲撒个娇、开个玩笑等。游小姐的追求者很多,但近40岁的她仍然孤身一人。别人问起为什么不谈恋爱、不结婚?游小姐说这些男士素质都不太好,找不到像她父亲一样的有责任心、高大威猛、细心体贴的那种类型。游小姐的父母都非常着急,但她自己倒不着急,说:"我不出嫁就陪伴着爸爸妈妈,一辈子和爸爸妈妈在一起也没有什么。"

案例分析

游小姐的心理上还有很大部分停留在儿童期,还未能走出儿童期的恋父渴望。她只有通过心理成长，放弃这种儿童式的幻想，认同自己的成年女性的身份，才有可能去发展自己的亲密关系。

案例二　我选择的妻子为什么都会变得这么霸道？

吴先生从小父亲不在身边，和母亲一起长大。母亲性格直爽刚强，甚至有点霸道，对吴先生要求很高，几乎什么都要听她的。面对这样强势且专制的母亲，吴先生既敬佩也有点无奈。但不知怎么的，吴先生恋爱结婚的过程很不顺利，已经结婚、离婚两次了，现在和第三任妻子又相处不好，感觉又到离婚的边缘了。他突然发现，他找的妻子都很霸道，都比他年长，无论大小事情总想要求和控制他，让他感觉在婚姻中越来越委屈无能。前两任妻子性格都很要强，对人苛刻。他也不知道为什么总是对这些同样强势特点的女性有感觉，选择她们做妻子。他总结教训时得出结论，可能是因为结婚前彼此不够了解，相处的时间太短所致。所以在第三次恋爱时很谨慎，谈了两年多才结婚，没想到妻子刚开始还很温柔可人，但慢慢就又变得强势起来，让他非常痛苦。

案例分析

吴先生因儿时的经历，过度认同母亲，导致他总是在现实中被一些具有母亲特质的女性所吸引。潜意识里他总用母亲的形象和性格来衡量其他异性，对吴先生来说，只有这样的女性才特别熟悉，感觉到有爱。他如果想改变，需要勇敢地告别这个心理上的母亲，才能找到一个真正适合自己的妻子。

以上两个案例都可能是因为恋父恋母情结处理不佳，导致在恋爱、婚姻关系中困难重重。我们每个人内心都有恋父恋母的情结，这是生命发展的正常部分。但如果在性心理发育的这一重要阶段出现阻碍，会使得恋父恋母情结无法升华。有些人或寻找一位比自己大很多的男性结婚，或年轻小伙娶了年长的女性，这样的婚姻也是符合其内在心愿的，理应得到祝福。但如果因为恋父恋母情结严重影响到了两人的生活和其他方面，出现严重冲突和困扰，情绪极端痛苦，那只能通过心理咨询或心理治疗的方式得以解决了。

如何处理好亲密关系中的"恋母情结"?

在儿童时期的恋母情结如果没有处理好,就会给成年以后的亲密关系带来麻烦。一般来说,深受俄狄浦斯情结困扰的男性无论到了什么年纪,总是服从和依恋母亲,在心理上还没有断乳。这些男性在和妻子的关系上往往不融洽,听到妻子说母亲的坏话,会无法忍受,甚至自己也有种莫名其妙的罪恶感。为此,会经常与妻子争吵不和,夫妻关系的裂痕会越来越大,最后达到不可收拾的地步。

在健康的母子关系中,母亲会在情感上支持儿子,能够看到他的独立和坚强,也能够包容他的脆弱和敏感。健康的母子关系还表现在,孩子青春期以后,母亲并不会死死地抓住对方,而是会鼓励孩子离开自己,孩子也会有比较坚定的信心和勇气走向外面的世界,去探索和冒险,去形成他的人际关系和追求恋人,以后形成新的核心家庭。

不健康的母子关系包含了两种类型:一种称为痴迷型依恋的母子关系,类似于"妈宝男",指的是男孩到青春期以后,本该在心理上与母亲分开,保持独立,但有些男性在成年甚至中年以后,都表现得与母亲亲密无间,十分依赖母亲,仍然与母亲有过度的情感联结和过度的依恋。如果一个成年男性有以下的这些表现,那么,他很可能就是与母亲有着痴迷型依恋的"妈宝男":

- 别人不可以说有关他母亲的任何一点不好;
- 他的母亲不可能有任何事是做得不对的;
- 他无法对母亲说"不";
- 他无论如何也不会与母亲有任何冲突,但和他女朋友或妻子的冲突就可以有;
- 一旦女朋友或妻子和他母亲之间有任何的矛盾,能明显感觉到,他总是袒护他母亲。

不健康母子关系的第二类,是回避型依恋的母子关系。这类母亲认为儿子就必须像个男人,为了避免培养出一个"娘娘腔"的孩子,就尽量减少和儿子之间的情感联结，母亲会用非常严厉的要求和纪律来对待孩子，很少体现出温柔慈爱的一面。这时儿子感觉到和母亲的情感联结格外疏远，在内心深处觉得自己不被爱，尤其是没有办法被女性所爱。他们无法从母亲身上学到如何和女性打交道的方法和策略，与异性无法形成真正的亲密。这就会导致这类男性在长大以后变成一种情绪无能的恋人，在以后的亲密关系中遭遇非常大的阻碍。

有恋母情结的男性往往在个性上显得不太成熟，比较幼稚，或者缺乏阳刚之气，习惯于受到母亲的照顾，单方面的获得，没有形成主动为他人服务和为他人着想的意识，所以在亲密关系中容易和他的另一半发生冲突。

痴迷型依恋的母子关系会影响儿子的婚恋，影响到儿子与他另一半的关系。因为儿子与母亲的边界不清晰，母亲会直接干涉儿子与他恋人的交往，控制儿子与另一半关系的发展。在与另一半相处的过程中，儿子会抑制自己的主张，讨好母亲，因为害怕失去母亲的爱，很可能会形成没有主见、缺乏进取、不愿意承担责任的个性。恋爱时，会按照母亲的标准去寻找恋爱对象，在为人处事方面也会按照母亲的标准来要求他的另一半。走入婚姻以后，和妻子的关系往往不融洽，过于看重母亲而忽略妻子的感受。有时会因为母亲不同意、不满意就和另一半分手。他会把大部分时间花在陪伴母亲上，非常容易造成自己的伴侣与母亲之间的矛盾和妒忌。

而回避型依恋的母子关系也会影响男性的婚恋，这一类型的儿子一方面可能会避免与他人走得太近，另一方面又难以信任或依赖他的另一半，不太相信他的伴侣会在自己需要的时候回应他，在关系中显得非常缺乏安全感。在解决矛盾时，这一类男性会感受到更多的负面情绪。

如何顺利解决恋母情结呢？第一，要有清醒的认识和觉察，成年的儿子应该与母亲之间有一个比较明晰的界限，母亲的需求不等于儿子的需求，母亲的需求也并不总是比自己恋人或伴侣的需求更重要。第二，当发现母亲侵犯到自己的边界时，可以表达自己的想法，对母亲过分的要求要有力量去拒绝。

同时也要明白，改变不健康的母子关系是需要儿子和母亲共同做出努力的。真正意义上的孝顺并不是道德绑架，也不是凡事都以母亲为第一位。在和母亲的互动当中，可以真诚地表达自己的观点和看法，坚定地守住自己的底线，表达出自己和母亲是有着同样独立意志、有自主决定权、人格平等的成年人,希望母亲尊重自己的选择,理解和信任自己,这也正是以一个成年人平等的身份去爱母亲的表现。

父亲会如何影响女儿成年后的亲密关系?

父女关系是女儿生命当中第一段与男性建立的关系,所以她在成长过程中会慢慢熟悉这段与男性建立的关系模式,并将这种关系模式带入到未来与其他男性的交往当中。小女孩也会观察和体验父母与自己的互动方式,观察和模仿父母之间的互动方式,这些都会影响到她未来的亲密关系。

女儿选择未来伴侣的标准往往是根据父亲的特质来进行的,这里的特质,有些是外貌方面,有些是性格方面,但更多的是相处模式方面的。有一些女孩会非常渴望找和父亲相类似的男性,与之建立亲密关系;但也有些女孩会选择和父亲的特质完全相反的男性。总而言之,父亲就是一个模板。比较好的父女关系中,父亲经常为女儿提供男性视角的建议,在女儿需要的时候,能够恰到好处地给予情感上的慰藉和支持。

有些研究证明,和父亲关系良好的女孩更希望父亲能引领她建立良好的亲密关系,帮助她建构、维系和恋人或伴侣的关系,更希望自己的伴侣得到父亲的认可。还有一些研究发现,如果女孩和父亲的关系比较好,她就容易分辨与之交往的男性的动机,自己也有更大的决定权来选择想要的人,拒绝不想要的性关系。如果一个女孩在成长过程中,父亲是缺位的,或者这个女孩跟父亲的关系很差,这个女孩发生高风险性行为的比例就比较高,而且在青少年时期就可能怀孕。

那怎样的关系才是良好的父女关系呢?

第一点,对一个女孩来说,她的女性身份、女性角色一开始是由父亲来影响和塑造的,女儿必须受到父亲的尊重,她才觉得作为女性是有价值的。

第二点,女儿需要知道与父亲保持亲密的关系是安全的,这就要求父亲平时注意与女儿的肢体接触的方式。对青春期以后的女儿,不宜过分亲热,可以用搂肩膀的拥抱来表达对女儿的爱，这样，既不显得轻浮也不显得疏远。此外，不宜对女儿的身体特征，比如外貌、身材等做过多的评价，这样女儿才可能在男性面前觉得是安全的，可以做到放松自如。未来她也会感觉到跟男性的交往是安全的，是可以被尊重的，是可以被当作人来看待，而不是作为物品或性的工具来对待。

第三点，父女关系良好还可以让女儿意识到女性和男性是可以公平交涉的，两者是可以互为妥协的，而不是永远由女性单方面来做出牺牲。如果父亲老是扮演权威的角色，对女儿严厉苛刻，经常用指责批评的方式对待女儿，就会让女儿失去自信，对男性持不友好的态度。而如果父亲在处理各种事情上是公正的，善于倾听女儿的想法，她就会有比较大的自信，也会勇敢表达自己的见解，并以此为骄傲。

第四点，如果父亲在跟女儿交流的时候，是耐心倾听，鼓励和欣赏的，女儿也会用平和包容的心态与男性沟通，并且在与男性的交往当中，也会变得勇敢自信，相信自己的价值感和存在感。以后也不会为某些小事变得咄咄逼人、争强好斗，因为这种极端情绪化的方式，很可能是在跟父亲的互动中形成的，是为了避免被贬低、被压制所做的抗争和努力。

第五点，如果父女关系良好，女儿在潜意识里会有这样的感觉："我是很可爱的，我是值得爱的，因为父亲这么好地对待我。"而如果父亲是个暴君，在女儿很小的时候就酗酒动粗，伤人伤己，女儿就会认为男性是会失控的，是会伤害别人的。在她的内心深处也会认为："父亲拒绝我，打我，都是因为我不好，我是不值得被爱的，我是不够好的。"

家庭中有问题的父女关系大概有这样几类：

第一类，"分离型"父女关系。这类家庭中父亲去世了，或者是父母离异了。女儿从小接触不到父亲，就会对父亲过度理想化，觉得父亲特别完美，高大全。但也有可能女儿对父亲会非常失望，因为觉得父亲不关心自己。这两者都会对女儿以后进入亲密关系造成非常大的困扰。

第二类，"疏远型"父女关系。疏远型分"疏远正面型"和"疏远负面型"两种。"疏远正面型"是比较常见的类型。家里的父亲经常在外面忙事业忙工作，主要由母亲在家抚养女儿。如果父母在教育女儿的问题上发生矛盾，父亲扮演的是支持女儿的角色，是"好好先生"，这会让女儿觉得父母争执都是因为母亲的错。在这样的关系当中，女儿虽然和父亲的关系比较疏远，但是父亲的形象是正面的，而女儿虽然和母亲的关系很紧密，但对母亲的感觉却是负面的。这一类女性往往和自己的父亲站在一起，她对父母之间相互依赖、相互矛盾的这一面看到的比较少，也很少能看到母亲在家庭当中的焦虑和挣扎。这类女性在进入婚姻以后，她的伴侣也往往会重复父亲的角色，在外面工作繁忙，而自己也变得和母亲一样，要独自面对家庭冲突，承受来自丈夫和孩子的双重情感打击与心理压力。

"疏远负面型"的父女关系中，这一类的父亲往往比较强势，有暴力倾向。女儿同情母亲，站在母亲这边，对父亲非常愤怒甚至蔑视。女儿也不愿意亲近父亲，往往会拒绝父亲对她的关心。这类女性长大以后，通常会与父亲保持距离，没有情感上的亲近。如果女儿跟父亲的关系特别紧张和糟糕，那么这一类的女性是无法信任男性的，而且对男性充满了敌意，会拒绝和男性保持紧密的联系。

第三类，"纠缠型"父女关系。在家庭中，不论是生活还是情感，父亲和女儿关系特别紧密，父亲会竭尽全力照顾女儿，帮助女儿，女儿也不会挑战父亲的权威，父女两人对这段关系都非常满意。在这样的关系中长大的女性，身体会慢慢成熟，但是心智和心理似乎永远长不大，永远是"爸爸的乖女儿"。还有一种"纠缠型"的父女关系是这样的：父亲也是以权威、领导的面目出现，但女儿个性较强，父女之间经常有冲突。在女儿很小的时候是由爸爸来独立抚养的。随着女儿的长大，父亲感到自己的权威受到了威胁，他会加强对女儿的控制，但倔强的女儿非常不满意父亲的做法，奋起反抗。有时女儿会激怒父亲，公开表达对父亲的蔑视，拒绝父亲对她的要求和期待。这类家庭的母亲是和女儿站在一起的，但这可能使得父女之间的战争变得更激烈。这样的冲突，可能是为了掩盖父母婚姻中的严重矛盾和缺陷。这一类型的女儿，从小到大与父亲抗争，为了叛逆而叛逆，但常常忽略了自己真正的需要，在自己的婚恋道路上并不顺利。她会找一个父亲不欣赏的人作为伴侣，但却很少考虑这个人是否符合自己内心真正的需要，是不是自己的真爱。

第四类，"不正当型"父女关系。这一类的父女关系是比较极端的，当然比例也比较小。这种父亲会严重伤害女儿,或对女儿进行身体侵犯和言语的虐待,给女儿带来了很大的创伤,其负面影响会波及她的一生。

如何处理父女关系中出现的问题呢?作为成年女性,首先要觉察和反省自己的父女关系中有哪些问题,要了解自己,了解自己的某些行为是由什么所引发的,其背后的需求和动机是什么,然后需要去反思过去成长过程中的经历,以及和父亲的关系,找到背后的原因,才可能慢慢去解决它。其次,如果感到当前所处的亲密关系非常糟糕,非常迷茫和困惑,就需要探索和反思在亲密关系中出现的问题,哪些是和恋父情结有关,可以和伴侣一起共同探讨,加以解决,或者在专业人员的帮助下,共同渡过这些障碍。

如何处理好亲密关系中的"恋父情结"?

如果一个女孩过早地失去父亲,或者即使父亲存在也是常常忽略她,那么这个女孩就会把对父亲的感情转移到现实当中的某个人物身上,让他成为父亲的替代品,但这个人又不同于真实的父亲。在女孩的心目中,这个人物往往是非常高大完美的,似乎成了一个不可替代的情圣。此外,如果一个女孩在成长过程中,父亲跟她的联系非常紧密,父亲无微不至地照顾女儿,甚至倾注了很多的情感,那么,这两类情况都会导致女孩在童年时期不能顺利度过俄狄浦斯期,形成比较严重的恋父情结。这样的女孩在心理上始终无法与父亲分离,进入青春期以后,只对像父亲一样的人有感觉,与同龄男性的正常交往不感兴趣,寻找自己的婚恋对象也会偏重于比自己年长得多的人,走入婚姻以后相处也会成为问题。因为,有严重恋父情结的女性性格往往比较内向、娇气、任性,而且有时候会出现性的阻抗。

如果觉察到自己有比较严重的恋父情结,应该如何解决呢?需要做的是:首先要明白,童年时候的恋父是一个比较正常的事情,但如果在青春期以后,在婚恋过程中仍然只对像父亲一样的人有比较强烈的感觉,那也许会影响自己正常的亲密关系。如果因此而影响了自己的正常生活,就必须要让自己尽快在心理上成长起来。要明白家庭之间不同的角色分工和角色定位,要以一个成熟女儿的身份来看待父母，看待父母之间的关系。实际上，家庭中最重要的关系是父母之间的婚姻关系，而不是父女关系。女儿在父母面前是配角，不是主角。女儿必须尽快地和父亲在心理层面断乳，不要再像个小女孩一样将父亲当神话来依附。

如果恋父情结让一个青春期的女孩爱上老师，那也是比较正常的。因为身心的发育需要一个寄托异性崇拜的对象，比自己年长的男性老师往往也是父亲的替代品。但是青春期过去后，是需要进行一段真正的恋爱的，没有必要将校园里崇拜老师的这段爱情神圣化和绝对美化，甚至以此来逃避真爱。一个女孩如果能够解决这样的一种恋父情结，才能让自己的真爱走入内心。但即使是找到了一位像父亲或者老师的人，也不需要太多地责备自己，只要在这个过程中，善于学习爱的能力，能够彼此分享，共同承担生活的方方面面，那也不失为真爱的一种表现。

案例　你为什么老拿我和你爸爸比？

童小姐与男朋友相处时，总喜欢谈论她的父亲，言语间极为欣赏父亲的一举一动，甚至对他抽烟的神情也大为赞赏。久而久之，男朋友越来越不舒服，愤愤地说："你为什么老拿我和你爸爸比？是不是认为我什么都不如你爸爸？"女孩吃惊地瞧着男友："你这是什么意思？"两人为此吵了一架，冷战了很长一段时间，结果男朋友愤而离开了童小姐，这让这位口口声声称赞父亲的童小姐困惑不已。

案例分析

显然，这位女孩还没有处理好她的恋父情结，对父亲产生了过度的依恋之情，好像天下的男人只有父亲好，对男朋友则漫不经心，难以投入全部的爱。男朋友当然接受不了，分手也在情理之中。

第六章
自我价值、人格发展与爱情

为什么说爱情的成功是个人心理成熟、成功的标志？
爱情中的自我价值感是如何体现的？
"爱无能"的表现及对策有哪些？
如何调整爱情中的过度依赖倾向？
爱情中应该有怎样的心理边界？
为什么说真正的爱情是既独立又依赖的亲密关系？
怎样认识爱情中的权力？
怎样看待爱情中的控制？
爱情中应该用怎样的心理防御机制？

为什么说爱情的成功是个人心理成熟、成功的标志？

一般来说，人格是构成一个人的思想、情感以及行为的特有的统合模式，它包含了这个人独有的、稳定而统一的心理品质，每个人的人格都有别于他人。心理学对人格的研究历来很重视，有很多的理论和学说。比如弗洛伊德的本我、自我和超我的人格理论，美国心理学家奥尔波特和卡特尔的人格特质理论，艾森克的人格"三因素模型"等。1961年以后，通过词汇学、行为学、遗传学等多学科的研究方法，麦克雷等心理学家发现了决定人格特质的五大因素，被称为"人格的大五模式"，又叫大五人格理论，这个模式可以用来描述和概括人类所有个性差异的五种人格特质：

- 外倾性（extraversion）：好交际对不好交际，爱娱乐对严肃，感情丰富对含蓄，表现出热情、社交、果断、活跃、冒险、乐观等特点。
- 神经质或情绪稳定性（neuroticism）：烦恼对平静，不安全感对安全感，自怜对自我满意，包括焦虑、敌对、压抑、自我意识、冲动、脆弱等特质。
- 开放性（openness）：富于想象对务实，寻求变化对遵守惯例，自主对顺从，具有想象、审美、情感丰富、求异、创造、智慧等特征。
- 宜人性（agreeableness）：热心对无情，信赖对怀疑，乐于助人，合作，包括信任、利他、直率、谦虚、移情等品质。

- 尽责性（conscientiousness）：有序对无序，谨慎细心对粗心大意，自律对意志薄弱，包括胜任、公正、条理、尽职、成就、自律、谨慎、克制等特点。

爱情和婚姻汇集了人类很多复杂和微妙的心理及行为现象，存在很多值得分析和深究的问题。心理学家对爱情、婚姻进行了很多实验研究，希望发现或找到一些规律，来回答这样一类问题：到底找什么样的人结婚、恋爱才比较顺利？什么性格或人格的人进入婚姻才比较稳定，或有愉悦和幸福的感觉？

可能有很多人会认为，找个漂亮的人恋爱、结婚一定很幸福。但心理学的研究结论是：外表的魅力与亲密关系的满意程度没有直接的关系，甚至还存在着一些负相关。金钱对于亲密关系、婚姻质量的影响，好像也不是那么大。刚开始的经济收入对婚姻质量是有一些影响，但是，当合并起来的家庭收入超过 75 000 美元之后，这种影响就会产生边际递减效应，收入的影响就变得越来越不重要了。

心理学家发现"大五人格"中的"宜人性"指标能够比较好地预测婚姻关系的质量。马里兰大学心理学教授田代·泰教授对 168 对夫妇的长期追踪研究就发现，那些宜人性得分高的夫妇，经常表达对对方的喜爱，还有比较多的罗曼蒂克的浪漫幻想，喜欢美化自己的配偶。宜人性得分高甚至比爱情更能够预测夫妻之间良好的婚姻关系。具体而言，宜人性得分高的人通常善解人意、热情周到、友好大方、乐于助人。他们对人性往往有比较乐观的看法，相信人是诚实、正直、值得信赖的，也就是我们现在通常所说的"持有积极心态的人"。宜人性强的人往往倾向于用积极的眼光看待他人，而且对别人的需求和看法也比较敏感。因此，这样的人比较容易被社会所接受，也比较讨人喜欢。

宜人性强的人在夫妻关系中的表现，比如"在性生活和性行为方面"更容易让对方感到舒服和快乐，也更敏感于使对方满足和愉悦。从这个角度来说，他们也是理想爱人。所以，根据心理学研究，这样的爱情和婚姻质量可以保持在较高的水平上。

一个性格好的男性更愿意关心、照顾自己的太太，也更愿意做出自我的牺牲，更敏感并且更体贴，而这与少女们所追求的相貌、成功、财富、彪悍、勇敢等所谓的男性魅力没有太大的关系。性格好的男性，往往不性感、不惊心动魄，但却是实实在在、脚踏实地,是体贴顾家的好伴侣,通常有一种能穿透心灵的魅力。同样,宜人性高的妻子,也是男性一辈子的福气。

更为重要的是,很多其他的人格特质都有可能在生命发展的过程中发生变化,比如我们通常关注的智商、情商以及奋斗精神,都有可能随着年龄的增长而发生变化。而宜人性品质是很少会随着时间的变化而发生改变的。所以,它对于长期的婚姻关系也有着积极的作用。

什么样的性格特点对婚姻关系最有伤害?根据研究发现,神经质往往是婚姻关系最大的性格杀手。因为这样的人敏感多疑、情绪不稳定,常有很强烈的不安全感。

新精神分析派的代表人物埃里克森认为,人的自我意识发展持续一生。他把自我意识的形成和发展过程划分为八个阶段,这八个阶段的顺序是由遗传决定的,但是每一阶段能否顺利度过却是由环境决定的。这个理论也称为"人格终生发展论"或"人格发展八阶段论"。

第一阶段:婴儿期(0—1.5岁)。主要解决基本信任和不信任的冲突。当婴儿哭或饿时,父母是否及时出现,提供稳定的照顾是建立信任感的重要基础。

第二阶段:儿童期(1.5—3岁)。主要解决自主与害羞和怀疑的冲突。儿童开始"有意志"地决定做什么或不做什么,第一反抗期开始出现。父母要承担起管教儿童养成良好习惯的责任,以符合社会规范,但同时又不能过分严厉,伤害儿童自主性和自我控制的能力。

第三阶段:学龄初期(3—5岁)。要解决主动对内疚的冲突。要鼓励幼儿的主动探索行为,培养责任心,减少其在想象力和独创行为探索中的内疚感。

第四阶段:学龄期(6—12岁)。要解决勤奋对自卑的冲突。应该训练儿童适应社会,掌握今后生活必需的知识和技能,减轻其因为不胜任而带来的自卑感。

第五阶段:青春期(12—18岁)。需要解决自我同一性和角色混乱的冲突。这时期青少年要建立一个新的自我形象,以显示其在社会集体中的位置,同时克服因角色混乱而带来的危机。

第六阶段：成年早期(18—25岁)。是人生发展的重要阶段,主要解决亲密对孤独的冲突。只有比较顺利地度过前面五个阶段,具备了牢固的自我同一性的青年人,才有勇气和他人建立亲密关系,展开一段爱的旅程。因为,恋爱过程中有自我牺牲或损失,但只有建立了真正亲密无间的关系,才能获得亲密感,否则将产生孤独感。

第七阶段：成年期(25—65岁)。需要解决养育后代对停滞的冲突。这一阶段,Ta将过上幸福充实的生活,生儿育女,有亲情、爱情和友情的滋润。如果这一阶段发展不佳,则Ta可能没有后代,人际关系贫乏。

第八阶段：成熟期(65岁以上)。主要解决自我整合与绝望感的冲突。如果老人接受自我、承认现实的感受,就会以超然的态度对待生活和死亡,否则,会产生感到绝望的心理冲突。

恋爱、婚姻和家庭,是人类社会生活的基本形式之一,是人生的重要内容。青春期的到来是个人发育中必然的过程,恋爱中异性间的相互沟通有利于舒缓旺盛性欲的压抑而产生的紧张和不安。恋爱能确保个人性别角色的彻底社会化,真正认识到性别角色上的差异,学会如何在生活中探究自己,理解别人以及与别人合作、妥协。恋爱有利于个人发展完整的自我同一性,形成独立的人格,这种社会化的过程为进入真实的社会生活起到了缓冲作用。

大部分大学生正处于人生发展的青年后期和成年早期阶段。大学生在第五阶段(青春期)适应和发展的主要任务是确立一个正确的自我概念。在这一阶段,大学生需要对自己的价值观、理想目标、职业生涯,对自己要成为一个什么样的人进行探索,并进一步对自己的探索做出明确的选择,而且对此选择付出精力、毅力和时间等方面的投资。

第六阶段(成年早期)是发展亲密感、建立良好的社会关系的重要时期,对于个人能否进入社会具有重要的作用。经历过第五阶段的思考和探索的大学生,具有更高的自我概念,更坚定的信念,更复杂的思维水平,也为进入第六阶段,与人进行深度联结,保持亲密关系打下了基础。而爱情的成功,也表明了一个人人格的相对成熟,是个人心理成熟的标志。

爱情中的自我价值感是如何体现的？

在人格发展的任何一个阶段出现问题，都有可能影响恋爱或婚姻的顺利进行。比如，不知道自己是谁，自我价值何在，生活无目的、无方向；或感到彷徨迷失，不愿意投入爱情；或即使已经在恋爱中，也会表现出种种自卑和"爱无能"。而这其中，影响恋爱婚姻成功的一个重要方面就是自尊（又称自我价值感）的问题。

自尊是在自我的概念下产生的。我们只有对自我有一个比较全面的、清晰的认知，才能发展出自尊。自我，也称自我意识（或自我概念），是个体对自己存在状态的认知。包括对自己生理状态、心理状态、人际关系及社会角色的认知。自我的结构有五个层面，即物质自我、心理自我、社会自我、理想自我和反思自我。

物质自我，是其他自我的载体，是个体如何看自己身体的层面。

心理自我，是个体态度、信念、价值观念及人格特征的总和，是个体如何看待自己心理世界的层面。

社会自我，处于社会关系、社会身份与社会资格中的自我，即个体扮演的社会角色，是自我概念的核心，是社会如何看待个体（又被其意识到）的层面。

理想自我，个体期待自己是怎样的人，即在其理想中，我该是怎样的人？理想自我与现实自我的差距往往是个体行动的原因。

反思自我，个体如何评价他人和社会对自己的看法，这是自我概念反馈的层面。

自我概念的形成大致经历三个阶段，即从生理自我到社会自我，最后到心理自我。

生理自我。这是自我概念的原始形态，主要是个体对自己躯体的认知，包括占有感、支配感与爱护感，使个体认识到自己的存在。始于出生第八个月，3岁左右基本成熟。

社会自我。这个阶段大致从3岁到十三四岁，社会自我处于自我的中心。

心理自我。这阶段大致需要十年时间,大约从青春期到成年。发展到此阶段的个体能知觉和调节自己的心理活动、状态与特征,根据社会需要和自身发展调控自己的心理与行为。

由于自我概念的发展,个体逐渐脱离对成人的依赖,表现出主动和独立的特点,强调自我的价值与自我理想。特别重要的是发展了自尊和自信心,而这些为爱情的成功打下了必要的基础。

从心理学角度,自尊是我们关于自己的核心信念。自尊主要指个人对自我价值和自我能力的情感体验,属于自我系统中的情感成分。自尊是个体对自我的一种评价性和情感性体验,也是对其社会角色进行自我评价的结果。自我评价及情感体验有正负两个方向,因此,学术界的自尊概念有积极和消极之分(即高自尊与低自尊)。个体对自己有积极态度,感到自己有许多值得骄傲的地方,感到自己是有能力的,是成功的、有价值的,即是高自尊的表现;而低自尊则意味着对自我的品质和价值有负面的核心信念,比如觉得自己是软弱无力的,觉得自己不够好、配不上美好的事物和人等。

日常生活中所说的自尊心很强与学术界的高自尊并不是同一个概念,自尊心很强恰恰是低自尊的表现。这样的人通常有很强的心理防御机制,他会掩饰自己,可能外在看起来很强大,但内心也许很容易受伤。比如,别人的一个眼神或小小的一句玩笑话,就会激起他发火、愤怒,这就是低自尊的一种表现。

哈佛大学教授泰勒·本·沙哈尔认为,自尊是一种觉得自己能够应付生活中的基本挑战,值得享受快乐的感觉。他提出自尊包含三个部分:

- 依赖型自尊,是由他人表扬和认同而产生的自尊。依赖型自尊是自己的价值由别人来决定,把别人的评价和标准当作自我价值感的基础,自尊来源于和他人的比较。事实上,每个人都会有一些依赖型自尊,这既是社会环境使然,也是人性的一部分,主要区别在于程度的不同。
- 独立型自尊,是自身内在产生的自尊。是用自己的标准评价自我价值感,同时也会参考别人的意见。在能力评估方面,是和过去的自己比而不是和别人比。具有独立型自尊者主要的动力是:我喜欢什么?我真正在乎什么?
- 无条件的自尊,是一种自然的状态、自然的存在感。拥有这种自尊的人在自我价值感和能力评估方面都随性而为,不在乎他人和自己的评价,和儒家所讲的"从心所欲不逾矩"的状态类似。比如,我们做一件事,如果是为了赢得别人的赞扬而去做,这是依赖型自尊;如果是想证明自己的能力比过去提高了,那就是独立型自尊;而如果仅仅是因为有浓厚的兴趣,不做不甘心、不过瘾,那就是无条件的自尊。

沙哈尔认为这三个阶段是逐渐递进的,最早的是依赖型自尊,然后才有独立型自尊和无条件的自尊。如同小孩学走路,从需要依赖大人搀扶,到可以自己走一小段路了,但有时还需要大人拉一把,再到完全可以独立行走。自尊也有这样的一个发展过程。

在爱情的心理结构中,尊重与自尊是相辅相成、缺一不可的。没有自尊,就不可能引起对方的尊重,没有对对方的尊重也必然影响到自尊。正确地自我评价与自我体验才能做到自尊,对对方的正确评价与换位思考才能做到尊重。爱情成为人类最高尚、纯洁的感情,与自尊、尊重在爱情中很自然地融合为一体有着密切的关系。

英国哈德斯菲尔德大学教授克里斯的研究表明,爱情满意度与自尊相关,高自尊的人更容易体会和感受到爱情的美好。高自尊的女性通常比丈夫更容易感到满意,而且不用特别费劲就能保持良好的夫妻关系。但低自尊的女性就需要花很多心思去预防丈夫出轨,还会付出更多的精力、时间和财力去弥补她们感觉到的不满意。

低自尊的人在进入一段恋爱关系以后,对于恋人或伴侣的言行举止会误读误判,经常会得到"我付出那么多,我却感受不到你对我的爱""你没那么爱我"的感受并为此而抱怨。渐渐地,他们会对这段亲密关系失去信心,在累积了很多怨愤后情绪爆发,或冲突不断,甚至会放弃这段感情。

通常来说,自卑的人习惯于被拒绝,不管他做得好不好,他都感觉自己会被拒绝。这种现象是通过下意识地对各种正面的、中性的和负面的反馈做出被拒绝的联想,把自己一次又一次地置身于被拒绝的场景中。因为一直反复地想象被拒绝,寻找被拒绝的暗示,沉溺于被拒绝的状态,所以会觉得自己得到的永远比付出的少。

小丽为她的男朋友小明精心准备了一桌丰盛的、浪漫的晚餐,她准备这顿烛光晚餐是希望能够进一步增进两人的关系。而小明的反应可能是以下的三种,但无论是好、是坏在小丽看来都是一种负面评价。

反应一　男朋友讨厌这顿晚餐并因此指责小丽:"我讨厌吃牛排,你做了自己喜欢吃的东西,却不问问我是不是也喜欢吃!"

在这种情况下,小明的反应验证了小丽对被否定的预期,这让小丽有很强烈的失望感,比预期的否定更糟糕。当小丽感到极度沮丧的时候,只会责怪自己,觉得自己糟透了,是应该早点考虑男朋友喜欢吃什么再做什么。但事实上,也许是小明在白天受了老板的严厉批评,心情非常差,或者他本身就是一个态度粗鲁、不懂礼貌的人。所以,在这种情况下,小丽的自责和内疚会让她的生活阴云密布,没有阳光。如果小丽奋起反击,一把推开男朋友不让他吃,或把晚餐倒掉来表达愤怒,那很可能和男朋友上演一场争吵大戏,也会让小丽的爱情生活充满波折和冲突。

反应二　男朋友没有赞美也没有批评。小明看到精致的晚餐没有说什么,坐下来就吃。吃的过程中说了些无关紧要的小事,没有表现出明显的赞美或批评的意思。

在这种情况下,小丽很容易把小明的中性立场理解为拒绝:"他为什么不夸我一下呢?我辛辛苦苦烧的菜,他怎么一点感激之情也没有呢?难道我不值得被赞美吗?可能我真的不值得,我感觉很受伤。他为什么会爱上我呢?我觉得我没什么值得他爱的。"这种解读倾向于把中立态度理解成拒绝和负面的意思,小丽的这种体验再一次让自己郁闷、难过。但也许小明不善言辞,不习惯表达热烈的情感,他并没有小丽想象的那么无礼,他仍然很爱小丽。

反应三　男朋友大大夸奖了小丽。小明一进门看到浪漫的晚餐,立即惊呼起来:"啊,亲爱的,没想到你这么用心,这么漂亮的玫瑰花,这么诱人的牛排,你真是世界上最能干、最漂亮的姑娘!"

热恋中的人听到这样的赞美,往往是很享受的。但在小丽听来还是会觉得怪怪的,觉得小明在讽刺挖苦她:"哎,他又在夸大事实了,他一味用恭维来掩饰对我的厌恶,如果他真的爱我,就不用这么费力气讨好我的。"于是,小丽再一次感到受伤。严重低自尊或自卑的人习惯于持怀疑和不信任的态度,把别人的赞美解读成夸大其词,或者讽刺讨好。别人越赞美,Ta 就越感到不舒服,甚至会更加自责。

在以上的案例中,小丽就是一个低自尊的人。无论对方以一种什么样的方式表达,低自尊的人都会觉得自己在被否定、被拒绝。这种被否定的感觉充斥着 Ta 的生活,任何一种场景都会令 Ta 自我感觉糟糕,这像是一种"自虐"。低自尊的人很难对自己的亲密关系感到满意,也不容易对人际关系感到满意。他们容易把他人的反应往"坏"的方面去理解:"Ta 不喜欢我。""Ta 什么都不说,都不愿意跟我分享,我没那么重要。""Ta 不会帮我的,Ta 没那么喜欢我,还不如我自己解决。"

要改变这种低自尊的心态,首先需要觉察到自己的这种恶性循环的模式,认识到自己很多的负面思维和行为模式是不符合现实情况的。其次,要努力去自我疗愈。如果像小丽这样意识到了这个问题,明白了自己的模式背后的原因,需要转换思维方式说服自己。如果按照以下的方式去尝试,那么就已经开始自我疗愈了。比如:

面对反应一,"咔,暂停",她可以比划一个手势,让自己的负面思维停一下。然后告诉男朋友:"我很用心做的晚餐,即使不合你的胃口,你也应该说一声表示感谢吧。如果我是你,我就会觉得你做得很辛苦,我会谢谢你。"这时男朋友可能会说:"亲爱的,是我做得不好,我不喜欢吃牛排,但你做的其他菜都很好吃。"这样,就避免了一场吵架。

面对反应二,小丽不用把男朋友的不置可否当作他不认可自己,而把他看作一个笨嘴拙舌不会赞扬的人。小丽可以直接告诉男朋友:"哎呀,你看我这么用心准备晚餐,菜肴弄得这么精致,还特地倒了红酒,你猜猜我最想听到什么?"然后男朋友或许会说:"哦,亲爱的,非常感谢你。"可能还会加上一句:"亲爱的,我爱你。"

面对反应三,小丽面对男朋友的赞美,可以安心接受夸奖:"是啊,我是很能干啊"。也可以呼应男朋友的爱:"是啊,小明,你知道吗,我是为了你,才这么精心准备的这顿晚餐,你值得我这样做,我也爱你!"然后一起享受美餐。这样,不仅男朋友的爱意得到了回馈,小丽也因这顿晚餐让两人的感情进一步得到了加深。互相表达爱意不就是爱的最好方式吗?

因此,我们说,人们对爱情的满意度与自尊相关,高自尊的人更容易体会到爱情的美好。低自尊者需要反省自己的模式,主动进行自我疗愈,要学习拥抱满意的爱情,让相爱的两人感觉更美好。

案例　低自尊让我失去了爱情

我从小生长在家教非常严格的家庭,父母对我的要求特别高,我却常常无法满足他们的期待。小时候我最害怕的是父亲紧皱的眉头、怒气冲冲的脸色。有一次因为在幼儿园做错了一件事,爸爸打了我。而妈妈给我的感觉是经常喋喋不休地抱怨。有一次,妈妈接我放学的路上,下起了倾盆大雨。我们都没带雨伞,所以浑身上下都淋湿了。回到家,妈妈就抱怨说:"就是你这个倒霉蛋,我为了接你才淋成这样,和你沾上关系的人都倒霉。"这句话深深地印在了我的心里。从此以后,我就觉得自己这也不行那也不行,非常的自卑。

高中的时候,我偷偷喜欢上了我的同桌,他各方面都非常优秀。又高又帅、性格又好、成绩也很优秀。我觉得他太耀眼,所以尽管很喜欢他,但是不敢走得太近,只是暗暗关注着他。高中毕业以后,我高考失利了,但他却找到了我,告诉我他考上了北大,并且鼓励我参加第二次高考。

随后,他突然对我表白了,我至今记得非常清楚,他在荷花池边笑盈盈地对我说:"我在北大等着你来哦。"我当时就觉得十分诧异,满心怀疑,心想他怎么会喜欢我呢,他是有病吧,他是为了鼓励我再去参加高考说的谎吗?

但我还是非常努力地学习,也有心像他一样考上北大,但第二次高考还是没有考好。虽然我们两个人走到了一起,但是我一直觉得配不上他。他虽然一直发信息,或者在见面的时候不断表示他爱我,我仍然抑郁寡欢,有时就不回他的信息。我们虽然在谈着恋爱,但我内心非常压抑,经过了一次吵架,我提出了分手。他就问什么原因,我就告诉他我不爱他了。事实上,因为我的低价值感,我连为什么不敢和他在一起的想法都不敢告诉他,因为我觉得这个理由很丢人。

案例分析

案例中的女生在恋爱中表现出来的状态就是一种典型的低自尊。也许是因为童年父母养育的环境,导致她在爱情中患得患失,不敢爱,也没有勇气接受爱,这是一个悲剧故事。如果她未来能够面对自己的这个问题,遇事不再有这样的负面预期,减少自怨自艾的感觉,学会爱自己、珍惜自己,觉得自己是美好的,这样,爱情才会又一次来到她的身边。

"爱无能"的表现及对策有哪些?

爱情是一场充满风险的游戏,需要较强的自尊和自我价值感才能走向成功的彼岸。自我价值感低的人通常自信心比较弱,在爱情中表现出来的是:怕被拒绝,不敢投入,不敢追求;怕受伤害,不敢进入亲密关系;或者即使在恋爱状态中也表现得懦弱胆怯、患得患失,不敢表露内心的真实想法和真实情感。其中最典型的就是陷入"单恋""暗恋"而不能自拔,因潜意识的"自卑情结"作祟而屡屡导致爱情失败。

"爱无能"可能有两种表现形式:一种是对爱情无感,不相信虚无缥缈的爱情,只相信看得见摸得着的东西。因不相信爱情就不会投入爱情,爱的能力也无从体现。另一种是即将进入或已经在恋爱状态,但由于能力问题导致的"爱无能",或者称为"情绪无能"。对爱情无感,没有爱的能力主要表现为以下几种状态:

没有感觉,不愿恋爱。以工作压力大,没有房、车,没有时间、金钱、财力为理由,不谈恋爱。情愿成为"宅男""宅女",在家里自娱自乐,情愿迎合"光棍节"各大电商的"双十一"活动,在家里忙着购物,也不愿走出家门迎接爱情。环顾同事与好友,没有发现能让自己心动的那一位,甚至觉得相爱的人不可能走到最后,结婚的不会是自己最爱的人。

不相信爱情。对描述爱情的艺术作品、电影等没有兴趣,甚至反感、厌恶、憎恨,对批判爱情的言论则比较认可,或对爱情看得很淡漠,觉得那些相信爱情的人很可笑，认为浪漫的爱情就是性、金钱和交换，或者认为"我爱你"的含义就是"我爱你的身体"或"我爱你的钱"，而与心灵无关。也有些人把爱情看作是交易或投资，认为结婚是为了降低生活成本和满足身体或物质欲望。荷西等了三毛足足六年的浪漫爱情已经成为传奇，而很多相亲节目中女嘉宾动辄就要求在"宝马车里哭"，或要求男嘉宾"年收入没达到 25 万元别和我说话"之类，更加深了人们对金钱捆绑爱情的焦虑和担忧。

没有爱的能力。高科技时代，人们在工作和事业中追求"享受""速度""效率"，却忽略了生活不同于工作，真正的爱情需要时间相处，需要情感投入，"小火慢炖"，才能有滋有味。因文化、历史和人们的观念等原因，老师和家长纷纷反对所谓的"早恋"，很多人即使临近 30 岁都不知道怎么谈恋爱，也不了解异性的心理需要。认为谈恋爱"不就是吃个饭，看个电影，然后唱个歌么，还能干什么？"很多人用"陌陌""微信"等社交软件，用手机摇一摇，也不一定会摇出浪漫爱情和终身伴侣来。

"爱无能"者，或"情绪无能"者往往是这样的一种状态：他们对于深刻的爱，或对深层情感交流不感兴趣或无所适从。如果一个人是安全、自信的，允许情绪情感的流动，他也可能不会依赖一段感情，但他会勇敢地让自己全身心地投入这段感情。而且，他会在一开始就保持坦诚，说出自己的想法，并愿意就双方的想法进行交流。而"情绪无能"者可能在为人处世方面很有责任心，敢于担当，工作能力很强，事业层面可能很成功。但他们缺少爱的能力，内心又充满恐惧、无奈等情绪，不允许自己去爱，尤其不会和他人有深度的情感联结。所以，一旦进入需要交流深层情感的层面，他的那道阀门就关上了。他既不想了解你的感觉，也不想诉说自己的感觉。

比较典型的"情绪无能"者开始恋爱时彬彬有礼，与恋人或伴侣有非常好的沟通交流，常常夸赞和关心对方，也能够很好地倾听，在外人面前琴瑟和谐，让另一半以为自己遇到的是绝佳的伴侣。但一段时间以后，虽然还在恋爱关系中，其中一方却总感觉无法和这位恋人达到真正的亲密。他们不太愿意对这段关系进行承诺，对关系的进一步发展更是不知可否。比如，不愿意带恋人去见 Ta 的朋友、父母，也不愿意公开恋爱关系，对订婚和结婚的话题更是讳莫如深，导致亲密关系无法深入下去。

他们还喜欢有一定距离的恋爱,更喜欢异地恋,或者做"周末夫妻"。和恋人交流不太会及时接电话或者回微信、QQ,总要过一段时间才回复。他们更喜欢文字或邮件交流,而不喜欢语音和视频交流。如果觉察到恋人表现出热烈的情感,他们就会回避和退缩。如果问一个"情绪无能"者过去的经历,那他们是不愿意提及的。但实际上这些人的过去是有很多情感的创伤,或被迫和亲人分开,或被抛弃的经历。他们还可能对过去的恋情念念不忘,或者和父母的感情也纠缠不休,但他们不愿谈或很少提起。他们习惯性地逃避、找借口。只要你想谈谈双方真实的感受,或谈谈这段关系时,他们就会闪烁其词,畏缩不前。他们可能会用愤怒、批评、挑剔等各种方法推开对方,保持和恋人之间的距离。

"情绪无能"者是比较自我为中心的,他们喜欢被别人追求、被众人环绕的感觉,但却很少主动去追求别人。在亲密关系中,他们的控制欲比较强,如果恋人找Ta,Ta会说有事,但Ta要见恋人就希望马上见面。喜欢自己说了算,而不太会考虑别人的感受。亲密关系进入平淡期以后,"情绪无能"者会故意忙东忙西,会找各种借口避免两个人长时间待在一起,即使做爱以后也会找借口赶快离开,所以让Ta的伴侣非常无奈,感受不到亲密感。而且他们经常迟到,或者突然取消已经安排好的约会,有时候会玩突然消失,也不解释具体原因。

"情绪无能"者很少在社交网络上暴露他们的真情实感,他们不会在微博或朋友圈等和自己的恋人互动,更不会公开自己或恋人的照片,也不会讲和自己的恋情有关的事情。最终,恋人会感到孤单、沮丧,认为自己无足轻重或感觉被拒于千里之外。

这些人好像不太需要别人的爱,他们会更多地宣传自己追求独立、自由和自主,但实际上他们更多的是担心和怀疑,内心深处害怕受伤,害怕被侵犯、被控制,也许他们在过去的经历中有过类似的经历,所以对现在的恋情也疑神疑鬼。

"情绪无能"者可以分为不同的类型,有些是长期的,有些是短期的和暂时的。长期的"情绪无能"者可能是因为过去童年的经历和所受的伤害,导致他们从来没有得到过别人的爱,缺乏爱的体验和爱人的能力。短期的或暂时的"情绪无能"者是因为生活中出现了比亲密关系更重要的一些事情，比如，学习、工作、事业、家庭责任，或者自己身体不适等，他们觉得这些事情需要优先处理，就会调低爱情的优先级。

大部分"情绪无能"者是意识到自己的问题的，在恋爱初期，他们可能就会直截了当地承认自己不擅长处理亲密关系，或者不太相信婚姻，还没有准备好要结婚等。他们也想解决这些问题，也想提升爱的能力，但也许还没有勇气去面对。

与"情绪无能"者相爱比较心累耗能，你会变得不断地要求对方，不断的施加压力，希望对方提升亲密感，努力改善或进一步发展彼此的关系。但有时候这么做的结果会适得其反，会加剧 Ta 的自我保护和阻抗，变得更加回避和消极。如果看到了"情绪无能"者的这些问题，你觉得足够爱 Ta，想继续这段关系，那么你可以安静地陪伴 Ta，不要强迫 Ta 脱掉自我保护的盔甲，要给 Ta 一个足够舒服的自由的空间，放下对 Ta 的过多期望。这样 Ta 才有可能慢慢走出过去的情感模式，但这些改变也许会非常漫长。

和"情绪无能"者相爱还可能出现的情况是，你所做的所有的努力都无济于事，会感到非常受伤，很无力、迷茫和困惑，会觉得自己被怠慢和轻视，自己的自尊和自我价值感都会受到挑战。如果在这样的状态下还想继续保持关系，就需要反省和思考，为什么会选择这样的人谈恋爱？Ta 身上有哪些特质把你深深吸引？为什么自己不能结束这段关系呢？如果你在这些问题上有足够的觉察，也许就学会了对自己负责。因为尊严、快乐和价值都是自己建立起来的，遇到一个爱无能的人，如果 Ta 不能给你带来这些，这不是你的错，也不是 Ta 的错，也许是你们两个不合适。这时最好的办法是考虑离开对方，找一个更合适的人去相爱。

对于"爱无能"者的种种情况，除了寄希望改变社会环境和舆论导向外，身处其中的青年男女还应该改变认知，改变对事物的看法，多接触情感故事和爱情影视剧，以提升自己爱的欲望和爱的能力。如果想改变目前"爱无能"的现状，还可以求助专业人员，帮助自己打开内心的情感之门，改变自己在爱情中的"情绪无能"状态，逐渐学会拥抱自己的内在脆弱、恐惧的部分，只有这样才能迎接更好的未来。

如何调整爱情中的过度依赖倾向？

如果是两个彼此都有自我价值、有独立存在意识的人谈恋爱，那么他们就不会过于依赖对方。他们既可以靠得很近，又可以尊重彼此的独立空间。他们的关系是互相促进和互相成长，一方不会绝对依赖另一方。但是在现实生活当中，有些人一旦进入恋爱，就会变得非常依赖。比如有一个女孩，她谈恋爱时，最好天天和男朋友黏在一起，希望从男朋友那里得到身体愉悦和情感满足。生活上也很依赖男朋友，经常要问："这个怎么办？那个怎么办？"自己特别没有主意；而且特别在乎男朋友对待她的态度，她发出的信息需要男朋友立刻秒回，她有什么不开心，需要男朋友立马哄她。她把所有注意力都放在男朋友的一举一动上，时常埋怨，常觉得男朋友对她不够好。她没有安全感，害怕独处、孤单。如果对方稍微有些冷淡，或者没有按照她的要求去做，就觉得男朋友不爱她了，有时候会情绪激动、吵闹，非常痛苦，并要男朋友为她的痛苦情绪负责。经常想象"他会不会不理我、不关心我了""我该怎么办"等；对自己不负责任，觉得自己什么都不会。最后男朋友因为受不了她的黏人和不独立，觉得没有自由的空间，就提出了分手。在那一刻，她几乎崩溃了，觉得活不下去了。

从心理学角度，依赖型人格有这样的一些表现。比如：

- 如果没有别人充分的建议及保证，便不能对日常事情做出决定；
- 需要别人对其生活中的大部分主要事务承担责任；
- 因为害怕得不到别人的支持或赞同，对别人的意见难以表示不同意；
- 难以独立地提出计划或做某些事情（因为对自己的判断和能力没有信心，而不是因为缺乏动机和精力）；
- 为了获得别人的培养和支持而过分费劲，甚至甘心做些令人不愉快的事情；
- 因为过分害怕不能照顾自己，在一人时感到不舒服或无助；
- 一个亲密关系结束时，迫切地寻找另一个关系来获得照顾和支持；
- 总是不现实地害怕被抛弃而无人照顾。

这位女孩体现出来的就是一种依赖性特别强的状态,渴望得到关注,大小事情都需要依赖恋人,是一种不自信、不独立的表现,而且她的情绪控制能力也比较差,所以在恋爱中才会有这样可悲的结局。一般来说,相爱的恋人对彼此是有依恋和依赖的,这是一种正常的感情。如果双方都能做到关心、爱护对方,也享受对方的照顾、呵护和关怀,但又不把对方作为自己生活的全部,同时也不把自己的需求完全交给对方,不黏附在对方身上,做到该独立时独立,该依靠时依靠,那这样的状态就是比较正常的。

具有依赖型人格特点的人谈恋爱时,他们的内心似乎有一个巨大的空洞,需要别人不断地去关注 Ta,爱 Ta,但是这个空洞好像老也填不满。他们自己缺少自我认同,只有跟别人在一起的时候才能感到自己的存在,没有了对方就没有了一切,完全依附于对方。依赖者不能给出对方所需要的爱,而得到的似乎永远不能满足。归根到底,他们既没有爱别人的能力,也没有被别人爱的能力。这种依赖型的爱情既抹杀了自己的独立性,又限制了对方的自由。依赖型人格的形成和童年的生长环境、生活经历以及父母的养育有很大的关系。

我国学者王建平认为,依赖型人格的形成也许"与家庭教养环境有关,过于保护或是权威专政的教养方式都会阻碍子女学习独立自主……"更严重的依赖型人格障碍的产生"与儿童早期依恋关系形成不良有关,诸如父母的亡故,抚养者的忽视、拒绝等都会造成个体对抛弃的恐惧"。

由于我国推行的独生子女政策,一个家庭里爷爷奶奶、外公外婆、爸爸妈妈众多大人围绕一个孩子,是一种"万无一失"的养育模式,家长们把自己的焦虑、愿望、不安等情绪投射给孩子,要求孩子听话、"乖"。儿童在 1 岁末和 2—3 岁的敏感时期,母亲在养育过程中如果存在着生活上的过分照料,心理上严重忽视的倾向,即儿童的情感依赖有意无意地被父母忽视,或不容许表达,或粗暴地拒绝,就会打击儿童的独立性,形成过度的依赖。如果再加上某些孩子本身独有的个性气质是偏内向和软弱的,在面对过于强势专断的家长时就会更柔弱,更依附;如果一个孩子在成长过程中经常被父母威胁"不听话就不要你了",或者被打、被虐待和遭到侵犯等也容易形成依赖型人格。

如果意识到自己在恋爱中有过度依赖的倾向,也对自己有了比较清醒的认识，就需要进行调节和改进了。由于一个人的人格形成经过了漫长的时期，要改变这些过度依赖的心理，改变依赖型人格的行为处事模式，也需要付出长期的艰苦的努力。具体做法是：

第一，改变观念，改变对过去经历、事件的看法。作为一个成年人，不能再把一切的过错仍然归结为家庭和父母，应该学会对自己的行为负责，学会心理独立，这是不断成长的必须。就像心理学家罗洛·梅所说："我们长大后，生理依赖退居次要位置，但对母亲的心理依赖并非如此……处理这个问题的方式很大程度上决定了我们的人格是否能够走向成熟。我们必须为自己的行为负责，并且需要自主做出决定。"

依赖型人格者的自信、自尊都比较低下，这主要是童年时期的不良环境和父母等的养育方式造成的，比如儿童时期长辈经常会说："你怎么这么笨手笨脚的，什么也不会做"，"你这样子，离开我们怎么活啊"等，会在儿童心目中留下特别深刻的自卑印迹。可以试着把这些话写在本子上，一条一条重新解构，消解过去不良的负面体验："我那时还小，第一次做的时候没有成功，以后就学会了。""我现在可以离开家里很远了，我能够赚钱了。"还可以请恋人、伴侣或周围的亲人不要继续指责、批评你，希望得到他们的肯定和鼓励。

第二，从小事情开始，尝试着独立解决问题。深刻认识到过度依赖的危害性，审视处于不良情绪中的感觉和体验，勇于突破。从小事情上一步一步加以改变，重新建立自信。可以选择一项比较安全的、原先不敢一个人做的事，或尝试去独自完成一些事情。比如一个人去短途旅行，除了重大意外，无论中途发生什么，都要坚持独立解决问题，不求助他人。通过不断积累成功经验，就可以增加自己的信心和勇气，逐步改变凡事依赖别人的习惯。

第三，从一点一滴开始，纠正过度依赖的习惯。要改变长年累月形成的依赖心理和不良习惯，还需要做更细致的工作。可以每天写日志，详细检查生活中哪些环节、哪个程序或细节是习惯性要求别人提供帮助的，哪些是自己在做的。记录满一个星期后，可以把这些内容分成自我决定性"强、中、差"三种，并做小结。

对"决定性强"的内容，比如"拒绝老爸老妈介绍的而自己没感觉的对象"，可以语气温和、态度坚定地说"不"。如果坚持这样听从自己的内心,不那么害怕得罪人,就是一个改善过度依赖心理的突破口。

对"决定性中"的内容,可以先想出改进的办法,以后在生活和恋爱中慢慢改善。比如,父母或伴侣决定去哪里,买什么。过去即使不情愿也不敢发表异议,那现在就可以事先做些准备,讲出一点自己的想法,在计划中加入自己的想法。

对"决定性差"的内容,可以在别人要求的内容中增加"自我创造"的成分。比如对家居用品、装饰的布置,可以增加某些自己喜欢的细节。这些小改变增加以后,会累积内心成功的体验,给自己带来自信和喜悦。

第四,不断进行自我暗示,加强改变的信心。对过度依赖心理或依赖型人格的改变是要做出巨大努力的,即使已经在改变了,也可能出现反复或后退的现象,即经历所谓"进一步退两步"的曲折。这就需要不断地进行自我暗示,相信自己即使走了弯路又退回到过去的情景中,也还有可能重新走出来。还可以请恋人或好朋友提醒自己,督促自己,但也要警惕不要重犯"过度依赖"监督者的老毛病。同时,耐心倾听自己内心的真实声音,勇敢拒绝生活中的强势控制,珍惜自己独立决断的权利,相信自己的价值所在。在生活和恋爱过程中寻找、增加独立锻炼的机会,寻找自己生命中的责任感、使命感和进取心,独立思考,实现梦想。

案例 我在爱情中像一个婴儿

我观察周围的恋人以及自己的情感经历时,发现恋人之间会出现很多矛盾:有的是过分亲密、依赖,导致争吵不断;还有的是过分冷漠、疏离,导致彻底分开。我想爱情不成功的其中一个重要原因,可能就是依赖性太重。如今大部分独生子女在家里受到重重保护,到了社会上,也希望获得前辈、领导的呵护和关心,从小到大没有受过多少生活的磨难,一谈恋爱就赋予另一半很多的角色。比如,女朋友要求男朋友成为父亲、哥哥、精神导师、医生和修理工等。而给男朋友的这些附加身份,如果男朋友没能及时、完满地完成,就会发生争吵,女朋友往往会责怪男朋友没有关心她,不能够很好保护她。很多女生是以寻找老爸的心态来寻找男朋友和丈夫的,她们的婚姻,很多是出于自己内在的软弱以及无能,需要一个强有力的保护者和生活的照料者。

我在和男朋友的恋爱当中也是这样,一旦遇到大小问题,我下意识地想到了男朋友,希望他能够出面解决。有时候男朋友能够解决这些问题,而更多时候,男朋友也解决不了,他的指导和劝慰就显得特别无力和单薄,由此我就会责怪他,并和他争吵。事实上,不能解决的问题,有很多是来源于自身的不成熟,需要靠自己去消化,去经历。在我的第一段感情中,我觉得我已经退化到了一个婴儿状态,感觉到非常的脆弱和无能,极度需要另一半的照顾,于是将这种压力推向了男朋友。当我失败时,我的选择不是去努力,去改变现状,而是不断要求另一半感同身受,要求另一半的安慰和指导。当我内心感到空虚迷茫时,我不是自己去寻找一些生活乐趣,丰富自己的精神世界,而是要求对方虚耗大把的时间来陪伴我,最后导致对方疲惫不堪、不堪重负而分手。

案例分析

这是爱情中典型的依赖心理的表现。好的爱情,应该是两个都能照顾好自己的人相爱,彼此的关系不是互相依附,也不是频繁依赖,而是作为拥有独立灵魂的两个个体彼此欣赏,彼此陪伴。

爱情中应该有怎样的心理边界?

心理边界也被称作"个人边界",维基百科这样定义"个人边界":是指个人所创造的边界,通过这个边界,我们可以知道什么是合理的、安全的和被允许的行为,以及当别人越界的时候,自己该如何回应。

心理学家埃内斯特·哈曼特最早提出自我边界的概念,并认为它深深印刻在我们的人格里。边界感讲的是我们对外界的掌控,我们是让所有事情都涌向我们,什么都说"行";还是把所有事情都推出去,什么都说"不行"?而且,在人际交往时,这些"行"还是"不行"往往已成为一种自动化的思维和做法,自己很难意识到。

一般而言,边界意识非常清晰的人,看起来很有条理,不太喜欢变动,别人会觉得他们身上穿着厚厚的铠甲,难以接近;自我边界感比较弱的人,看起来很敏感,情绪容易受环境的影响,容易分心。

在亲密关系里,我们需要区别什么是自己的情绪和想法,什么又是伴侣的情绪和想法。和恋人或伴侣相处中,需要区别什么是自己想要的,什么又是对方想要的;什么是自己的责任,什么又是对方的责任。

一个没有界限的人是混乱的,为别人承担责任,过度掌控或顺从,想要改变别人而感到无力和沮丧。一个缺乏界限的人,会失去自我,内心充满矛盾和痛苦。心理边界健康的人,有以下三个重要的特征:

一是,他们尊重自己和他人的信念、选择、价值观、才能、欲望和爱,不在这些方面干涉别人,同时也不容许他人在这些方面干涉自己。

二是,他们为自己的态度和行为负责,不将自己在这方面的问题归咎于他人,同时也不会"越界",不会承担他人态度和行为失当的后果。

三是,他们为自己的情绪负责,不将自己的情绪困扰归咎于他人,同时也不会因为他人的伤心、愤怒、痛苦等过分的负面情绪,而放弃自己的原则和立场。

一个心理边界比较弱的人,大部分时间都在为别人考虑,比如,为他的父母、恋人、伴侣、朋友、子女而奔忙,很少想过自己的真正需要,自己的理想是什么,有时候甚至认为自己是不重要的,别人才是重要的。这类人比较缺乏自我认同,自我价值感也比较低,不太清楚自己是谁,别人是谁,总以为别人想要的也就是自己想要的。很多时候,当别人生气、愤怒、害怕和恐惧时,会觉得是自己的错,过分在乎对方的感觉。为了讨好对方,往往忽略了自己内心真正的想法。他们为别人做了很多,勉为其难,过度付出,甚至自己受到了伤害,但仍然会觉得自己做得不够好。

自我边界差的人,容易被别人控制。当别人在身体上、语言上伤害他们时,他们也没有能力去保护自己,也不太懂得尊重自己。有时候非常依赖、顺从别人,很难对别人说出"不",即使很痛苦,他们也很难拒绝别人。他们往往把选择权和控制权交给别人,过度依赖别人,害怕做决定,害怕为自己负责。

一个没有界限感的人，还可能喜欢操控别人，喜欢替别人做决定、做选择，强迫别人接受他的想法。有时候过于热心，会用自己的情绪去影响和绑架别人，用威胁性的语言和支配行为去控制别人，让别人服从他的想法。比如，在恋爱中，有的人会说"如果你不按照我的想法去做，那就说明你不爱我"，"如果你离开我，我就自杀"等。

亲密关系中如何设立健康的心理边界呢？

第一，需要把注意力放到自己的身上，关注自己的身体感觉、态度、想法和行为，以及自己的选择和限制，认识到自己的责任、义务和权利。学会爱自己，学会照顾自己、懂得自己，这样才可能真正地、正确地去爱别人。

找一找自己身上和别人不一样的地方，自己的独特性和优势，自己的世界观、人生观和价值观是什么，知道自己最渴望的是什么，最恐惧的是什么。当了解了自己的这些独特性和别人不一样时，我们就会比较容易去接纳自己，发展自己的天赋和潜力，学着去为自己做选择，为自己的决定和行为负责任，积极主动地去把握各种机会，做自己真正想做的，成为一个独立而又自信的人。

第二，要学会拒绝。要能够分得清楚哪些是自己真正想要的，哪些是不想要的。拒绝别人的批评、评论，因为有时候这些批评和责备不一定是你的错，不要把责任都包揽在自己身上。在帮助别人方面也要考虑自己的时间、精力和金钱的限制，给自己设定一个标准和底线，要搞明白哪些是可以付出的，哪些是不能付出的。

在这个世界上，并不是只有自己才是正确的，每个人都是独一无二的，都有优点和天赋。所以，也要尊重别人的身体感觉、想法和决定，尊重他们的兴趣和爱好。要看到自己的局限，不要轻易地去评判和否定，也不要用过于强势的语言和行为去控制别人。比如，焦虑矛盾型的人和回避型的人在恋爱中的感觉与行为模式很不一样，如果处理不好，就很可能会形成一种猫捉老鼠的游戏。这时，两个人都要保持合适的界限，互相补充、互相支持、互相学习，彼此尊重各自的方式，学着站在对方的立场来看待这段关系，就可能找到最佳的相处模式。

在爱情中，要学会把握好亲密和距离的分寸，并不断地平衡和协调，再好的恋人,再亲密的伴侣,再有激情的恋情,都需要保持两个人的相对独立,都需要有一定的时间、空间去处理各自的情绪和烦恼。所以相爱中的两人,应该找到和拥有属于自己的那个部分,发展出自己的兴趣,让自己能够更怡然自得、从容淡定。做到：近,能够亲密无间、相互融合;远,也可以彼此独处、享受孤独。如果能够各自尊重对方的边界,能够让自己快乐,那就是一种比较理想的亲密关系。

为什么说真正的爱情是既独立又依赖的亲密关系？

我们反对在亲密关系中过分依赖,但也不提倡过分独立,因为在爱情中过于独立,就做不到甜蜜而深刻,同样不利于关系的进一步发展。

现代社会飞速发展,有过分强调独立的倾向。似乎独立自主是精致优雅生活的象征。在亲密关系中,独立也意味着不依附、不隶属对方,依靠自己的力量去完成大小事务。但如果过于迷信独立的力量,习惯性地依靠自己,拒绝恋人或伴侣的好意,独立就异化成了个人主义。

心理学认为,个人主义的核心特征是选择自由,自我实现。个人主义的人信奉自主和自控,更倾向于满足自我的需求,而忽略他人的需求。有研究表明,越是推崇个人主义,对恋人或伴侣的关怀、支持以及给予的信任就越少;而对于婚姻的态度,那些过于强调独立的人会更加消极,更希望推迟结婚的时间。

亲密关系中,如果要进一步加深彼此的关系,就很有必要做多一些的自我暴露,也就是把自己内心的想法和感受跟对方交流。但是那些"独立者"却很难做到,他们虽然能跟恋人交流,但是如果涉及爱、性等比较私密和深刻的话题,有一些人就很难启齿,所以他们干脆不谈论这些话题。"独立者"过分强调独立,就好像在相爱的两人当中竖起了一道墙,扩大了彼此的距离,如果长时间保持这样的状态,那对这段关系就是一个很大的挑战。

"独立者"是如何和恋人、伴侣相处的呢？在"独立者"的世界里,先要搞定自己,照顾好自己。自我满足、自我价值的实现总是排在比较前面。他们很少花时间去体会恋人或伴侣的感受。比如,恋人要与"独立者"聊天,讲讲情话,而"独立者"却发愁,今天晚上复习功课的一个小时又没了;恋人想约着一起去玩,而"独立者"却想着组队打电子游戏;恋人想要陪着一起去交友、购物,"独立者"就会想,怎么又这么黏人啊?为什么什么都要我陪着,你就不能一个人去吗?这时"独立者"是很难体会另一半很需要陪伴、很需要得到照顾的感受的。所以他们也很难意识到对方需要什么,不知道怎么在对方最关键、最需要的时候提供力所能及的照顾和陪伴。可以说,"独立者"是很缺乏爱的能力的,尤其是付出爱的能力。

"独立者"比较少地关注对方,会拒绝对方的帮助,他们不希望对方烦自己,也不希望自己麻烦对方。所以,他们什么事情都想自己去面对,自己去解决。他们害怕自己的请求、自己需要帮助会变成对方的累赘,而这样的做法会使得亲密关系进一步减弱。

"独立者"很看重自己的自尊,无论和什么人打交道都希望保持自己的独立性,也许这样才能确认他们的自我是存在的,是有价值的。他们认为如果两人的关系过于亲密,就意味着对对方的依赖,就意味着自己无能,这是"独立者"不能接受的。在亲密关系中,他们会有意识地跟恋人或伴侣保持距离,不仅是物理上的距离,也造成了心理距离的渐行渐远。所以,他们本来是希望在各自独立的状态里享受爱情,但结果却使得爱情走向了枯萎。

怎么解决依赖与独立、亲密与界限的困惑呢?

第一,"独立者"也许在意识里是想好好保持这段关系的,也想照顾好自己的恋人或伴侣,但是他们也许从小就没有学会如何去体会别人的感觉,如何真正地为他人考虑,他们也没有学会为伴侣做些什么,不知道恋人或伴侣缺少什么。如果"独立者"意识到这个问题,可以主动和对方沟通,认真倾听另一半对自己的要求,感受另一半的需要,找到双方彼此的共同点。"独立者"需要为对方做一些具体的事情,这样才有可能加深彼此的情感联系。

第二,"独立者"需要加强自己的自我暴露,独立并不是每个人只管好自己,亲密关系需要互相了解,尤其是了解彼此深层次的情感需要和心理需要。"独立者"可以向恋人或伴侣请求帮助,麻烦别人、要求别人很多时候也是让对方体现出存在感和价值感的一种需要,也许对方非但不会觉得是个拖累,反而很乐意效劳。这样在彼此需要和互相满足中,"独立者"和恋人的关系才会逐步加深,亲密感也会逐步加强。

第三,"独立者"所认为的自我或自我价值并不是靠拒绝依赖来证明的,依赖自己的恋人或伴侣并不意味着个体价值的减弱,有时候互相帮助反而会增加彼此的价值感。何况我们每个人都有自己的盲区和弱点,都需要求助于别人。一段美好的爱情,正因为有依赖或某些时候的纠缠,才变得更有挑战性、更有吸引力,如果"独立者"和恋人或伴侣某些时候能够融合在一起,也许能创造更好的价值,那这样的爱情也就更值得珍惜。

第四,可以将爱情融入各自的自我实现中,描绘一个两人共同的目标和未来。亲密关系中两人都希望成为更好的自己,也希望拥有美好的爱情。如果可以把这两者结合起来,也许就可以找到一个共同的目标。比如,一起完成环游世界的梦想,一起筹备创业开一个自己的公司,一起去完成蹦极、跳伞、潜水等,以此来强身健体。在这其中既享受了爱情,又成就了更好的自己,同时也朝着双方共同的目标更近了一步。

亲密和独立,依赖与爱是可以并存的。美好的爱情给我们带来的有身体的愉悦,有心灵的互动,有对未来愿景的向往,还有来自彼此的关怀和依赖。如果在人生的道路上,某一方陷入了低谷,或者失去了动力,另外一方能够陪伴 Ta,鼓励 Ta,支持 Ta,双方一起朝着未来而努力,那就是人生美好的体验,这样的爱情也更难忘、更隽永。

怎样认识爱情中的权力?

爱情中的权力比较抽象,看不见摸不着,让相爱的两个人很难意识到权力的存在。但事实上权力一直在左右着亲密关系的走向,当权力失衡,关系就会变质或破裂。"当爱支配一切时,权力就不存在了;当权力主宰一切时,爱就消失了。两者互为对方的影子。"心理学家荣格认为,权力欲是人的本能。如果一种本能没有被意识到,它就会被压抑。如果这种压抑长期存在,被压抑的内容早晚会破坏性地爆发出来。

人际关系中的权力又叫社交权,指的是能够影响他人的行为,同时又能抵制他人影响自己的一种能力,这种权力是建立在能够控制和支配有价值的资源的基础上的。这些资源可以是经济上的,也可以是情感上和身体上的。亲密关系中,我们会发现相爱双方在做一些决定时总是有一方比较有决定权,而另一方比较弱势,比较弱势的一方往往会妥协和退让。例如,男生很中意一位女生,想和她谈恋爱,用各种办法不断去追求女生,买礼物、陪她看电影、吃饭等。女生可以接受男生的追求,成为他的女朋友,也可以拒绝他的追求,和其他人恋爱。那这位女生就拥有了对这位男生的权力。

两人确定情侣关系以后,经过了热恋期,到了平淡期,女生仍然希望男朋友像以前那样,每逢节假日就想到她,给她买贵重的礼物,制造浪漫的气氛。但是男朋友好像不把这些纪念日当回事,也不买什么礼物了。这时男朋友就拥有了对女朋友的权力。如果女生特别害怕这位男朋友离开她,那她可能就委曲求全,不指望男朋友再买东西了,甚至在其他事情上都要讨好他。这时男朋友的权力就更大了。因此,你对关系中想要的东西渴望程度越高,你的恋人或伴侣对你的控制权力也就越大。

亲密关系中,哪些人会拥有、获得更大的权力呢?

第一,谁对这段关系投入比较少,或者对关系兴趣不大,谁就拥有更大的权力。这也就解释了刚才提到的,在恋爱关系确定前女生拥有更多的权力。那时女生投入的资源比较少,或许还有其他的追求者,她能够挑选追求她的男生,这时女生的权力是比较大的。而如果一个女生在恋爱中表现出来的是"痴情"状态,特别害怕男朋友离开她,男生如果觉得这位女生不太符合他意中人的标准,不愿意继续投入情感、时间和精力了,这时男生的权力就变大了。

第二,亲密关系中谁拥有较多的经济资源、社会资源,谁的权力就比较大。一般来说,如果丈夫的收入是家庭的主要来源,而妻子是全职家庭主妇,没有收入,这时丈夫要离开这段关系是比较容易的,而妻子在经济方面更需要、更依赖丈夫,丈夫对妻子就拥有比较大的权力。

第三,谁拥有更多的专业知识和信息,谁的权力就大。如果男朋友要比女朋友多几年工作经验,拥有更多的专业知识和技能,信息的来源也较广泛,女朋友在找工作时就会听听他的意见,这时男朋友在职业选择方面就拥有比较大的权力;相反,如果女朋友比较擅长穿衣搭配,她能够为男朋友的着装和外在形象方面提供很多建议,那女朋友在男朋友的形象塑造方面就拥有比较大的权力。

一般而言,女性更多地运用个人权力(包括温情、性)和操纵权力(无助的请求);男性更多地运用直接权力(强迫、权威)和基于能力的个人权力(专业知识、信息)。一段势均力敌的恋爱,不是某一方在任何方面都拥有权力,而是双方都在某些方面拥有比较多的权力。通俗点说,各自是对方的王,也各自是对方的奴仆。处在关系中的两人,如果是相互依赖,得到的奖赏和付出的代价是相对平衡的,权力也相对平衡,那这两人的关系就能够长远。

研究发现,婚姻当中有三种权力。

第一种是显性的权力,比如,婚姻发生了严重的矛盾和冲突,一方提出离婚,提出的那方就拥有显性的权力。

第二种是隐性的权力,夫妻双方没觉得婚姻中需要改变什么,似乎也没有什么冲突,但是,如果某一方的需求和愿望更被注重,另一方必须做出不情愿的牺牲,那获益的一方就拥有了更多的权力。比如,某广告语中"女人牺牲了自己的梦想来成就男人的梦想",这个就是隐性权力的体现。

第三种是主流性别意识权力。主流的性别意识,使得丈夫和妻子将客观上不平等的婚姻关系看作理所当然。比如调查研究发现,丈夫经常过高估计他们做家务的时间和对家庭做出的贡献。面对全职太太他会说:"我在外面忙得够多的了,你还要我做家务,就是无理取闹";"一个人带孩子有什么累的?"妻子听了这些话只能委曲求全,这种就是看不见的权力的体现。而这些,事实上是违反了现代婚姻中男女平等的意愿,婚姻中的伴侣对家务分工、互相协助都有责任。无论对丈夫还是妻子,既可以在养育孩子、家务活动中获得满足感,也应该允许各自都有机会去发展自己的个人价值,去满足自己的成就感,而不仅仅是为了伴侣而牺牲自己。所以深层次的亲密感是建立在两性权力平等和相互尊重的基础上的。

亲密关系中,如果其中一方过分地行使自己的权力,在短期内可能会获益,但是对长期的关系走向是不利的,甚至会两败俱伤。比如,某个家庭中的妻子因为对丈夫不满,经常拒绝过性生活,以此向丈夫施压。如果这种制裁丈夫的手段超过一定的限度,丈夫也许就会到外面去找其他人满足自己的欲望,这时候原本拥有权力的妻子的这一方,优势就荡然无存,这段亲密关系也会岌岌可危。

所以我们说,爱的权力的基本着眼点必须是自发给予的,而我们的爱也只有在对方也爱我们的时候才会产生力量,这就是所谓的情投意合,相爱相依。很多研究都证明,爱情当中,两人的关系如果有"平等"和"尊重"这两个因素,就能够保持稳定,相爱当中的两人也会成为最好的朋友,爱情也会长长久久。亲密关系都有一个或充满激情或细水长流的发展过程,恋人或伴侣之间的权力运用也是一个动态的过程。相爱的双方如果要达到一种理想的权力平衡的状态,就必须要具备以下的一些条件:

- 整个社会要营造一种男女平等的舆论氛围,或允许性别多元化的宽松环境,改变不平等的政策法规和陈腐观念,意识到并减少两性相处中的"隐性权力"和"看不见的权力",使得任何性别的人都可以做自己想做的事。比如,每个人都能出于自愿去做事业上的"成功男人""女强人",或心甘情愿选择做"全职主妇""全职主夫"。

- 亲密关系中的双方也要调整自己的观念和想法,加强男女平等的意识,双方都可以平等地行使权力,互相对对方施加影响力。比如,伴侣共同负担家务劳动,分别承担经济压力;两个人一起商量,共同协商决定家庭中的财务花费、教育子女等问题。

- 相爱的双方,可能有很多的矛盾和冲突,但双方都能很好地处理彼此的情绪,都愿意用理性来解决这些矛盾和冲突。双方都愿意付出时间精力,去照顾对方,去倾听对方。

- 沟通方面,彼此都愿意真诚坦诚地告诉对方自己的真实的想法,而不是让对方猜,也不过分关注自己的面子,都善于用客观、理性的办法去消除对方的误会。彼此给对方信任,也都愿意袒露自己的弱点、错误和内心的负面情绪。

- 情感方面,在有关共同事务的各种决定方面,双方都能够互相影响,互相包容彼此的建议。如果做某一个重大决定,需要其中一方做出妥协,那就需要另一方付出一定的代价来补偿对方。

- 如果相爱的双方都有很好的经济独立、心理独立的素质,那就都可以独自享受生活和爱情,即使离开对方也能过得很好。

恋人或伴侣具备的对方看中的资源是不同的,资源的分配也不可能完全一致,但平等和尊重的观念却能帮助我们理解对方,包容对方,体恤对方的不易。如果一对恋人或伴侣具有以上的意识和品质,就可能做到即使拥有比另一半更多的权力,也不滥用权力,而是用平等的心态、深深的爱意使对方获得快乐,对方满意了,自己也会快乐。这样一对在感情方面既尊重对方,在互相权力方面又平等的恋人或伴侣,就可以享受一段美满和谐、令人向往的爱情。

案例　不平等的爱情关系

我和男朋友是高二在一起的,顶住了"早恋"的反对声,经历了高考,一起考到了上海的大学。原以为经历过这么多的波折都没有分开,以后的感情一定会顺利的,然而事实并非如此。寒假前我们经历了一次分手,两个人经常为小事吵架,吵到最后也不知道为什么争吵,只留下疲惫和心累,于是我说了分手。但看到他没有丝毫的安慰以后,我非常崩溃,反悔了,去挽回,要求和好。我之所以这么做,是因为我觉得自己在他身上倾注了太多,我几乎是他的向日葵。为了迎合他的想法,时常放弃表达自己;为了不让他生气,有时甚至很委屈地生活着。明知道自己这样做很卑微、不可取,但是一想到要失去他,心里就痛得难受。我们在一起三年了,我感觉为他付出了时间,甚至因为和他争吵导致高考失手。为他做了如此多的让步,最后感情还是支离破碎成这样,如果这段关系结束,我三年的付出全都会化为泡沫,所以我拼命挽回这段感情,自愿为此关系做牺牲,顺应对方。

这次闹分手以后,我开始思考自己的恋爱方式:总是一味地为对方付出,就像向他砸去的沉甸甸的爱。在这场恋爱中,我一开始只是本能地将自己认为的所有最好给了他,却不曾想过用错了方式。通过学习,现在我们和好了,我不再像过去那样不停地强调为他付出了多少,而是在日常琐事中关心他,帮助他,温柔地说出自己的想法,而我也等到了那一句久违的"我爱你",这令我感到这段感情并不是裂痕满满的。在今后的日子中,我要让他增加对我们感情的投资,而不是由我独自撑起这一切,我相信在不断学习怎样去爱的过程中,属于我们的爱情会越来越美好。

案例分析

案例中的女主人公一直在强调,她三年来的恋爱过程中为男朋友付出太多,她希望男朋友也多一些付出。我们看到,在爱情的权力博弈中,投入越大,或者对这段关系越在乎的人,获得的权力就越少。要协调、经营好亲密关系,最主要的因素是:我的付出是自觉自愿的,而对方对我的付出也是非常享受和感激的。并且,对方也要心甘情愿地付出Ta的资源,双方的付出应该达到相对平衡。所以,两人的关系必须在平等、尊重的基础上才能维持下去,并进一步保持稳定和长久。庆幸的是,案例中的男女双方都在学习中不断反思自己的观念和行为,试图更好地理解对方、倾听对方,更好地应用好爱情中的权力,这是一个非常好的发展趋势。

怎样看待爱情中的控制?

网络上流传这样一个帖子:"一个男人如果能够做到这些,你就嫁给他吧!他把QQ密码告诉你;把银行密码告诉你;冬天允许你把手放到他身体上;可以让你随时翻他手机;过马路时拉着你的手;不先挂你的电话;不大声对你说话;介绍他所有的朋友给你;陪你逛街不说累;把你的相片放在手机屏幕上;在街上为你系鞋带。"

看得出来,这个男人非常爱女朋友,对女朋友关怀备至,他的很多细节都是女孩子们很欣赏的举动。但从心理学角度,"把QQ密码、银行密码告诉对方"的这些行为,即使在热恋时期也是不妥当的。如果是这样,那可能意味着这个男人几乎没有自己的底线,他在爱中没有自我的空间。他允许女朋友可以控制他的一切;反过来,他也不会懂得去尊重女朋友的隐私,他也会去要求控制女朋友的一切。面对这样的男人,如果是一个理智的独立的女性,应当慎重考虑。

爱情中为什么会有控制呢？主要的原因是出于习惯,从父母或他人那里习得了支配人、操纵人的行为模式,习惯性地用了。还有一些原因是出于恐惧,缺乏安全感,害怕对方做出和自己期望不一致的行为举止,害怕局面失控,自己没有能力维持,害怕不被爱了,等等。

事实上,我们在亲密关系中要清醒地意识到,爱一个人并不给你以下权利：要求对方也爱你,控制对方的思想、行为,要求对方照顾你的人生快乐。爱一个人,只给你想为 Ta 做事的权利。就算这样,也是由对方决定是否接受,你不能要求更多。

所以,高境界的爱情必须具备两个条件：对对方没有要求；两人都能做到照顾好自己的人生。

一个人不能真正控制另一个人,也不能改变另一个人。每个人可以改变的只有他自己。在某种情况下,自己的改变或许能引导、感动对方也做出相应的改变。如果爱情中的人,只是想要控制对方的话,有人会以为那就是爱,还有人会把依赖、操弄、匮乏和爱混淆,但这些都不是爱,希望对方做自己,那才是真爱。

案例　我的爱情充满了痛苦和眼泪

我和男朋友是高二下学期在一起的,那是因为他给人一种阳光温暖的感觉。我们两人应该算性格反差比较大的,他有点大大咧咧,开朗乐观,而我是属于心思比较敏感、细腻,有点内向偏消极的个性。在高中,恋情是单纯美好的。每天的多次见面,慢慢地不知什么时候心里就只有他了。我一直觉得我们的感情很深,我们的恋情会一直这样甜蜜下去。

然而好景不长,我们考上了不同的大学,开始了异地恋。从大一开始,因为我的强烈的占有欲和妒忌心,我们不知争吵了多少次,又分手了多少次。比如,我会要他的 QQ 密码,翻看他和别的女生的聊天记录,即使没有任何的暧昧字眼,也会被我定义为暧昧关系,然后就会大发脾气。有时假期会去他的城市找他,也会趁机翻看他的手机信息、相册等。看到他和别的女生的合照会吃醋、生闷气,实施冷暴力。

由于是异地，所有的联系都寄托于手机。我和他经常用QQ聊天，但大半时间都是以争吵和不开心结束，而且大多数都是因为我突然变化的语气和心情而引起的。最近他的生日就要到了，我花了几天的工夫，亲手制作了一个真皮钱包，精美包装之后邮寄给了他。我时时刻刻盯着快递进度，终于当我看到它显示已经到了以后，本来等着他激动地告诉我有多喜欢，可是却杳无音信。晚上我便用冷淡的语气询问他是否拿到了快递，他说收到了短信，但没去拿。我的心立马就凉了一截，问他为什么不去拿？他说想等到另一个快递到了一起去，这时我忍无可忍爆发了脾气。心想，我亲手做的礼物，到了应该立马去拿，而不是扔在快递那里，他肯定是不重视我的礼物，更加不在乎我的心意。就这样，本来开心的礼物变成了吵架的导火索。

我老是担心他是不是真正爱自己，或者会离开自己。因此，我一方面希望能与他极为亲近，另一方面又对他是否可靠和可信满腹猜忌。我的不信任对他是重大的打击。每当我发脾气时，他总是不吭声或者直接下线。每一次在争吵之后，我都有一种自责的感觉，觉得确实是自己在无理取闹。但在脾气爆发的那一刻，我总是无法控制住自己。

我上一次提出分手时，他很决绝地答应了。我找他和好，他也不想，后来是我拖着行李箱去他学校找他和好而告终的。这次分手过程中我想了很多。在之后的一段时间里，没有再频繁地发脾气，吃莫名其妙的醋。因为我想通了，两个人在一起那么久了，都了解对方的性格脾气，他是怎么样的我怎么能怀疑？本来爱情就不可能建立在没有信任的基础上，更不用说是相隔几千公里的异地恋。而我为什么会花那么多时间在离我很遥远的他身上，而不关注自己身边的事情和活动呢？所以在恋爱中，应该学会自己爱自己，当恋人有事不能相陪，自己也要找一点有兴趣的事情做。最好的爱情是两人在一起的时候彼此融合，不在一起的时候就各自过好各自的生活。

回想过去的三年多的恋爱，有2/3的时间都花在了发脾气和争吵上面，欢乐和幸福寥寥无几，而痛苦和眼泪却填满了这段本该亲密的感情，让我怀疑我们到底懂不懂爱，该怎么去爱？最后的总结是，选择信任那个陪伴你多年的且还想陪伴你的人。爱一个人的前提是爱自己，那个人不在身边时一样能过好自己的生活。

> 案例分析

作者类似于依恋类型里的焦虑矛盾型的人,具有情绪不稳定,老是担心对方是不是爱自己,需要不断肯定的特点。她用不断发脾气、追踪男朋友行踪、翻看手机等行为来控制对方,试图来控制爱情,但这样做是徒劳的。所幸最后她有了反思,一步一步在做出改变,从痛苦中学到了很多。

爱情中应该用怎样的心理防御机制?

心理防御机制是人在面临环境变化时内心产生的一系列无意识的反应,是一种自发的适应环境的方式。尤其是我们在面临挫折或冲突时,潜意识内部为了缓解内心冲突,降低或者避免焦虑,恢复心理平衡,以保持人格的完整和统一而发展出的一种保护性的机制。一个国家的国防军存在的重要意义是保护国民的安全,心理防御机制就好像是一个人的"国防",也是为了保护自身的安全和维护内心的平衡。心理防御机制主要有这样几种类型:

- 精神病性的心理防御机制,精神病患者、儿童等会使用这类防御机制。主要是否认外界现实、歪曲、妄想性投射等。
- 不成熟的心理防御机制,在严重抑郁、人格障碍患者或者某些青春期人群身上可以见到这些防御机制。主要是退行、退缩、幻想、疑病、被动攻击、发泄等。
- 神经症性的心理防御机制,这类防御机制是正常的成年人都会有的。包括合理化、理智化、压抑、置换、反向形成等。
- 成熟的心理防御机制,这类防御机制是每个心理比较成熟、健康的成年人都会使用的,主要包括压抑、升华、利他、幽默等。

每一个人在不同时期都会使用不同的心理防御机制,有些人会使用比较成熟的防御机制,也有些人会使用不成熟的或者神经症性的心理防御机制。如果一个人经常使用不成熟的心理防御机制,在某些时候是有效的,但是在面对另外一些事情时可能会失去效果,会让自己陷入更悲惨更绝望的境地。所以,每个人都应该学会使用更成熟些的心理防御机制,来应对外界的各种变化。

案例　我失恋后启动的心理防御机制

我在高中的时候喜欢上一个女生,加了微信,谈了恋爱。但是不知怎么搞的,也许是我不懂女生的心,也许是我的聊天水平不高,女生觉得恋爱不像自己想象的那样,聊天也很无聊,我被删了好友,我失恋了。失恋以后我的很多的行为现在分析起来,可以用心理学的防御机制来解释。

第一是压抑和转移。失恋以后,我心情很沉重,陷入低迷的状态,我想尽快摆脱这种糟糕的心情。我每天疯狂地做题目,疯狂地看小说,企图以转移注意力来掩盖自己心中的痛楚。但最终,在做题的空隙和看小说时,这种痛楚时不时还是会袭击自己。所以用转移或压抑虽然能够骗自己一时,但是时间长了,伤痛依然会浮出水面。

第二是退行。退行是指经历过失恋伤痛以后,行为退化到了儿童时期的状态,以使自己感到舒服、安慰的一种心理防卫方法,这应该是失恋以后最常见的行为了。我那段时间,学习成绩一落千丈,自己的个人卫生也不关注和收拾了,家里父母烧好了饭我也不太想吃。现在看来这样的一种状态,除了伤害自己的身体,让自己更沉沦,让自己的父母更担心之外,是没有任何好处的。所以再怎么样也不能因为某件事而沉沦。情绪的发泄、缓解,可以有很多别的方式,使用退行或退缩,可以算是危害比较大的一种了。

第三是否定、幻想或贬低。通过否认或幻想事实来降低失望,通过贬低所渴望的事物来达到自己内心的平衡。我在被删了好友之后,也会有很多猜测。有时候会想,女朋友也许是太忙了,忙着学习而不想影响学业,所以才删自己的;也许是高三了,父母和老师发现了她的恋情,所以被迫删了自己……这样想想的话,心里也好过了很多。但是后来的事实证明,并不是我想象的那样。我有时候还会想:谈恋爱有什么好呀!失去她也有好处啊!学习好了,然后考上好大学才是主要的,其他都是浪费时间、毫无意义的。但这样的话终究是自欺欺人,自己的情绪依旧没有好转。整个高三的下半年,我的心情一直都很压抑。

经过学习,我得到的教训就是:在面对爱的丧失,面对一段伤痛的时候,一味地逃避，不去直面自己的负面情绪，启动否定、转移、退行等防御机制是不能解决根本的心结的，只有直面自己的伤痛，重建自己的价值观和生活的意义，才能使自己从伤痛中走出来。我应该学会爱惜自己，学会好好处理情绪，才会有未来的幸福。

案例分析

作者对自己失恋后运用的防御机制做了比较详细的分析，很中肯，虽然其中也有不全面的地方。比如，失恋后的防御机制是有一定益处的，使失恋者免于陷入更大的痛苦中，在某种程度上是保护失恋者能够通过时间的缓冲，慢慢接受现实，然后才能从痛苦中走出来。但作者对自己的剖析是有意义的，让他能够在以后的情绪处理中学会用更好的方法去应对，而不是又长久地陷入在这些糟糕的状态中不能自拔。

爱情是人们生活当中一种很重要的情感和体验，人们在爱情中会感受到喜怒哀乐、爱恨情仇，各种防御机制都会显现出来。比较常见的心理防御机制主要有以下这些：

投射。投射是个人把自己的态度、愿望、情绪等投射到环境当中的事物或他人身上。投射的这些内容有些是自己很喜欢的，也有些是很不喜欢的，尤其是把自己接受不了的想法放到别人身上，就好比自己受不了了就要把它丢出去一样。比如，现实生活中，某些人居高临下、大义凛然地批评、指责、瞧不起别人，也许就在把自己厌恶的某些东西说成是别人的东西。爱批评别人自私自利的人可能自己就很自私，因为批评别人，自己就舒服了，不用背负自私的内疚了。

如果用投射的含义来解释爱情，可以解读成某个人内心有非常强的情感和爱的欲望，他对另外一个人投射出他的这些爱和欲望，那么，他就觉得热烈地爱上对方了。这个原理，在暗恋中体现得非常充分。比如，一个人对另外一个人爱得死去活来，但是从来没有表白过。看到对方的一举一动似乎都觉得是对方在对他表示好感，这就是典型的投射。

应对投射最好的办法，就是去确认和澄清。比如，和对方当面讨论、确定你对他的评价和想象。如果确认下来是真的，就不是你的投射；如果并不是事实，那你就要收回自己的投射，接受自己投射出去的那个部分。如果暗恋者有勇气当面与对方去确认和讨论，也许就会发现所谓浓浓的爱其实是一厢情愿的想象。对方的一颦一笑在你看起来是一种爱的表示，但事实上只不过是很平常的举止行为。

心理学中也用心理投射测试，比如用"房树人测试"来解读一个人内心的真实想法和感受。如果我们看到一个高大的男生，他画出来的自画像是一个矮小的、瘦骨嶙峋的、面目不清的小个子，那我们也许可以推断，他对自己的评价是不太高的，对自己的了解也是不太清晰的。这就是通过房树人测试，了解他在潜意识中对自己评价的一种方法。

如果一个人觉得生活很美好，世界充满了爱，那是因为他内心充满了爱和美好；而如果一个人身处安全的环境，他却说周围的人一直对他不好，恋人也要害他，那也许就是他的心理投射，是因为他内心有对别人的敌意，内心有很强的不安全感。他投射成别人在恨他，并且想攻击他。这样的人对自我的评价就比较低，不仅会影响爱情的正常发展，还会影响到其他的人际关系。

案例　QQ好友就是我的暗恋对象

女孩小珂暗恋某个男士，却一直没有挑明，后来小珂在QQ上加了某个男士，一直聊天。小珂将她的心思告诉了这位QQ好友，QQ好友建议她找该男士说清楚，小珂却觉得很紧张、自卑，始终没有说出来。时间一长，小珂觉得这个QQ好友就是她暗恋的人，就是这位男士以好友的身份在引导她表白，并且她觉得每次跟QQ好友聊天以后，微信朋友圈中的暗恋对象就会发出相关信息，种种迹象表明QQ好友与暗恋对象是一个人，她在用各种证据证明对方也是爱她的。

当心理咨询师问她，微信朋友圈里的他的文章是发给她一个人的，还是公开发表等这类问题时，她不做回答，却继续证明两个人就是一个人，一再说对方也是爱她的。咨询师清楚地看到并一再提醒她，这两个人并非一个人，她仍持续地相信两个人就是一个人。她也想挑明做一了断，怎奈自己的自卑使得自己不敢面对对方。

后来,通过咨询处理了自卑情绪之后,小珂终于有勇气去面对了。她去询问了QQ好友,结果证明两个人并非自己想象的是一个人,接着,她也看到暗恋对象并非自己想象的那样是爱自己的。

无论结果如何,她总算走出了自己的想象、自己编造的故事,让自己有机会开始新的生活。如果她早些来做咨询,也不会让自己陷于此事这么多年,耽误了自己的大好青春。

案例分析

小珂的暗恋就是一种典型的心理防御机制。微信朋友圈的那一位男士所做的点点滴滴看起来是暧昧或爱的表示,但事实上只不过是面向所有人的一般行为。所以,当小珂有勇气当面和QQ好友去确认,就发现所谓的爱是一厢情愿的幻想。

反向。这是一种和原意相反的心理防御机制,是人们处理一些不能被接受的欲望、冲动所采用的手段。人有许多原始的冲动和欲望,由于不能被自己和社会所容忍,所以常常被深深地压抑到潜意识当中,但是这种欲望和冲动虽然被压抑下去,仍具有非常大的驱动力,而且随时随地在伺机爆发。潜意识为了防止这种冲动爆发出来,就采用了一种矫枉过正的方法,即反向作用。

比如,有些外表特别严肃的人,不苟言笑,但是他的内在却非常感性、温和善良。遇到需要救助的可怜小孩时,他就会表现出非常善良、慈祥的一面。也有一些家庭中,丈夫有了婚外情,他回到家就可能和过去不一样,对太太比以前更好了,呵护有加、温柔体贴。这也是反向在起作用,他怕自己的婚外情暴露出来而使用了反向机制。

反向还有可能体现出的是另外一种机制——反向认同。反向认同常常发生在父母与子女之间,也发生在恋人和爱人的选择上。比如,有个男士在相亲时选择女友的标准是,一定要找一个温柔可人、小鸟依人的女朋友,因为他特别不喜欢妈妈的强势和武断。所以,最后他可能真的会找到一个特别温柔听话的妻子。但是,婚后他可能会发现自己变得越来越像妈妈那样,具有极强的控制欲和咄咄逼人的气势。那么,这位男士在挑选伴侣的时候,潜意识运用的是反向认同的机制,就是对母亲的反向认同。而他在婚后表现出来的状态,是对母亲的正向认同。另外一个女士,找恋人时特别讨厌找一个像父亲那样唯唯诺诺、没有主见的男人。她心想,我一定要找一个非常有男子汉气概的丈夫,这实际上是她对父亲的反向认同。如果她找到了一位非常强有力的、男子气十足的丈夫以后,很有可能自己会变得越来越懦弱,最终变得和父亲一样的唯唯诺诺,而这是她对父亲的正向认同。

被动攻击。在人际关系中,如果一方处于明显的强势地位,强势一方攻击性很强,同时又不容许弱势一方表达他的感受。面对强势方,弱势方不敢表达愤怒,更不敢还击,这种愤怒的情绪被深埋到潜意识当中,甚至自己都根本意识不到了。但弱势方常常会通过犯一些莫名其妙的错误来打击强势方,这种方法和直接用愤怒攻击强势方的效果没有什么两样。这样的一种心理防御机制就叫"被动攻击",又称为"隐性攻击"。比如女朋友想和男朋友一起出去玩,男朋友有点不情愿。女朋友就说"你如果不陪我出去,就说明你不爱我",所以他就陪着女朋友一起去了,但在过程中他不断打哈欠。女朋友就问:"你是不是病了?是不是累了?"男朋友说:"不是啊,我很好。"随后,女朋友看到他一再打哈欠,又问:"和我在一起这么乏味和无聊吗?"她的自尊心受到了伤害,但男朋友却看上去非常真诚地说:"不是啊,我很喜欢跟你在一起的。"但仍然哈欠不断、萎靡不振。这个案例中男朋友可能就是使用了"被动攻击"的方法来应对他的女朋友。

在日常生活当中,恋人们之间的对话如果出现了这样的情况,就很有可能是"被动攻击"的防御机制在起作用。比如"我现在很冷静""好吧,随便""快了、快了""我不知道你现在就想要啊""我以为你知道啊""我只是开玩笑啦""不会吧,你这就生气了"等。

案例　小红的爱情将走向何方?

28岁的小红和男朋友小强谈了六年的恋爱,马上要走入婚姻了,男朋友目前在职场上发展得特别顺利,已经身为企业的副总裁。那是小红在自己的本职工作之外又打了两份工,帮助男朋友读完博士,才有了今天的成果。小红做事干练,能力很强,家里家外都是一把手,而且经常指挥着小强干这干那,比较强势,小强在小红面前也很温柔体贴。就在两人的爱情长跑即将修成正果的时候,小红却突然发现身边的人越来越陌生了。

从去年底开始小红发现小强有明显的变化:回来得越来越晚,话也越来越少,情绪也越来越低沉。小红以为是工作压力太大的缘故,就使出浑身解数逗他开心,但是小强总是莫衷一是、冷冷淡淡。男朋友越是心不在焉,小红就越是忐忑不安,她很想找小强谈一谈,但小强反问小红说:"我们有车有房,我又没有变心,一切都挺好,我总不能像刚恋爱时那样天天哄着你。"

但情况看起来越来越糟糕,小强在家里待的时间越来越少,回家后也越来越沉默,两人的性生活也越来越少。他完全不是刚恋爱时那个能够半夜起身为小红端茶送水的体贴的男人了,每天只是漠然地坐在客厅里看电视。小红问他什么,他就是不解释,也不表示什么。演够了独角戏的小红终于按捺不住内心的焦虑和恐惧,甚至想提出分手。但小强却一脸无辜地说:"为什么?谁家的日子不是这样过的?"他的态度仿佛受伤害的是他,而不是小红。

案例分析

我们可以看到在这个案例中,相爱的两个人,小红属于比较有力量和支配感的,加上男朋友小强的成功很大部分是由于小红在背后的支持和帮助。小强即使有对小红的不满,也不敢或者不愿意说出来。长期相处的审美疲劳、生活琐事和不如意,小强内心也许有很多情绪和想法,但他不会主动沟通,也不会把自己的情绪表达出来。他用了冷漠、忽视,不反应、不主动等"被动攻击"的心理防御机制,看上去似乎没有做错什么,也没有对不起小红,但是却令小红有很强的挫败感。他的这种做法起到了比直接吵架更具杀伤力的效果,所以他们的爱情未来岌岌可危。

升华。按照弗洛伊德的理论,人格结构当中有本我、自我和超我。本我就是人具有的一种本能的冲动和欲望,如果直接表现出来,在文明社会就可能受到处罚,或者让自己处于非常不利的境地,所以这种欲望就必须改头换面。那么,把原有的冲动或欲望导向比较崇高的方向，让它具有创造性和建设性，有利于社会，有利于本人，这种心理防御机制就称为"升华"。

著名音乐家贝多芬年轻时爱上了一个美丽的少女，但那时候贝多芬耳朵已经听不清了，再加上其他原因，他没能和这位少女结婚。贝多芬失恋了，他甚至有过轻生的念头，但是最终他在痛苦中振作了起来，从音乐中找到了解脱，创作出了《第一交响曲》。贝多芬36岁时又一次失恋，但是他用顽强的意志写出了《第七交响曲》《第八交响曲》，成为举世闻名的音乐家。贝多芬潜意识里产生的这种升华机制，让他走出了失恋的泥潭，也让世人见证了他横溢的才华。

第七章

爱的终身学习

为什么说爱的学习是终身的？
爱的终身学习有哪些途径？
爱的能力如何培养？
为什么说完美的爱情，爱和性是紧密联系在一起的？
男人是先有性再有爱，女人是先有爱再有性？
当代大学生如何正确理解爱与性的关系？
要完成心理断乳，需要做哪些工作？
是否存在"标准"的爱情（恋爱）模式？
真爱与迷恋的区别在哪里？
为什么说先要学会爱自己，然后才能去爱别人？
如何做到接纳自己，爱自己？
在亲密关系中，爱自己的表现有哪些？
如何改写自己的生命故事？
如何学会尊重别人，爱他人？
为什么说恋人和伴侣是最好的疗愈师？

情礼之间

为什么说爱的学习是终身的?

心理学家弗洛伊德曾经深情地说过,"爱与工作,这是我的希望"。美国著名诗人惠特曼也说,爱,不是一种单纯的行为,而是一种需要我们终身学习、发现和不断前进的活动。法国喜剧作家莫里哀说,恋爱是一所学校,教我们重新做人。

这些卓有成就的心理学家、艺术家们告诉我们,即使经历了人生的风风雨雨,跌宕起伏,爱一直是人们内心中那一股希望的力量,而了解爱、学习爱是每个人人生中必经的过程。生活中我们无时无刻不在接触爱、拥抱爱、付出爱、得到爱,但有多少人真正懂得爱的真谛呢?如果想对"爱"有深刻的领悟和体验,就必须学习爱,而且爱的学习是一个漫长的过程,是伴随终身的。一个人从出生开始,他就要学习如何爱父母、爱家人;成年以后要学习如何爱恋人、爱伴侣,要学习如何养育孩子、爱孩子,这些爱的体验、感悟和理念体现在生活的各阶段、各方面。我们这里探讨的爱情,即两性之爱是爱的终身学习的重要方面,浓缩了人类的爱的精华,也是生命的华彩乐章,需要我们每个人认真学习,细细品味。

相爱的意义,是让自己在两性相处的冲突和自我分裂中学会协调,重新整合,让人格更成熟,让生命过得更好。如果人的一生中没有爱情,那人生是不完整的。所以即使爱情让我们"伤痕累累"、心力交瘁,我们仍然可以在爱中学,在学中爱,让生命更滋润、更圆满、更有夺目的光彩。

爱情很美好，丰富多彩，但进入爱情是有风险的。谈恋爱并不是天生就会的，亲身体验常常伴随着痛苦，所以需要学习，进入婚姻更需要学习。人类社会由两性（包括其他性别）共同建立，在探索爱情的过程中，男女要共同面对，解决彼此的不同需求。要建立平等的两性关系更需要两性一起学习，才能和睦相处，共同成长。

爱的终身学习有哪些途径？

爱的终身学习有三方面的途径：自我的学习，双向交互学习，从周围环境、社会文化中学习。自我的学习包含爱的能力的培养，对身体的探索，成长过程中爱的心理体验，伴随体验过程中的自我的觉察、认知的改变，对爱情中身心灵各部分的整合，对爱情观的思考，在自我成长的道路上不断地探索，等等。

第一，爱的能力的培养。很多人想得到爱，更多的人想获得永久的爱。但现实往往很难如愿，这不仅因为爱的产生和获得需要一定的机缘与条件，还在于得到爱和付出爱有关，和爱的能力有关。爱的能力主要有：表达爱的能力、接受爱的能力、拒绝爱的能力、鉴别爱的能力、给予爱的能力、解决爱的冲突的能力、保持爱情长久的能力。这些能力并非与生俱来，要经过学习、实践、总结和反省等一系列过程才能完成。而且，爱的终身学习的理念应该贯彻在我们每个人的心中。在生命的每个阶段，爱的学习的任务各不相同，儿童有儿童的学习内容，青年有青年的经历体验，老年有老年的经验总结。不仅需要自己学习，还需要两性双向交互学习，结合形势的发展和客观环境的变化，平衡社会因素的影响。从我们的历史传统中学，从社会文化中学，与时俱进，才会有开放的思维，包容的心态，爱的内涵和外延才会不断地丰富和发展。

第二，对身体的探索。爱情具有身心灵三个层次的结构。对身体的探索不仅需要客观认识自己的身体和性欲，还包括对生理自我和心理自我的接纳，这是一个人人格成熟的重要标志。性爱是爱情的生理基础，也是爱情的基本内容。人类的性爱有三个方面的意义：从生物学角度，性爱是种族繁衍、生命延续的途径，性也是一种与生俱来的本能；从心理学角度，人们在性爱中体验到生命的快乐,性爱引发的身体上的高潮体验,同时也是心理意义上的高峰体验,尽管短暂,生命也因此而灿烂;从社会意义上,性爱是一种零距离的人与人之间关系的联结,这种关系比任何其他人际关系都要深刻和复杂,没有任何一种人际关系会超越有性有爱的两个人。

性是每个人完整人格的一部分,它的充分发展是人类的基本需要。性的充分发展与其他发展一样重要,具有重要的意义。包括身体的接触,亲密情感的表达,获得快乐、温柔和爱。性体现着个体与社会之间的相互作用。性健康是完整身体及心理健康的一部分,性健康也是维持良好亲密关系的基础,并对家庭幸福与社会稳定起着十分重要的作用。

第三,爱的心理体验。恋爱、婚姻是两个比较成熟的成年人才能完成的事,需要具备一定的条件。比如,要有相对独立的人格,与原生家庭完成了心理断乳,比较完整地了解了爱情的真谛,具备失恋的承受能力等。在进入恋爱之前,如果有这些心理觉察和准备,则恋爱的成功率会更高一些。

第四,自我成长的探索。美国西北大学心理学及社会组织学教授伊莱·芬克尔研究发现,现代社会的爱情,已经不再是简单的爱与陪伴,更重要的是爱情中的自我发展与个人成长。爱是自我成长。在爱情中,我们学会了解自己,爱自己,对自己有正确的自我认知。在亲密关系中,我们珍惜彼此的感情,对自己的情绪和行为负责,也学会说"不",不对他人的情绪和过分要求负责。

按照爱情过程理论,爱情的产生、发展过程有一定的规律可循,一般有五个过程:① 萌芽期——有两性初识时的好感、暧昧;② 甜蜜期——当男女亲密关系确定,就进入了激情浪漫阶段,感觉异常美好;③ 磨合期——彼此深入了解后,看到了比较完整的对方,各自的优缺点都逐渐显露出来;④ 平稳期——各自经过交锋、妥协、磨合,渐渐接纳完整但不完美的对方;⑤ 衰退期——当热恋的激情退去,爱情更多依靠理性来维系,并逐渐转化为亲情。

在以上的任何过程中出现问题,爱情双方都会遭遇困惑或障碍。对当代青年人来说,如何勇敢地去爱,如何在相爱过程中处理矛盾和冲突是人生最重要的命题。

作为人际关系中最复杂的一种关系,爱的关系是需要两性共同来建构和塑造的,通过双向交互的学习、碰撞和协调,达到对爱情的新的认识和理解,建构共同的爱情观。芸芸众生中的两个人要建立一段恋爱关系,需要双方相互学习,都有意愿并做出努力,任何一方不具备这两个条件,恋爱关系的走向就不容乐观。在一段美好的爱情中,恋人或伴侣是我们的治疗师,能够抚平和医治过去所受的伤痛;也能够成全彼此,各自都能成为更好的自己。如果在相爱过程中出现矛盾、冲突或问题,也往往是男女双方都有责任。比如,丈夫婚内出轨,不仅是丈夫一个人的问题,也和夫妻关系早就有裂痕或隐患有关,妻子也是有责任的。所以,从心理学角度来解读,亲密关系的好坏是由男女双方共谋的。既然如此,男女两性需要共同来学习与探索恋爱和婚姻的奥秘。要学习如何建立亲密关系,如何应对和处理亲密关系中的问题,或者如何结束一段亲密关系,如何平衡恋爱、婚姻关系里的其他各种问题,等等。

爱的学习还包括从周围环境、从社会文化中学。比如,建立一段两性的亲密关系,需要学习法律、民俗、文学艺术、美学、社会学、心理学、经济学等知识,掌握待人接物、举止行为等方面的社交礼仪,懂得家政管理、个人(家庭)理财,以此来适应社会文明、经济发展的趋势。这也是让唯美浪漫的爱情能接地气,同时扩展自己生活能力的重要方面。

爱的能力如何培养?

爱的能力主要有表达爱的能力、接受爱的能力、拒绝爱的能力、鉴别爱的能力、给予爱的能力、解决爱的冲突的能力、保持爱情长久的能力。

第一,表达爱的能力。要想具有表达爱的能力,首先需要问问自己这些问题:我想要表达自己的爱吗?我有足够的勇气和信心表达心中的爱吗?我能用恰当的方式和语言表达对 Ta 的爱吗?当表达爱的时候我感到幸福吗?因为,表达爱也就意味着要承担爱的责任。表达爱也是在表明爱一个人是幸福的,即使可能得不到答复和回报。回答以上的每个问题都能够觉察自己,觉察内心的感受和需要。

具体如何表达爱呢?首先要掌握基本原则:胆大心细脸皮厚。尤其是表白,不要怕失败,不要怕麻烦,即使失败了也了了自己的心愿,即使失败了也知道了对方的意愿。尝试了才有成功的可能,不尝试连失败的机会都没有。其次要选择合适的时机,该出手时就出手。用合适的表达方式,比如,用身体语言或当面说、微信、QQ、电话、礼物、书信、小纸条、带话等方式。选择合适的时间地点表达"我爱你""我很喜欢你""我很想念你""我没法忘记你"。还可以尝试以下的做法来制造浪漫:

- 单独约会法。比如邀请吃饭、看电影、游玩、跳舞等。
- 亲密行为法。选择合适的气氛,在特定情境中用直接的亲昵动作、拥抱或亲吻来表示爱慕之情。比如,含情脉脉的直视、故作娇羞的斜视、羞涩的一笑、温柔关爱的身体姿势等。
- 激将法。用言语刺激,迫使 Ta 反应:"总是我邀请你,你是不是回报我一下,也邀请我一次呢?"或当着 Ta 的面,故意和另一异性显得亲热。
- 善意谎言法。告诉 Ta,家人给你介绍了一个朋友,你很犹豫是否该去赴约,让 Ta 帮忙拿主意。
- 环境营造法。邀请 Ta 去环境优雅的咖啡馆,沉浸在温馨氛围里。
- 行动关注法。生病时的探望、有困难时的帮助、孤独时的陪伴等。

第二,接受爱的能力。具备了接受爱的能力,意味着当别人向你表达爱时,能及时准确地对爱的信息做出判断,坦然地做出选择。可以问问自己这些问题:如果爱情是突如其来的,我愿意接受吗?为什么?对于被爱我感到高兴吗?还是感到不解、不安、恐惧、害怕?如果爱情是慢慢培养而成的,我是感到高兴还是不安?自己觉得被人爱的感觉是怎么样的?是"我很高兴 Ta 爱我",还是"Ta 太优秀了,Ta 怎么可能会爱我呢?"等。

案例　我逐渐相信了爱,接受了爱

我最初觉得他"没安好心",逐渐接受他以后最大的感受是"我不值得被爱",我是那种小时候宁愿走很远的路也要被人丢出去的女孩,我不配得到这一切。而现在,仿佛我十几年前受到的伤痛被安抚、被抚慰了,原来爱情真的可以治愈我。

为了让自己有安全感,相信自己被爱着,且这爱不会轻易消失,我在备忘录里记载了所有的小事,关于他是如何对我好的,我又为他做了什么……我相信自己被需要,有不可替代性,相信自己是很好的,不是不幸的。当然,我对他的承诺还是不够相信,不过重复听得多了,信心也无形中增强了,对未来不再恐惧,而是有了几分期待。

一个人不会把自己缺的东西给他人,所以接受爱,拥有爱,是给予爱的第一步。试着敞开心扉,童话故事也是有可能上演的。我想我能遇见他是幸运的,努力地去接受和回报,只要愿意相信迈开第一步,未来就有希望……

案例分析

作者是个小时候差点被丢掉的女孩,在遭遇爱情时一直不相信会有人爱她,有"不值得被爱"的恐惧。经过学习和咨询,慢慢获得了被爱的体验,能够勇敢地接受爱,也学会了用很多方法让自己相信爱,相信恋人。读来可喜可贺!

第三,拒绝爱的能力。你会拒绝他人的爱吗?你面对不喜欢的人是接受了谈谈再说,还是断然拒绝?或是回避不理睬,躲得远远的?拒绝爱时你够果断吗?拒绝爱时你够智慧吗?

首先,不要接受不喜欢的人的求爱,这样既浪费了自己的时间又伤害了 Ta,但是要尊重 Ta 对你的爱。不要武断拒绝,但也不宜优柔寡断。在不希望得到的爱情到来时,要果断、勇敢地说"不"。

其次,要掌握恰当的拒绝方式。可以采用口头拒绝、通过第三方拒绝、书面拒绝等方式。要尊重对方,感谢对方对自己的感情。语气委婉、态度明确而坚决。表达要清楚,言行要一致,否则会被误认为害羞或默许存有希望。比如:"我觉得我们的性格差异太大,太不合适";"你是个很好的人,我很尊重你,我们能永远当朋友吗?"可以说一些理由,比如:"我现在对进入爱情还没有做好足够的准备,不想谈恋爱,请你谅解";"我父母不希望我这么早谈恋爱,我不想伤他们的心。"做到不伤害对方,又给对方台阶下:"我知道,你很爱我,但爱是一种牺牲,如你对我的爱是真心,就要考虑我的幸福,放我走,这样我才快乐";"我从来没有想过这方面的问题,现在也不打算进入恋爱,对我来说,学习是第一位的,希望我们还是好朋友。"

再次,不宜告诉其他人。任何其他人的建议都是基于他本人的观念或想法,只能做参考,个人问题还是个人决断比较好。

第四,鉴别爱的能力。爱需要鉴别吗?在收获爱情的过程中你想过这个问题吗?你在爱情中所受的伤害和你的鉴别能力有关吗?

比如,自己的这份感情是友情还是爱情?我爱Ta,需要满足内心的什么需要?Ta需要什么?我能够满足Ta吗?我们目前的感情是激情还是真爱?如果是激情,如何才能走到真爱的阶段?如果是真爱,如何在看到了Ta的优点缺点后仍然爱Ta?如果Ta出轨了我仍然能接受Ta吗?如果自己出轨了,是不是还要回去?还是义无反顾地离开?要回答这些问题,都需要觉察自己的内心,要具备鉴别爱的能力。

心理学家戴维斯认为友情主要包含八个要素:欢乐、互助、尊敬、无拘无束、接纳、信任、理解和交心,而爱情除了具有上述所有元素之外,还有两个必不可少的主要因素:激情和关怀。

其中,"激情"的内涵又可以分为"为对方所迷恋""性的欲望"和"独占性"三种成分;而"关怀"的内涵包括"永远理解对方和支持对方"以及"不计成本地付出"两种成分。

因而,爱情是一种特殊形式的友谊,包含更多的内容。与友情相同的八个维度上,爱情都有更高的情感水平。

案例　我一定不想在我的人生中失去她

我和高中女生小琴一起考入了上海的某个大学,我们两个考了相同的分数,都比录取分数线高了12分,双双被录取到了同一个学校。但是填志愿的时候,我们并没有事先商量过。那时候我心想:"她简直就是女生版的我呀。"进入大学以后,我们约定了我们的友谊,每个学期至少要选两门一起上的课。那时我们约好了,我去占座位,她去买早饭,我感觉十分温馨。上课时我们坐在一起,一起自习、讨论问题。后来,我们进入了不同的专业,也继续约着一起上公共课。走在外面,我们也常常被别人误认为是情侣。

有一天,她的室友突然在微信上问我:"你想追她吗?"我说:"当然想过。"她的室友回复我说:"那你就表白呀,小琴说,如果你表白,她一定会答应的。"但是很可惜,一直到现在我都没有表白过。

我曾经幻想过和她在一起,但是转念一想,我身边有太多的情侣,分手以后连朋友都做不成了,一分手就拉黑、绝交,这种情况让我非常寒心。我细细思量,我确实喜欢小琴,如果我向她告白了,我们成功地在一起了,当然很好。但是如果哪一天分手了呢?我们还能做朋友吗?还能像现在这样快乐地拥有彼此吗?我到现在为止还没有一个确定的答案。但是我确定的是,我一定不想在我的人生当中失去她,无论是朋友还是情人的身份。

我做过气质测试,是一个偏抑郁质的人,做事情比较患得患失,希望在人生的每一步都走得对,不想冒太大的风险。我很怕以任何一种方式失去她,所以现在只能以一种稳妥的方式一起相处。可以说我们的感情在这个阶段不会有太大的波动,但也不会有太大的进展。

案例分析

作者是一个比较内向、心思细腻的男生,他想和高中女同学永远在一起,他怕两人一旦成为恋人以后,有分手的可能,所以情愿以友情身份和对方相处。我们知道,友情和爱情还是存在着本质的区别,其中爱情要比友情多了"激情"和"关怀"两种成分。在当前阶段,似乎两个人能够和平相处,没有什么太大的波澜,但是如果小琴迟迟等不到作者的告白和承诺,她会不会答应其他人?她会不会仍然和作者保持友情,但是和另外的人谈恋爱呢?遇到这样的情况,作者会怎么办?所以,作者选择以友情来相处,就失去了爱情角色所包含的权利及义务。他的内心也许是希望和对方成为伴侣的,但是没有勇气去接受未来的不确定。从两个人的关系走向来说,以好朋友的身份继续相处下去,未来仍然有不确定性,这也许是作者没有考虑到的。作者鉴别爱的能力有待提升,因为这涉及"我需要对方满足自己内心的什么需要"的问题。

第五,给予爱的能力。给予爱就是给予对方理解、支持、宽容、幽默……让对方领略到你的智慧、勇气、力量和能力。要给出爱,首先要看自己内心有多少爱,如果从小到大获得过很多爱,那内心的爱的能量是充盈的;如果很不幸没有获得过多少爱,那在成长过程中要觉察、修炼和补充爱,让自己具备足够的爱的力量。一般而言,男性首先要勇敢、有责任心,女性首先要善良、善解人意,才能有能力给予对方爱。反之,如果男性小心眼,有特别强的占有欲,爱不成、得不到时一定要毁掉,情绪变幻无常等;女性嫉妒心强,严重缺乏安全感等,就不具备给予爱的能力。

要具备给予爱的能力,可以问自己这些问题:我了解 Ta 吗?我知道 Ta 需要什么吗? Ta 最关心和最害怕的是什么?我有哪些能力(语言、行动)可以满足 Ta?在 Ta 顺利时,我能做什么?在 Ta 不顺利时,我又能提供什么?在自己遭遇挫折和困境时,又能怎么做才会让自己平稳度过,同时又减少对自己和对方的伤害?

案例 如何应对女朋友的"分手"考验?

小泉是个略带抑郁气质的男生,沉稳而内敛,典型的线性思维;而希希则是个不折不扣的傲娇女,敢爱敢恨,但多愁善感。这一对恋人分处两地,刚开学的时候,两个人感情似乎很好,每天都看见小泉拿着手机,兴致勃勃地跟电话那头的希希聊上一两个小时,然后依依不舍地挂掉电话,脸上满是幸福的微笑。但是有一天中午,小泉在阳台上打完电话以后,脸色很难看,眼眶红红的。原来五天前他忙学生会工作,没有及时跟希希聊天。过了一天,他跟希希解释,希希表示理解。然而两天前,他再一次因为事情忙,没有顾得上及时回希希的信息,希希就发微信说:"你根本不爱我。"小泉觉得莫名其妙,但也不敢怠慢,赶紧打电话给希希,但是不管小泉怎么解释,希希都是冷冷的一声哦,最后希希发了一通牢骚:"你知不知道这两天我有多累多烦,我天天都在期盼你的电话,结果你都没有联系我的意思,你心里根本就没有我!从来都是我在自作多情,这样下去,迟早有一天我要崩溃的!我要换号码了,不要天天聊天了,就这样断了吧!算了!不要给我打电话了……"小泉彻底不知所措了,急得要哭。面对这样的情况怎么办呢?

这样的状况,不少异地恋的情侣都遇到过。因为看不见,互相不信任。联系沟通不及时,就会造成误会。也就是在一段时间内,如果无法有效的沟通,而男女双方的理解度、信任度又不够,加上青春期的敏感和冲动,就很容易造成误会和隔阂。

　　类似于希希这样的女生,多愁善感,容易胡思乱想,而且是越想越糟糕。如果男生不主动,不及时联系女生的话,她的心理过程往往是这样的:他今天为什么不理我?我好想听到他的声音啊,他是不是和别人聊天去了?他是不是不那么在乎我了?他不爱我了,他真的不爱我了!最近他看我的眼神都变了……我真傻,为什么对他那么好?真是自作自受,我受不了了,我不能这样下去了,我要跟他分手!所以,往往是女生先提出分手,但这种"分手"并不是真的想分,而是女生考验男生的策略和手段,其真实目的是让男生更在乎她,更关心和安慰她。

　　而男生不回应,或没有及时回应女生,却不是女生所想象的那样。大部分情况下,男生确实是有事情,比如做作业、锻炼、忙社团活动,或者在思考别的问题。大部分男生做事情往往比较专注,有时沉浸其中,会不自觉地忘记其他的事,或者总感觉少了些什么,但又想不起来。女生发飙以后,男生往往先是惊讶和不解:她怎么生气了?然后是愧疚,哎呀,昨天竟然忘了跟她聊天,瞧我这记性!不过,如果不是女生发脾气,男生是不会认识到问题的严重性的。

　　这种情景,仿佛是上天有意安排给所有异地恋情侣的考验,跨过去海阔天空,跨不过只有分道扬镳。可惜的是,很多大学生情侣都是出于一种自发的天真状态,不懂得换位思考,也不懂得适度原则。他们对爱情的理解往往是:"我对你好,因为你对我好。"维系他们感情的,大部分是每天的卿卿我我带来的满足感,表面的欢愉掩盖不了内心的孤独和恐惧。这样的感情太脆弱,也太缥缈,而真正牢固的感情,一定是建立在充分了解和信任的基础上的。

　　像小泉和希希这样的情况,小泉应该怎么办?小泉应该明白,跟一个情绪失控的女生讲大道理,不仅于事无补,可能还会适得其反。希希也许正处于一种矛盾心态,一方面希望男朋友好好安慰她,跟她道歉,让她感觉自己是有价值,是很重要很珍贵的,在男朋友心目中占据很重要的位置;另一方面又想给男朋友点颜色看看,抵消心中的怨气,让他不敢再犯。

　　小泉把这些情况求助于好朋友。在好朋友的参谋下,小泉觉得要给予希希一些安慰,想继续争取希希,他发了这样一条短信:"希希,我这个男朋友当得不够好,老是让你不开心。对不起!其实我挺笨的,我不是很清楚你需要什么,也不知道我能不能满足你的需求。但只要你直白点告诉我,我能用一百分的心思,绝不会少一分,因为我很清楚,我爱你!"

小泉这么做了,等了10分钟左右,他收到了回信。希希说:"以后我要继续烦你,烦到你烦我为止。"这对恋人共同跨过了一个难关,可喜可贺!也许爱情就是这样,必须要经过一次一次考验吧。每一次考验的通过,两人的关系都会进入一个新的阶段。这就是一个相互磨合、相互学习、一起成长的过程。

恋爱当中的男女心理差异并不是悲剧,因为不完美总是人生的常态。正因为有了这些不尽如人意的现实,这些起起伏伏的人生才有那么多的精彩和意味,恋人们才有努力的理由和前进的方向。恋爱让人成长,爱让人成熟、理解、尊重和宽容,使人幸福。

案例分析

本文是"爱情心理密码"的课程论文片段。作者非常形象地描写了爱情中两性的心理及行为差异,以及对这些差异的心理解读。主人公小泉成功应对了女朋友的"分手"考验,加深了对另一半的理解,也更多地体验到了应该如何更好地懂得对方,给予对方所需要的爱。虽然经历了波折,但这并不是坏事,这是爱的能力的历练,是成长的必须。

第六,处理爱的冲突,保持爱情长久的能力。很多时候,爱情带来的并不都是甜蜜和温馨,也会有很多的摩擦、冲突和争吵。这个时候,具备解决爱的冲突的能力就非常重要。可以问问自己或觉察一下这些问题:在爱情中感觉到了怎样的冲突?我用什么方式来解决冲突?这些方法有效吗?如果无效,知道为什么无效吗?我还会寻求其他的什么方法?

在爱情中如果要衡量自己维系爱情长久的能力,需要问问自己和对方:我是付出型还是接受型?我对另一半的生活感兴趣吗?我们是否互相尊重、互相欣赏?我们是否愿意分享彼此的感情?我是否准备好了被对方影响,愿意在某些方面做出让步?我能否处理各种矛盾冲突?遇到矛盾时,我是否愿意重新权衡自己的观点?对于生活和未来,我们的看法是否相同?我为爱情注入了新的力量吗?

案例　四年的恋情，恋爱磨合期的收获

我和女朋友在一起四年了，经历了很多风风雨雨，尤其是经过了热恋期，到了磨合期，感觉就很不一样。恋爱磨合期和热恋期不同，一方的缺点暴露以后，就会被另一方立即捕捉，甚至放大，从而以为是对方不如以前完美了，会不断地争吵。从心理学角度说，热恋期是身体中的激素分泌最多的时候，人们会感受到前所未有的幸福感。而磨合期呢，身体激素慢慢淡了，恋人需要适应共同生活的差异，是需要接纳差异、做出调整的时期。

弗洛姆在《爱的艺术》里说过，磨合期的关键在于爱情的无私性。如果两个人都愿意为对方无私地付出，愿意忍耐双方暴露出的小缺点，那许多问题都会迎刃而解。

我和女朋友热恋的时候，经常会送她一些小礼物，但后来发现她有丢三落四的习惯，有时候遗失了我赠送的礼物，我就有些不开心。那个时候我的回答是："没事，再买一个就好。"而到了磨合期，我对她的这个习惯就有些看不惯，经常会跟她讲讲道理，也会发生争吵。

我和女朋友是在两个学校。我们面临的问题是，见面次数变得不固定了，单独相处的时间越来越少。为了克服这种困难，我们选择在选课时同时尽量空出星期五，使得星期五变成固定的见面约会日，因为星期六和星期天，双方家人会时常聚餐、出游等。

同样，积极沟通的态度也是必不可少的。在磨合期中，许多情侣会出于这样那样的原因而冷战，拒绝沟通。情侣经常会出现这样的情况：女生气到面红耳赤，而男生却不知所以然；女生要等待男生道歉，而男生感觉莫名其妙，等等。我和女朋友进入不同的大学以后，见面次数减少了，也发生过这种情景。而且更惨的是，当发生争吵时，可能连当面求和的机会都没有。所以我们约定，双方只许赌气，不许冷战。我们的赌气是指短时间内可以不理不睬，但短时间以后，生气的一方要主动述说自己生气的理由、原因，并告诉对方，从而可以使得双方能够保持信息畅通，可以进行有效的沟通。

恋爱当中的自信也很重要，双方都要抱有能度过恋爱磨合期的自信。当了解到磨合期的规律以后，我们不应该逃避或者害怕，而应该把它作为两个人爱情

的垫脚石，并且坚定地相信能够共同跨过磨合期。跨过磨合期的爱情会更加稳定和甜蜜。我和女朋友就是这样，一直互相安慰着。距离产生美，我们由衷地发现，每次见面时，因太长时间没有交流，会有很多的话语想和对方诉说，那种感觉有时比热恋时更甜蜜。

著名心理学家埃里克森将人的一生分为八个阶段，而我们正处于第五个阶段——同一性对角色混乱的阶段。他说这段时间青少年会面临交友、择业，以及承担社会责任等诸多问题，却又不能肯定自己是什么样的人，所以会产生"我是谁"的疑问。对恋爱当中的情侣，"我是谁"的问题会变成"我们是谁"，很多不确定的因素和现实问题都需要两个人共同面对和考虑。我们也渐渐学会了为对方着想，为两个人的共同未来思考的方法和思路。因为恋爱磨合期，我学会了承担更多的责任，我拥有了一个能够无话不说，能够互相扶持、共同探索青春期奥秘的伴侣。我一直不认为"早恋"是坏事，因为有她的陪伴，我在人生的第五阶段中，不那么迷茫痛苦了。恋爱磨合期，不仅会使得爱情更加稳定，也会使得自己有所成长。

我和女朋友彼此都不是初恋，但是也是极其缺乏恋爱经验的，都是在共同摸索中不断地前进。我知道未来的挑战有很多，也很艰巨。我从来没有理所当然地认为我们最后一定会在一起，我想我会继续努力经营着这份感情，并和恋人一起走向更好的未来。

案例分析

作者和女朋友从中学开始谈恋爱，走过了风风雨雨的四年。在这四年中有热恋期的浪漫，也有磨合期的曲折。他对磨合期的认识与分析非常客观和理性，他也非常懂得如何处理爱情中的矛盾和冲突，懂得如何理解和包容男女的差异，懂得如何来共同面对未来的不确定性。由于彼此都具有比较高的经营爱情的能力，又有共同的理想和努力的方向，相信他们一定能够将这份恋情保持下去。

为什么说完美的爱情，爱和性是紧密联系在一起的？

性的意义不仅是生理上，更大程度上是心理上的，性是男女情感关系的一座桥梁。"爱情是诗化的性欲",这句话精辟地揭示了爱情与性的关系。对爱的渴望,不仅来源于性的欲望,还有与人建立关系的愿望。

我国陈一筠教授说,爱情是欲望、激情、精神和理智的有机结合,是生理、心理、美德与承诺的完整体验。人本主义心理学家艾瑞克·弗洛姆认为,性是建立一种亲密关系的愿望和手段。意义治疗与存在主义分析创始人维克多·弗兰克则认为,人的性欲不只是纯粹的性欲,它在人的层面上说,是性欲转化关系和人格化关系的工具。

爱情有无数种定义,对爱情感兴趣的人们经常因这样的问题而困惑:先有性还是先有爱?男人是先有性然后才有爱?女人必须是先有爱才能有性?这里引用欧美国家的一些研究结论来说明这些问题,因为目前国内这方面的研究还比较少。

一般来说,爱情和性是紧密联系在一起的。日常用语中,我们也能看到爱情和性之间的这种联系,比如,我们更多用"做爱""爱人"表示恋爱或婚姻中的性和关系,性关系包含着关怀和爱意。学术用语或口头语"操""啪啪啪"等则很少有爱的感觉。

进入婚姻曾经是唯一被社会认可的发生性行为的状态。但是,在现代很多人的观念里,爱情就是非婚性行为的正当理由。我们把"有感情的性"作为对恋人、伴侣表达爱的重要标准和手段,越来越多的人用个人内心的愿望而非社会的道德标准来处理自己的性行为和亲密关系。

比如,根据中国人民大学性社会学研究所所长、社会学系教授潘绥铭在《2000—2015 中国人的"全性"》(2017)中的报告指出,最近 20 年,大学生有过性行为的比例一直在上升,至 2015 年,男大学生已经超过 25%,女大学生超过 20%(图 7-1)。

有很多研究探索了爱情和性的关系。有些研究认为,对大多数恋人而言,促使他们发生性行为的因素主要是,两个人希望能通过性关系强化或扩展彼此之间的恋爱关系及其意义。如果一旦发生了性行为,男女双方都认为,性的满足常常会增进恋爱关系的满意度,也会增进恋爱和承诺的感觉。不过,男性的这种满足感比女性显得更重要一些。

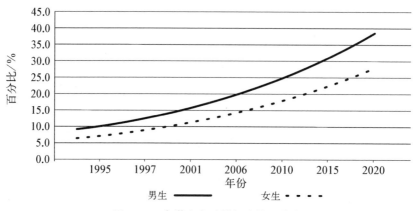

图 7-1　大学生有过性行为的百分比

影响性行为的两个最重要的因素是伴侣的亲密程度和成为伴侣的时间长度。如果恋爱关系长期稳定,情感上也很亲密,即使那些性态度上比较保守的人也能接受性行为。对关系较少承诺(或者没有承诺)的伴侣则较少发生性行为,关系中享有平等权利的伴侣比不平等的伴侣更多发生性行为。

环境因素,包括生活居所和其他场所以及文化环境,都会影响性行为的频度。性是一种非常私密的行为,一定是在安全、私密的地方才会发生性行为。如果有父母、朋友、同屋者或孩子在场,就不太可能进行性的活动,而文化环境同样影响着恋人或伴侣做爱的决定,父母、同学或朋友等的价值观都可能促进或妨碍性行为的发生。一个人在东西方不同的文化背景下,或者个人所属的亚文化群体,如大学、宗教环境、单身世界或男女同性恋社群等,都会对性行为的决定产生重要的影响。比如,在比较保守的社会氛围中,很多女性会排斥婚前性行为,认为婚后的性生活才是真正安全可靠和合法合理的;而在比较开放的某些人群中,"一夜情""约炮"也不是什么大惊小怪的事。

有一个研究认为,在一段正在进行的浪漫恋情中,女方如果在性活动方面采取主动的姿态,会被异性恋男性看作是她怀有浓厚兴趣的表现。这些男性并不会认为这样是举止失态或风骚浪荡,反而会觉得她很有魅力。而如果一个陌生的男性在性行为方面很主动,异性恋女性则会把这些男性的进攻型行为看成是和权力相关,并会觉得受到了威胁、身处险境,而不会被激起性欲。当这些男性在事先花一定时间,用一些方法或举止让她们感觉信任并信赖,有爱的感觉时,这些女性才会觉得此时发生性行为是合适的。

所以,我们可以这么说,完美的爱情是身心灵的整合,是性爱、情爱与信仰、价值观的一致。

男人是先有性再有爱,女人是先有爱再有性?

通常人们的看法是,爱是性的前提,性是爱的结果。人们常常纠结的是有了爱,才有性,还是在没有爱的时候一样可以有性。有些人认为这种有爱才能有性的观念,是人们在长期道德教化下形成的认知,未必符合人性的本质。许多时候,爱与性不仅可以分离,而且完全是并不相干的两回事儿。也有人认为,爱情是人类永恒的主题,也是最具有冲击力的人类情感,性是人类生理欲望的直接表现,两者结合才是最完美的。那么,应该如何衡量爱与性呢?是同时拥有爱与性,还是只能有爱,要压抑住自己的本能?或无须有爱,只要性的满足即可?对爱的渴望、对性的欲望学会去权衡、去平衡,可能是当代中国青年的人生必修课。

据研究,男女对爱情和性的看法往往不甚相同。比如,20 世纪 80 年代有研究表明,男性比女性更有可能将性和感情分开,而且大部分男性能够将性和爱轻易地分开。美国的一项研究也表明,爱情可以"点燃"大脑里面的两个区域,这两个区域与人的能量和愉快的心情紧密相连。但在爱情来临时,男性和女性的反应是有区别的:女性的反应是浪漫的,而对男性来说爱情还会"点燃"与性欲相关的大脑区域。

尽管这些研究似乎说明了男性比女性有更多可能将爱情和性分开,但是也有研究发现,男性认为他们最激情的性体验是发生在恋爱关系中的。参与研究的大部分男性认为,主要是恋爱关系中的情感因素让他们的性变得非常特别。换句话说,如果没有爱的甜蜜情感,男性的性行为也不过是身体的满足而已,和深爱的恋人做爱才能达到生理、心理的双重满足和愉悦。

女性一般是从感情关系的角度去看待性的,她们一般首先寻求的是情感关系,而有些男性在关系开始之初却只关注肉体关系。有些研究发现,女性从恋爱或亲密关系中主要获得的是自我价值,"我是不是有价值,值不值得爱?"但大部分男性却比较看重亲密关系中的独立和自足,"我是不是有实力掌控,能够独立应对?"这两个恋爱理念就有很大的区别,预示着男女双方在一段关系,包括性关系中的着重点很不相同。而且传统社会的道德标准会根据女性的性经验和性观念,把她们划分为好女人和坏女人。好女人是处女,没有性经验而且被动;坏女人是有性经验的,性格独立而富于激情。据 20 世纪 90 年代的调查研究,即使在欧美国家,这种看待男女两性的不同的性观念和性态度至今仍没有完全转变。

当代大学生如何正确理解爱与性的关系?

据不完全统计,当代大学生对爱与性的关系的认识,比较中性或正面的表达是这样的:性是爱情的生理属性,只是爱情中的一部分,爱情还有社会属性和心理属性等;性发育成熟才会有爱情的萌动,在青春期性发育之前的两性的好奇、好感和暧昧并不是真正的爱情;性也是爱情的能量的一种投注,爱情中可以没有性,但如果缺少了性,就会缺少很多深刻的联结和亲密感;性也是爱情的一种表达。有别于其他人际关系,爱情是人类最复杂的人际关系,相爱的两人,除了语言、肢体、表情动作等的交流,性也是重要的表达爱、喜欢、接纳的方式。爱情的最高境界是身心灵三个层次的融合,缺少了任何一个层次,都不圆满或深刻。只有身体、心理和灵性的结合,才是人类生存繁衍、合作抚育后代、认识自己、确认自身使命感的最佳途径。

这些与性有关的理念和想法,代表了很大一部分当代大学生的积极的生活态度,他们能够比较客观、理性地看待两性关系,看待性关系。

而大学生对性的比较负面的表达则是这样的:爱情只不过是为了满足生理的需要,其他都是假的;爱情有了性就不那么纯洁了,追你的人也许只要你的身体;有了性,爱情结束了就是犯了错误;其他可以尝试,性方面不能尝试;女孩子在性方面总是比较吃亏的。

这些观念并不全面和客观,持有这些观念的大学生并没有吸取传统文化中的精华部分,而是片面地看待两性关系,或遵从极端男权的意识形态,并不符合社会主流文化和爱情的真谛。

因此，大学生应该客观、理性地理解爱与性的关系。从爱情中了解：什么是男性和女性的身体的美？什么是男性和女性的性魅力？爱情的深入意味着心理的接近，也意味着身体的接近。爱一个人首先意味着尊重对方，恋爱中性的发展程度最终是看自己能否为自己的行为负责任。如果想和恋人尝试性，需要学习和性有关的知识，懂得保护自己和保护对方，安全的性行为十分重要。

要完成心理断乳，需要做哪些工作？

一个好的恋人或伴侣，必须具有相对成熟且独立的人格，心理上不再依赖父母，能靠自己的认识、感受对事物进行独立判断。

有研究表明，人们从青春期开始就有很强烈的愿望，想从父母身边独立出来，拥有自己的自我意识和独立空间。但真正的独立，可能是一个连续的、动态的过程，通常要到20岁之后，才是一个人真正完成独立的时间段。一个人的独立，给他的心理成长会带来非常大的意义。

心理独立能提高个人的自尊和幸福感。心理独立的过程，也是建立起自尊和自我价值的过程。获得独立自主权能够帮助我们获得幸福感，让我们在态度、情绪和行为的自主方面，都拥有更高的自尊、更好的社会适应性和更少的抑郁情绪。

如果从个人幸福感角度来说，我们对自己的人生自主权掌握越多，基本心理健康水平越高，焦虑和压力水平越低，幸福感越强烈。相比较，个人财富多少、社会发达程度与个体幸福感的关系则不大。

心理独立能激发个人的成就表现。一系列心理学研究证明了独立自主与成就表现有比较强的相关性。比如，自我决定论认为，提高一个人的自主性，能够最大限度地满足个体心理的成就感，激发其动机和成就。能够自主学习的学生，总平均绩点也比较高。独立自主的状态还有助于人们在工作中寻求兴趣和价值，从而提高工作满意度，提高工作效率。要达到心理断乳，需要我们完成以下的一些任务。

第一，需要在心理上完成与父母的分离。心理断乳，需要我们完成与原生家庭的分离，在我们自己的生活和父母的生活之间建立起清晰的边界，这个边界包含物理的边界,更包含心理的边界。即我们要学会把自己的生活与父母分开,有自己的收入,有自己的生活空间,自己做出生活的选择,并自己承担责任。我们与父母的关系除了"亲子"关系以外,还应该是成年人之间的关系。在这个基础上,学会对父母投入新的情感。如果没有这样的边界,就会出现这些现象:恋爱受困或不能处理与恋人的矛盾,就要求父母出面解决;婚房主要由父母出资买,婚礼主要由父母操办,婚姻过程中出现矛盾因父母的介入而使矛盾更复杂,冲突更大。因此,完成与父母在心理上的分离,是恋爱、婚姻顺利的第一步。

第二,有自主的能力,能够独立选择和适应。我们要有自主掌控的能力,能够很好地处理外界环境,拥有在环境中独立适应和生存的能力,包括具有自立的能力和决策的能力。前者的衡量标准是指我们是否拥有比较强的自信,在没有他人帮助的情况下能否应对挑战和处理困难。如果在陌生的环境下,出现问题经常求助于家人和朋友,则自立的能力是不够的;后者是指在面对人生重大选择,或生命中须决定重要走向时,在多大程度上能根据自己的价值观和喜好,独立地做出决定。比如,想和心仪的那一半结婚,父母却坚决反对;想要出国读研,或换个城市工作,父母却希望我们不要离家太远。一个自主决策能力比较弱的人,可能会在自己的意愿和家人的意见发生冲突时感到焦虑、不安或愤怒,并最终将决定权交给父母和他人;而自主决策能力强的人,则能够坚持自己的选择和决定。

第三,有能力管理自己的情绪。一个心理独立的人,应该有"情绪自主性",即能够管理自己的正面、负面情绪和内心的冲突。情绪自主性水平比较高的人,能够在各种环境中自主地控制自己的情绪和行为,而不受父母和他人的影响与控制。比如,受到父母的批评、指责,能否客观、理性看待,而不是由着性子大哭大闹或回避躲开。如果父母因自己的问题而情绪强烈,自己能否保持平静而不迁怒于别人。此外,我们能否建立起自我价值的评估标准,敢于冒风险,即使遭到强烈的反对,也勇敢地、智慧地表达和父母或他人不一样的、符合自己内心的意见、需求和价值观,这是一种自我坚定的能力。自我坚定水平比较低的人,往往不敢表达和坚持自己的价值观,以免引起对方的反对、愤怒或惩罚。而且,长此以往,他人的标准和规范就会内化成自己的价值观,但这些价值标准又和自己的内心需求有冲突。因而,在生活和工作中很难做出选择,可能会导致愤怒、抑郁和焦虑等情绪,形成负面情绪的恶性循环。

第四,应具备失恋的承受能力。爱情的消失有时候像爱情的到来一样突如其来,令人猝不及防。也有些爱情的失去是日积月累,由生活中的无数小事和不满意堆砌而成的,恋人说出的"分手吧"只不过是压倒骆驼的最后一根稻草。一个人如何处理恋爱中的问题,一定程度上决定了 Ta 会采取怎么样的分手策略,以及失去爱情后如何调整心态。这些都需要具备相应的能力,考验的是 Ta 的认知能力、应变能力、情绪管理能力和自我修复能力。

是否存在"标准"的爱情(恋爱)模式?

完整的爱情观念应该是身心灵的整合,具有专一性、责任性,是性爱和情爱的结合。每个人在成长过程中都会形成自己独有的爱情观,其中包含了很多对自己、对他人、对亲密关系的信念。有些僵化、错误的认知会形成爱情中的"宿命信念",对我们的思维造成负面影响,影响我们在爱情中的感受、情绪和行为,是非常有害的。

有些人认为必须按照"标准"的爱情模式去谈恋爱才是幸福的,但实际上并不存在所谓"标准""正确"的恋爱模式。心理学教授约翰·高特曼在研究了上千对和睦夫妻后,认为没有什么"标准"的恋情,每一段恋情都是不一样的。有的恋情温馨而安宁,有些却真诚而激烈,这两种模式都是可以持续下去的。恋爱模式可以有无数种,差别很大,但健康恋情都有一个共同之处——无论是激烈还是安宁的恋情,情侣们都会有争执,平均每五次积极互动就会有一次争执。之所以称为健康模式,是因为五次的积极互动就可以弥补一次消极的互动,如果不是 5:1 的比例,长期的亲密关系就可能受到比较大的损害。

婚恋爱中常见的错误观念是这样的:

- 彼此相爱的人不应该争吵。争吵是破坏性的,它表示爱得不够深。
- 如果我们相爱,就应该有"读心术"。我们凭直觉就能够心心相印,而不需要沟通所思所想。如果还需要明确沟通想法,那么就说明爱得不够深。
- 你永远无法改变对方。如果对方伤害过你,那么一定会一而再、再而三地伤害你。
- 被破坏和伤害过的关系是无法修复的。
- 我们既然是天生的一对,那么每一次性生活都应该非常完美。
- 男人和女人的性格与需要是不同的,很难真正理解对方。
- 美好的爱情是命中注定的,如果彼此都是"对的那个人",那么就能够美满地相处,而无须努力维护。

这些错误的爱情观念存在着过度概括、绝对化、理想化的特点,它们会使我们在爱情中遇到困难时,不自觉地放弃努力。所以,应该纠正这些错误的认知,形成比较健康的爱情信念。

健康的关系信念称作"成长信念"。例如,"理想的亲密关系是逐渐发展的,其中的困难、挑战只会让爱更深刻";"恋爱的关键是学会两个人一起处理冲突";"美好的关系需要艰苦的努力"。爱情不是宿命,也未必是缘分;美满的恋情和婚姻不是理所应当的,需要恋人或伴侣不断地努力经营和付出,才可能使亲密关系走向成功。

真爱与迷恋的区别在哪里?

真爱与迷恋有可能看起来很像,我们常常会把影视剧中男女主人公之间的激情之爱或缠绵悱恻之爱理解为真爱,但实际上真爱与迷恋之间是有差别的。具体而言,有五个主要的差别:

第一,迷恋往往在很快、很短暂的时间内发生。"一见钟情"大部分都是迷恋。真爱必须经过很长时间,等热恋期的激情退却以后,对彼此的优点和缺点有充分了解之后才会产生。

第二,迷恋通常是基于一种投射,而真爱是基于对伴侣长期、全面的了解。一个男性,可能从小就在心中编织了一幅"爱情地图"。在某个场合突然看到一个女孩很像他心目中的"公主",也许是她的长相,也许是她的气质,让他有一种特别的感觉,就会不自觉地疯狂地爱上了她。一个女性,也会在某些时候被她心中的偶像人物所吸引,被他高挺的鼻子、自信幽默的谈吐、潇洒的英姿所倾倒,疯狂地爱上了他。这样产生的爱情是心理学中所称的"投射",即他们爱上的都是自己心目中的形象,和真实的人有很大的差距。

第三,迷恋通常是自我中心的,有强烈的占有欲,充满了嫉妒、不满和欲望。但真爱是想要了解对方,愿意帮助 Ta 成长,让 Ta 得到幸福和快乐。

第四,迷恋常常是身体产生的激情,激情的产生与化学作用有关。热恋中的情侣们身体中会分泌很多激素,比如多巴胺、苯基乙胺等,给人非常兴奋、愉悦的感觉。但真爱却不是这样的感觉。那些彼此相爱、彼此珍惜的老夫妻,大脑中分泌的苯基乙胺逐渐降低,而内啡肽却不断升高,而这些会产生温馨、温暖、安宁等依恋的感觉。

第五,迷恋一般很难长久和持续,而真爱是两性之间的长期承诺。

大部分经过热恋又分手的情侣都是被一时的激情和迷恋的感觉迷惑了,没能真正看清对方的优缺点和人格特点。所以,恋情持续时间不长就会很失望,以为看错了人,而事实上,是因为从来就没有看清楚过。按照斯坦伯格的爱情三因素理论,如果能够在激情退却后,依然有温情、亲密和承诺,这样的感情就是真爱的体现。如果双方越是遇到困难关系越牢固,在内心需要发生变化时,双方能发展出很好的互动关系,感情就会变得更加丰富和饱满,不弃不离,历久弥新。

为什么说先要学会爱自己,然后才能去爱别人?

在亲密关系中,存在这样的规律:你越了解自己,越爱自己,就越明白自己是被爱的。如果你不爱自己,那么你就是在给每个人发出"我不值得爱"的信息。即使是恋人、伴侣、家人、朋友很爱你,你也很难体会到被爱和值得爱的感觉。

要收获美满的爱情,我们需要了解自己的需求点。大部分人感受到自己的情绪困苦,不安全,受伤,是因为自己需要得到关注和爱,需要他人的爱和接纳,这是一个必需的阶段。一个人只有在自己获得了爱的满足以后,才能感受到幸福和快乐,才会有能力和心情去付出,才有可能去滋养他人。

我们首先要做的是滋养自己。当一个人没有关注自己之前,是无法给其他人任何东西的,因为自己太虚弱、太疲惫、太匮乏,这时候身体里流动和散发的是一种负能量,只有让自己得到滋养才能完善自己。我们只有不断关注自己、滋养自己,才可能在这过程中去服务别人,给出自己的爱。

如何做到接纳自己,爱自己?

认识自己与接纳自己是达到心理健康其他标准的先决条件。正如心理学家埃里克森、沙利文和马斯洛等人所指出的那样,人们必须首先去爱和尊重自己,才能真正地爱其他人。

国内有一个心理学家认为"爱自己有七个层次":

爱自己的第一个层面:吃好、喝好、睡好、冷暖照顾好,健康长寿。

爱自己的第二个层面:收拾打扮好自己,补充自己的知识面,去接受文化艺术的熏陶,做个讲卫生、得体、有礼貌、有美感、热爱生活的人。

爱自己的第三个层面:接受自己的出身,接受自己的容貌,接受自己目前的境况。

爱自己的第四个层面:正确对待自己的情绪,允许它们的存在,重视它们的表达,接受它们的爆发。慢慢学习与之相处,疏导、不抗拒、不评判、放松观察它们的流经。

爱自己的第五个层面:去沉思、觉察情绪背后的原因,这些原因来自哪些原始伤痛,直视伤痛,并拥抱伤痛。

爱自己的第六个层面:我们身体的每个细胞都有许多记忆和印痕,每一个情绪都是这些古老印痕的表达,其实每一个情绪就是一个众生。我们能与每个情绪和解,深深地爱上每个情绪,不就是开始爱自己体内的众生了吗?

爱自己的第七个层面:我们经由爱自己,走向爱自己体内的众生,走向爱外在的众生,从而开始了真正的合一。

爱自己并不是自我中心。爱自己是意识到自己才是生活中重要的人,爱自己是尊重自己的感情,是能够欣赏自己,是会照顾自己,是不强求自己。

案例 我在爱情中学会了爱自己

认识他的时候是在初二,那个时候他是学校的风云人物,很多人都认识他,而且在别人的印象里,他是一个很花心的男生。我们在还没有成为恋人的时候,他有时也跟我说他是怎么追女生的,然后再甩掉。我们一直是很好的朋友,直到高二寒假的一天晚上,我们聊着天,他突然告诉我:"我喜欢你。"当时我的理智告诉我:我不能答应的,跟他在一起,安全感基本为零。但是,我却好像中了魔一样,竟然当场答应了他。

我们在一起后,刚开始的时候并没有什么改变,我依旧有一种把他当朋友的态度,不敢靠得太近。我身边的闺蜜和朋友也都比较了解他,劝我不要太认真,不要动真格。可是渐渐地我发现我会吃醋、会嫉妒、会害怕失去他,在他面前有一种自卑感,担心自己配不上他,担心他像对待之前的那些女生一样对待我。就是这种恐惧、担心和自卑一直吞噬着我,让我没来由地生气,一直跟他闹脾气。开始的时候他会让着我,可是渐渐地他就烦了。但正因为他的不耐烦,让我更加痛苦,让我觉得他很快就会不喜欢我了。我就觉得是我不够优秀、不够完美,他肯定不会包容我的……渐渐地就更加自卑了。

终于有一天闹得太厉害,他提出了分手,同时也真诚地跟我说了很多,他说我是他这么多女朋友当中最喜欢的一个。这时我才开始平静下来,仔细审视了自己的内心,重新反省这段感情。我发现,他提出分手并不是因为不爱我,而是因为我不够爱自己。

因为我的自卑,我的不信任,我不接纳自己的缺点和不完美,所以总是担心和怀疑,这对建立一段亲密关系是非常有害的。认识到这些,再加上学习了心理学,我渐渐了解到,首先必须要了解自己,接纳自己,爱自己,才会感受到男朋友对我的爱。这样,我能够感受到他的爱,我也会学着付出自己的爱,这样的爱情才是趋向于完美的。通过这个不断学习和修正自己行为的过程,我和男朋友又复合了,现在还在一起。我相信只要我有一颗不断学习和勇于改变的心,我们就会一直走下去。

案例分析

作者是一个比较自卑的女生,在面对所谓的"花心"男朋友时,虽然接受了男朋友的求爱,但一直缺乏对男朋友的信任。这些不安全感,一部分来自男朋友过去的所作所为,还有很大一部分来自女生对自己的不自信。庆幸的是,她学习了爱情心理方面的知识,了解了这些,还有勇气去改变自己的不足,所以,最后收获了比较满意的爱情。

在亲密关系中,爱自己的表现有哪些?

在亲密关系中,爱自己并不容易,如果没有对自己的深入觉察和反思,没能以客观、审慎态度看待两性关系,就做不到真正地爱自己。爱自己的具体方法有以下这些:

第一,善待自己的身体和心灵。大部分人都善待他人,严苛自己。但心理学却告诉我们,在心灵运作层面上,我们是无法真正做到"待人宽,责己严"的。只有先学会善待自己,才能真实地善待他人。否则,就会一味地在关系里面扮演牺牲者,最后导致压抑爆发、重复受苦的模式。

所以,我们要善待自己的身体,善待自己的情绪。爱自己,可以试着每天起床后认真照照镜子,学会感恩,让自己每天有好的心情开始。洗漱的时候,仔细看看自己,感谢身体的每一寸肌肤、每一个脏器每天24小时陪伴自己,让自己能够顺利学习和工作。好好照顾自己,买自己喜欢的食品、衣服和生活用品,为自己的身体健康、美丽而消费,为自己的长寿而投资。如有可能,在心理严重不适时去看心理医生,或接受心理咨询,为自己的心理健康投资。

当恋人或伴侣欣赏自己、夸奖自己,说甜言蜜语,或者买了贵重的礼物,花了时间、精力陪伴自己时,要学着坦然地接受,好好地体验,并给予恰到好处的回应。既不是推三阻四,心里很想但嘴上拒绝,也不是"作天作地"、索取无度。

第二,描述和坦诚自己的感受。在亲密关系中,当自己有任何想法和感受的时候,首先对自己不评判、不欺骗,真实地承认自己有这些想法。对自己的想法完完全全地敞开和接受,不评断自己的想法。

我们需要不断地联结自己的内在。如果经历了紧张焦虑、委屈愤怒、痛苦不堪,或觉察到了自己的情绪失控,要直面它,要学会在痛苦的深渊中和自己待在一起,尽可能清晰地描述自己的感觉,这是重要的主动寻找爱自己的第一步。

接下来是"自我省察"。我们不再把手指指向别人,认为都是别人害我们变成今天的景况,慢慢把注意力回到自己身上,审视自己的缘由和不足,了解自己在成长过程中发生的事,并用现在的眼光去检视。这样我们不仅觉察了自己的感受,还在关怀自己的内在心灵,这是进行心灵医治的重要步骤。

比如,从心理学的角度来看,使一个人产生"情绪过激"反应的,无论是特别愤怒还是异常委屈,可能都不是来自当下,而是触碰到了过去的一些东西,通常是与小时候的原生家庭有关。当情绪出现时,正是我们向内探索与疗愈自己的时刻,与这些情绪在一起,感受它们的需要,并给予满足,慢慢地我们就越发地接纳自己、爱自己了。更重要的是,我们可以选择合适的时间、场合,向恋人或伴侣分享自己的这些想法和感受。

第三,接纳完整的自己,包括缺陷。在自我觉察和自我疗愈的过程中,接纳、放下、与所有的感受和平共处是重要的过程。主动"接纳"和被动"接受"是不一样的。心理学意义上的"接纳",内涵是向内觉察之意。去面对内在那个可能是脆弱、无助,甚至不堪的自己,对一般人而言会本能地恐惧。因为人更习惯外投、外归因,因为不费力,就像把自家垃圾扔出去一样。心理学意义上的接纳自己是积极的,心理成长中的接纳是更加强调觉察和洞察。而一般所说的接受,是因为不知道问题究竟出在哪里,不知道如何应对,因无力改变而屈从于现实,是消极的被动接受。

著名的存在主义心理学家欧文·亚隆,晚年出席一个颁奖仪式时在讲话中坦言:"我感觉自己虚虚的"。在说的过程中有他咬手指甲的镜头,那是明显的焦虑表现。即使是像他这样的大师,也会当众不自信,并且不介意当众承认自己的焦虑和不安。看到这些,我们会不会不知不觉松了一口气,平凡的我们,又有什么放不下的呢?也许,我们都不需要完美,只需要完整。这种理念和感觉,需要和自己的恋人或伴侣分享,只有接纳了自己的不完美,才有可能接纳对方的不完美,真正包容对方的缺点、错误和不足。

案例　TED 的经典演讲——脆弱的力量

美国休斯敦大学教授布琳·布朗 2010 年在 TED 的演讲"脆弱的力量",向我们展示了如何看待自己、如何接纳自己的不完美的新的思路。她用自己的研究成果向大家阐释了这样一个哲理:"那些让你脆弱的,也会让你美丽。"布朗教授研究发现,人们对关系非常渴望,尤其是在进入两性关系时,每个人都会产生自卑感或刻骨铭心的脆弱感,让人感觉非常挫败,和人们想象当中希望从相爱中得到更多的美好感觉不一样。

而那些具有强烈自我价值感的人,和一般人不太一样。无论在一般的人际关系还是亲密关系,他们都有勇气去觉察自己、表达自己,能够全然接受自己脆弱的感觉。从人的情感发展角度来说,我们没有办法选择性地只接受所谓的正面情绪和感受,去回避或排斥消极的情感,只有全盘接受"好""坏"的所有感觉,特别是类似于这种脆弱和无助等的负面感觉,才可能慢慢让我们安定、安宁,随后才会出现平静和愉悦。所以,布朗认为,脆弱既是我们为自我价值而挣扎的来由,同时也是欢乐、创造性、归属感和爱的源泉。

如何改写自己的生命故事?

后现代心理学流派告诉我们,你的生活是个爱的故事,它是关于你允许爱自己多少的故事,而爱自己才能爱别人、被人爱。你的故事看似是有别于其他人的故事,实则有着相同的剧情。我们都是寻找着爱的被爱者。当你体验到真正的自我接纳:"我可以做真实的我并且因此被爱",你就可以不必戴着面具,取悦他人,也不用扮演任何角色。相信做自己才是爱与被爱的关键。

首先,我们需要回顾自己的心理历程。在生命的早期,我们或多或少都有不被爱,不被重视,甚至被侵犯、被抛弃的经历或感受。也许那个时候,我们只有变得乖、变得讨人喜欢,才能获得爱。这是那个时候的记忆和感受。受伤的经历,童年遗留的情结,都需要妥善处理才能愈合。人生难免会因人与人相处时产生冲突、摩擦而内心受到伤害,如果那些伤害继续存在,没有得到应有的照顾和医治,那么日后会有很多的后遗症。我们应如何面对这些伤害,如何疗伤,才能更有力量站起来?

我们要学习用现在的、较为成熟的、更客观的立场去检视过去所发生的事情。如果你的父亲曾经对你很粗暴无情,试着用新的角度来看,你可能会了解原来父亲在那个时候也是不得已的,或者他只不过是不小心讲了一句话,对你的伤害却是那么真实、那么的深。除非你能重新探索,否则很难从中解脱出来。纵使父亲对你的伤害是有意的,心灵探索和医治也能减轻伤痛,帮助你接受人的不完美,学习设身处地看到父亲那样做的理由,进而学会理解他、饶恕他。

由于孩子的承受能力不够强大,在遭遇一些事情时,有时会被伤害得很深,但我们若能以成人的眼光追溯当时的景况,伤口也就没有那么大了,这也是为什么回顾心理历程很重要。

其次,可以通过写情绪日记来了解自己。我们需要觉察自己的内在信念,了解自己基本的心理防御机制。还可以多阅读多思考,听一些关于心理学的讲座,参加小组活动,可以尝试写"情绪日记"。就是每过一段时间,认真总结一下工作学习或生活中有哪些事会让自己有"情绪过激"的反应,把这类事情记录下来,进行反思和分析,更加深入了解自己的情绪,以及与他人之间的心理互动规律。这对于自己的成长、心理复建有很大的帮助。

如果我们没有勇气去面对过去那些痛苦的经历,一味地回避或压抑自己的委屈、伤心等情绪,反而会变成这些情绪的奴隶,受其控制。如果竭力压抑或否认,这些情绪往往冷不防会在某些时间、某些场合,以更大的强度爆发出来。因此,我们要经常觉察、感悟,了解自己的情绪,学会有效地处理情绪。当我们遇到自己情绪激烈或几乎失控的非正常状态时,正是重新学习的最好机会,这个及时觉察、反省的过程,可以帮助我们更深入地了解自己潜意识中的渴望和恐惧,了解自己的心理运作规律。所以不要轻易忽略和放弃,可以用心一点一滴地记录下来,帮助自己省察、思考和提高。具体方法是寻找真实自我、爱自己的各种办法,比如,我如果是真的爱自己,我会……(思考),我会……(做);或者,现在更爱自己的方法是……

在修复内心伤痛、重建真实自己的过程中,很重要的是给自己一些正面的情绪经验。我们需要不断建立良好的爱的关系,或者在恋人、伴侣的帮助下重新让爱流动起来,使伤痛得到医治,并努力学习创造各种正面的经验。例如,尝试做些从未做过的事,品尝新奇的食物,听不同风格的音乐,结交一些新的朋友等,以此来帮助自己不断成长。

案例　我不再怕别人说我矮小了

一位女大学生来心理咨询,她迫切需要解决自己的自信心问题。当问起她有哪些方面觉得自己没有自信,她说了很多。比如说,自己学习成绩不好,人际关系也处理得很差,生活当中很少有开心和快乐的时刻。她尤其特别敏感别人说她身材矮小、娇小。她描述自己,认为自己形象方面最差的是身材不高、肤色偏黑、容貌不佳。她认为由于这些导致了自己自信心严重不足,她甚至想过去整容。当咨询师了解她的成长经历时,她说起小时候最讨厌听到妈妈说自己"你这么矮小,这么难看,以后会有什么出息!"说着说着,流下了痛苦的眼泪……咨询师慢慢听她诉说,让她宣泄愤怒的情绪,引导她处理了过去所受到的委屈、害怕、伤心等情绪。

咨询师用一些咨询技术,帮助她与想象中的妈妈进行"对话",表达对母亲的感受;还建议她回到家也要试着与父母沟通,说一说自己真实的想法和感受,希望他们不要再用类似的语言来评论她,让她受到更大的伤害。女生回家后,按照咨询师教的方法,学着和妈妈进行沟通,效果很好。女生也第一次明确地知道,在自己小时候,父母也经历了很大的生意上的失败,妈妈情绪失控,常常把愤怒和失望的怨气朝她发泄。父母也渐渐意识到,虽然心里是喜欢女儿的,但这样的语言的确对女儿造成了很大的伤害,导致了她的自卑。所以他们也承诺,以后尽量改变和女儿相处、沟通的方式。

经过几次咨询,当咨询师再问起这位女生在学习、生活中的情境时,女生说:"我现在不那么在意别人说我矮,说我不好看了。因为除了外貌,我还有刻苦、坚韧、努力等很多内在品质,所以,我的自信心逐渐提高了。"

案例分析

我们的每一种情绪、每一种行为方式都有它深层的原因。我们之所以成为今天的自己,也许都是有它的发展轨迹和内在动力。意识到这一点,我们才会慢慢开始学习不怪罪别人触发自己的心理敏感点,去探索自己的成长经历,去调整和父母的关系。尽量去理解和接纳父母的缺点,才能专注于自己的自省、改变与成长。

再次，可以运用生命线来回溯过去。回顾自己从小到大的悲伤或快乐的事件，从父母、长辈处了解自己家庭的历史，也是我们更深刻地了解自己，进行心理分析、心灵修复和重建的有效手段。准备好一张白纸、红蓝铅笔。白纸横放，在纸的中部，从左至右画一道长长的横线。然后，在右端加上一个箭头。左端写0岁，右端是现在的年龄，线的上方写上过去生活中快乐幸福、比较积极的事件，下方则写下曾经受到伤害、不愉快的各种经历或事件。比如，6岁上学，感觉是很开心的一件事，就找到和6岁相对应的位置，在生命线的上方用红笔填写"上学"这件事。如果觉得15岁时初恋很快乐，就把这件事的位置写得更高些，而假设16岁时失恋了，非常伤心，对你造成了比较大的创伤，就可以在生命线16岁的位置下方，用蓝笔记录下来。再或者，你18岁考上了北大……你欣喜若狂，就继续在生命线的相应上方很高的地方留下记录。依此类推，不同颜色的彩笔和不同位置的高低，记录了自己在今天之前的生命历程。通过这个画面，可以清晰地、全面地看待自己生命中重要时刻留下的印记。可以总结过去的事件，帮助自己从更成熟、更多元化的角度重新解读不愉快甚至痛苦的事件，消解过去的负面影响。

最后，很重要的一点是，可以寻找安全可靠的朋友或专业人员帮助自己。因为了解自己的情绪和感受，并从各种经历中寻找自己生命的意义，这些情绪性或经验性上的学习，其效果要远胜于理智上的学习。当你在回顾总结时，身旁最好有个安全的人，最好是内心力量比较强大的知心朋友或专业人员。这些人可以帮助你保密，也不会因你谈了某些隐私问题而对你产生异样看法，是可以让你做真正自己的人。当对方能真正倾听、接纳、了解你的时候，才会起到心灵康复的效果。这种心灵相应、具专业性的情绪治疗经验，是心灵医治过程中最重要的一环。如果有机会，也可以去寻找适当的支持团体，互相帮助、互相支持，借鉴别人成功的经验，会让自己更有勇气和力量面对难题。

当我们用现在更广阔、更远大、更成熟的眼光去审视往日的伤痛，那些消极影响才能逐渐消失或慢慢减少。早年一个孩子无法承受的伤痛和委屈，经过学习、觉察和反思后，或经过专业人员的帮助，现在以心理更成熟的成年人的姿态重新来面对，会有更多更强的力量来解决，并可以相应地改善现在的处境和现实的生活。

如何学会尊重别人，爱他人？

恋人或伴侣在相爱相处过程中，应该尊重对方，接纳 Ta 本来的样子，才有可能帮助对方积极发展自我，共同创造美好的未来。

案例　寓言中的爱情和自我

一个国家发生了灾难，求助一位法力无边但奇丑无比的巫女，巫女开出的条件是要她心仪的将军娶她为妻。

新婚之夜，巫女突然变得非常漂亮，她对将军说："我一天之内必须变身，你是选择白天奇丑无比晚上美丽的我呢？还是选择白天美丽但晚上奇丑无比的我呢？"这位将军沉思片刻回答："我尊重你的任何选择，做你想做的自己就好！"

听到将军的回答，结果巫女从此变成了白天黑夜都漂亮的女子。

将军面对巫女提出的要求，选择了让她自己做主，愿意做什么就做什么。这不仅仅是一种智慧，更是对爱的深刻理解。

在经典爱情电影《泰坦尼克号》里，男主角杰克、未婚夫卡尔都爱着露丝，但卡尔要求露丝克制、约束、当淑女，符合当时社会对女性的一切标准和要求；而杰克对露丝的爱则不同，他帮助露丝做怡然自得的自己，帮助露丝体会酣畅淋漓、恣意潇洒。杰克对露丝本身有着深深的欣赏和爱，极尽呵护和照顾，最后把生的机会让给了露丝。在无法陪她一起活下去时，杰克嘱咐露丝：好好活，好好做自己。他只要求露丝做健康幸福的自己。所以，这样的爱，才让露丝铭刻在心，永生难忘，并在以后的人生中不断激励和滋养着她。

走进爱情里，如果我们能够保持"怡然自得"的自我，也会让你爱着的那个人从容、自在。这样的爱会让我们离幸福更近一些，离伤害更远一些。著名心理治疗师和家庭治疗师维吉尼亚·萨提亚的一首诗《爱的境界》特别好地诠释了这个理念,这样的情感也是高境界的爱情,是每个人都可以努力达到的。

爱你而不为难你;

感恩而不评判你;

融入而不侵犯你;

邀请而不要求你;

获得而不拽住你;

相聚彼此滋润;别离没有遗憾;

如果你我同样,就是至爱境界!

为什么说恋人和伴侣是最好的疗愈师?

首先是因为好的伴侣能够帮助你成长。在选择恋人时,很多人认为是 Ta 的外表或气质让自己有感觉。其实,按照心理学的理论,很多时候是潜意识帮助你做出了选择,很多时候我们所谓的感觉,是 Ta 能疗愈你内在负性特质相吻合的部分,譬如,批评、冷漠、伤害、遗弃、愤怒、忧伤、分离、虐待、匮乏,甚至极端情绪化等,正是这些造成了你内心深处的某些情结,有很多未得到满足的爱与安全感,而这些在恋人身上可得到满足。

如果我们有足够的觉知,就可以认识到亲密关系带给我们最大的好处是,在恋人或伴侣的陪伴下,有机会去发掘、认识潜藏在心底的核心情结,让自己更深入地了解自己与对方,并不断修复、完善自己的心灵,发展出一个健全的自我。做到这些,才能在亲密关系中给别人真正的爱,并在其他的人际关系中也可以做到游刃有余、进退有度。所以,除了父母,好的恋人是最好的心灵伴侣。Ta 将作为你的治疗师,就像天使一样,治愈着你的心灵,让你获得新的成长。

其次,共同成长才能彼此满足。从一而终的一个伴侣能满足自己的终身需要,是比较理想的。因为我们自己在变动在成长,对方也在变化,所有一切都是变动的进行式。伴侣再完美,Ta 还是 Ta,不是自己。好的伴侣是养分,却无法填满自己内心的空虚和匮乏,内心的缺乏只有自己才能弥补和修复。

随着两人关系的进展,即使相爱,若双方无法同步成长,结果很可能是彼此矛盾冲突重重，或冷漠或分手。所以，要突破相爱相杀的结局，最好的选择是彼此共同学习，共同体验和总结，共同成长。

最后，我们要学会跟自己的内在联结。恋人们都希望相爱相伴终生，但好的伴侣并不一定终身不离，Ta 的出现、离开，彼此相聚与骤离，都是为了支持彼此的心理成长。最好的灵魂伴侣是自己的内在，每个人只有借着外在好的伴侣的一言一行，才能观照自己的本来面貌。要使自己的人生幸福和圆满，必须与自己内在的精神，与自己的真我，与自己的恐惧和无助联结。如果做不到跟自己真正的联结，在外面再怎么寻找，都找不到真正理想的伴侣。最好的灵魂伴侣是自己，只有自己成长了，无论何时找到自己的另一半，都可能拥有真正的幸福。

所以，我们要善待生命中出现的每一个人，尤其是和我们相爱的那些人，哪怕 Ta 已经不在身边了，哪怕 Ta 曾经伤害过自己。生命中所有出现的人是为了让自己去学习成长，学习该学习的功课。我们需要做的是，不害怕自己受伤，也不指责对方。

相爱的两个人都需要成为情感相对独立的人。这意味着，我们需要在关系中时时觉察和剖析自己。如果你是一个感情容易受伤的人，那么在进入一段关系时请放慢自己的脚步，好好体验、反思和总结，和恋人共同探索和成长。受到伤害时不应该情绪激动地哭诉、抱怨或指责，甚至打骂对方。可以问问自己："我怎么了？真的是 Ta 伤害了我吗？还是因为我自己的原因？"

男女两性真正的共同成长需要彼此带着勇气去面对困境，如果发生问题恐惧再次受伤，不相信两个人还有其他的可能性，这样的心态和情绪，就切断了对亲密关系的体验，就会阻碍亲密关系的发展。即使在探索中可能再次经历痛苦和恐惧，如果依然能够信任对方，向对方敞开自己，显露出自己的无助，让自己做一面镜子，让对方能够透过你，看到 Ta 自己，这样的关系就是一种可以共同成长、彼此信任和滋养的关系。

第八章
亲密关系的维护

爱情的三个层次是什么？
爱的五种"语言"具体是指什么？
如何理解和处理恐惧爱、回避爱的困惑？
如何营造情侣间的愉悦感和亲密感？
如何维护异地恋的感情？
为什么你的爱情会输给日常琐事？
亲密关系中为什么会有冲突？
什么才是"正确"的吵架方式？
为什么嫉妒？如何应对爱情中的嫉妒？
如何看待亲密关系中的欺骗和说谎？
如何应对亲密关系中的背叛？
如何掌握亲密关系中的情绪管理？
亲密关系中如何学习对自己的情绪负责？

爱情的三个层次是什么？

爱情中有很多矛盾和悖论之处，比如，为什么我爱Ta那么多却得不到回报？为什么付出越多，Ta离我越远？为什么我满脑子都是Ta，想得到Ta及时的回应，而Ta却冷若冰霜？我国作家赵永久认为，每个人在爱情中的理解是不一样的，得到和付出之间也有很多的误区。很多人以为只要我爱你，对你付出了，你就应该满意。岂不知，这种想法和做法真的"很傻很天真"。他认为爱情有"初、中、高"三个层次，不同的层次对应的是不同需要的满足。

第一，爱情的初级层次是满足自己的需求。大部分人对爱情的理解，是自己有了激情的感觉，就觉得是爱了。所以，这是把自己的需求理解为对他人的爱。我们判断是否爱上了一个人时的情形往往是这样的：我想你，看不见你时满脑子都是你。见到你就很开心，见不到就很痛苦。我离不开你了，我发现我爱上了你！

一个人发现自己的脑子里整天都是对方，吃饭、睡觉、做什么事情都一心只想着Ta，甚至梦里都是Ta的影子，这就是爱上一个人的表现。根据美国人类学家海伦·费雪的研究，这些深陷热恋中的人们的反应是身体中出现了各种爱情激素所致，让我们对另一半产生了深深的迷恋。实际上，这只是本人的心理需要，有对方就开心，没有对方就痛苦，这说明需要有爱的对象才能开心快乐起来，也说明对方是可以满足你需要的人,但不能证明你是爱对方的,因为爱不仅仅是需要这么简单。

假使我们认为这种激情就是爱,那也只是爱的比较初级的形式,或是低级的层次。因为这本质上是爱自己,是自己对对方的需求,是希望跟对方在一起来满足自己的需求,让自己更开心快乐一些,正所谓"我爱你,与你无关"。

第二,爱的中间层次是"自以为是"地付出。相比初级层次的爱,还有一种爱,看起来像是很爱对方,本质上却是"自以为是"地在付出。这种爱是这样的:自己很喜欢吃鱼,就天天买鱼烧鱼给伴侣吃,而且一再强调吃鱼有益健康,劝对方多吃点,但伴侣不领情,因为 Ta 讨厌吃鱼。自己认为金钱财富很重要,就拼命工作没有休息,但家人并不领情,因为伴侣和孩子更希望陪伴。

处在这个层次的人比第一种好一些,他们心里有爱对方的意愿,想着为对方做些事情,而不只是要求对方做什么,让对方来满足自己。但做的都是自己认为好的事情,不是从对方需要的角度出发的。那这些到底是为对方付出呢,还是满足自己的需要?这样的人还会经常说一句话:"我这样做还不是为你好!"如果一个母亲口口声声说爱孩子,也为孩子做了很多很多,小到穿衣打扮,大到找工作找对象,都由母亲做主,孩子感受到的除了爱以外,还可能有厌烦、委屈、无力等被控制感。这些爱的成分里,有很多并不是孩子需要的,而是母亲自己的需要。还有些人在家务琐事、为人处世等方面,都要求对方按照自己的意愿,忽略伴侣的感受和意愿。虽看起来是爱,本质上是以爱的名义在控制对方,而对方往往觉得很尴尬,接受不是,不接受也不是,极端的还会激起伴侣的反感和抵制。付出的一方在热情付出之后也很委屈,说对方不懂得感恩、报恩。这种爱可以形象地描述为"Ta 需要一瓶水,而你却千里迢迢运去一车馒头"。

处于这个层次的人,他们的注意力还是在自己身上,这不是爱对方,这是爱上了"付出"这个行为本身,只关注自己有没有付出,却没有关注对方是否喜欢。这种情形是爱的中级形式,恋人或伴侣往往不能从中获得愉悦和幸福。

第三,爱的最高层次是相互满足对方的需求。满足自己不算是爱,"自以为是"地付出也不是真正的爱。那么,什么样的爱才能算是真正的爱呢?有爱的能力的人是如何爱的呢?

彼此细心观察和了解对方的需要,恰到好处地爱和付出。能够运用爱的五种语言,懂得用对方所需要的语言、行动、陪伴、礼物和身体接触去爱对方,用最恰当的方式去满足恋人或伴侣的需要;同时,表达自己的需要,用合适的方式要求对方满足自己的需要。这样的爱才是高层次的爱,是有境界的爱。为对方做的事情,都是以对方的需求为出发点,而不是自己的"自以为是"。这样的爱是满足对方的需求,是用心去体察对方需要什么、有什么需求,然后去满足他,也许并不需要非常昂贵,却能深深地打动对方,让对方感受到深深的爱意和满足。能够这样相互爱着对方的,是具有爱的能力的人。

心理学认为,所有和谐的人际关系都建立在彼此满足对方需要的基础上,即所谓"我给你的恰好是你需要的,而我需要的也是你能给得了的"。衡量爱的质量和满意度的标准,并不在付出方,而在得到方。只有得到的这一方非常满意,付出的一方也是心甘情愿的,才是真正高质量的爱。这样的爱对方的方式,也不只是在爱情里才有,这是我们和所有人以及和世界相处的原则,如果要为别人做些什么,一定是以对方的需求为前提的。

爱的五种"语言"具体是指什么?

美国婚姻辅导专家盖瑞·查普曼博士经过20多年研究,发现爱情长久、幸福美满的伴侣,不是靠运气,而是掌握了相处中沟通的技巧,最关键的是了解爱,懂得每个人需要的爱的语言。爱的语言有五种:肯定的言辞、温馨的时刻、精心的礼物、服务的行动和身体的接触。每个人对爱的语言有不同的需要,重要性和排序都不一样,纵然示爱的方式有一万种,用对了,情感加温,恩爱倍增,而如果用错了地方,则可能事倍功半,甚至起到相反的作用。

第一种爱的语言,肯定和赞美的言辞。

肯定的言辞是爱的五种语言之一。它包括肯定的、鼓励的、仁慈的、谦和的话语。马克·吐温曾说过:"一句称赞的话,能让我活两个月。"爱的目的,不是得到你想要的,而是为了你所爱的人去做些什么。口头的赞扬或欣赏的话语,是爱的有力的沟通工具。很简单的赞美:"你穿那身衣服,真好看!""我真感谢你今天晚上可以陪我出来看电影。"当我们听到肯定的言辞,就会得到激励,感到满足,并愿意回报,做一些恋人和伴侣喜欢的事。

口头赞赏,鼓励的话语,是用语言来表达爱。具体包括:

——所有正向的反馈:你真漂亮!你真细心!你真好!你有进步了!你让我感觉温暖!你唱歌真好听!

——表达情感的语言:你好吗?我想你!我爱你!和你在一起很快乐!

——关心体贴嘘寒问暖:你饿了吗?你冷吗?你伤心了?

也可以试试不当面表扬,说些夸赞 Ta 的话,而由别人转告给 Ta,效果会更好。告诉恋人的室友,Ta 有多好;恋人在场的时候,当着别人的面肯定 Ta,表扬 Ta。当你获得某个成就,得到公开荣誉的时候,一定要跟恋人分享这份快乐。你也可以在微信、QQ 上写出肯定的言辞,写出来的东西,可以反复阅读、反复看。

说话的方式也很重要。同样的句子,可以有不同的意思,全在于你怎么说。比如,当恋人做错或失败了,Ta 认错之后,可以选择宽恕:"我爱你,我关心你,所以我选择饶恕你。虽然我受伤的感觉还在,我不想这些事来阻碍我们的将来。我希望,我们能从中学习些什么。""你失败了,但你不是一个失败者。我会陪着你,一起继续往前走。"这是一种很深情的爱的表达。

发展亲密关系,需要知道彼此的愿望,并且互相满足需求。表达那些愿望的方式同样非常重要。可以请求的方式说出自己的需要和愿望,而不是以要求的方式,这样是在引导对方更好地爱自己,增加浓情蜜意。向伴侣提出请求,其实是在肯定 Ta 的价值和能力,你在真诚地表明,Ta 有些什么,或者可以做些什么,这对 Ta 是有意义、有价值的。如果请求带着选择,则可以使得这份爱变得更有意义。比如:"你还记得你替我买的那个蛋糕吗?特别好吃,我好喜欢啊,明天能不能再帮我买一个?"我们应该做到学会自我表达,注意自己的感受和情绪,与伴侣建立每天的分享时间。可以做些以下的练习:

- 在家里明显看得到的地方贴上一张卡片,写上"爱的表达很重要!"
- 准备一本本子,或在手机上写下你每天对恋人说的肯定的言辞,连续做一个星期,然后和恋人一起看看这些记录。

- 制定一个目标,连续一个月,每天对恋人说不同的赞美的话。
- 写一封情书或者一段爱的短文给恋人。
- 在恋人的父母和朋友面前称赞Ta。
- 告诉Ta,你是多么欣赏Ta的某个优点。

人类内心深处最重要的需要,就是渴望被人欣赏。对那些安全感低、有自卑情绪的人,如果恋人或伴侣能给一些鼓励的话语,往往会增加对方的勇气,激发出对方极大的潜力。

第二种爱的语言,温馨而高品质的时间。

就是互相给予对方全部的注意力,花时间用心陪伴对方。两人在一起,不是指位置上的接近,也不是两人一起做些什么,而是两人同心,给予对方全部的注意力。可以去观察一下一对正在吃饭的男女,如果是彼此注目、倾情交谈,很可能是情侣约会;而如果东张西望、心不在焉,则可能是已婚夫妇,两者对比,神态非常不同。因此,称得上温馨而精心的时刻必须是全神贯注的交谈,或是一顿只有你们两人的烛光晚餐,也可以是手拉手的散步。参加什么活动其实并不重要,重要的是与对方共度时,集中注意力在情感上的交集时刻。

案例　太太和孩子到底需要什么?

一位男士来到咨询室,要求咨询师帮助解决他和太太的矛盾。男士说:"一开始她还很温柔体贴,但我职位晋升了,钱赚多了,她反而越来越不满意了。她开始抱怨我不管她和孩子,可我现在非常忙,哪有时间管家务啊……"男士接着描述他的职业生涯,如何经过奋斗,达到的生活目标,将来的梦想……

咨询师听了一会儿,问了一个问题:"听上去你对自己的未来生活有很好的安排,但是你是想一个人生活,还是希望和太太、孩子一起生活?"男士回答:"当然是和他们一起了,否则我为什么这么拼命?我现在做的所有的一切不都是为了他们吗?我现在钱赚得越来越多,他们应该满意啊,但老婆这么抱怨,我觉得很不舒服。"

咨询师接着问:"你回忆一下,太太对你提的最多的要求是什么?她现在需要的是更多的钱、房子、车子还是其他?"男士说:"她倒没有提到钱,也没有要房子和车,她提的最多的是要我多管管家里,多陪陪他们。"

咨询师说:"看上去你没有完全听懂你太太的抱怨,因为她要的并不是更多的钱,她现在更需要的是你的陪伴,是在她最需要你的时候,孩子最需要你的时候,你在他们身边,这样她才会感觉到爱,才会感觉到安全和温暖。所以你现在知道了吗?当前改善你们夫妻关系的最重要的一个目标,是你需要花时间,而且是用心地花时间,全神贯注地陪伴你的太太和孩子……"

男士:"哦,我有点明白了……"

案例分析

咨询师通过问话,启发男士换位思考,帮助男士明白了太太和孩子在目前阶段的真正需要是给他们温馨的时刻,全神贯注的陪伴,而不是男士自认为的赚钱、买房买车。

恋人或伴侣在安静优雅的环境中分享彼此的想法和经验,聊聊感觉和愿望,在一起说说知心话,要说有同理心的话。大多数抱怨伴侣不说话的人,对方往往不是一个字也不说,而是很少参与有同理心的对话。说肯定、赞美言辞的重点是我们在说什么,而精心对话的焦点是我们在听什么。要学会当对方说话时,保持眼光的接触。不要一边听对方说话,一边做别的事,要注意觉察和感受对方的感觉,观察对方的肢体语言,不要插嘴打断对方。

开展精心的活动,可以包括任何一方或者两人共同有兴趣的事,强调的不是具体做什么,而是两人在一起经历的过程。让对方觉得"Ta 关心我,Ta 愿意跟我一起做我喜欢的事,而且 Ta 有积极的态度"。对某些人而言那是最温馨的爱,在未来的岁月里,两人还可以不断回忆这些时刻,从中提取那些爱的记忆。

如果恋人的爱的语言是温馨的时刻,可以做这些练习:

- 一起散步,问对方:"你童年最有趣的事是什么?"
- 请恋人列一张单子,写上 Ta 喜欢跟你一起做的五种活动。在接下来的五个月,每月做一种。

- 问问 Ta,和你说话的时候,Ta 最喜欢待在哪儿？什么时候？
- 想一种 Ta 非常喜欢而你却很少参与的活动,比如买彩票,看足球赛……告诉 Ta,接下来的这个月里,你希望和 Ta 一起参与一次。
- 每天找些时间,分享当天的趣闻。
- 在未来的一段时间里,安排一次只有你们两个人的旅行。

第三种语言,精心的礼物。

礼物是爱的视觉象征,有着情感的价值。爱只是在心里的想法不算数,你的想法要经由礼物实际地表达出来,送出去才真正显得出它的价值。礼物是一件提醒对方"我还爱着你"的东西,这是最容易学习的爱的语言之一。为恋人或伴侣买礼物,是为你们的关系做最好的投资。选择礼物时,不需要买多昂贵的钻石、豪车,重要的是你想到了 Ta。只要是你用心挑选的,或者是自己做的,或者是花心思寻觅来的礼物,都是带着爱的,哪怕是路边的一朵小花,也同样能够表达爱。

你可以征询家人的意见,或者列出一张单子,写出历年来家人、朋友送的,恋人或伴侣接到后感到兴奋的所有礼物,这张单子可以帮助你了解对方喜欢什么样的礼物。送给恋人或伴侣的礼物,也不用等到特别的场合才送。如果接受礼物是 Ta 主要的爱的语言,那么你给 Ta 的任何礼物,都是一种爱的表示,你的那一位一定会非常感激并接受下来的。

要成为一个送礼高手,需要改变对金钱的看法。有些人花钱时会觉得很爽,也有些人不舍得花钱,只愿意存钱和投资。如果觉得花钱给爱人买礼物是浪费钱,那需要纠正一下自己的观念了。存钱和投资,买的是自我价值和情绪上的安全感,而给伴侣买礼物,是在为彼此的亲密关系做投资,弥补彼此情感的空缺或增加爱情的浓度。如果彼此满怀爱意,Ta 也会充满感激回报你的爱的需要。可以做这些练习:

- 尝试在一天之内用不同礼物去"轰炸"对方。比如,早上送 Ta 一块巧克力,下午发条情话短信,晚上送 Ta 一束鲜花……观察一下 Ta 的反应。如果 Ta 又惊又喜,那么,Ta 的爱语就是接受礼物。
- 试试自己动手制作礼物。在下班回家路上拾一块石头,即使石头表面纹理粗糙，其貌不扬，但只要配上一个小盒子，放一张字条在里面："它就像我，等着你去打磨。"这件礼物就非常别致、新颖。

- 在一个星期的时间里，每天都送恋人一件礼物。你的恋人一定会记住这段美好的日子。
- 存储"礼物点子"。只要你的恋人无意中说出"我喜欢……"，就把 Ta 喜欢的东西悄悄记下来，在适宜的时间送给 Ta。
- 把自己当礼物。把"亲自陪伴"作为最好的礼物送给 Ta。对 Ta 说："这个月我要送给你一件特别的礼物——亲自相陪。你告诉我在什么时候需要，我会尽全力陪在你身边。"你的身体成为爱的象征，这是最动人的礼物。
- 必须记住特殊纪念日的礼物，比如结婚纪念日礼物、生日礼物等。可以在这些特殊的日子里去旅行，或种棵树，或做做公益，既有创意，还能经常提起并再去看看，一定非常有意思。

第四种语言，服务的行动。

所谓服务的行动，是指恋人或伴侣想要你做的事。你替 Ta 服务，让 Ta 高兴，借着替 Ta 做事，而表示你对 Ta 的爱。如果你选择用行动来表达爱，那么按照恋人或伴侣请求的方式去爱，这样的爱才会最有效果，也最有价值。

如果伴侣的"爱的语言"是服务、行动，可以进行以下的练习：

- 把过去几星期中伴侣对你的要求列出，每星期选择做一件，把它当作爱的表示。可以每隔一段时间就问问伴侣："如果这个星期，我能做一次特别的服务，你最想要的是什么？"得到答案以后，就要尽可能去完成这件事，你就会看到恋人或伴侣满意的表情。
- 剪出一些心形的卡片，上面写上："今天我会借着……表达我对你的爱。"在一个月中，每天给恋人或伴侣一张爱的短笺，伴随着爱的行动。
- 请伴侣列出一张单子，讲出十件 Ta 希望你在下个月做的事情。用 1—10 的数字标明重要程度，10 代表最重要的，1 代表最不重要的。你可以根据这张单子打造一个爱的月份，为伴侣献出爱心。
- 如果平时不怎么做家务的人，某一天当伴侣不在家时，为 Ta 做一些家务或其他什么事。当 Ta 走进门来，就可以给 Ta 一个惊喜。也可以在做一餐饭、打扫房间以后,贴一张纸条:"送给(伴侣的名字)之爱的礼物。"签下自己的姓名。

- 如果你的恋人或伴侣经常对某件事唠叨不休,也许就意味着那件事对Ta来说意义重大,是真正重要的事。如果你能够为Ta把这件事做成功,作为爱的表示,那可能比送1 000朵玫瑰更有价值。

- 请你的恋人或伴侣告诉你,平时做些什么对Ta来说是真正的爱的表示,通过沟通交流,你就可以经常去做这些事情。比如,去超市买菜,把洗脸池里的头发拿出来,晚上把衣服收进来,洗碗,等等。可以把这些事情记录在自己的日程表里,经常想到就做,看到就做。别小看这些小事,完成这些"小事"对维护亲密关系意义重大。

第五种语言,身体的接触。

身体的接触是人类感情沟通的一种微妙方式,也是爱的表达的有力工具。牵手、亲吻、拥抱、抚摸都是身体的接触,做爱只是这种爱语的方式之一。身体接触意味着:触摸我的身体就是触摸我,远离我的身体就是在感情上远离我。有些人的最主要的爱的语言就是身体的接触。如果没有身体接触,他们就感觉不到爱。有了身体接触,他们的情绪就会好很多,在伴侣的爱的怀抱里,他们会觉得很安全。

伴侣的爱抚可以有很多种形式,可以充满柔情地抚触对方。比如,给Ta递送东西时,把手放在Ta的肩头;在厨房中擦身而过时,轻触到对方的身体;一起紧挨着坐在沙发上看喜欢的电视节目时,时不时来个吻或拥抱。

身体的接触可以建立或破坏一种关系,它可以表达爱,也可以传递恨。有些人特别喜欢身体接触,一个拥抱要比说一句"我爱你"的效果好得多。我们大部分人在遭遇不幸时,几乎是出于天性会互相拥抱。因为身体接触是爱最有力的传达者。即使那些不幸已经无法改变,通过互相搂抱、爱抚,我们会感觉到依然有人爱自己,会增加活下去的勇气。而且,在以后很长一段时间里,我们仍然会记得那些温柔的抚摸和拥抱,因为那是一种永久的力量。如果恋人或伴侣的爱语是身体的接触,则可以做这样的练习:

- 吃饭时用膝或脚轻轻触碰恋人或伴侣的膝或脚,平时经常搂着对方的肩膀,轻抚对方的后背。在Ta疲惫时给Ta按摩,帮对方搓背……

- 伴侣做饭或看电视时,从后面轻轻抱住 Ta,至少持续 3 分钟。
- 在浴缸里放满温水,然后对 Ta 说:"想不想一起来?"
- 散步的时候,拉着 Ta 的手,挽着 Ta 的胳膊,搂着 Ta 的肩膀。
- 在某些场合,当着家人或朋友的面抱一下 Ta,或将手搭在 Ta 的肩上。这等于是在向 Ta 表示:"尽管有这么多人,我还是想说我爱你。"

总而言之,知道对方喜欢吃什么,喜欢什么样的礼物,就经常买什么;知道对方喜欢什么样的称呼,就经常这样称呼 Ta;知道对方喜欢什么样的爱抚,就经常这样做;想成为具有爱的能力的人吗?就经常观察对方需要什么并满足对方吧!

同时,也要经常告诉恋人或伴侣,你希望什么,喜欢什么,想要什么,为对方爱你指明一个具体方向。

爱是一种选择。当我们发现自己和恋人、伴侣主要的爱的语言,不论我们对此熟悉与否,都可以选择去学习,去实践。说对方爱的语言,告诉对方自己爱的语言,长此以往,爱情才会历久弥新。

案例　谁才是爱情高手?

晓洁是一个善良的女孩子,从小受到父母的保护和宠爱,有一些清高。晓洁交了一个男朋友,是同班同学。两人交往以后常常在一起学习,也聊得来,但他们的爱情并没有那么多甜蜜。晓洁常常将自己的男朋友与闺蜜的男朋友进行比较。男友比较内向,不擅长社交。大家在一起吃饭时,男朋友常常不说话。晓洁就会说:"你怎么跟木头一样?你看吴姐的男朋友说话多风趣啊。"男朋友听了以后默不作声,心里有说不出的难过。男朋友爱玩游戏,常常一整天待在网吧,晓洁十分痛苦,认为男朋友不愿意陪她,不爱她了。情人节时他们也只是草草地吃了个饭便各自回家了。晓洁在男朋友情绪低落时非但没有鼓励与安慰,反而不停地埋怨、唠叨。在交往一年半后,两人的爱情走向了尽头。

如何才是正确的爱的方式呢?林萍是个有魅力的女孩子,虽然追求者甚多,但身边的男朋友多年不变,而且两个人已经准备结婚了,仍然像刚认识一般亲密和甜蜜。林萍很聪明,有一天她在朋友圈发了一张照片,是一束鲜花,但这束花并不是男朋友送的,而是她的追求者送的。她写道:"花很美,可是却不是我最爱的人送的。"她这么做,既回绝了追求者;告知别人她已有了男朋友,还肯定了男朋友,并向自己心爱的人隔空示爱。男朋友看到以后,非但没有吃醋,反而感到女朋友肯定了自己,就更珍惜她了,同时也为他战胜了情敌而倍感自豪。第二天,男朋友便买了更美的花送给了林萍。

但林萍也并非只接收爱而不懂得付出爱。比如,男朋友考试结束了,她叫了外卖,点了一杯男朋友最爱吃的水果奶茶,并备注"你辛苦了,喝杯茶吧!来自女友的小心心",男朋友收到后非常感动。一到周末,男朋友也会自己创作歌曲,弹唱给林萍听。两个人在分别时,都要以拥抱做告别。

通过这两位好友的爱情,我感悟到了好的爱情源自好的爱,好的爱源自会爱。在爱别人的时候,我们要用肯定的言辞总结两人的可取之处,温柔地告诉对方:"亲爱的,你真的很不错!"最好的爱是陪伴,真切地陪伴所爱的人,让他感到"你爱,我在"。在一些重要时刻,了解爱人喜欢什么,需要什么,准备一些精美的礼物,将心意送到。给予热情的帮助,比如送一顿饭,一起去旅行,为所爱之人做点事,是自己的价值所在。最后给予适当的拥抱,无论他难过的时候还是高兴的时候,抑或是分开的时候,拥抱是一种无声的语言,用拥抱告诉他:"亲爱的,我一直都在你身边。"

案例分析

晓洁由于不懂得运用爱的语言和男朋友沟通,加上有些自我中心的倾向,导致了恋情的失败。而林萍与其相反,非常善于运用爱的五种语言来表达她对男朋友的欣赏和爱,所以,不仅让男朋友感受到她的爱意,而且能带动男朋友一起朝着积极的、阳光的方向去努力。毫无疑问,林萍是具有高情商的爱情高手。

如何理解和处理恐惧爱、回避爱的困惑?

这个时代,人和人之间的亲密接触好像越来越容易,但同时,真正的"亲密无间"却在这种轻易中变得遥不可及。很多年轻人非常渴望谈恋爱,但同时又恐惧真正的亲密关系,不敢表白,也不敢接受爱,这是为什么呢?从心理学角度来说,这可能是对爱的防御。为了安全和保障,就要保证所有条件都具备才谈恋爱,十拿九稳才进入爱情,否则会受伤害,但实际上这是一种错觉。认为这样做可以免受伤害,但实际上却阻碍了亲密关系的发展,对未来的伤害会更大。如果我们了解了构建深刻的亲密关系会对某些人的内心造成巨大的冲击,知道了进入一段爱情将会得到或失去某些东西,也许就能比较坦然地接受这些变化,并有更多的准备去迎接这些挑战。

第一,深刻的爱让人感到脆弱。热恋期的浪漫激情中,恋人们追求的主要是好奇心或性的满足,尤其是热恋会关闭我们头脑中某些评判的区域,让我们对对方的缺点和不足视而不见。而深刻的爱情却需要处理不同性别、不同背景、不同生活方式等无数的差异,包含了很多妥协乃至牺牲,也包含了对单身生活习惯的颠覆。一段全新的、认真的关系,意味着两个人要在未知旅程中分享很多隐私,要开拓彼此共享的领域。坠入爱河,也意味着要承受巨大的风险,需要给予对方极大的信任,接受对方的影响并做出改变,这会使某些人的内心因暴露而感到脆弱,会感受到极大的挑战。

第二,进入爱情会触及往日的伤痛。进入一段新的感情,难免会想起往事,而过去的成长经历可能会阻碍亲密关系的进展。比如,幼年所受到的痛苦委屈,前任留下的伤害,等等,会对新的恋情造成很大的影响,让恋人在面对新伴侣时害怕重蹈覆辙,害怕又一次因无法获得理想中的爱而痛苦。因此,在相爱的过程中既希望得到爱,又怕伴随而来的痛苦,展开心扉时愈加战战兢兢。

第三,爱会挑战我们原有的自我认知。并不是所有人遭遇爱情都会热情高涨、兴高采烈,相反,有的人会怀疑自我的价值,内心会有一种声音对自己进行评价:"你一文不值,你不值得被爱,你不配得到幸福。"这个内心声音来源于童年的痛苦经历、早年父母的严厉批评、过去感情中受到的创伤。尽管时间流逝,这些有害的念头却仍然在头脑里根深蒂固。假如有人想亲近你、夸赞你、爱你,你反而会觉得局促不安,想要逃走,不自觉地表现出防御态度,因为他们的爱意和举动,挑战了你的自我认知,使得你因怀疑而迟迟不敢接受爱、享受爱。

第四，爱情中有快乐，同样有痛苦和困难。爱情这种强烈的情感关系几乎是一种变革的力量。爱把两个人凝聚在一起，共享彼此的人生，一起面对复杂问题。恋人或伴侣一方面感受到爱情的欢乐，同时也会担心未来出现困难和痛苦。因为过于担忧爱情可能带来的痛苦，就开始犹豫不决，拒绝完全投入感情："我们未来肯定不会有结果的呀。"太害怕未来的不确定，恰恰忘记了此刻的投入才是当下最让自己快乐的东西。事实上，在人生的任何阶段都不可能只选择快乐，完全避开困难和痛苦。人生的苦和乐本就如影随形，相互映照，某些时候正是痛苦成就了欢乐，爱情也是如此。

第五，爱情中的权力不平等会让人更受伤。有些人害怕在爱情中"自己爱对方胜过对方爱自己"，担心陷入一种被动状态；另一些人害怕"对方爱自己胜于自己爱对方"，担心与对方在一起后，自己的感情无法满足对方的预期，会使对方受伤。对爱情中权力不对等的担心会阻碍情感的自然发展。我们应该做的是，采取更开放的态度，因为担忧与愧疚会影响我们的感受，阻碍了解对方，还会作茧自缚，阻碍双方感情自由地发展。

第六，成熟的爱情意味着与原生家庭的分离。爱情是一个人成长的重要标志，显示着一个人开始独立自主开展自己的生活，同时也意味着与原生家庭的分离。像改变原有的自我认知一样，这种独立不只是身体上的分离，还包括情感层面上的独立。但这种独立有利有弊，一方面会有独立做主的感觉，另一方面也会感受到孤独和失落，这让很多人排斥和抗拒，或让父母感觉到不好受而给孩子许多阻碍。所以，有时候是孩子不愿意离开原生家庭，有时候是父母不允许孩子离开他们，当然这其中很多时候是潜意识在起作用。

但作为一个成年人，一定要有这样的意识，爱情是一个我们重新做人的机会。有机会学着做自己，独立而坚强，也有机会选择不再受早年创伤的影响，在爱情里看到一个值得被爱的自己，创造一个属于自己的新生活。

第七，越渴望爱情，就会越害怕失去。我们拥有的越多，失去也就越多。一个人对我们越重要，我们就越害怕失去 Ta。一旦陷入爱河，不但要面对失去对方的担忧，更感受到自己生命的短暂。为战胜这种恐惧，有些人会为一些表面理由"找茬"，比如，父母反对，对方不听自己的，等等，甚至放弃这段感情。这样做的时候,这些人很少意识到这是基于存在的深层次担忧,用千万个理由来说服自己不应该继续这份感情。但实际上这些阻碍、困难都是有办法解决的,真正让我们不敢爱的只是对失去的恐惧。正所谓"没有开始,也就没有失去,也就没有痛苦"。

我们,尤其是年轻人,只有勇敢接受并勇于开展一段真正的爱情,才会更加认识和了解自己,并在爱中获得自我满足与自我实现。如果一直害怕被亲密关系中的潜在危险所伤害,就永远不会对爱情有真正的投入,亲密关系将变得脆弱、枯燥而空洞。我们的内心也始终有一个空洞,无法被其他事,诸如朋友、事业、世俗的成功等所填补。要获得幸福感,尤其是生活的意义感,需要我们打破内心的恐惧、观念的桎梏,或许带着恐惧依然前行,依然愿意去探索自己和接受别人才是真正的勇者,才会赢得最终的幸福。

案例 小雅的困惑

小雅是个很漂亮的女孩,性格外向,身材娇小玲珑,学习成绩也很不错。追她的男孩子很多,小雅也比较容易投入一段感情。不过每一段感情的对象都有一个共同点,即必须是自己先喜欢上对方的,如果对方先喜欢自己,小雅就不愿意谈了;而且小雅跟男朋友谈恋爱的时候能够非常快就到达热恋期,让对方投入很深,用尽手段使男朋友更爱自己。每当发现男朋友更爱自己的证据的时候,小雅就无比的欢喜雀跃。似乎这种雀跃的心情,并不是因为对方爱自己,而是因为自己的手段很高明,让对方爱自己获得了满足感和征服感。随后小雅确定对方很喜欢自己以后,这段感情就达到了最高峰。接下去,小雅似乎不能驾驭这段关系了。照理说热恋当中的女孩子是最幸福的,但小雅会抗拒对方亲密的举止,当男朋友提出希望有肢体接触甚至性的暗示的时候,她就非常反感。她特别厌恶对方总是黏着自己,也特别讨厌对方要融入自己的生活。所以这时候,小雅就开始感到非常烦躁,就想赶快结束这段关系。她会慢慢疏远伴侣,想回到一个人生活的状态。相比较男朋友,自己的学习和未来更重要,如果对方过度亲密,影响了自己的学习和生活,她立马在心中将这个男朋友踢出局,提出分手。所以每一次恋情结束,男朋友都会被她伤到。

小雅从初中一直到大学，陆陆续续谈了八场恋爱。有人说她感情不忠，总是换男朋友。她自己都觉得很奇怪，为什么会这样？但她心里觉得很委屈，因为自己只是没有找到合适的人，而且每次分手都是因为对方太黏着自己了。因为这个，她对男生感到很失望，对爱情也心灰意冷，感觉到每一次的尝试都是一种"失恋"，自己也很失败。

小雅从小是由外婆带大的。父母工作非常繁忙，经常是晚上吃饭时才见到父母，吃完饭，父母就回自己家了，所以从小跟父母的相处并不多。一直到小学三年级，她才和父母住在一起。但五年级时，她的爸爸有了外遇。父母发生了争吵，妈妈哭着责骂爸爸，小雅也哭着坐在爸爸腿上，求爸爸不要离开自己和妈妈。爸爸却在接到一个陌生女人的电话后，愧疚地说声"对不起"，转身就走了。

从此，小雅坚信男女之间的爱情是不可靠的，即使步入了婚姻，依旧很脆弱。每当男生夸自己的外表漂亮，或提出肢体接触和性暗示，她就会冒出一个想法：男人都不可靠，他们会因为对方漂亮而喜欢上任何一个异性。他们对自己也会像父亲对母亲造成伤害一样，给自己造成伤害。

父母离婚以后，小雅的母亲在那段时间里特别消沉、不知所措。她看在眼里，心里暗暗想：母亲太依赖父亲了，太投入情感了，才会陷入这样的麻烦。所以小雅在成长过程中，一直疯狂地迷恋学习和工作所带来的成就感与满足感，因为这些满足感才会让她安全，让她强大。当恋人与学习冲突时，她会毫不犹豫地选择后者。

案例分析

小雅从小缺乏父母的爱，小学时父亲又抛弃了她和母亲，她没能获得父亲的爱，没能留住父亲，可能让她潜意识里觉得是一种失败。对爱情、婚姻充满不信任感。小雅在一段又一段关系中，追求的是征服感和控制欲。表面看上去是谈恋爱，但实际上是用"追逐——排斥"游戏来弥补儿时的失败。当男朋友真的爱上自己，感觉对方已经离不开自己时，小雅内心的伤痛就会被触发，浑身戒备。而过度的亲密会让小雅深怀恐惧和无助，害怕陷入情感，日后抽身不及会伤害自己。所以小雅宁愿先提分手,让别人受伤,也不愿意被抛弃,再一次伤到自己。种种的原因,限制了小雅的情感发展,导致了小雅的爱无能。看上去是在不断追逐爱,实际上是恐惧爱,不敢真正地投入一段内心深度联结的恋爱。

所以,小雅如果要具备真正的付出爱、接受爱等的爱的能力,就需要勇敢地面对过去的伤痛,在安全型恋人的陪伴下改变过去对亲密关系的认知,重新体验不一样的温暖情感,也许才能敞开爱的胸怀,谈一段真正的恋爱。也可能需要求助专业人员的帮助,才能渡过这些难关。

如何营造情侣间的愉悦感和亲密感?

如果是在恋爱初期,营造情侣间的亲密感,可以运用"调情"这样一种艺术,因为调情在两性相处时制造了包含柔软、温暖、调皮、性感和活泼,甚至戏谑等种种情感,避免了线性沟通所带来的过于坚硬、缺乏回旋余地的一些伤害。心理学专家认为,我们甚至可以借助学习如何调情来开发自我,克服胆怯。这份轻松自如的状态将更有利于彼此享受真正的亲密感和愉悦感,让自己在两性互动中如鱼得水。

心理学专家告诉我们,人们只想要他们得不到的东西,他们不想要他们能得到的或者已经拥有的东西。如果恋人或伴侣因为不熟悉,或因生活单调、交流乏味感到厌倦,要想找一些有趣的东西来调剂一下,就要学会去寻找对方非常渴望的,而且是没有得到过的东西,这就是调情的精髓所在。

具体的方法是,要让你的恋人觉得 Ta 身上有很特别的东西,感到你对 Ta 有真正的倾慕。例如,不能夸一个漂亮姑娘的外貌,因为外貌她已经拥有并被人夸过无数次了,而应该夸她很有想法,有独特的气质,这才是她真正想要的东西。如果你的那一位是一个书生气十足的青涩男生,他的外形毫无吸引力,但是如果你爱他,聊天时就要刻意恭维他的外形特点。比如,你可以用真诚而充满羡慕的语气对他说:"你的眼睛很有吸引力,非常专注深情,是不是有很多人这样夸你?"虽然,可能连他妈妈都没有这样夸过他,你这么说了,他一定会在很长时间内都记住你的这句话,印象深刻。

此外，还可以用友好的、善意的态度去逗弄对方，而不是捉弄的、伤害对方的方式，要制造出一种有趣而又让人想入非非的气氛。比如，对方是个心态不错的人，你藏起 Ta 经常使用的某样东西，在 Ta 四处寻找时突然拿给 Ta，并要求 Ta 想个方式感谢一下自己。

情侣们可以经常用身体语言表达爱意，比如认真、调皮地看着对方的眼睛，捏一下对方的鼻子、脸颊，或在欢快的谈话声中轻轻拍打对方的手臂，拥抱一下对方。

有些情侣在确定关系后会遇到这样的困惑，在一起很久了，但总感觉还是像一般朋友，激情很少，或即使有激情，但激情过后就不知道如何进一步相处了。这个时候应该如何营造情侣间的亲密感呢？是让彼此走入对方的内心，有比较深入的联结和感受，还是仅仅满足于表面形式的恋爱？人际关系互动需要学习和反省，才能做到有效沟通、理解彼此。即使在一般的人际互动时，如果有以下三种表现形式，则关系很难深入，构建亲密关系时如果采用这些方式，更加会遭遇种种阻碍。

第一种是"讨好型"模式，以"讨好人"来保护自己。这些人总是笑容满面，与人打交道的方式就是甜言蜜语，主动上前和人握手、打招呼，秉承"只要我乖，人就爱我"的内在信念，希望天下所有的人都爱他。面对恋人也是"套路"满满，油滑、虚伪却不真诚。若是一直采用这种方式面对问题，面对所有人，尤其是恋人或伴侣时，就会出问题。恋人或伴侣会觉得他"没心没肺"，表面功夫好但不能解决真正问题，甚至会觉得看不懂、看不透他。

第二种是"攻击型"模式，在别人还没有指责他之前，先凶狠地指责别人，与每个人都保持着一定的距离。这些人的攻击并非真的想置人于死地，或伤害别人，而是用这种方法来隐藏自己的软弱，不想被人欺负和伤害。在亲密关系中，用批评、指责的方法付出的代价其实非常大，对方感受到伤害就会拒绝进一步沟通，或者双方发生争执，大吵一架。但其实他内心是很需要爱的，却用攻击的态度拒人于千里之外，这样做的结果是两败俱伤。

第三种是"隔离型"模式，既不攻击也不讨好别人，只是把自己隐藏起来，保持遥远距离，冷眼旁观。在面对困难、矛盾时，有些恋人或伴侣是"理智型"，凡事喜欢论对错，用逻辑、数据来分析，过度运用理性，以情感隔离的方式来保护自己。也有些人不和别人互动，也不把心事告诉对方，冷漠封闭。还有些人是"小丑型"，他们虽然表面上嘻嘻哈哈，却从不吐露自己的真情实感，他们可以把恋人逗得哈哈大笑，可是根本不分享心事，甚至觉得在恋人面前暴露短处和真情是软弱的表现。如此一来，虽然达到了保护自己的目的，但享受不到与心爱的人心灵相契的高质量情感互动。

实际上，无论是一般的人际交往，还是情侣间营造亲密感，其根本的基础是，男女双方都要有完善的自我和足够的信任。我们内心必须有安全感，以及对对方有充分的信任，能够主动分享自己的情绪和感受，有勇气和对方一起采取行动，充分体验爱情中的喜怒哀乐、爱恨情仇，并总结自己的行为方式，探索自己的内心感悟，才能达到心心相印，情感交融的境界。

营造亲密感需要交流，亲密感需要"示弱"。英国20世纪著名的文学家C.S.路易斯曾经说过："去爱，归根到底是去表露自己的软弱。爱任何东西都有可能让你心痛或心碎。如果你想要使自己的心完好无损，那么你最好不要去爱任何人。把你的心紧紧地锁在你的胸腔里，或者是你自私的棺材里。在这个结实的棺材里，你的心就会变了。它会变得坚不可摧，而且永远都不会再度柔软。天堂之外唯有一个地方你可以在其中十分安全地躲避一切由爱而带来的危险，那就是地狱。"

所以，我们每个人都应该不断成长，学习用更为成熟的心态和方法去解决问题，学习运用爱的五种语言来促进情侣之间的互动，才能增加恋人或伴侣间的亲密感，保持爱情的长久魅力。

如何维护异地恋的感情？

通常我们认为爱情产生的条件是：恋人之间有真实的相处，有真实的相互了解。情侣们从对方身上散发出的味道，眼睛看到的色彩、神情，说话时的语气，触摸时感受到的暖暖的体温，呆坐着时的一种"默契场"等来获得感情的信息，佐证爱的存在，近距离或彼此相拥时的丰富细节能帮助恋人们认定爱情和巩固爱情。

而异地恋因现实距离的缘故会导致沟通难、误解多，感情更多是靠想象力来培养和维系的，如果期望和现实有落差，则很容易产生误解。因此有人说："距离考验的不是爱情，而是寂寞。"

异地恋的存在可能是由于这些情况：伴侣已经有一些感情基础，一方因工作、学习等分居两地；原先是普通的同学、同事，在网络上交流知心而开始异地恋；原先没有什么感情基础，在网络上认识后开始了恋爱。相比较前两种，后一种情况要维系爱情显然更困难一些。

那么，如何应对异地恋，让爱情中的两个人能够平稳持续地走下去呢？有这些方法可供参考：

- 利用智能手机多沟通交流。在不影响工作学习的前提下，经常发些文字、语言、图像给对方，或进行视频聊天。一来表示你想到了 Ta，二来 Ta 立刻就能感受到你的存在，并有比较强的现场感和参与感。

- 多用语言表达浓情蜜意。情侣不管谈了多久，爱是需要经常表达的，要大声说。不管男女，不管听了多少遍，当听到"我爱你""我需要你""你在我心目中很重要"这些话时仍然会很开心。异地恋平时看不到，更要说，不说对方怎么知道你爱 Ta 呢？

- 经常换位思考，凡事将心比心。经常主动描述一下自己在做什么，在哪里，身边是什么环境。这样做，双方心里都有底了，也就安心了。如果情侣间形成了这种习惯，被挖墙脚的可能性就会降低不少。

- 用信任来维系爱。因为是异地恋，不可能天天看到对方的一言一行，胡思乱想、莫名猜忌会毁了两个人的甜蜜和前途。如果恋爱双方是安全型恋人，彼此独立，也信任对方，能自己处理分离焦虑，控制情绪的能力比较好，则不太容易胡思乱想、心生猜疑；而如果是焦虑矛盾型的恋人，则要学会处理好自己的孤独和不安全感。说到底，对对方的不信任其实更多的是出于自己的不自信。当事人需要不断觉察自己内心的焦虑和空虚，并想办法加强自我修炼，才可能有比较大的改善。

- 异地恋最需要避免的是赌气和误解。分隔两地，如果因某些事长时间赌气和误解，挖墙脚者就会乘虚而入。如果遇到矛盾和问题，就要想办法说清楚，该认错就认错，该道歉就道歉。彼此应该从长远角度来考虑问题，有共同的愿景和目标。这样，就更容易以包容、妥协的态度来处理矛盾和冲突。

- 两个人都能以比较深的面对面相处的情感作为积累，并保持一定的见面频率。平时异地时，做到大事小事多沟通，多谈谈生活，多沟通内心的喜怒哀乐等感受，多交流对未来的规划和安排。相思之苦需要释放，每隔一段时间要见个面，约定好不超过三个月能见上一次，短短几天的甜蜜，就能弥补几个月的相思。
- 寻找和增加彼此的不可替代性。异地恋本就不易，决定在一起了，对方一定有一些让彼此继续走下去的原因。无论是性格、学识还是其他原因，这些不可替代的因素是很珍贵的，需要好好珍惜和维护。如果能够将这些因素永远保存在心里，那彼此在对方心里的分量也就会更重。

很多人会认为远距离异地恋长不了，现实中的确有很多因距离导致分手的情侣。但2013年的一项研究显示，异地恋也是可以保持热情和爱意的。研究发现，远距离恋爱的情侣反而可能更加信任对方，甚至比天天相处的情侣感觉更亲密。有这样两个因素决定了异地恋的成败：

- 告诉对方更多的关于自己的隐私的事情，聊更多亲密的话题；
- 存在着对对方"距离产生美"的比较美好的想象。

能够做到这两点，异地恋的情侣也可以感觉到和朝夕相处的情侣一样程度的满意和安定。

案例　异地恋的失败让我更明白了未来

我和他是在高二认识的，我们都是尖子班的学生，虽然学业压力很大，但是课后在一起的那段时间是最美好的，睡前的互道晚安也总能让我轻松幸福地入眠。都说高中恋爱会影响学习，但我们不是，我们成绩相当，互相促进。我辅导他英语，他辅导我化学，互补不足。或许我们没有电影里一样波澜起伏的曲折故事，但那是我人生中第一次感到的甜蜜。正因为这样，高考之后，我们才如此笃定地决定继续走下去，尽管他在广州，我在上海，隔了半个中国。我们没有想得太多,以为一定能够继续下去,无论未来发生什么。

刚到大学以后,思念的挣扎,我到现在都难忘。我们的生活不再同步,从高中时每天都能看着他的背影上课,转瞬变成了一天、一周,甚至一个月都见不上一面。没有牵手,没有拥抱,更没有孤单难过时的相濡以沫。虽说每天的视频通话也能让我看见他,但那样真的只会让我越来越难受。再也不能随时听见他的声音,遇到问题也不能拍拍前桌他温暖的肩膀。刚开学的时候道完晚安,只有我一个人捂在被窝里抽泣的感觉,现在想起来仍然胆战心惊,遇到考试周的日子更是度日如年。好难习惯图书馆独自占座、独自看书到深夜,雨天自己一人撑伞回到宿舍,每天吃饭对面都坐着陌生人的生活,而每天牵挂想念着他的结果就是无时无刻不在看手机,这也使我常常难以静心看书学习。

而最煎熬的是吵架之后,每次产生矛盾之后,便只有在微信上冷战,原本一个拥抱就能解决的简单问题却常常在冷战中过去。但我觉得这些都不足以击垮我们两年的感情,那又是什么呢?安全感!当爱情课上老师说到这个词的时候,我感到心中仿佛被刺穿了一样的痛。分手快一年了,现在想想也许是我控制欲太强了吧,也许是我们在人生道路上注定要分道扬镳。我一直的梦想是出国留学,上大学以来,我也一直在准备英语,但他英语很差,却一直不愿努力提高英语水平。一次次的失望,让我对我们的未来渐渐失去了信心,加上长距离的恋爱,使我越来越没有安全感。

在拿到托福成绩单的时候,我心里忽然一惊,之前从未细想过的问题浮现在脑海中,我们未来的轨迹好像完全没有交集。他学医,一心想留在广州,而我却倾心上海,向往出国留学,那段时间我甚至常去测试"异地恋易分手的星座",开始怀疑我们三年的感情,怀疑距离已经将我们渐渐拉远。

事实确实是这样,我们是在大一的暑假分手的。经过漫长等待之后见到他,已没有之前的惊喜和激动,确实我们都变得太多,甚至有些陌生。我们和平分手之后,我感觉心中终于释然了,仿佛是解脱了一般。

案例分析

文章是"爱情心理解读"的课程论文。作者经历了三年的恋爱,其中一年是异地恋。可以看到前两年的甜蜜幸福,后一年的焦虑挣扎。距离不仅考验着他们独处时的坚守,更考验着他们对未来的构想、共同的目标。从中学到大学到走入社会,本身这些人生阶段就充满着很多变数,如果两人对待爱情的态度,对待生活的态度、人生目标,这些大方向上差别太大,彼此没有信任和承诺,没有对共同未来的默契或妥协,是根本走不下去的。相信作者有了这样的一段经历,未来会成熟很多。

为什么你的爱情会输给日常琐事?

爱情中为什么会出现"相爱容易相处难"?我们如何对亲密关系进行维护?从理论上说,爱情需要时间性、空间性和操作性。激情有寿命,会平淡和消亡。现实中的爱情需要空间,双方既要亲密无间,也需要独立空间;爱情还需要有操作性,包括运用好爱的五种语言。人们所说的热烈的爱,基本是说热恋期,是其中的激情在起作用,而激情褪去,需要靠恋人或伴侣的精心管理,靠勇敢和智慧才能度过或平淡或冲突的艰难过程,才能最终走向较完美的爱情未来。

近年来,美国心理学家芭芭拉·弗雷德里克森研究发现,我们感受到的"爱"并不是一种持续的状态,而是一个一个的瞬间。我们会在一些瞬间里,感觉到很爱对方,感觉到温暖和热烈,而另一些时候则感受不到爱的存在(但在理智上爱仍然存在)。即便是最相爱的情侣,也会在某些瞬间感觉到对对方的厌恶和仇恨。因这样的研究结论,我们似乎也看到了爱并不是连续的,恨也不是连续的,爱恨情仇总是或交错或并列或融合在恋人们的内心中。这就引出一个问题:我们如何在细节上处理好亲密关系,让爱保持更长时间,不让爱的感觉在一个个琐碎的日常细节中磨灭?

美国社会心理学家约翰·戈特曼也在研究中发现,那些一开始非常相爱的伴侣后来分手的很多原因并不是大的灾难,而是生活细节的摩擦。有些伴侣在遇到重大困难时可以做到互相支撑,但当一切顺风顺水时,却再也无法继续维持这段关系了。为此,在1986年,戈特曼建立了"爱情实验室",邀请不同的伴侣坐下来谈论彼此关系中的细节,包括如何相遇、如何争吵,有哪些共同的甜蜜回忆,同时用电极记录他们的血流、心跳速度和汗腺的分泌。结果发现，当他们坐在一起谈论这段感情时，生理上的反应越活跃，关系恶化的速度就越快。研究者对他们进行了6年的跟踪回访，预测的准确率相当高，而且发现了有两类不同风格的伴侣，分别是"灾难型"和"成功型"。

"灾难型"伴侣坐在自己的另一半身边，描述那些经历的时候，尽管表面看起来可能很平静，但电极记录的心跳和血流速度却很快，汗腺也非常活跃。他们的身体处于一种"攻击或逃避模式"。即便是在说开心的事情或者没有什么意义的情节时，他们的身体反应也好像面对一头北极熊，随时准备好攻击或者被攻击。而"成功型"伴侣在一起讲述时，各项生理指标都很平稳，他们有能力营造出让对方信任和亲密的气氛。

两类伴侣处理对方情绪需求的方式也很不相同。比如，丈夫是一个鸟类爱好者，在草坪上看到一只小鸟，那只鸟很普通，但这位丈夫很喜欢。他对妻子说："你看那只鸟多漂亮！"面对这句问话的反应，不同的伴侣表现出不同的相处模式。"成功型"的妻子尽管觉得小鸟灰扑扑的不好看，但仍然会表现出很感兴趣，回应丈夫："是啊，我也觉得小鸟很可爱。"而"灾难型"妻子会选择不理睬、回避，有的继续看自己的书："别打扰我，我在看书呢。"

这两类伴侣最本质的区别是："成功型"伴侣习惯去发现和看见伴侣身上值得欣赏、感激的部分，他们会有意识、自觉地培养起这种尊重和欣赏的习惯；而那些"灾难型"的伴侣则会注意和寻找伴侣身上的不足与错误，他们习惯于表达批评、指责或是无视。"灾难型"伴侣的这些举动会带来一种蔑视的感觉，而蔑视是导致分手因素中的头号杀手，即使是非常微小的蔑视，也会引发对方的愤恨和恼怒。

那我们应该怎样维护亲密关系，让彼此的爱情不输给日常琐事呢？有这样的一些做法可以参考：

第一，学会表达愤怒的感受，而不是用批评指责的方式。恋人或伴侣总有意见不一致，矛盾冲突的时候，这时最容易引起愤怒的情绪。愤怒情绪产生了，不是暴跳如雷，也不是压抑遏制，最好的办法是表达出来，而如何正确选择表达愤怒的方式，是考验恋人和伴侣情商高低的重要方面。譬如，面对另一半的迟到，"灾难型"

的伴侣是："你怎么老是迟到？你就不能早点出来吗？你存心要我好看是吗？"

"成功型"伴侣则是："你迟到了 20 分钟，你知道吗？我很着急啊，我不知道你出了什么事。"

第二，对伴侣的行为举止做积极的理解和解读。面对恋人或伴侣的言行举止，从正面还是负面进行解读，反映出不同的心态。"灾难型"伴侣对行为细节往往偏向负面解读。比如，妻子看到丈夫洗完澡又把毛巾乱扔，就觉得丈夫在故意激惹她，但对方可能只是习惯了。男朋友为了庆祝与女朋友相识一周年，特意预订了餐厅，提前下班，但女朋友却迟到了，男朋友就觉得她不重视他，但其实是女朋友为他挑选礼物才迟到的。

"成功型"的伴侣则往往从积极的、善意的角度去解读对方的动机，即便对方做了很糟糕的事，只要 Ta 的本意是努力的，就会接受这些损失，还会继续欣赏 Ta，鼓励对方继续尝试。比如，丈夫投资失败了，妻子会说："亲爱的，我觉得你已经很用心了，这次主要是整个经济环境不好，我不怪你。"如果是这样交流，那伴侣之间就可以继续保有浓浓的爱意。

第三，恋人或伴侣间彼此分享欢乐。2006 年有一项研究得出结论说，恋人或伴侣在面对一方取得好成绩，获得嘉奖时，情侣们的反应共有四种模式：被动破坏型、主动破坏型、被动建设型和主动建设型。比如，某天男朋友回到家，很高兴地说，我考取法学院研究生了！这时，不同的人的反应如下：

"被动破坏型"的女朋友会忽略对方发来的消息，说一些不着边际的话："你不知道我今天多倒霉，我被偷掉了一个钱包。"

"被动建设型"的女朋友则心不在焉，一边和他人发短信，一边轻描淡写地说："不错啊，宝贝。"

"主动破坏型"的女朋友会马上泼冷水："法学院学费这么贵，你交学费了，我们以后结婚费用怎么办？你想做法官、律师？没有那么容易的！"

"主动建设型"的女朋友会停下手头正在做的事情，真心诚意地祝贺对方："太好了，祝贺你！你那么努力，我就知道你行的！"

在一段长期的亲密关系中，当爱情初期的激情退去，恋人或伴侣会不得不面对单调乏味的生活琐事，或面临堆积如山的各种压力，浪漫的爱情很可能就会被柴米油盐、一地鸡毛所代替,而那些即使相处很久,却依然能幸福和睦地生活在一起的伴侣,不是在忍耐对方,而是用心体会对方,彼此保持情感的联结,并在每一个生活细节里,都用慈爱、善意去理解和回应对方,这样,爱情才能够长久常新。

亲密关系中为什么会有冲突?

爱情不总是甜蜜温馨的,进入平淡期,恋人或伴侣之间就会有很多矛盾和冲突。小到牙膏从中间挤还是底边挤,大到要不要创业等。可以这么说,没有一对伴侣不经历吵架、争执就能走到最后的。金婚银婚的夫妻同样经历过很多冲突,而且不少人在争执中情绪会很激动,吵完后感觉两败俱伤。但事实上,亲密关系之间不可能没有摩擦和矛盾,越是相互依赖,在一起的时间越长,家务、孩子教育等需要合作完成的事情就越多,冲突就越可能发生。事实上,吵架也是一个很好的沟通时机,正确应对冲突是亲密关系长远发展不可缺少的能力。那么,怎样理解"冲突",什么才是好的应对"冲突"的方式呢?

亲密关系中的矛盾冲突为什么不可避免呢?一方面,无论是异性还是同性,任何两个人在思维、情绪和行为偏好上都会有所不同;另一方面,亲密关系中存在一些不可避免的矛盾,它们迟早会引起一些纷争。差异到处存在且很正常,我们如何处理差异才是关键。恋人、伴侣间30%以上的争吵打斗是和下面四对矛盾有关,而这些矛盾会在我们一生的亲密关系中反映出来。

第一对矛盾状态,自由还是亲密。亲密关系中,到底是按照自己的意愿做些事情,还是寻求和别人的联系,遵从别人的意愿,和对方保持亲密,这两者有时会产生矛盾和冲突。如果一个人过于强调独立或自由,Ta也许就会忽略和伴侣的亲密以及相互依赖的联系;而如果过于强调亲密或联结,又会陷入过度依赖、盲目屈从的怪圈。大部分伴侣都会遇到独立和依赖之间的矛盾。比如,一方渴望做任何事情两人都在一起,相依相随,一起学习,一起自修,一起购物,一起走亲访友,而另一方却比较享受一个人读书、思考,或更愿意一个人做某些事情,那这两者就会造成很大的矛盾。

第二对矛盾状态,坦诚还是回避。甜蜜期的恋人会分享很多个人的隐私,彼此的自我表露程度也比较高。随着关系的平淡,个人生活重心的转移,这种自我表露或过分强调融合的愿望就会有矛盾。可能一方更欣赏真诚、坦率,暴露越多越好,希望什么都和另一方共享,内心要有深度联结,而另一方觉得要有自己的空间,希望保守自己的某些秘密,所以 Ta 会对暴露有所克制,那这两者就会产生矛盾。这也是很多女性会抱怨男朋友或丈夫回家什么也不说,也不告诉自己外面发生了什么。另一方会说:"我告诉你又怎么样呢?你又不能替我分担忧愁?你又不能解决这些问题。"由此引出的纷争、矛盾就会越来越深。

第三对矛盾状态,稳定还是变化。有些恋人希望维持比较平淡、稳定的亲密关系,也有些喜欢新奇、刺激的东西。Ta 觉得不确定的生活更有趣,所以会去冒险,去进行风险很高的投资,这种情况就会让另一方感到特别不安全、不稳定,也会造成比较大的矛盾和冲突。

第四对矛盾状态,聚合还是分离。在节假日,一方希望过一个浪漫的两人世界,窝在家里听听音乐,喝喝咖啡;而另一方更愿意跟朋友和家人一起热热闹闹,在欢声笑语中体会欢乐和幸福,这种聚合与分离也会产生矛盾。此外,还会有谈恋爱了就忽略朋友,还是继续广交朋友尤其是异性朋友诸如此类的矛盾。

很多研究还发现,伴侣对某件事情的解释或者归因,是引起吵架争执的一大原因,每个人对事情的解释不同,归纳的原因不一样,就会产生很多矛盾,引发很多苦恼和愤怒的情绪。譬如,把恋人的"迟到"行为解释为工作繁忙,或解释为交通阻塞等外界环境原因,就可能包容和宽恕;而如果把迟到解释为是 Ta 的性情懒惰,是对自己的不重视、不爱,是存心报复自己等因素,那另一方就会更加愤怒,造成的矛盾也就更加不可调和。具有积极心态的恋人,总是把事情往好的方面解释,把对方想成是善意的;具有消极心态的恋人则会把对方的行为举止解读成恶意的,产生的矛盾就更不容易解决。

恋人或伴侣中的哪些人更容易发生吵架或冲突呢?从人的特质上来说,高神经质水平、随和性低的人,经常担心被抛弃的人;25 岁以下的年轻人比较容易和恋人或伴侣产生冲突。

高神经质水平的人更容易与人发生争执,随和性高的人则比较少冲突,并在面对冲突时也更能够让自己平静下来,好好沟通。有些人很担心恋人或伴侣离开自己,经常会焦虑紧张,担忧发生最坏的结果,他们在亲密关系中会有更多的冲突。美国有一个研究发现,从 18 岁到 25 岁,伴侣之间的冲突逐渐增加,而到了 25 岁左右,人们会建立持久的爱情关系,开始职业生涯,冲突会变得缓和一些。对中年夫妻,最大的两个冲突来源是孩子和金钱。到了老年期,亲密关系则变得更加平静。

有研究认为,恋人之间相似的地方越少,冲突就越多,相似程度越高的人越容易彼此吸引,也越合适。"相异相吸"可能在最初的恋爱阶段会带来动人心扉的感觉,但长期相处更有可能产生相爱相杀的结局。

什么才是"正确"的吵架方式?

当恋人或伴侣间的矛盾不可避免的时候,冲突就会产生,或吵架或打架,或回避或冷战。解决冲突有两种办法:一种办法是直面矛盾,在冲突平静以后,双方能够坐下来进入谈判阶段,尝试着通过理性的方式来解决。但直面矛盾也可能是另外一种表现,就是在冲突中谁也不让步,反而可能使冲突升级,矛盾加剧。另外一种解决冲突的方法是,一方不断地批评指责,另一方则回避矛盾,不做正面回应,退缩、逃避。这种方式会使一方情绪更加激烈以致采取极端做法,而另一方会愈加沉默寡言。双方都误读对方真实的意思,久而久之,这种解决方式对亲密关系的损害非常巨大。这种模式中,往往是一方希望寻求亲密关系,希望修复关系,而另一方则希望维持自身的独立,需要更大空间。比如,依恋类型中的焦虑矛盾型和回避型之间的冲突就是这样的一种模式。

虽然亲密关系当中的冲突永远无法避免,但我们还是要看到冲突本身是有促进亲密关系的功能的,因为恋人或伴侣之间的争吵往往能够暴露出平时已经存在的甚至是积累已久的深层矛盾,冲突产生了才有可能让双方坐下来寻找解决办法,如果处理得好,就能避免产生更坏的结果。研究还证明,那些吵架吵得很厉害的伴侣是能够改变的,反倒是一些不吵架,情绪压抑很深的伴侣,他们的关系走向可能更不妙。心理学家达纳·卡斯帕森总结了解决吵架的一些方法：

- 吵架的时候，不要只听到那些攻击性的话语，更要听到这些话语背后的情绪，这些情绪是对方内心的渴望。比如，对方带着愤怒情绪说："你老是这么懒！"其实 Ta 想表达的是："我希望你帮我做些事。"前面一句在男友心目中是指责、批评他的意思，而后面一句则是寻求帮助，男友就比较乐意按照女朋友的愿望去做。

- 要避免冲突，就要改变说话的方式，不要老是用批评、指责的方式，而是要表达自己的感觉，表达自己愿望的真实的意思。用"我觉得……""我希望你……"这样的方式来表达更好。

- 两人在商量某些事情时，如果觉得对方的意见和自己的想法不一致，这时不要首先提出批评，也不要直接提出建议，而要耐心听听伴侣接下来说些什么，从 Ta 的话中了解对方的真实含义，也许 Ta 是从和你不一样的角度在提出建议。

- 吵架时先假设对方是没有恶意的，如果猜 Ta 有某些动机是存心想伤害自己，但经过证实这些猜测是错的，那就应该放弃自己的想法，改变对对方的态度。

- 即使发生矛盾冲突，也仍然要对恋人或伴侣抱有善意的看法。如果觉得和对方是能够走下去的，双方都有共同的愿景，那么，越是抱有这样的希望，结果就可能越好。

- 如果发现吵架会把事情搞得更糟的时候，就应该停下来。双方要花点时间平静下来各自检讨，各自承担自己应负的责任。学会从"我们"而不是"我"的角度去考虑问题，这样解决问题的可能性就大。

- 如果矛盾错综复杂，双方争执不休，那不妨彼此平静一段时间，给双方多一点空间和时间，也许两个人会找到更积极的解决冲突的办法。

- 如果经历了很多次冲突和吵架，发现有相似的模式，或者基本都是围绕同一个主题在争吵，那这个时候就更应该坐下来，彼此好好倾听和交流，也许这就是导致亲密关系产生问题的主要原因。如果双方抱有积极的态度，主动性越高，互相探讨的深度、广度越丰富，解决矛盾的希望就越大。

📚 案例　你能听懂 Ta 想说的真正意思是什么吗？

当 Ta 说："你根本不在乎我！"很可能 Ta 想表达的意思是："我好需要你的重视哦！你可以重视我吗？""当你那样做的时候，我觉得没有受到尊重，我觉得好受伤哦！"

当 Ta 说："你真差劲！"很可能 Ta 想表达的意思是："你没有做到我希望你做的，我对你有一定的期望。""当你做不到的时候，我觉得很受伤！"

当 Ta 说："你从来没有爱过我！"Ta 想表达的意思是："你现在在做的，或是之前做的行为，让我感到受伤。因为它们没有满足我对你的要求，所以我认为你不爱我。"

案例分析

如果恋人或伴侣用批评指责的方式责怪对方时，说话的一方其实是因为自己内心不愿意去面对这样一个事实：我是脆弱的，我对你有期望，我对你有要求。是我的期望、需求让我对你有怒气，对你失望，才会这么生气的。所以，很多时候问题在自己身上，不在对方身上。

听话的一方如果能够真正听懂对方内心的声音，也不会用愤怒、逃避等方法去应对了。理解另一半，不仅仅站在 Ta 的角度去思考，假如能够把 Ta 放到 Ta 的成长环境里去理解，Ta 为什么形成了这样的特质？Ta 的什么经历导致了这样？当看到那些无奈后，就会生出慈悲和爱。

为什么嫉妒？如何应对爱情中的嫉妒？

嫉妒是一种消极的情绪情感体验。亲密关系中，当一方担心失去另一半，或者已经失去了，或者想象中会失去，都会引发强烈的嫉妒情绪，而嫉妒情绪是一种混合的情绪，包含着受伤、愤怒和恐惧。如果觉得另一半没能履行对关系的承诺，就会有受伤的感觉。如果觉得对方抛弃了自己，或者会抛弃自己，就会产生恐惧和焦虑感。通常人们说的羡慕嫉妒恨是有一定道理的，强烈的嫉妒会演变成为暴怒和暴力。在有关爱情的研究中,有些研究认为,嫉妒是爱情的见证,对感情和婚姻是有好处的,也有些研究认为,嫉妒是一种不健康的来自不安全感和性格缺陷的心态。所以嫉妒被看成是双刃剑,既可能是热烈的爱的表达,也可能是一种偏执心态。

嫉妒有两种类型。当恋人或伴侣感觉到这段关系正在受到威胁时,就会产生反应性嫉妒。这种忌妒是应对当下的危险而发生的,伴侣的各种行为都会引起嫉妒。比如,女朋友告诉男朋友说要去见她的前男友,就会引起现男友的嫉妒。另一种是怀疑性嫉妒。就是当伴侣没有做错什么,其中一方不顾事实,疑神疑鬼而产生的嫉妒。由于对伴侣的不信任,嫉妒的一方会千方百计地去寻找对方出轨或者背叛的证据。比如,丈夫是做销售的,经常要请客吃饭,跟女客户打交道,妻子就有可能看到丈夫和女性打情骂俏而产生非常强的嫉妒心,怀疑老公出轨,欺骗背叛自己。

那么谁更容易嫉妒呢?是男性还是女性呢?总体来说是没有什么差别的,但是有些人更容易产生比较强的嫉妒。比如,有很多备胎的恋人嫉妒心就比较少,而对这段感情忠心耿耿的人嫉妒心就比较强。有些人担心恋人看不上自己,觉得自己不是对方期望的人,或感觉自己能力较差的人,都有比较强的嫉妒心。换句话说,如果伴侣的一方比另一方更好看,更有颜值,有更多的财富和更高的地位,那么,比较差的这方就会认为Ta可能会得到更好的,担心留不住自己的恋人或伴侣,由此产生比较强的威胁感和嫉妒心。而安全型或回避型的人,不怎么担心被人抛弃,体验到的嫉妒就比较少。回避型的人看上去或自我感觉是不太需要某段关系的,Ta的嫉妒心就比较轻。

坚信爱情和性必须专一的人,当Ta的恋人或伴侣有其他的风流韵事时,就会体验到非常强的反应性嫉妒。如果伴侣也和Ta的爱情观一致,而且非常忠诚,那么他们就不太会产生怀疑性嫉妒,因为他们有坚定的信念,不太担心伴侣会背叛自己。

男性在面对一个比自己拥有更多资源的男性,比如,对方比自己更成功,更有经济地位和社会地位时,那他的嫉妒心更强。而女性面对比自己更漂亮的女士,羡慕嫉妒的感觉更强烈。所以,对女性来说最具威胁性的是外貌,对男性来说最具威胁性的是权力和财富。

此外,男性想到自己的女伴在性方面有对自己不忠的时候最容易嫉妒,而女性感觉到自己的男伴有感情上的背叛时,也最容易嫉妒,反应最强烈。这是因为进化让男性具有为人父的不确定性,所以女伴一旦有性方面的背叛,就有可能让他想到孩子不是他亲生的。女性感觉到另一方有感情上的出轨时,会联想到他可能不会提供生活所需的各种资源,那她和孩子的未来就会受到很大影响。所以,男性更怕女性身体的出轨,而女性更怕男性感情的出轨。

有研究表明,女性比男性更容易用各种手段来激发恋人或伴侣的嫉妒心,女性这样做的目的是为了试探一下自己在伴侣心目当中的地位,期望伴侣对自己更重视、更关怀,付出更多。比如,在男朋友面前吹嘘有其他男性追求自己,或与其他男性调情或约会,她们这样做的目的并不是要离开男朋友,而是想更好地维持两人的关系。但事实上男性看到女朋友的这些试探行为和表现,非但不会改善与女朋友的关系,他会觉得心灵受到了创伤,反而会产生离开这段关系的想法,移情别恋。而一个女性在面对自己的男朋友和其他女性有密切往来时,女性的做法是更在乎自己的男朋友,会做出更多的努力来维系现有的关系,所以男女两性面对嫉妒的时候,两者的表现和后果都很不相同。

在面对嫉妒这种感觉的时候应该怎么办呢?有的人是用侮辱、批评、指责,甚至暴力相向,也有的人跟踪自己的伴侣,限制伴侣的自由,威胁竞争对手,这些做法都有可能进一步损害亲密关系,不是好的办法。比较好的是两个人能够坐下来心平气和地交流,彼此说出自己的担心,尝试着与恋人或伴侣一起解决问题,去做一些具体的工作,改善彼此的关系。比如,把时间和精力更多地放在对方身上,更关注、重视对方,给伴侣送礼物,陪伴 Ta,同时,也好好打理自己,让自己更美丽、更健康,共同发展一段更加美好和睦的关系。

如何看待亲密关系中的欺骗和说谎?

一般都公认欺骗是一种不道德的行为,是一种主观上的故意,但即使在非常坦诚和互相信任的亲密关系当中也会出现很多的欺骗。说谎是欺骗的一种形式,美国的一些调查就证实了日常生活中的说谎很常见。大学生报告说自己平均每天说谎2次,在一周时间里大概只有5%的人说自己没有说谎,有59%的人觉得他们的谎言会被接受,只有19%的人认为自己的谎言会被别人看出来和识破。

很多时候说谎对本人是有利的,可以避免自己陷入内疚、窘迫或尴尬的境地,有时候直接可以获得别人的认同和收获物质利益。还有大概四分之一的谎言是对别人有利的,是保护对方的自尊不受伤害,让感情不破裂。比如,女朋友问男朋友:"我胖不胖,穿这件衣服好看不好看?"男朋友即使觉得她很胖,或者衣服不好看,也不会直截了当指出来,甚至会说很漂亮,很苗条。所以这些谎言,对保护对方的自尊起到了一种善意的作用。但无论怎样,即使谎言没有被揭穿也会产生一定的后果,会导致恋人或伴侣的不愉快、不舒服和不亲密,如果是比较严重的谎言,一旦被揭穿以后,就会大大降低伴侣对自己的信任。

怎么证明自己的恋人或伴侣在说谎呢?有的人认为说话时候吞吞吐吐,不断地眨眼睛,声调高,有很多口误就是说谎的。但事实上很多研究表明,说谎没有一个标准的模式,有些人说谎时吞吞吐吐,也有些人口气非常肯定;有的人盯着别人的眼睛说假话,而另一些人他们不看别人的眼睛也会说谎。亲密关系中要识别谎言,通常要经历一个比较长的相处时间,这也是一个很复杂的过程。如果两人相处的时间很长,对彼此的隐私、言行举止的特征有非常深的了解,他们就会对彼此的行为做出比较敏锐的觉察和比较准确的判断。

有些人认为女性比男性更擅长识破伴侣的谎言,但现在的很多研究得出的结论是:从整体上看,男性和女性在识破谎言的能力上是相似的,没有太大的差异。因为,一方面,女性非常敏感,有所谓第六感的觉察力,但另一方面,女性更容易信任别人,不太能注意到欺骗。所以男女两性觉察谎言的能力是差不多的。研究还发现,有些人不太容易区分事实和想象,大部分人对识别谎言的这个能力比估计的要低。

总的来说,谎言和欺骗在道德上都会受到谴责,如果处于亲密关系当中的两人特别珍惜彼此的关系,那就应该少说谎,哪怕是善意的谎言,可以用委婉、积极的语言表达自己的真实想法。比如可以用"你比较丰满"来代替"你真的很胖"这样的表达。这样就能够维护共同的信任,减少很多不必要的怀疑和猜忌。

如何应对亲密关系中的背叛?

亲密关系中,如果恋人或伴侣泄露另一方的秘密,在背后说坏话,原来的承诺没有做到;在关键时候需要另一方支持的时候,Ta没有行动;或者移情别恋、劈腿、有第三者;或者放弃一段亲密关系等,这些都被看成是背叛。所以,背叛指的是我们信赖的人背信弃义,做出令人讨厌的或伤害性的行为。背叛让恋爱或婚姻关系中的人觉得对方不爱自己了,不尊重和不接受自己了,也不珍惜原来的关系了。如果是一般的朋友和一般的社会关系,人们对关系的期望不太高。但对亲密关系,我们对对方的承诺以及彼此的信任看得很重,如果这些都没有了,就会深深地伤害我们。所以,背叛在亲密关系中会引发非常大的伤害。

据研究,背叛的发生率是比较高的,美国一个大学用人际交往的背叛量表来测试,结果发现社会科学和人文科学的大学生背叛的得分比较高,而理工科大学生的得分比较低。男性和女性,谁背叛的更多一些呢?结论是没有太大的差异。男性更有可能背叛他的伴侣和生意上的伙伴,而女性比较多地背叛她的朋友和家庭成员。那什么人对亲密关系的背叛比较少呢?是年纪比较大的,教育背景比较高的和有宗教信仰的人,他们比较少背叛他们的爱人。

研究还发现,经常背叛别人的人并不快乐,而且适应社会的能力也比较差,他们的人格中有怀恨、多疑以及比较强的报复心等这些特点,容易玩世不恭,有些有心理问题。一般来说,这些经常背叛别人的人,他们的童年经历可能并不幸福,自己也很孤独,不太相信别人,他们会错误地认为别人跟他们一样也会背叛。

那么,如何应对背叛?

第一,需要直面背叛,而不是回避或者视而不见。背叛行为是损害亲密关系的重大杀手,如果处理不当会引发非常不利的后果。轻者严重伤害彼此的信任,重者可能终结这一段亲密关系,甚至引发暴力和犯罪,需要恋人或伴侣认真严肃地对待发生的这些行为。

第二,用积极的方式对发生的事情重新解释,把它当成是个人成长、维系关系的一次历练。比如，男朋友出轨，背叛了女朋友，最好的处理方式是两个人能够坦诚沟通。如果发现是因为女朋友忙于工作忽略了男朋友，导致男朋友有背叛的行为，这时，双方若能够坐下来好好谈谈，都能各自检讨自己的不足，男朋友诚恳道歉，女朋友反思以后要多花点时间陪伴男朋友，也许这个背叛事件对恋人来说未必是一件坏事，它对他们长远关系的发展起到了警示作用。

第三，背叛发生以后，双方都可以向朋友或专业人员寻求帮助，这样可以让愤怒、焦虑、恐惧、不安等很多负面情绪得到处理，也可以更好地理解和应对背叛行为。有了别人的帮助，当事人会更清楚地看到两人之间存在的问题，为进一步调整和加深关系做出努力。亲密关系中一方投入的精力、时间、财力越多，另一方的背叛行为造成的损害和痛苦就越大，重新修复关系也更不容易。甜蜜的爱情让恋人或伴侣如痴如醉，能获得生理、心理的巨大满足，收获珍贵的、无价的回报，但如果遭遇背叛，背叛者也会付出非常惨重的代价。

无论是恋爱关系还是婚姻关系，经历了背叛，很多还是会继续走下去的。应对背叛有一个环节是非常重要的，那就是原谅。被背叛的一方要原谅背叛者是很不容易的，需要换位思考，需要从不同角度看待已发生的事情，需要对这件事情重新做解释，还需要展望共同的未来。

原谅必须具备两个条件：第一个条件是真诚地道歉，如果背叛者随便找一个借口，道歉也不真诚，甚至说"我都道歉了，你还要怎么样呢？"诸如此类的，那另一方是很难原谅 Ta 的。真诚的道歉包含了对自己所作所为的深刻反思，对给恋人或伴侣造成的损害的深刻反省。除了口头道歉以外，还有必要做出行动上或物质上的补偿。第二个条件是受害者一方的共情。也就是被背叛的一方能够设身处地地思考恋人或伴侣为什么会这么做。如果能够理解对方的这些行为，那么就比较容易做到宽恕和原谅，否则，他们的关系就会发生重大的变化。

如何掌握亲密关系中的情绪管理？

我们知道，"情商"包括五个方面内容：自我认识能力，妥善管理自己情绪的能力，自我激励、自我发展的能力，认知他人情绪的能力，以及处理人际关系的能力。这些调控自己与他人的情绪反应的能力都和情绪管理有关。一个人的情商高低在爱情中也会暴露无遗,对亲密关系的维系和发展有着重要的影响。

情绪管理包括"对人"和"对己"。对己,主要是感知、认识、理解、表达、控制、应付自己的情绪。对人,则是感知、体会、辨认、应对他人的情绪。

情绪管理的第一步是识别情绪。人类情绪的种类非常丰富,有几百上千种之多。主要的负面情绪有:紧张、焦虑、担心、忧郁、痛苦、沮丧、伤心、哀伤、忧愁、嫉妒、愤怒、怨恨、愧疚、害怕、恐惧、无聊、寂寞等;而正面情绪比较少,比如,快乐、愉悦、兴奋、安详、平静、轻松、自在等。正应了这样一句古话——"人生不如意事十有八九"。我们遇到开心事有正面情绪当然好,如果遇到负面情绪,有些人就可能指望通过压抑的办法来驱除,或者用忍耐来消除。但这些方法都不能根本解决问题,应该要用正确的方法来化解、转化各种负面情绪。

相爱过程中,恋人或伴侣如果人格不成熟,或者不懂得处理矛盾冲突,就有可能产生许多负面情绪。爱情中的负面情绪及行为主要包括:

- 敏感、多疑、猜忌。处处神经过敏,事事捕风捉影,对他人失去信任,对自己丧失自信,最终失去起码的判断力,令爱情消融殆尽。
- 生气、烦躁,往往和抱怨、指责等行为连在一起。这些情绪会让人心情变差,让爱情灰飞烟灭。
- 误解和冷战会让人感到迷茫、孤独。情侣如果缺乏内在安全感,就无法超越对孤独的恐惧,会时常感到迷茫,对未来没有信心,会动摇感情的稳固和发展。

从进化角度看,情绪是帮助人类能够得以生存并发展的重要机制,它能够让我们对周围环境迅速做出判断,进而采取行动。比如恐惧这种情绪,原始人在森林里遇到野兽,恐惧让他能够迅速地做出判断:第一种,如果能够征服这个动物,他就会立马行动,把刀叉刺向野兽;第二种,如果野兽非常强大,那就快快逃跑;还有第三种,如果野兽特别凶猛,行动迅速,已经在面前了,那巨大的恐惧会使原始人失去知觉和判断能力,一下子僵在那儿,猛兽遇到这个"死去"的人可能就会放过他。所以,我们感觉到的所有负面情绪都是为了帮助人类能够更好地适应环境,能够生存下来。

现代科学技术的发展,似乎已经让我们的意识进化到了非常理性的水平,但是我们的肉体和大脑的反应很多还停留在远古时代。我们对外部世界的喜好厌恶、爱恨情仇会形成世界观、人生观和价值观,这"三观"的背后,其实就是我们的情绪反应。很多学科认为人类是受理性驱使的,但现在越来越多的研究证明,我们也许是处在一种无意识的情绪进化当中,我们保留了很多原始的情绪,理性在某些时候会起作用,但大部分时候我们并不像经济学所假设的那样是纯粹的"理性人",做决策时,有很多感性的潜意识的东西在起作用。

情绪来自我们的内心,我们应该好好理解我们的情绪,珍惜情绪给我们传递的信号,如果我们不理睬、忽略情绪,那么它会用其他的办法把这些信息传达给我们,比如晚上做梦。如果做梦时经常梦到鬼、恶魔等,也许说明你白天有很多负面情绪没有处理好,梦在替你舒解和缓释,或者在提示你重视平时忽视的某些东西。

如果我们一直不理睬情绪给我们传递的信号,情绪还会用其他的办法来发挥它的作用。比如,我们压抑了很多负面情绪,就可能在身体上出现危机,在生理上、心理上得病。高血压、心脏病等心血管病与没有很好地处理焦虑、愤怒等负面情绪有关,而抑郁症、焦虑症更是和负面情绪直接相关。所以,情绪传达的信号当中,包含着我们的期待和渴望,包含着我们内心的重要需求,尤其是激烈的情绪,它传达的内容更重要、更有价值。我们要理解自身情绪的来龙去脉,从不同的角度去评估当前所处的环境,并相信我们身体的反应,发挥自己的主动性来应对各种事件的发生。欢乐、喜悦等正面情绪人人都喜欢,但即使是负面情绪也有很大的价值。

嫉妒。嫉妒这种情绪是告诉你,想要什么?比如,一个女性非常嫉妒她的闺蜜有男朋友,也许这种情绪在告诉她,她也非常想要别人爱她。一旦觉察到这样的信息,那不妨接纳这种嫉妒,可以通过各种办法来满足自己的内心渴望。无论是交异性朋友还是同性朋友,都可以让自己的内心的渴望得到一定程度的满足。

压抑。小时候我们每一个人都必须依赖父母才能存活,没有足够的能力来保护自己,必须要压抑自己的很多的东西,所以压抑能够让我们平安存活下来。所有成年人也都有"压抑",这是文明社会的标配,也是个人社会化的结果。但如果压抑得太深重了，就会委屈或者扭曲了自己，尤其是在不需要压抑的时候，还用这种办法来处理问题，就可能给自己带来很多烦恼。比如，有个刚进校的大学生，他在做咨询的时候说：我很喜欢看漂亮的女同学，但在看的时候心里会有一种负罪感、羞耻感……这里就包含了压抑。应该说，人类对美好的事物、男性对美丽女性的喜欢是正当合理的，但这位男生看到美女有负罪感，他压抑了很多本能的东西，并产生了问题。这是告诉他：作为一个成年人如果还习惯用压抑来处理自己的情绪问题，是有害的，应该鼓起勇气，或表达出来，或做出改变。

愤怒。愤怒里包含着巨大的力量，这种力量的根源是自尊自重。正因为愤怒中蕴含着巨大的力量，那我们如何使用这个力量就需要靠理性和判断。比如：有的人会揭竿而起，用愤怒的力量去争取自己的权利，去改变自己的命运；也有人用愤怒去生气，去吵架、打架，攻击别人，很显然后者的方法非常有害。在愤怒当中，我们需要保留一些理性，有选择地好好使用自己的这份力量。愤怒还有一个功能，就是能够愤怒的人不会患抑郁症。换句话说，有抑郁症的人是连愤怒都不会了，充满了无力感。

悲伤。如果你的好朋友失恋了，对 Ta 来说的最好的办法是陪着她，听她说话，对 Ta 说："你哭吧，没关系的，这真的让人很难过。"陪着 Ta 让 Ta 哭够就是对 Ta 最好的安慰和爱。让一个人尽情地悲伤是心理咨询的过程，因为悲伤到头了，就是一种接纳，就是疗愈的开始。在充分悲伤以后，我们会逐渐接纳那个巨大的失落，并开始新的生活。我们自己的悲伤也可以这样处理，因为自然的悲伤，是和自己内心深处连接的一个非常好的机会。

无聊。无聊也是有价值的。青少年的无聊感觉也许是在告诉你，你正在探索生命的意义和价值，告诉你现在做的也许不是自己真正想要的，不是自己愿意做的。那么什么才是真正适合自己的？如果有所觉察，就可以从当下开始寻找自己未来的职业方向和人生方向了。因为到了人生的另一些阶段，必须为生活为家庭杂务而奔忙，也可能习惯了用各种声色消遣，那时，连无聊的时间也没有了。所以，应该珍惜无聊这种感觉，重新探索一下自己内心：真正想要的是什么？生命的意义在哪里？

焦虑。焦虑是好的，一般可以承受的焦虑能让你更加谨慎小心；如果有更大的焦虑,也许在提示你,有些地方对自己的期望太高了,太要求完美了,是否有了强迫性的观念了?或者还在提示你,某些事情是不应该由你承担的而你在操心,你把别人的问题当作自己的问题来考虑,越过了界限。所以,如果你能接受到焦虑给你传过来的信息,你就可以调整一下自己的行为。如果一个女朋友在男朋友不主动发信息嘘寒问暖时感到焦虑不堪,这时候就可以觉察一下,为什么对方不主动问候就会让自己这么难过和焦虑?这样的担心、空虚和孤独的感觉,是男朋友的错吗?还是因为自己的某些问题,是自己的某些人格缺陷,或过去童年时创伤所导致的?如果能够觉察到焦虑传递来的这些信号,就可以把注意力收回到自己身上,加强自己的修炼,让自己耐得住寂寞,更从容一些,自己给自己快乐。通过这样处理好自己的焦虑情绪,可以使得爱情更顺利一些。

我们可以这样说,没有不好的情绪,即使是负面情绪,也需要我们尊重、了解和重视,尤其是尊重这些情绪传递给我们的信号。

每当情绪来临时,可以问问自己:

- 我为什么会有这种情绪?
- 最根本的缘由是什么?
- 这一情绪是正面的(爽)还是负面的(不爽)?
- 这一情绪带来的行为反应是什么?
- 情绪、行为的后果是什么?对周围有什么影响?对自己有什么影响?
- 这一系列后果是好的(增加了我的适应性)还是坏的(降低了我的适应性)?那么,我该采取哪些行动来增加适应性?

情绪管理有三个步骤:第一,要觉察自己的情绪;第二,用适当的办法来表达自己的情绪;第三,用合适的办法来舒解自己的情绪。

比如,某一对恋人约会时,女朋友经常迟到,男朋友非常重视她,他觉得应该无条件地爱她,觉得不应该生她的气。所以女朋友每次迟到,他都当作没事人一样。但时间一长两个人总会在一些小事情上发生冲突,而且吵得很厉害。经过咨询,男朋友才感觉到他对女朋友的所作所为包括经常迟到,内心是非常生气和愤怒的,但他用压抑的办法去处理,没有觉察自己的内心感受,不让生气和愤怒表露出来,也不懂得如何去表达,这才使得虽然他们平时看起来和和美美,但遇到一些小矛盾，男朋友就会不自觉地把愤怒发泄出来，让女朋友觉得小题大做。这里我们就可以看到，如果没有觉察自己的愤怒情绪，也不会用适当的方式来表达，会让亲密关系非常受伤，甚至吵架的直接原因都不一定能够找得到。

还有一些人，在觉察到自己的负面情绪时，不懂得用适当的方法来表达，也会引起伴侣间很大的冲突。比如，男朋友在情人节没有买礼物，女朋友就指责说"你心里到底有没有我啊！你从来就没有爱过我。"这样一种概括性的批评，会让对方非常受伤。男朋友会回击道："我不就是工作忙了一点，忘记了嘛，你怎么老是说我不爱你……"如果女朋友换一种表达方式说："亲爱的，你看今天是情人节，我原本很希望收到你的礼物，但你没有给我，我特别失望伤心。"那男朋友会马上道歉，甚至会立刻想办法去补上一份礼物，因为他觉得，他不能伤了女朋友的心。这就是比较好的表达情绪的一种办法。

情绪的初步处理法，或者也叫排解不良情绪的方法主要有：

注意转移法。情绪上来的时候，可以有意识地转移话题，或做些别的事情来分散注意力，让激烈的情绪得以缓解，也可以等到激烈的情绪稍缓一缓的时候，用一些轻松的活动，比如，听音乐、散步、看电影、跳舞等来使自己的紧张情绪进一步放松下来。

合理发泄法。当在生活中遇到不愉快的事，无论是愤怒、委屈、焦虑、忧虑等，都可以对自己的亲朋好友诉说，这样可以使郁积的情绪得以缓解；还可以找一些专业人员，比如心理咨询师，来诉说自己内心的负面情绪和各种真实的想法；也还可以找一个合适的地方哭一场，到运动场去跑跑步，打打拳击，这些都会缓释负面情绪。宣泄法有利于情绪的调整，但可能是一种表面的解决方法，要根本解决情绪问题，还需要用其他的办法。

情绪记录法。就是每天记录一下自己的所思和所感受到的各种情绪：发生了什么事情？自己有什么感觉？找到一些规律性的东西，比如遇到哪些事情，特别容易激发自己的负面情绪？什么时候某些情绪特别不容易平缓下来？了解了这些，就可以有针对性地去觉察，想办法进行调节，这种管理情绪的办法是非常好的。

理智控制法。比如说用心理暗示的办法，来管理自己的负面情绪。当进入考场，感到特别紧张时可以提醒自己"沉住气放松些，会考好的"。用这样的方式，对自己进行积极的自我暗示，再加上做几次深呼吸，就可能缓解自己的紧张情绪，也许真的能考出好成绩来。遇到特别让人愤怒的事还可以默念"制怒"，或像林则徐一样，在墙上写"制怒"两个字，作为警句告诫自己。每当发怒时，看到墙上的条幅就可以暂时控制住怒气，不至于让情绪失控发生更不利的事，等情绪平缓了再想办法解决实际问题。

呼吸调节法。通过慢而深的呼吸方式，来消除紧张、降低兴奋水平，让自己的激烈情绪逐渐稳定下来。步骤是：

- 站直或坐直，微闭双眼，排除杂念，尽力用鼻子吸气，吸满；
- 轻轻屏住呼吸，慢数1、2、3、4；
- 缓慢地用口呼气，同时数1、2、3，把气吐尽为止；
- 再重复上述过程三次以上。

情绪管理的初级目标，是做情绪的主人。在公共场合做到能控制自己的情绪，并且和自己的情绪和谐相处，不会被自己的情绪所淹没或控制。

情绪管理的终极目标，是能够寻找自己内心快乐的源泉，不受到外在的人、事、物、地的影响，随时随地处于自在、安详、快乐的心境中。如果一定要做什么事情、具备什么条件才能快乐的人，那就不是情绪管理的高手。

情绪管理的出发点，是要对情绪有所感知，能够感觉、观察、关照自己的情绪。时刻注意和关照自己的情绪，而不是忽视、隐藏或压抑情绪。

情绪的感知和管理是一个递进式过程，是从"不知不觉"到"后知后觉"，再到"即知即觉"的过程。有的人是一阵怒火过后，自己都不知道为什么要发那么大火，这属于不知不觉；另外一些人，发火以后会非常后悔，会检讨反思，觉得不应该这样做，这属于后知后觉；做得最好的，是在发火当下或即将发火时，能够比较清晰地觉察到自己的反应，当即调动理性先处理好这些激烈情绪，或运用接纳情绪的方法缓释情绪，过后进一步了解激烈情绪背后的缘由，更好地调整认知，安抚好自己。这个递进式过程是学习的过程、探索自己的过程，有时候还可能是个痛苦的过程，但也正是修炼自己、自我成长的过程。

很多痛苦是来自对自己情绪的不当处理，来自压抑和抗拒负面情绪。管理情绪的最好方法是：全然接受法。就是全然感受自己的身体感觉，观察自己的呼吸，观察自己呼吸时的腹部的起伏，做身体扫描。全然接受情绪，允许自己的每一种感受流动，允许快乐的感受、痛苦的感受……只要接受自己的情绪，不需要抗争、压抑、抗拒，情绪自然就会转变。

爱自己，最重要的是接纳自己的情绪，爱自己，是接纳自己的全部。

亲密关系中如何学习对自己的情绪负责？

亲密关系中，与恋人相处，我们都有三种基本的内心需求想要得到满足。第一，是希望对方能够无条件爱我们，接纳我们。第二，是希望对方能看到自己的价值，在 Ta 的心目当中自己是最重要的。第三，每个人的内心深处都有安全感的需要，希望在亲密关系当中，彼此是忠诚可靠的。这三大要求如果不被满足的话，就会让我们产生很大的负面情绪。

所以有人说，亲密关系中的两大杀手，第一个是"期望"："我期望你把我放在第一位"；"我期望你记得住我们每一次的生日和纪念日"；"我期望你在处理各种问题时，首先想到我，尊重我"；"我期望你不要离开我，抛弃我"……如果这种期望落空的话，我们会非常失望、伤心和难过。有的人甚至会绝望、崩溃，说出特别不堪的话，做出极端的伤人伤己的事来。第二大杀手是"应该"。有些恋人会说："你有了我，应该删除通讯录中所有的异性好友"；"我不告诉你，你也应该知道为我做……""男人就应该赚钱养家"；"女人应该温柔体贴"。

有些女性在爱情中如果男朋友没有达到自己的期望，就会退行为一个无理取闹的孩子，蛮不讲理，"作天作地"，非常希望她的男朋友满足自己的期望，或是给她一个拥抱，说一句温暖的话，但她的男朋友可能自顾不暇。面对女朋友的胡搅蛮缠，他可能也会变成一个五六岁的孩子，紧张害怕，不知道如何处理，只能用回避、不理不睬的态度来面对女朋友的情绪化。因此，如果做得好，女朋友应该对自己的绝大部分情绪负责。对方没有达到自己的期望，可以冷静下来想一想：是没有告诉对方自己的要求？还是没有用合适的方式告诉对方？或是对对方要求太高了？如果能够好好觉察自己的内心，为自己的感受负责，愿意主动承受自己内在的痛苦，自己处理内心的孤独和无助，安慰自己，而不是期望男朋友为自己的空虚、孤独、无助负责，那这时，你就在学习对自己的情绪负责了。

经过进一步的觉察，也许你会发现两人吵架所引发的情绪，很多时候是自己内心被激发出来的一些感觉，并不是对方的错。比如，男朋友批评、指责你，也许并不是因为他说了什么，而是他说的内容勾起了你内心被贬低、被误解等无价值感，因而痛苦委屈，让自己无法承受，所以会用愤怒指责去还击，让自己解脱这种痛苦。还比如，恋人移情别恋，他的行为伤害了你，但更多的是你内心被激发起的被背叛的感觉，让你无处可逃，痛苦不已，所以你用报复的手段去对付他。

所以，改变自己的期待，学习换位思考，不要觉得对方"应该"做什么，"不应该"做什么，学习为自己的情绪负责，而不是投射到对方身上，试着与这些负面情绪和平共处，这是维系亲密关系当中最重要的法宝。

如果发现在亲密关系中经常由于彼此的冲突导致自己有强烈的情绪，那么就可以通过反思、反省的办法回顾一下过去经历中的一些事件，尝试去找出过去比较大的创伤，或者严重的被贬低、被忽略甚至被抛弃的经历。可以在专业人员的帮助下对这些事件进行重新的回顾，医治创伤，和伴侣一起共同探索，形成一个比较好的相处模式。比如，平时可以跟伴侣说："我处在某些场景下或听到某些话语时的反应会比较激烈，需要你多理解我，包容我。"学会和伴侣一起去构建一个良好的共同应对强烈情绪的模式。

此外，当自己的情绪被激发，即将暴怒、歇斯底里时，要给自己一些时间来缓冲和处理，不要在情绪暴发的那一刻做出重要决定，也要控制自己说一些极端的话，要慢慢等自己的理性恢复以后，才去做一些重要的事情。

亲密关系的双方要共同学习，了解彼此的成长经历，不要想当然地认为对方跟自己的想法和感受是一致的。即使对同一个名词、同一件事情，由于两人的经历不一样，解读会截然不同。这时候需要双方能敞开心扉，好好交流，对自己的过去和原生家庭有一个比较清楚的评估。更要明白自己和对方在关系当中最渴望得到的是什么，最恐惧想避免的是什么，这样才可能让彼此的关系慢慢变好。

要保持开放的态度进行沟通，信任对方，要把现在这位恋人或伴侣和过去伤害你的人区别开来，不要把过去的怀疑放在现在的这个人身上。选择完全相信一个人可能是这个世界上风险最大的事情,但也是每一对恋人或伴侣能够获得幸福的必经之路,需要我们看见最本质、最核心的自己,也看见我们最真实的爱人。所以,尝试着保持开放、诚恳的态度,不要让对方猜来猜去,要勇敢、坦诚地告诉对方自己真正需要什么,也尽量去了解对方需要的是什么。

第九章
爱的分离与处理

分手的策略有哪些?
如果想要主动提出分手,应该怎么做?
为什么说失恋带来的是一种多层次的、复杂的丧失?
从心理学角度,失恋的成因和表现有哪些?
失恋了,如何减退爱的感觉?
分手以后还可以继续做朋友吗?

分手的策略有哪些？

几乎所有的恋人都想把爱情进行到底，但不是所有的爱情都能顺利进行下去的，很多恋情以分手而告终。心理学家对失恋也进行过很多研究，试图搞清人们是怎样分手的，曾经的恋人或伴侣是怎样经历失恋这个过程的，失恋会让人们失去什么，人们又是怎样来处理爱情的伤痛的。有研究表明，中止恋情、提出分手的方式有明显的不同，主要有直接分手和间接分手两种方式。大部分情况下人们提出分手是使用间接分手的策略，期望在不明确提出分手的情况下结束亲密关系。

直接分手的策略也有两种情况：第一种是在分手的时候不做任何解释，只是告诉对方想要分手，随后就不再有任何回应，或者只用一两句话来敷衍对方。第二种直接分手的策略是说明分手的理由，分手者在说明理由的时候，有可能会指责对方给自己造成了伤害，不想再继续这段关系了；也有可能认为现在的这段关系不是自己理想当中的，希望和对方中止恋人的关系，只保留朋友的关系；还有可能一方在分手的同时，说一些安慰的话来照顾对方的感受，比如"我知道我提出分手你会很难过，但这都是我的问题，你要怪就怪我吧"等。

间接分手的策略也有两种形式：第一种是不说明任何理由突然消失，再也不回复对方的任何的信息，所谓的"斩立决"；第二种方式是其中一方采取种种手段,希望对方提出分手或者主动远离。比如,他会做一些对方所痛恨的恶劣事情来激怒对方,逼迫对方提出分手,或者疏远对方,希望对方能从冷淡中得到暗示,结束这段关系。

分手的方式有各种各样。那么,有哪些因素会影响一个人提出分手的方式呢?如果从依恋类型来看,不同依恋类型的人在亲密关系中的表现不一样,分手的策略也不同。

安全型依恋的人会直接提出分手。在亲密关系中,他们是比较自信、安全的一类,能够更积极地看待关系中的变化和走向,也包括分手。他们认为即使这一段关系结束了,自己仍然有机会也有能力和其他人进入下一段亲密关系,所以分手对他们来说并不是一件可怕的事情,也不需要回避。

矛盾焦虑型依恋的人由于对恋情的期望比较高,对失去恋人或伴侣的感觉会特别焦虑和不安,因此他们会尽可能地拖长时间才提出分手,或者就算主动提出了名义上的分手,还希望和对方继续做朋友,他们很难真正切断和恋人或伴侣的关系,分手的心态是纠缠不安的。

回避型依恋的人似乎看上去不太需要这段关系,他们在遭遇问题时习惯用退缩、回避的方式,分手的时候也会用比较疏远的方式。他们会突然疏远,或者被动地希望对方提出分手,分手以后也会立刻断绝关系。这主要是因为回避型依恋的人习惯逃避亲密关系中的深入交流,因为一旦坐下来谈论分手,就可能触及他们深层次的感受和想法,而这是他们不愿意的。

分手的方式还和平时的交流和沟通方式有关,如果两人的关系比较亲密,他们就会直接向对方提出分手。因为亲密感足够的伴侣,平时的沟通比较深入,沟通是真诚坦率的,内心的联结也比较深刻,比较了解对方的内心想法,也了解对方对分手会做出的反应,信任对方不会因分手而做出过激的行为。如果平时的沟通比较冷淡和疏远,那分手的方式也可能是比较回避的,会用间接的方式来避免剧烈的冲突。

研究也发现,如果把分手的原因归结为对方的话,而且平时相处时冲突不断,关系恶化,就会直接提出分手,并且批评对方,指责对方要负主要责任,以此来表达自己的愤怒。如果一方认为分手的原因是因为外部因素,比如工作变动、外界的压力,那么他就有可能用积极的、理性的方式,通过面谈来提出分手,希望能做到即使不再是恋人或伴侣,还仍然能保留朋友的关系,比较珍惜彼此的联系。

如果按照自尊水平来分析的话,高自尊的人更有可能主动提出分手,因为高自尊的人比较清楚自己需要什么样的一种关系,他们也容易觉察在此刻的这段关系中自己受到了哪些伤害,是否值得挽留对方。一旦判断是消极的或负面的结果,他们会非常果断地离开这段关系,因为他们清楚他们值得拥有更好的关系,他们坚信有更合适的机会和伴侣在等着自己。相反,低自尊的人对关系中的伤害和痛苦虽然也有所觉察,但也许不太能觉察其中的原因,他们不太会主动提出分手,尤其是他们觉得他们不配拥有更好的关系,所以往往会身陷其中而不能自拔。

案例　失恋以后的经历是我生命中最大的一笔财富

四川某镇一位男生,以全镇第一名成绩考入四川大学中文系。一年级就当上了系学生会主席,二年级成为校学生会副主席。学业优秀、工作出色,追求他的女生自然不少。很快他和其中一位恋爱了,因经验不足也很快遭遇分手。失恋后他陷入了情感低迷状态,不上课、不参加学校活动,因不及格科目太多,被学校勒令退学。

失恋加上失学,使得他没有勇气回家见父母。他在家门口徘徊了三个小时,晚上母亲发现了他,把他拉进门。一进门,他吞吞吐吐向父亲告知了事情经过,父亲勃然大怒,拎起他的行李就往门外丢,"给我滚出去!"他向父母鞠了一个躬,默默背上行李,来到了从前的高中。他向母亲求助,要求复读,开始了又一次的高三生活。在那一年苦读中,他默默发誓要重新做人。

第二年,他又以本省前几名的成绩考回了四川大学,但他心情惆怅、失落,因为往日的同窗即将毕业,而他又要重新开始。

在学校老师鼓励下,他下决心在一年内学完三年的课程,还准备考研究生。为节省更多时间学习,他不去食堂而是吃方便面;中午在自习室,晚上熄灯后到浴室看书,就这样废寝忘食、勤奋刻苦地学。他在一年内就修满了四年的学分,而且成绩良好。第二年他不仅和原来的同学一起毕业,而且还考取了清华大学的研究生。在告别川大时,他感慨万分,总结说:"我虽然经历了失恋,经历了人生的巨大波折,但这一段经历让我更看清了自己需要什么,这是我生命中的最大一笔财富。"

案例分析

这是一个非常励志的故事,作者经历了失恋,虽然曾经一度陷入低谷,但最终通过努力和奋斗,达到了自己的理想目标。由此可见,失恋并不能摧毁像他这样有顽强意志、人生理想的人。经历了失恋磨难,他重新站立了起来,而且显示出了强大的精神力量。失恋让他更看清了自己,懂得了人生的意义。相信他以后遭遇爱情,会更有经验、更慎重。

培根说过:一切真正伟大的人物,没有一个因爱情而发狂,因为伟大的事业抑制了这种软弱的情感。歌德一生失恋七次,在第一次失恋后,他把自己破灭的爱情作为创作素材,写出了《少年维特之烦恼》,成为他事业成功的起点。居里夫人中学毕业后也因失恋有过向尘世告别的念头,但她很快就从痛苦中崛起,把几乎全部的精力都用在学习上,以优异的成绩获得了物理学硕士和数学硕士。随后遇到了她的终身伴侣,一起开展科学研究,最终获得诺贝尔物理学奖。这些事例充分说明,只要失恋不失志,只要不失去对生活的热情和对事业的渴望,终究会在以后的人生旅途中收获事业和爱情。

如果想要主动提出分手,应该怎么做?

如果想主动离开一段不合适的亲密关系,应该选择什么样的分手方式,才是对双方都有利的呢?可以分为这样三个阶段。

第一阶段,慎重考虑,做好分手的评估和准备。如果一段关系变得很差了,最好请朋友或专业人员帮助分析,同时也觉察一下自己真实的想法,判断自己是否确实需要分手。比如,发现自己已经不相信对方的想法、价值观、情感时,感觉两个人的关系好像成为累赘时,没有愉快的感觉而只有痛苦时,对方开始不断索取而非给予时,对方强迫自己满足需要时,对方完全忽略自己、不关注自己的需要时。或者发现自己被对方控制(无论是身体上还是情感上的),严重缺乏信任,交流受阻时。当发现这段关系并不是内心真正需要的,分手就是一种明智的决定。此外还可以参考以下的几个标准。

- 我在这段关系中是如何处理各种问题的?是不是很情绪化地看待各种问题?
- 我是不是把问题的所有责任都推给了对方,希望对方来满足我的所有的需求?比如,安抚情绪,增加自己的价值感,希望对方时时刻刻关注自己等等。
- 我们两个人在这段亲密关系中,是不是能够相对独立,各自都有所收获,在心理上得到成长?
- 我的恋人或伴侣使我变得更好了,还是让我失去了快乐和力量,变得更糟糕了?
- 如果我现在分手,分手以后会感觉到更痛苦吗?
- 如果我有个孩子,是否会让他也待在这样的一种关系里?

如果对以上的疑问,你大部分的答案是"不",那么就可以考虑分手。分手需要足够的勇气,一旦做出决定要分手,就不要因为愧疚或是不想面对冲突而回避。回避和拖延分手会浪费彼此的精力、时间,既让自己痛苦,也阻碍了双方去寻找更好的关系。如果对对方有不满可以直截了当提出来,说出自己的真实感受,也许对方听了会痛苦,但为长远考虑,这样做也许对双方更有利。

第二阶段,首先可以制定一个具体的分手计划,分手前须冷静分析可能出现的后果,并准备适当的应对方式。比如可以在纸上列出分手过程中可能出现的问题和冲突,写出对这些问题的应对方法。还可以找朋友来进行角色扮演,事先演练如何应对分手时的冲突。在排练过程中,态度要坚定,语气要温和,表达出自己的想法和感受。

其次,要考虑分手以后发生的变化,如何应对情感上的和经济上的变化。比如,双方如何分割共用的贵重物品,礼物是否归还,如果同居则要考虑另寻他处,等等。如果能够认真、妥当地安排这些具体问题,就不会因为这些而延长分手的进程。

再次,在分手过程中要尽可能表现出真诚、坦率和友善,尊重对方的人格和感情。应该选择面对面和对方说分手,因为文字、语音、短信、邮件等都可能产生误会,不能准确传达出真实的意思。在提出分手时需要用积极的正面的语言叙述,真诚、坦率地说出自己的理由。还应该感谢对方。比如:

"我们在一起已经有段时间了,这段时间不知道你的感受是什么,我只是感到疲惫和不愉快。我觉得这不是我想要的感情和经历,我相信你和我都不适合对方,我们都不真正需要对方。我很珍惜我们的那段时间,但是现在应该结束了。谢谢你陪我度过那段时间,也希望你能够尊重我的选择,就像当初一样。我想我们还是分手吧。"

如果不想给对方留有希望,就应该用明确、坚决的语气说分手,而不要拖泥带水。如果还需要和对方保持朋友之间的联系,可以提出但不要抱过高期望,要能理解、接受对方拒绝你的意愿;而如果对方提出希望和你继续做朋友,如果你不想这样,也不要为了安慰对方勉强接受。因为这样做的话,对双方都不利。

第三阶段,分手之后彼此之间需要重新建立合适的边界。分手后两人重新成为"陌生人",所以需要重新和对方划定心理边界,这样做是非常有必要的。如果是没有孩子的伴侣,就不要再和对方共同做一些伴侣会做的事情,一起购物、用餐等。分手时应该保持沟通顺畅,当然也不要因为内疚感和负罪感而主动去联系对方,或者主动关心对方。如果你的前任在分手以后情绪波动很大,你应该表示理解,并尽可能耐心地对待 Ta,面对前任的愤怒、悲伤、抑郁等情绪,不要因为内疚而纵容对方,还是需要保持合适的心理边界。比如,对方不断打电话要求见面,你可以直截了当告诉 Ta:"我知道你很难过,但你这样做让我很不舒服,希望你不要来电话了。"可以表达自己的想法和感受,同时考虑自己、对方的人身安全。

最后,主动提出分手者也需要建立自己的社会支持系统。即使主动提出分手也会有很多创伤或丧失的体验,会伴随种种负面情绪。可以找朋友聊天,写日记,也可以找专业人员进行心理咨询,通过这些途径,让自己能够比较顺利地度过这段艰难的日子。

为什么说失恋带来的是一种多层次的、复杂的丧失？

失恋，无论是主动提出分手还是被动结束一段亲密关系，从心理学上说都使双方的心理边界发生了变化，由原来的非常紧密的一种关系变为陌生人或朋友的关系，关系因此变得非常疏远。失恋也可以看作是亲密关系中遭遇到的丧失，失恋和亲人离世、失去工作、遭遇灾难等所带来的丧失有相同的地方。

一般来说，失恋所带来的丧失感不是单一的，它是一种多层次的复杂的丧失。失恋者会在很多层面上都感受到这种丧失所带来的变化，除了离开了自己的恋人或伴侣以外，还会感受到失去了原来的生活模式。分手意味着双方成了陌路人，就没有了彼此的陪伴和支持，过去的生活习惯也会完全改变，生活可能迅速陷入混乱。失恋还可能失去一些共同的朋友和社交圈，失去了很多社会资源。

有研究证明，失恋所导致的这种感觉和成瘾者失去所依赖的物质有相似的地方。相爱者的亲密互动和成瘾的物质一样会激活大脑的奖赏系统，让人非常愉悦和兴奋，人们会控制不住地去寻找类似的更多刺激。亲密关系也一样，人们在亲密关系中寻找更多的亲密感，但一旦这样的刺激消失了，人们就会感受到非常强烈的痛苦，强烈的可望而不可即的焦躁，这种感觉和吸毒者渴求毒品时的状态是一样的。这也就说明了为什么有些人在失恋以后，会不断地纠缠前任想要复合，因为他们潜意识里想要恢复过去的生活习惯，想要缓解自己的焦虑、烦躁和愤怒等情绪，这是一种本能。

失恋也让我们失去了原本美好的过去。有些人为了应对失恋所带来的丧失感，会压抑、否认甚至抹去过去的美好部分，会贬低另一半，似乎只要觉得过去不再美好，不去想过去的那些事情，就可以应对现在的悲痛和难过。

失恋最严重的影响是失去了对未来的向往。当开始建立一段亲密关系时，双方都会对未来有所期待，也许有过很多承诺，而当恋情结束时，人们不但要为过去和当下哀悼，还会为不再拥有将来的可能、美好的前景而感到痛惜和悲伤。

遭遇失恋，对一个人的心理来说意味着什么呢？失恋会改变一个人的人格。

有一个持续了9年的跟踪研究,研究者使用大五人格量表,测量了被试者的开放性、外倾性、神经质、宜人性、尽责性上的得分,9年以后再次测量这些被试者在大五人格上的得分,同时让他们描述在9年间自己的生活中发生的重要事件。这些事件一共30项,包括与伴侣分手、离婚、父母去世、朋友去世、升迁、失业、被诊断为癌症等。在这30项事件中,有两个"转折性事件"与这些人的人格改变关系密切:一件是他们遭遇失业,另一件是在这期间与伴侣分手或离婚。

研究还发现,与伴侣分手的女性在外倾性与开放性方面有显著的提升,她们的变化表现为,更乐意体验新鲜事物,也更愿意主动和人接触交流。而与伴侣分手的男性在尽责性方面的得分有明显的下降,他们变得更不愿意承担责任。所以,失恋或离婚是一个人生活中最常见的也是很重要的创伤性事件。有些成年人的人格因此会改变,这说明了为什么有人经历了失恋会觉得自己和以前不一样了。

刚经历分手时,双方会更容易感到孤独,不仅因为失去了对方的陪伴,还因为被动失恋的人,往往还期望对方回心转意,再次得到爱。在这种情况下,有些人虽然有家人朋友陪伴,他们仍然会感到孤独和失落。这一系列的复杂的丧失和孤独感,会使失恋者陷入深深的空虚中,有的人就会转而去寻求另一段感情,或者以大吃大喝、健身、性等方式来填充这些空虚。

无论是主动提出分手还是被动失去对方,失恋对每个人的影响都有相似的部分,但也有不同的部分。对有的人来说,失恋就像生了一场大病,自己变得完全不像原来的样子了,即使痊愈了也不是当初的自己了;而对另外一些人来说,失恋却似乎是一段旅程的结束,他们能够保存好一些记忆,然后再次重新出发。

有研究表明,不同依恋类型的人应对分手事件,他们的态度和做法是不一样的。对安全型失恋者,他们的办法是积极寻找资源,或利用身边的亲人朋友来应对失恋。前任离开以后,他们会和亲朋好友积极沟通,求得他们的支持。而焦虑矛盾型失恋者,往往会沉浸在失去恋人或伴侣的痛苦中,无法自拔,想尽办法去挽回这段关系,或用夹带愤怒、威胁的语言和行为去报复前任,甚至还会使用酒精、药物和成瘾物质来应对糟糕的情绪。回避型失恋者则可能选择不去想,压抑自己的各种负面情绪,转移注意力,更独立地做些事来应对分手。那么,为什么每个人受失恋的影响不一样呢？什么样的人受失恋的打击更大呢？据研究有这样的一些人受失恋的影响更大。

认为自己不太会变化的人。有些人认为自己无论是性格还是脾气都不会变化太大，研究发现，越是抱有这种想法的人，所受的失恋的打击越沉重。他们会被失恋所带来的变化震惊，做出过度的反应。反而是那些认为自己的人格在不断变化的人，更能接纳自己的变化，就不太容易受到失恋的影响。比如一个原来比较外向的人失恋以后变得不太愿意交流沟通了，如果认为这种变化是不正常的，害怕自己因为失恋而变化，就会不接纳自己，会认为"我怎么会变成这个样子，那已经不是原来的我了"，就会被失恋重创，特别痛苦和恐惧，甚而真的会变成特别内向的人。而如果认为失恋所带来的变化是正常的，觉得自己会跟随时间的变化而变化，跟随事件的变化而变化，就能够比较自然地理解和解读失恋所带来的变化，就不会固执于失恋的后果，这样的观念和想法会让这些失恋者感觉轻松一些，痛苦感更轻。

低自尊的人会觉得自己不配被爱，这些人受失恋的打击也非常大。他们会把失恋的原因归结为"就是因为我，我没有做好……所以 Ta 才和我分手的"，分手后他们也更容易感觉到内疚和负罪。即使是对方提出分手，他们也会有负罪感、内疚感等负面情绪。他们甚至会进一步确认"我的确不配得到爱"，失恋带给他们的是自我价值感的又一次受挫。低自尊的人更容易过高估计自己的痛苦，走出痛苦所花费的时间也更长，他们在失恋过程中更会自我责备，觉得自己没有做好。

研究还发现，失恋者的认知也会影响其感觉。如果认为失恋是一个悲剧，是让自己失败、不成功的因素，那对自己的打击会很大，会导致更大的痛苦。而如果认为失恋仅仅是生命过程中的一个事件，有它的合理性和必然性，彼此双方都可以从失恋中借鉴某些经验教训，有这种想法的人受失恋的打击就比较小。

如果一方用逃避的方式来处理分手，不告诉原因而突然消失，或者用不真实的借口来解释分手的原因，那另一方就会受到较大的打击。因为被分手方会感觉受到了很大的欺骗，感觉到不公正、委屈和愤怒，还会因无法摆脱的疑惑而耿耿于怀。而那些开诚布公说明真实原因，并且直接面对面提出分手的伴侣，被分手的一方受的伤害就不会那么大。

案例　经过这次失恋，我更加珍惜那些爱我的人

　　小朵是本科一年级的女生，平时性格开朗，与父母的关系也比较好。但父亲平时经常酗酒，喝醉后就会寻衅滋事，和母亲发火吵架，父母关系比较糟糕。小朵在高考结束后的一次聚会上认识了一个男孩，两人很聊得来，一个月后确定了恋爱关系，两人不久都告知了双方父母。男孩中专毕业后已工作了三四年，做的是建筑工地上的活。没多久男孩父母就催促他们快点结婚，而小朵想读完大学，毕业以后再考虑结婚。因为结婚及其他问题，他们吵了好多次。因男孩家里的具体情况，小朵经过考虑同意先结婚，再继续上学。可不知怎么的，在随后的相处中，两人的情感却每况愈下，争执不断，最终男孩提出了分手，小朵被甩了。失恋后的小朵郁郁寡欢，深夜无法入睡，经常躲在寝室哭，不去上课。跟好朋友聊，她觉得失去爱情就失去了一切，读书还有什么用？而且认为自己很差劲，很没用。小朵落下了很多功课，还要面临考试，也无心打理自己的生活了，衣服攒了一堆还不洗。

　　小朵说："我们虽然在文化程度上有差距，但在一起时一直很开心愉快的"；"我是想和他结婚的，也付出了很多，可付出那么多有啥用，他还是不要我了，我很没用，什么都做不好，觉得现在的生活真没有意思。"

　　小朵来到咨询室，咨询师帮助小朵跳出失恋的问题来看自己的故事。引导小朵更全面地分析问题，寻找解决问题的途径，并减轻糟糕的情绪。

　　咨询师问小朵："你现在每天还能够保持的好习惯有哪些？"帮助其认识到一些不被自己注意的积极生活事件。小朵立即想到："非常喜欢的专业课上我还是能够全身心投入的"；"虽然我不像以前那样，每次换下衣服立即去洗，但我还是定时会换衣服，保持形象整洁"……随着这些细节的逐渐增加，小朵的自信心有了提高。

　　咨询师帮助小朵用新的视角来发现生活中的意义，小朵能够正常进行的事件越多，受干扰的事情自然就变少了。之前小朵由于太看重这份感情，不愿意面对两人交往中存在的不利因素，选择回避这些信息。通过与咨询师的交流及自己的反思，她看清了和男友之间一直存在着的深层问题，逐渐地理解了男友所做

的决定,也原谅了对其造成的伤害,坦然接受了分手的事实。

咨询师提醒小朵现在可以做些什么,帮助自己内心那个"无助的小孩",让她不再无助,也不再打扰其正常的生活。咨询师鼓励小朵与好朋友分享自己的感受,通过好朋友的见证,采用告别仪式,与过去的恋人告别。

渐渐地,小朵接纳了自己,比较平稳地度过了失恋阶段,开始了新的学习和社交生活。

小朵自述道:"现在心情平静了很多,只是偶尔会想到这件事情,生活和学习状态也逐渐恢复了正常,我要付出更多的努力,才能弥补这段时间荒废掉的时光。还好我的大学生涯刚刚过去四分之一,我醒悟得还不算晚。我身边的朋友都看到我这段时间的成长,并为我能够走出失恋的阴霾而感到高兴。这一段经历,也让我更清楚地认识到家人和朋友的重要性,我会更加珍惜那些爱我的人。我相信通过自己的努力,我会变得更加优秀,也会拥有属于我的美好未来。"

案例分析

面对小朵的失恋问题,咨询师运用心理咨询中的叙事疗法,协助小朵客观看待自己的问题,并找到自己生活中不受问题控制的积极的力量,再根据例外事件,集聚生活中很多正面的、积极的细节,帮助她增加自信,重塑自己的故事,从而解决了小朵成长中遇到的心理困惑。

从心理学角度,失恋的成因和表现有哪些?

每个人在爱情中都在寻找天生的三大需求:第一,寻求亲密的需求;第二,被人照顾和支持的需求;第三,与人联结,有足够的安全感、归属感,获得自信的需求。如果一个人能获得这三个需求的满足,他就会觉得进入了恋爱。尤其对一些安全感比较差的人,在恋爱初期,这三个需求给他们带来极大的愉悦,他们会沉浸其中,但如果不幸被恋人或伴侣抛弃,他们就可能会感觉到受到很大的伤害。因为对他们来说,失恋不仅失去了一个最爱的人,更是失去了这三个需求的满足,会带来痛心疾首的感觉。

通常,被分手的一方比提出分手的一方更痛苦。因为提出分手的这一方,不想再依恋前任来寻求亲密感或安全感,所以分手以后痛苦程度比较轻,而被分手的一方对前任仍然非常留恋,甚至在分手一段时间以后,仍然渴望前任像以前一样能够给 Ta 亲密,给 Ta 帮助,满足 Ta 的归属感和安全感,所以痛苦和受伤的程度就比较高。由于这三个基本需求是人的本能,如果消除了,反而不健康了。只有这三种欲望降低以后,失恋者才会慢慢地恢复常态。失恋者应该学会从其他人身上来获得三个需求的满足,而不仅仅从前任身上获得。

家庭中每个成员之间有心理界限,它调节着家庭中每个人之间的亲密度。有些家庭的心理界限很厚,而且比较僵化,通透性很低,使得家庭成员之间的沟通受到阻碍,彼此之间内心的真正想法很难深入交流,关系是比较疏离和冷漠的;有些家庭的界限很薄,通透性太强,家庭成员之间联系过于紧密,不太允许每个人有自我的独立性和隐私,比较缺乏完整的稳定的自我,每个人都想依赖、捆绑着对方,心理上很纠结;第三种家庭的心理边界比较正常,界限厚度适中,也有适度的通透性。家庭成员之间有深入的交流,沟通也比较顺利和流畅。关系比较紧密的同时,也允许有各自独立的、完整的自我存在。

如果一个人的原生家庭成员之间的界限比较厚,相互之间的亲密感就很少,成年以后建立亲密关系也容易出现两种情况:一种是延续了原来的关系模式,也用很厚重的墙来保护自己,他们在心理上原来就与别人比较疏离。如果失恋了,就好像失去了普通的一样东西,对他们来说并不重要,他们往往会把工作事业、兴趣爱好看得比亲密关系更重要一些。比如,为事业献身的工作狂,为理想奋斗的理想主义者等。另外一种情况,由于原生家庭的界限特别厚重,成年以后离开了原生家庭环境,有可能在建立亲密关系中界限模糊,过分投入,和恋人在心理上过于纠缠。

如果原生家庭成员之间的界限是模糊的,长大以后会缺乏稳定强大的自我,成人以后的亲密关系也依然没有界限,与恋人之间的关系模式也是纠缠不安的。对这些人来说,失恋就好像从 Ta 身上割去了某部分一样,这种丧失比任何挫折都要严重。很多因失恋而自杀的人或伤人的人,都属于在亲密关系中过于纠缠,他们没有清晰的自我概念,觉得只有跟另一半在一起人生才有意义,否则就充满了空虚和无意义感,就会变得很绝望。

如果在原生家庭中有清晰的边界,家庭成员之间既亲密又有稳定的自我,那在成人以后的亲密关系当中,也能够建立起比较清晰的界限。失恋以后也不太会走极端,因为内心仍然有比较稳定和完整的自我存在,他们可能用其他的部分去填补内心失去的那部分。这时有的人就会加大做某些有益事情的比重,比如投入工作,找人倾诉或旅游,等等。

失恋以后会有什么样的感觉和表现呢？第一,有空缺感和不完整感。有些研究认为,在一段长期稳定的关系中,两人互相依恋、共同认识这个世界,恋人或伴侣之间会形成共同的一套"认知系统",每个人都会把自己的一些东西加入这个系统内。当失去对方以后,人们会有认知不再完整的感觉,尤其是两个人在一起的时间很长,彼此的联结具有足够的广度和深度,分手以后,双方都会感觉到很强的空缺感和不完整感。

失恋以后,有些人会在一段时间内无法分清自己内心想象的前任和真实的前任之间的区别,仍然留恋过去美好的回忆。比如,男朋友可能在完成了某一项艰难任务后,脑海中浮现出前任曾经给自己鼓励的话语、动作和画面。尽管事实上,分手以后前任已经和他没有联系了,但是这种想象似乎会让他感觉到前任是离不开他的,而前任也是真心地对自己好的。

有研究认为,分手以后在人的大脑中某些控制身体疼痛感的区域会变得十分活跃,所以失恋让人们感觉到的心痛真实存在,因为失恋的心理感受和生理的疼痛是很接近的,失恋以后的心痛是真的心痛。

还有些研究发现,人们大脑中有一个腹侧被盖区,属于大脑奖赏系统的一部分,还有负责得失与冒险行为的伏隔核区域和下丘脑。热恋中情侣们的大脑的这些区域会被激活,会释放多巴胺、催产素等物质,让人感到快乐和兴奋,使人产生依恋。分手以后,这部分的区域仍然保持活跃,大脑并不能很快"明白"现实中与前任分开的客观事实,仍然保持着之前建立的与前任的快乐联系。所以,人脑的这部分区域与现实之间存在一种时间差,虽然在现实中与前任分开了,但人们还是会忍不住的想念 Ta,还会做出各种各样的举动,试图与前任复合。

还有一些人在失恋以后会出现很多不正常的行为。比如，睡不着，吃不下，精神萎靡，日日夜夜思念，想尽各种办法去争取复合的可能，被拒绝以后仍然还幻想有复合的机会。还有些人企图用拼命工作、学习和社交来填满自己的生活，但仍然会无时无刻地思念前任，而且这种念头根本无法控制。

有的人在失恋以后会认为这个世界上再也没有可以信任的人，也不存在所谓天长地久的爱情；还有些人会转而投入新的恋情，但在新的恋情里不断捕捉前任的影子。

心理学认为，当人们在 6 个月之内出现以上的这些行为，并伴随很多负面情绪时，都可能是正常的，只有超过 6 个月以上才可能是不正常的或病理性的。但也有一些学者认为，人们什么时候能够重新设定心理边界，能够放下过去，不存在一个固定的时间期限，也不会有统一的表现方式。只要失恋以后没有非常严重影响到个人的工作、生活和社交，都不应该是严重的问题。

案例　感谢那个曾经抛弃你的人！

苏格拉底想看看 2 000 年后的不同，但一来到人间就见到一位年轻人，茶饭不思，精神萎靡，其状甚哀。

苏（苏格拉底）：孩子，为什么悲伤？

失（失恋者）：我失恋了。

苏：哦，这很正常。如果失恋了没有悲伤，恋爱大概也就没有什么味道。可是，年轻人，我怎么发现你对失恋的投入甚至比对恋爱的投入还要倾心呢？

失：到手的葡萄给丢了，这份遗憾，这份失落，您非个中人，怎知其中的酸楚啊！

苏：丢了就是丢了，何不继续向前走去，鲜美的葡萄还有很多。

失：等待，等到海枯石烂，直到她回心转意向我走来。

苏：但这一天也许永远不会到来。你最后会眼睁睁地看着她和另一个人走了。

失：那我就用自杀来表示我的诚心。

苏：但如果这样，你不但失去了你的恋人，同时还失去了你自己，你会蒙受双倍的损失。

失：踩上她一脚如何？我得不到的别人也别想得到。

苏：可这只能使你离她更远，而你本来是想与她更接近的。

失：您说我该怎么办？我可真的很爱她。

苏：真的很爱？

失：是的。

苏：那你当然希望你所爱的人幸福？

失：那是自然。

苏：如果她认为离开你是一种幸福呢？

失：不会的！她曾经跟我说，只有跟我在一起的时候她才感到幸福！

苏：那是曾经，是过去，可她现在并不这么认为。

失：这就是说，她一直在骗我？

苏：不，她一直对你很忠诚。当她爱你的时候，她和你在一起，现在她不爱你，她就离去了，世界上再没有比这更大的忠诚。如果她不再爱你，却还装得对你很有情谊，甚至跟你结婚生子，那才是真正的欺骗呢。

失：可我为她所投入的感情不是白白浪费了吗？谁来补偿我？

苏：不，你的感情从来没有浪费，根本不存在补偿的问题，因为在你付出感情的同时，她也对你付出了感情，在你给她快乐的时候，她也给了你快乐。

失：可是，她现在不爱我了，我却还苦苦地爱着她，这多不公平啊！

苏：的确不公平，我是说你对所爱的那个人不公平。本来，爱她是你的权利，但爱不爱你则是她的权利，而你却想在自己行使权利的时候剥夺别人行使权利的自由。这是何等的不公平！

失：可是您看得明明白白，现在痛苦的是我而不是她，是我在为她痛苦。

苏：为她而痛苦？她的日子可能过得很好，不如说是你为自己而痛苦吧。明明是为自己，却还打着别人的旗号。年轻人，德行可不能丢哟。

失：依您的说法，这一切倒成了我的错？

苏：是的，从一开始你就犯了错。如果你能给她带来幸福，她是不会从你的生活中离开的，要知道，没有人会逃避幸福。

失：什么是幸福？难道我把我的整个身心都给了她还不够吗？您知道她为什么离开我吗？仅仅因为我没有钱！

苏：你也有健全的双手，为什么不去挣钱呢？

失：可她连机会都不给我，您说可恶不可恶？

苏：当然可恶。好在你现在已经摆脱了这个可恶的人，你应该感到高兴，孩子。

失：高兴？怎么可能呢？不管怎么说，我是被人给抛弃了，这总是让人感到自卑的。

苏：不，年轻人的身上只能有自豪，不可自卑。要记住，被抛弃的并不是就是不好的。

失：此话怎讲？

苏：有一次，我在一家店里看中一套高贵的礼服，可谓爱不释手，店员问我要不要。你猜我怎么说，我说质地太差，不要！其实，我口袋里没有钱。年轻人，也许你就是这件被遗弃的礼服。

失：您真会安慰人，可惜您还是不能把我从失恋的痛苦中引出。

苏：是的，我很遗憾自己没有这个能力。但可以向你推荐一位有能力的朋友。

失：谁？

苏：时间，时间是人最伟大的导师，我见过无数被失恋折磨得死去活来的人，是时间帮助他们抚平了心灵的创伤，并重新为他们选择了梦中情人，最后他们都享受到了本该属于自己的那份人间之乐。要感谢那个曾经抛弃你的人！

失：但愿我也有这一天，可我的第一步该从哪里做起呢？

苏：去感谢那个抛弃你的人，为她祝福。

失：为什么？

苏：因为她给了你这份忠诚，给了你寻找幸福的新的机会。

案例分析

这是经典的引导失恋者认知重建的一则对话。通过哲学家苏格拉底的口吻，对失恋者的观念和想法进行了重新梳理，消解了其中的不合理信念，引导他更理性、更客观地看待这段感情的失去，并最终引出了应该"感谢那个曾经抛弃你的人"的理念。

失恋了，如何减退爱的感觉？

当提出分手或者被分手时，我们可以做出一些努力来减轻失恋的感觉，用理性去管理失恋是有可能的。

第一，我们需要区分"爱的感觉"和"恋爱的关系"。从前面描述的事实，我们知道人的大脑中产生的爱的感觉是不可能马上被切断的，但现实生活中两个人的关系却已经无法挽回，甚至都不会联系了，两个人也许已成了陌生人。所以，失恋者可以对这个阶段的感觉重新做出定义，"爱""爱情""激情""友爱"，分别有不同的说法和感受。这个世界上有很多种爱的方式，失恋的双方仍然可以将彼此当作朋友之类的人，也可以在想象当中还互相爱着对方，但已经不是处于"恋爱的关系"当中了，也不会再做情侣们一起做的事情了。尽管在脑海当中还残留着很多爱的感觉，但是终归会随着时间的流逝慢慢淡化，一部分会遗忘，还有部分会继续存在，但无论怎么样，已经做出了结束恋爱关系的决定，在认知和意志行为方面这个"恋爱的关系"已经结束了。

第二，尽量保持正常的生活作息习惯，好好照顾自己。失恋以后，仍然需要我们保持理性来应对日常生活。这个时候，每天按时作息，好好吃饭，好好睡觉就是疗伤的最好的办法。避免接触前任，转移自己的注意力。可以在物理距离和心理距离上离前任远一点。比如，可以搬家、重新布置房间，扔掉和前任有关的东西，重新装修。尽量避开曾经一起去过的地方、一起做的事情，把前任送的东西归还或转送出去等，这样可以避免触景生情。在这段时间里，还可以用工作、学习、社交以及新的兴趣爱好把生活填满，尽量不要让自己闲下来。可以设定一个新的目标，或者去尝试一下以前没有尝试过的新事物。也可以化妆、美容、购物、打扮，让自己变得更有魅力、更精神。尤其可以去做一些以前没机会做的，特别是前任曾经不喜欢你做的事情，学会更好地照顾自己，爱自己。

第三，失恋者会经历很多情绪上的变化，比如伤心、难过、失望、焦虑、愤怒等，这都是很正常的。要允许自己经历这些情绪的变化，接纳这些负面情绪，让情绪慢慢流经我们的身体，并且给自己足够多的时间来消化这些情绪。

如何缓解自己的愤怒、焦虑、悲哀、失望等负面情绪呢？除了可以借鉴第八章谈到的情绪管理方法外，我们还可以做的是，对这段关系做客观的分析，承担自己应负的责任，而不要把所有的责任都扛在肩上，不要一味地自责和后悔，尤其不能过多地做自我批评。应该从这段关系中找到自己做得好的方面，有成就感的、让自己舒适的那些内容。

也可以在纸上写下前任存在的问题、缺点。失恋以后无论觉得对方曾经有多好，都要用理性来重新反思和总结一下这段亲密关系中存在的问题，学会批判性地看问题。比如，可以写下对方身上那些你不能接受的观念、想法、举止行为、生活习惯，可以回忆一下在哪些时刻、哪些地方，你曾经因为对方的言行举止感到非常生气和恼火。你也可以对着过去的照片说："原来你长得不是我喜欢的样子"，"原来你说的这些话，我非常痛恨"。说了这些以后，如果还感到特别愤怒，可以把写完的清单烧掉，用这些充满象征性的仪式来缓解自己的负面情绪。但是，在写的过程中不要列出自己的缺点，不要写"如果当时我怎么怎么样就好了"，"就因为我这样，所以他才会离开我"，这样的写法是无济于事的，只会增加自责和内疚。

渡过失恋的难关大概需要6个月，也有人需要更长的时间。时间长短不重要，重要的是我们不应去否认这些情绪的合理性，可以让情绪陪伴我们慢慢地恢复。要记住，时间是医治失恋最好的良药，生活即使再难过也还会继续，身边还是会有人在支持着你。

第四，关注其他人，和朋友保持联系，建立新的朋友圈。据调查，有一半以上的人会去前任的社交主页上寻找其与新欢的照片，有些还在社交网站和朋友圈"跟踪"前任，了解他们最近在干什么。但这样的方式会让失恋者继续沉湎在过去的回忆里难以自拔，无法从分手的焦虑中解脱出来。所以，应该避免这样做，而应该转移注意力。如果前任已经有了新的恋情，会让失恋者感到非常难过和愤怒，但这个时候不应该有过多的想法，也不要企图采取报复的行为。要非常清醒地知道,你们两个的关系已经发生了根本的变化,应该尊重彼此的边界,给对方自由。

可以用些时间仔细观察身边的人,欣赏他们身上的优点和特点。比如,精致的打扮、动听的声音、苗条的身材、良好的教养和素质等,和各种不同的朋友保持往来。和好朋友建立更密切的联系,彼此吐槽,发泄不满,朋友的支持会缓解失恋者的负面情绪,带来新的思路。

也不要排斥建立新的关系,但这段时间也要避免为了逃避痛苦而很快进入一段新的恋情。如果刚分手就马上投入一段新的恋情,有人认为这样做可以避免伤心、悲痛,但心理学认为这样的做法于己于对方都是很不利的。因为仓促开始一段新的关系,双方都可能因了解不够而产生更多的矛盾和不愉快。对现任也是很不公平的,当 Ta 发现自己只是失恋者疗伤的一个工具时,会给 Ta 带来非常大的伤害,还可能让你再度面临分手的局面。而在两人相处的过程中,失恋者因为没有好好经过哀悼和疗伤,总会拿现任跟前任比,不断回忆过去,会觉得自己并没有那么喜欢现任,甚至会认为这段关系是个累赘。如果觉得失恋给自己带来了巨大的创伤,很难独自跨过这个难关,可以寻求专业人员的帮助。

第五,需要从这段失败的恋情中找到一些积极的含义,比如,看成是重建自我身份、加深自我了解的一个机会,思考这些问题:

- 在没有遇到 Ta 之前,我是怎么生活的?
- 分手以后我又是谁?又可以成为谁?
- 我所喜欢的、所厌恶的、所追求的到底是什么?
- 失去了 Ta 的爱,我失去了什么?
- 失去 Ta,我失去了什么?
- 我的价值在哪里?如何体现?
- 为何我自己现在依然很重要?
- 现在拥有的和失去的哪个更重要?
- 今天的事情对未来意味着什么?1 年后事情还会这样吗?5 年,10 年……以后呢?
- 我的付出足够大吗?也许这是成长的代价呢。

- 遭遇分手,上天一定有其更深刻的寓意吧。
- 失去了 Ta,也许开启了新的机会,让我遇到更合适的人。
- 失恋是人生的一面镜子,照出我不曾看到的那部分。
- 失恋也是成长的阶梯,促使我今后不断努力,获得更大的成功。
- 在人生的这个阶段遭遇失恋,应该感恩,因为一切也许都是必要的。

用这样的一些理性的思考方法帮助自己消解负面情绪,重建自信。

分手事件的前期,需要找到自己的力量来应对,找到自己的优点、做得好的方面,找到对方的缺点、对方应该承担的责任。经过一段时间以后,还得把注意力拉回到自己身上来。对自己的宽容和理解,并不意味着可以放纵自己、为所欲为。所以,还应该承认自己在这段关系中应承担的责任,这时需要以更客观、更全面的态度来看待自己和前任的问题。如果觉得应该改变,那就要勇于承担责任,面对问题,加以改变;如果不能迅速改变,那就勇敢地面对自己的不足,接受自己的不完美,也允许自己慢慢改变、慢慢地成长。这才是从失恋事件中获得的最大的收益。

比如,如果你潜意识中一直认为自己是"不值得被爱""不配得到幸福"的,可能就遇不到爱你的人,或选择不对或不适合你的人,来呼应与证明你内在认定自己的状态。所以,失恋也许在提醒自己,要好好珍爱、疼惜自己,要学会妥善处理自己的恐惧、匮乏、受伤的感觉和不配的意识。当你开始接受自己,爱自己,美好的爱情就会来到你的身边。

如果经历了分手事件后,你觉得自己变化了很多,那也要理解、接受这些变化。每个人在经历重大事件以后都会有所变化,我们的人格是伴随着成长而变化、成熟的,我们都是从环境当中学习,从重大生命事件当中来发现新的意义。所以当发现自己跟过去有所不同,不用惊慌,不用恐惧,不要觉得是这个事件彻底改变了你。因为事实不是这样的,你始终是在变化当中,这些变化中的某部分也是你可以控制的。只要坚信自己是值得爱的,是有价值的,是友善努力的,仍然可以在未来找到幸福。

即使采取了种种办法,付出了很多努力,对失恋进行了管理,也许你仍然感到痛苦,所以这些都不是一蹴而就的魔法。但如果我们换一个角度想,一段美好的恋情之所以让你念念不忘、挥之不去，不正是爱情让几乎所有人着迷的原因，也正是爱情的价值所在吗？

案例　经过咨询，小王的失恋伤痛逐渐减轻了

男士小王，27岁，独生子，汉族，天津某大学硕士毕业，现为某设计院助理工程师，无重大躯体疾病史。家庭经济条件中等，父母退休，均为大专文化水平，对求助者教养方式民主，家庭和睦。

小王自述：2010年本科毕业后我继续在本校读研，初恋女友要出国深造，非常犹豫还要不要同我在一起。我为不耽误女友的前途，主动提出了分手，她出国后失去了联系。我努力学习，硕士毕业后顺利找到工作，待遇也较好。2013年谈过一次恋爱，半年后分手。2015年1月中旬，在同学聚会时又见到了初恋女友，我还想和她继续恋爱，但她却告诉我她结婚了，只想做朋友，还希望我幸福。回来后我极度失望，这么多年努力学习工作，都是为了能够更好地配得上她，但现在期盼很多年的梦想破灭了，我觉得自己的人生失去了意义，也对未来的婚恋生活失去了信心。我现在真后悔当时提出分手，还以为那样才是爱她的表现呢。

我现在白天工作忙的时候情绪还稳定，但空闲时会不由自主地回忆过去，导致工作效率下降了。非常想念她，一闭上眼睛就是分手时她哭泣的表情。一心想着要见她，对她说说心里的好多话，非常担心她现在的生活，常常想到半夜两三点才能入睡，睡眠质量很差，食欲不振、体重也下降了。情绪非常低落，消沉，想哭。但我不想让父母担心，在家里我不能说。除了一个好朋友，我没有对任何人说过这件事情。

咨询师用了心理咨询中的合理情绪疗法来帮助小王。ABC理论是合理情绪疗法的核心理论：

A表示诱发性事件；

B表示当事人针对此诱发性事件产生的一些信念，即对这件事的看法和解释；

C表示当事人产生的情绪和行为。

这个理论强调，一个人的情绪困扰、行为不良并非由外部事件引起，而是由

对事件的评价、解释造成的。即 A 不是导致 C 的原因，B 才是 C 产生的根本原因。

咨询师让小王看到他的心理问题表面上似乎是由于失恋才导致了抑郁情绪，给工作生活带来了很大影响。实际上，真正原因是他内心对失恋事件的不合理认识和评价所引起的。小王认为只有和女友在一起的人生才会幸福，努力学习、工作都是为了她。失去了女友，似乎就失去了一切，所以自己再也无法喜欢上其他的女孩子，等等，这些绝对化思维，对生活事件的过分概括，导致了小王的挫败感和抑郁情绪。

咨询师启发小王以合理思维代替不合理思维，以合理信念代替不合理信念。树立"努力是为自己，幸福也来自自己"的理念，如何选择才是人生幸福的重要因素，以此帮助小王减少了情绪困扰。咨询师又运用了森田疗法、放松训练，并督促他加强运动等方式，帮助小王宣泄抑郁情绪，调节内分泌，使情绪状态趋于正常。

经过十几次咨询，小王的情绪稳定多了，可以在午夜前入睡，正在备考英语口译考试。有时候还是会思念女友，但已经不像过去那样心痛。他相信时间会带走伤痛，他会按照女友希望的那样找到自己的幸福。

案例分析

这是一例经过改编的简要的咨询记录。可以看到，小王因失恋而出现的种种情绪和生活问题，并非是失恋事件本身导致的，而是其内在的不合理信念所导致的。经过专业咨询，小王得到了新的领悟，渐渐恢复了正常生活。

分手以后还可以继续做朋友吗？

有很多人在分手以后会提出疑问，既然做不成恋人，还可以做朋友吗？分手之前，如果能够就双方冲突和不满的原因进行觉察与探讨，则会对另一半保留更多积极的情感，也更容易成为朋友。因此，无论是彻底分开还是转为朋友，都要真诚地和对方沟通，找到两人不合适在一起的真正原因，并达成基本共识，才可能继续新的开始。

有些研究结论是，分手以后能够继续做朋友，要满足这样的条件是：双方都认为之前的恋爱和性的关系的相处模式已经不再适合了，但是两人共同认同未来友谊的相处模式。如果满足了这些条件，过去的恋人还是能够继续做朋友的。如果是夫妻或伴侣间共同有一个孩子，必须要有很多联系，这样的情况不在讨论之列。

分手的本质是两个人的心理边界有了变化。恋爱期间两个人的心理边界是比较薄的，彼此都能共享一些双方的隐私，能够共同做很多事。但作为朋友，其心理边界要比恋人之间更厚、更坚硬，心理距离会更大一些。所以，分手以后能不能做朋友，在于双方能不能把握好边界的变化，能够尊重对方新的边界，不会轻易地去突破这些边界。对有些边界意识比较好的人来说，他们非常清楚恋人之间可以做的事情，放在朋友关系中是不合适的。如果已经分手的两人能够达成共识，两人的边界都是相似的，就能做到既尊重自己也尊重别人，既保护了自己，也能够理解别人。而对某些边界意识不清晰的人来说，他们就可能会时而亲密无间，希望仍然将朋友关系变成恋人关系，但这时对另一方来说就意味着被侵入；时而退避三舍，比普通朋友的距离更远，但这时对另一方来说就觉得被推得很远。所以，如果存在这样的情况，双方之间会感到非常受伤，就不适合做朋友。因此，原来的恋人能够成为朋友的重要一点在于彼此都能尊重新的界限。

在分手后，发生什么样的情况是不适合做朋友的？

- 分手以后，有一方觉得不愿意做朋友，不再保持联系了。
- 其中一人心有不甘，一直渴望复合，另一方如果表示可以做朋友，那会导致 Ta 不断尝试突破边界；或者其中一方虽然名义上同意做朋友，但却突破朋友的界限，还是沿用恋人的行为习惯来对待彼此的友谊。比如，身体接触，或希望对方保留情侣时期的行为习惯。
- 其中一方会比较顾虑以朋友的身份相处，会隐藏一些自己的真实想法，不得不去迎合对方，而这样的迎合会让自己很不舒服，甚至会伤害友情。
- 其中一方答应了做朋友，但没有从分手中走出来，每次相聚总要提及过去分手的痛苦,而且怀疑是自己的原因导致无法维持情侣关系,或指责批评另一方,需要对方继续承担责任。

- 其中一方以朋友的名义用各种手段骚扰另一方的朋友和家人,影响到另一方的正常生活和社交。
- 两人朋友的情谊对双方建立新的关系非常不利,或者尤其是其中一方的现任不愿意其继续跟前任保持友谊。
- 在过去的恋情中受到过身体上、情感上的虐待,这种情况在友情当中还在持续。

如果有以上这些状况出现,就不适合做朋友,因为无论对你和Ta都是不利的,彼此之间应该不再联系。也许两人彻底分开会减少前任给自己带来的压力和麻烦,让你能够更好地处理分手事件,更好地开始一段新的生活。

研究发现,如果在彻底分开与和解之间曾有过反复纠缠,那么纠结的次数越多,最后分手后就会感到更多的受伤、孤独和愤怒。所以,最好的办法是总结反思这段关系是否还是健康的,然后做出果断的决定。

不论与前任做不做朋友,要相信大部分人都能够随着时间的流逝,自然地走出分手的伤痛。

案例　分手了还能成为朋友吗?——周恩来的初恋

当侄女周秉德在爱情方面遇到挫折,想听听周恩来对情人分手时的感受时,周恩来毫不隐讳地说:"当然不平静。秉德,你已经是个成年人了,你知道世界上男人与女人的关系,除了恋人,还有友情,不能当妻子,却能继续成为朋友嘛!就说张若名(周恩来的初恋),我们在天津是一块儿坐过半年牢的,我了解她的人品。她自己放弃对革命的追求,但不等于她就一定站在敌人一边,出卖我们,我们还可以是朋友。"

1928年,周恩来从上海秘密赴莫斯科出席中共六大。国内一片白色恐怖,他的行踪高度保密,但途中仍被日本水上警察跟踪盘查。他参加大会后返回国内时,为了安全起见,不得不绕道欧洲。周恩来到法国巴黎后去找了张若名。周恩来告诉张若名,他已经和邓颖超结婚,他代表邓颖超问若名姐好。

案例分析

周恩来和张若名是因为革命志向不同而分手的,他们并没有因为分手而成为敌人或仇人。由此可见,如果在爱情中能够尊重彼此的选择,尊重各自的意愿,仍然可以为对方在心目中保留一个空间。周恩来对待初恋的态度和做法,既反映出他有成熟的人格,更有对待爱情的信仰、价值观等灵性层面的追求。他需要的是爱情中的身心灵的匹配和契合,而邓颖超更符合他的愿望。和张若名再次见面时,周恩来首先提到了邓颖超,足见他在感情中的心理边界和主次之分。和初恋成为朋友,现实中不是每个人都能够做到的,周恩来给我们很多人做出了榜样。

第十章
婚姻与爱情心理

什么是婚姻？婚姻有哪些功能？
婚姻的准备包括哪些内容？
"没吵过架，就不该谈婚论嫁"这种说法有道理吗？
婚姻关系的风险有哪些？
"家庭生命周期"中的情感、婚姻危机有什么典型特点？
婚姻的五大致命伤是什么？
如何解读婚姻关系中的外遇？
保证婚姻美满幸福的三个条件是什么？
成功婚姻有哪些基本的特征？
"中国式幸福婚姻"模式的基本要素有哪些？

什么是婚姻？婚姻有哪些功能？

《辞海》对婚姻的解释是：男女双方建立夫妻关系，因结婚而发生，因配偶一方死亡或离婚而消灭。马克思主义认为，婚姻是男女两性之间的一种社会关系，其发展变化与性质、特点等除自然规律也起一定作用外，均为经济基础所决定。在社会主义制度下婚姻的特点是：真正实行一夫一妻制，男女双方地位与权利义务平等，互相扶养，赡老育幼。我国婚姻法规定，我国实行婚姻自由、一夫一妻、男女平等的婚姻制度。

婚姻意味着不同性别或同性别（主要指国外某些国家）的两个人对彼此的承诺，承诺忠诚。婚姻还意味着法律道德意义上的约束，现行的绝大部分社会文化中奉行一夫一妻制，所以这种关系具有排他性。婚姻还确定了双方在关系中的权利和义务。比如，双方应当共同抚育孩子，当一方离世，另一方有权继承 Ta 的财产等，所以婚姻更多地体现在制度化的层面。

为什么会出现婚姻？人类的进化告诉我们，男女之间互相吸引是出于一种本能，发展出了爱情，是为了建立更长久稳定的合作关系，共同抚育后代，而婚姻中的男女关系为人类的繁衍提供了制度性的保障。

两个人恋爱到了一定的阶段，都希望能发展得更稳定，亲密关系能够长远维持，甚至永久不变，而且在众人面前做出庄严的承诺，这些都可以由婚姻达成。

婚姻提供给人们经济功能、生育功能、性爱功能、抚养和赡养功能、教育和社会化功能、情感交流功能、休息和娱乐功能、宗教功能、政治功能等，主要是：

经济功能。双方结成经济共同体，整合家庭中的各种资源，降低生活成本，实现利益的最大化，更好地满足家庭成员的消费功能。婚姻中任何一方不工作，或者盲目投资，或者超越消费能力的消费行为都是对经济功能的破坏。

生育功能。生育是人类繁衍的本能，人类的繁衍和再生产，由于有了婚姻的保障，其过程可以更顺利，孩子也会更健康。婚姻中没有后代，无论是自愿不生孩子，还是因身体原因不能生孩子，都是生育功能的缺失。

性爱功能。婚姻给性活动提供了合法、安全的保障。在制度化的框架下，两性可以建立起安全而深刻的性关系，给彼此带来更多的稳定感和安全感，形成更好的依恋模式。在婚姻中出轨，或有性功能障碍等，就是对性爱功能的破坏。

抚养和赡养功能。婚姻中有能力的家庭成员，帮助无经济能力或者生活不能自理的家庭成员，扶持和维持其正常生活。如果不赡养老人，不抚养孩子，夫妻一方生病或失去经济来源时被遗弃和忽略，都是对这些功能的破坏。

教育和社会化功能。在婚姻家庭的氛围里，父母双全，气氛和睦，父亲所带来的力量和规则，母亲所带来的爱和包容，对孩子的身体健康和人格发展都起着非常重要的作用。如果婚姻中的家庭成员没有主动学习意识，没有给孩子树立良好榜样，对孩子放任自流，或采取不恰当的教育方式对待孩子，都是对教育功能的破坏。

情感交流功能。结婚意味着无论从生理上还是心理上都能够独立，能够为自己负责，婚姻给了两个成年人一种独立的身份感和仪式感，未来无论在生活、工作还是学习等方面都可以互相帮助、互相扶持，提供一个情感交流、安抚疗伤的避风港。这个功能对保障身体健康、促进长寿方面也有很重要的作用。

婚姻把原本毫不相干的两个人联结在一起，把不熟悉的两个家族成员变成了亲戚，形成了一个稳定、可靠的人际关系圈。我国传统文化更注重这些由姻亲形成的人际关系，婚姻中两人的关系变化会对家族的人际关系带来深远的影响。

除了以上这些正向功能和影响外,婚姻家庭对社会发展以及家庭成员的成长还具有负向功能和消极影响。比如,父母对子女的过度照顾、保护和溺爱不利于子女独立性的养成;有些家庭过于独裁专制,剥夺了家庭成员选择个人生活的权利,侵犯了生活隐私;烦琐家庭事务和家务劳动拖累了女性,使其在职业选择和发展上受阻,助长了两性的不平等;家庭中财富地位的代际传承对子女地位的获得有重大影响,使社会的不平等通过家庭得以维护,等等。

近几十年来,中西方的婚姻模式都发生了巨大的变化,包括初婚年龄上升、同居现象日益普遍、结婚率下降、离婚率上升、未婚生育增加……这些变化引发了学术界对于婚姻前景的热烈讨论。美国社会学家安德鲁·切尔林认为美国的婚姻走过了"制度化婚姻——陪伴式婚姻——个人化婚姻"这样一条途径。

制度化婚姻就是国家通过制度的形式来确定婚姻内的性和生育的合法性、合理性。在这种社会文化和婚姻模式下,婚外性行为、未婚生育都是不被社会认可和接受的。20世纪50年代之后,婚姻中夫妻关系变成了相互陪伴的关系,夫妻之间不仅是伴侣,还是彼此的朋友,打破了原先那种丈夫赚钱养家,妻子做全职太太的传统分工模式。20世纪中后期,由于经济的发展,女性的地位和受教育程度有了很大的提高,在工作、事业上和男性竞争,同样可以获得成就感,可以赚钱养家。由此,陪伴式婚姻在美国也逐渐失去了主导地位,夫妻之间的角色和责任就更加灵活,妻子可以成为家庭的经济支柱,丈夫也可以成为全职奶爸。夫妻考虑更多的是在婚姻中彼此是否都有成长空间,彼此的想法和感受能否得以充分表达并得到满足,两个人能否都发展出独立的、有成就感的自我,都可以实现自我的价值,而不仅仅是一方对另一方做出牺牲。个人化的婚姻更多强调两个人的自我成长,以及相互达成的深层次的亲密感,更少去关注双方是否扮演好了社会认可的角色,比如称职的父母,或者有牺牲精神的配偶等。

20世纪中期以来,人们结婚的理由更多的是追求婚姻的象征意义,是夫妻双方对外界所做的公开、长期的承诺。人们对婚姻内涵的理解还表现为:男女只有在获得稳定的职业,积累了一定的财富以后才会选择结婚,并会像过去那样结婚以后才能拥有稳定的生活。因而婚姻的趋势似乎发展为:这是人们在人生发展到较高阶段的一个选择。

婚姻的准备包括哪些内容？

婚姻有三大方面的准备：物质准备、心理准备、家族接纳的准备。

第一，物质准备。在现代社会中，物质准备是给男女双方提供必要的生活物资，为未来养育孩子提供稳定的条件，包括购买或租赁住房或汽车、室内装修、家居布置等，男女双方最好都有稳定的经济来源。

第二，心理准备。主要考虑四大因素：为什么要结婚？和谁结婚？对婚姻有什么期待？如果发现和理想中的婚姻不一致，这种失落感如何调整？现代社会有越来越多的人不愿走入婚姻。所以，为什么要结婚是一个非常现实的问题。有什么原因会导致不愿意结婚呢？据调查有这样几个原因：

- 因为离婚率持续走高，失败婚姻尤其是父母的失败婚姻给自己造成了严重的阴影；
- 自我感觉心理年龄还比较小，没有达到独立承担婚后责任的准备，尤其缺乏做好自立门户，搞定柴米油盐等生活琐事的能力；
- 自己收入不高，负担不起高昂的购房购车以及其他生活成本，同时还担心婚后的生活压力过大；
- 对目前的婚姻制度没有信心，觉得很难维系这种亲密关系；
- 自我感觉心理年龄很不成熟，内心还有很多未解决的问题，包括恋父、恋母情结，很难对他人有信任感，不愿意和一个陌生人共同生活；
- 结婚本身既需要很大的开销，包括筹备婚礼，落实婚房，又要应对两个家族的各种关系，对此很不适应。

所以我们看到，似乎社会发展越快，科技水平越高，并不代表人们的收入和心理成熟度也提高，有可能反而加大了人们对进入婚姻的恐惧感，对亲密关系维系的无力感。如果没有做好结婚的心理准备，的确不适合结婚。

此外，如果还存在以下的这些缺陷，也应当考虑推迟结婚。比如，年纪不到法定婚龄，即男性不到 22 岁，女性不满 20 岁；认识恋人的时间不到两年；恋爱期间存在着身体虐待和情感虐待等，有暴力倾向存在；两人之间存在严重的差异，包括人生观、世界观、价值观以及很多生活细节方面的差异；两个人的关系一直处于分分合合状态，打打闹闹，情绪大起大落走极端，其间甚至还有自杀自伤等情况的出现；双方之间的父母和亲属极力反对这段关系，不看好这段婚姻，或者由于政治或经济结盟等原因，或者出于利益关系，比如钻买房政策空子等。如果存在以上这些情况，那不宜走入婚姻。

网络上流传这样的讨论，诸如"婚前必问的15个问题"等，也可以借鉴：

- 我们要不要孩子？如果要，主要由谁负责？
- 我们的赚钱能力及目标是什么？消费观及储蓄观会不会发生冲突？
- 我们的家庭如何维持？由谁来掌握可能出现的风险？
- 我们有没有详尽地交换过双方的疾病史？包括精神上的。
- 我们父母的态度有没有达到我们的预期？会不会给足够的祝福？如没有，我们如何面对？
- 我们有没有自然、坦诚地说出自己的性需求、性的偏好及恐惧？
- 卧室能放电视机吗？（泛指一切生活习惯上的差异，如口味不一样，睡觉打鼾，爱干净等差异）
- 我们真的能倾听对方诉说，并公平对待对方的想法和抱怨吗？
- 我们清晰地了解对方的精神需求及信仰吗？我们讨论过孩子将来的教育模式吗？
- 我们喜欢并尊重对方的朋友吗？
- 我们能不能看重并尊敬对方的父母？我们有没考虑到父母可能会干涉我们的关系？
- 我的家族最让你心烦的事情是什么？
- 我们永远不会因为婚姻放弃的东西是什么？
- 如果我们中的一人需要离开其家族所在地陪同另一人到外地工作，做得到吗？
- 我们是不是充满信心面对任何挑战，使婚姻一直往前走？

这些问题需要两个相爱的人在共同面对现实的基础上达成共识。如果没有爱情，如果没有爱的能力，是不可能有正解的。可以看到，这些必须讨论的问题的核心是：未来的伴侣如何肩并肩、共同面对婚姻中的众多差异和困难？做到彼此理解、宽容和接纳对方，求同存异，共同前行。

对婚后的生活具备足够的心理准备，可以减少家庭冲突的产生。这些准备还包括：

一是对配偶的认识。这时需要从激情期过渡到平淡期，或者要转变对配偶的看法，从当初的理想、幻想当中转变为看到真实的对方，要克服"晕轮效应"导致的对对方不真实的感觉。

二是对家庭生活的认识。婚姻中不仅有情感的联结，还有柴米油盐、生活琐事。据调查，引起婚后冲突比较多的主要集中在夫妻双方对金钱、家务分工的处理，以及对性活动，对孩子的教育等，这些问题都需要彼此达成共识，有一个求同存异的结果。

三是对家族中人际关系的认识。中国式的婚姻很重视夫妻双方的亲属关系，除了双方父母外，还会有七大姑八大姨。对家族中婆媳关系、翁婿关系和其他人际关系，要抱着善良之心，要懂得付出，要懂得包容差异。这样家族的人际关系和谐了，小家庭的氛围也会更和睦。

四是对夫妻两人的个性差异要有比较深入的了解。除了男女间的差异之外，彼此的气质、性格、观念、依恋类型、世界观、人生观、价值观等也要了解得比较透彻。还需要熟悉彼此的思维模式、心理需要、爱的表达方式、沟通模式、金钱习惯、饮食习惯等。这需要比较长时间的沟通和磨合。做好充分心理准备，迎接差异带来的挑战，让差异成为一种互补。走进 Ta 的内心世界，有效沟通，共同维护坦诚、安全、互相信任的亲密关系。改变自己的心态，接纳和拥抱真实的另一半。

一个比较理想的婚姻，就是两个人都要接受一些原本自己没有的东西，放弃一些自己原有的东西。

"没吵过架，就不该谈婚论嫁"这种说法有道理吗？

从恋爱走入婚姻是一个过程，一般会经过热恋、平淡、争吵、磨合……然后进入到柴米油盐的琐碎生活当中。有些人认为,如果从恋爱走入婚姻的过程中,从没有吵过架,那就不适合结婚。比如,大学毕业两年后,小玲跟她的闺蜜说:"我要结婚了。"闺蜜觉得很奇怪:"一个月之前还嚷嚷着找不到男朋友,怎么这么快要结婚了?"小玲甜蜜地说:"我认识他三个星期了,感觉对了就决定闪婚,你觉得我这么做对吗?"闺蜜又问了一句话:"你跟男朋友吵过架吗?"小玲说:"没有啊!正因为我跟他在一起每天都很开心,从来没有吵过架,所以我才觉得我的另一半就是他!"

小玲正处在爱情的浪漫期,男女激情澎湃,如胶似漆,眼睛里看到的都是对方的好,感受到的都是相处时的甜蜜,如果这个时候结婚,就是一种闪婚。但是从心理学家研究得到的爱情发展规律来看,短短三个星期,在激情浪漫期结婚,显然是不适合的。情侣在相处中,并不是说一定要吵架,或者吵得越凶就越适合结婚,这只是一种说法。如果一对情侣没有经过从浪漫期走到矛盾磨合期的阶段,是不会进入长久稳定的幸福婚姻的。

因为,吵架意味着把彼此内心的真实的想法表达出来,甚至把自己的底线亮出来,这是双方磨合的一个过程,而且在考验热恋中的情侣能不能具备爱的能力,具备处理差异的能力。闪婚虽然会制造浪漫的激情,但是如果在认识不久,了解不深时就进入婚姻,不一定能保证婚姻的幸福。

心理学家一般把亲密关系周期划分为不同的阶段。第一个阶段是"浪漫幻想期",这时双方看到的都是对方的美好,靠想象力和创造力美化了对方,在脑海里把对方幻化成完美的伴侣。比如,男朋友点餐前问女朋友"想吃点什么?"女朋友心里一阵狂喜:哇太棒了,他真体贴,考虑真周到。女朋友可能温柔地回答:"我随便的,你喜欢吃什么,我也喜欢吃什么。"这时男朋友也会欣喜若狂:终于找到最懂事、乖巧的女生了,她就是我未来的老婆。所以,这时候上演的是"爱上想象当中完美对象"的浪漫大戏。

其实,恋爱的"浪漫幻想期"就是活在自己的想象里,爱上的对方也不是真实的对方。如果在这个阶段就决定结婚,事实上是跟自己内心的完美对象结婚,而不是跟真实的对方结婚。这就导致结婚以后马上会发现对方根本不是原先想象的那个人。妻子会认为:他怎么这么大男子主义,为什么很多事情都要他来替我做主？原来除了点餐之外，其他事情都要听他的安排；而男朋友也会感觉：哎，她原来都是听我的，现在为什么自己有那么多的主意啊？而且那么固执，听不得劝！

所以，当幻想破灭后，情侣就进入了第二阶段："权力争夺期"。这个阶段是最容易发生冲突和争吵的阶段，男女双方会发现和自己结婚的那个 Ta 与原来有很大的落差。这时就会想：好吧，说不定我能够改造 Ta，让 Ta 符合我内心当中原来的完美的伴侣形象。一开始，双方会提些小建议。比如，妻子说："亲爱的，如果你能把牙膏从底端开始挤，再好好地盖上盖子那就太好了！"过了几周，看看丈夫，又把牙膏盖子乱扔了……她就开始大发雷霆："你怎么回事啊！我已经跟你说了多少次了，你为什么不改改？盖一个牙膏盖子有那么难吗？"而她的丈夫可能在原生家庭里一直习惯乱扔东西的，前期是为了讨好妻子，不得不按照她的要求做，现在又恢复了原来的生活习惯。所以面对妻子的挑剔，他根本不服气："就这么一点小事，吵什么吵……"

这时，夫妻两人就会进行权力的交锋和争夺，双方会发生很多争吵和矛盾，如果夫妻双方能静下心来聊一聊，觉察各自的生活习惯、各自的个性特点，有什么不同的想法和行为模式，并且两个人也愿意为了对方改变，朝着对方所理想的模式去改变，那夫妻关系会越相处越亲密。而如果两个人越吵越凶，彼此各不相让，根本不想包容对方、理解对方，这时的吵架就会使得两人关系越走越远，甚至导致离婚。所以从这个角度来说，没有真正吵过架，就不会知道真正的那个 Ta，而没有认识到对方真实的样子就贸然进入婚姻，不是明智之举。只有吵架以后，能够做到求同存异，理解、包容和接纳真实的对方，才可能使婚姻平稳地进行下去。

"权力争夺期"夫妻相处的办法，是各自都抱有好奇心，看到差异不忙着争吵，或者争吵以后也要静下心来想想，Ta 为什么这么做？Ta 这么做一定有 Ta 的理由，我想了解一下 Ta 这么做背后是怎么想的。如果能抱着这样不评判、不批评、不指责的念头，真诚地跟对方沟通，夫妻双方的感情就会越来越好，两颗心也会越靠越近。

例如，丈夫很独断专行，妻子的行踪都得向他报备。不聪明的做法，就是暴跳如雷:"你以前不是很体贴我的吗？怎么现在一点不考虑我的感受？"而聪明的做法是温和地问对方:"亲爱的,我知道你很想知道我每时每刻在哪里,我也很好奇,你为什么这么想？这对你很重要吗？"这样,两人放下彼此的失望感和挫败感,想办法不断了解真实的对方,愿意接受真实的对方。对双方而言,如果能够认识到,好吧,即使你不是史上最体贴的老公,你也有你的优点……或者,也行,你虽然不是地球上最温柔听话的老婆,但你还是很有魅力的……

当两人放弃努力,不再想把对方改造成心目中的"完美伴侣"形象,而是因了解对方,在心中接受对方真实的模样,这时,两人的关系就从"爱上幻想"进入到"爱上对方"了,这就是接近"真爱"了。到了这个阶段,相爱的双方又有未来生活的愿景,再决定结婚,就可能是理想的婚姻了。

婚姻关系的风险有哪些？

婚姻关系中主要有财产分配的风险、情感变化的风险和子女养育的风险。

婚姻关系中首先有财产分配的风险。婚姻不完全由爱情决定,决定其建立和发展的还有男女双方的财产及其他因素。家庭是一个经济共同体,经济基础稳固了,夫妻感情就有更坚实的基础。我国婚姻法规定,婚后实行的是所得共同制,也称为夫妻共同财产制,是指在婚姻关系存续期间,夫妻双方或一方所得的财产,除法律规定或当事人另有约定的以外,均归夫妻共同所有,夫妻对共同所有的财产,平等地享有占有、使用、收益和处分的权利的财产制度。

夫妻双方对家庭财产的分配和使用,会极大地影响婚姻关系的走向。比如,我国"婚姻法司法解释三"中规定,不管婚前婚后,如果由父母出资买的房,登记在自己子女名下的,则认定为个人财产,不属于夫妻共同财产。如果是女方父母出资买的房,即使离婚了,也只属于女方所有,不属于夫妻共同财产。所以,婚姻不仅需要男女双方用心去经营,夫妻还需要懂得法律,依靠法律法规来保护自己的权利不受到侵害。

情感变化的风险。大多数婚姻都会经历浪漫幻想期、权力争夺期,才能到达整合承诺期。婚姻的发展过程中会遭遇很多波折,比如"七年之痒"。

美国心理学家、婚姻问题研究专家约翰·哥特曼认为很多人都说夫妻间的矛盾要公平解决，然而69%的婚姻矛盾是因为夫妻性格的差异所造成的，永远都无法解决。所以关键不是看他们能否解决这些矛盾，而是看他们能否包容、协调好它们。他经过多年研究，总结出了一套婚姻问题的规律。他发现67%的初婚夫妇会在结婚后40年内离婚，其中一半离婚发生在头7年。二婚的离婚率比初婚高10%。不幸婚姻中的伴侣患病概率大约增加35%，并且平均寿命缩短4年。不幸婚姻中的夫妻双方往往带着负面情绪去解决他们之间的差异，比如，运用指责、藐视、辩护和冷漠等态度来处理夫妻间的矛盾与差异。他也总结出了改善婚姻生活的六大原则：

第一，完善彼此的"爱情地图"。你对配偶的了解程度就是你的爱情地图。增进夫妻双方的各方面了解十分重要，如果双方都知根知底，拥有详细的爱情地图，就能更好地处理家庭中的应激事件与冲突。而且，在结婚前要深入了解，结婚以后仍然要不断地沟通、交流。因为即使结婚了，各自的成长和变化也会不同，5年，10年，20年，伴随着婚龄的增加，了解和成长应该不断进行下去。保持相互的深入了解是婚姻稳固的最重要方面。

第二，保持对配偶的欣赏和赞美。经常总结配偶让自己珍惜、留恋的那些特征，找出配偶身上的优点、优势，共同度过的感人时刻，记录下来，和配偶一起回忆，一起交流。这些美好回忆可以增加对配偶的喜爱和依恋，加上彼此的口头语言、身体语言的互动，会让婚姻充满爱意。

第三，在身体上和心理上彼此靠近，共同商议做决定。喜欢相互陪伴、彼此靠近的夫妇更能够保持情感投入，并守住他们的婚姻。可以每天为配偶做一两件小事，或者和配偶共同做一些事，也可以希望或诚意邀请配偶为自己做一些事，这样，夫妻之间的情感很容易升温。

还有一种有效的靠近方法是开展减压谈话。就是夫妻双方轮流说出自己的想法，对方不主动提建议，只是认真倾听，只是表达对对方的理解。如果要说话，应站在配偶一方的立场，考虑Ta的感受和想法，采取一致对外的态度进行交流。做家庭重大决定时，互相倾听彼此的建议，共同商议做决定，不应采取独裁、专制的态度和做法。

第四，学习解决冲突的新模式，以温和开场，以妥协收场。夫妻之间如果发生冲突，应该学会用这些方法和步骤去解决：

- 以温和的方式开始。可以抱怨但不要责备，要描述事实但不做判断、评价，提出明确的要求，要有礼貌，要学会赞赏。在解决过程中只要不批评或鄙视对方就可以了，未必一定要特别小心翼翼，但要坦率真诚。
- 提出和接受情感修复的建议。比如，可以用道歉、暂停、肯定对方、强调共同目的等方法，这里的关键点是对方要愿意配合，所以，彼此之间的善意和心态就很重要。
- 自我安慰和相互安抚。如果自己的情绪恶劣，或对方的情绪非常激烈，要告诉对方，彼此都需要冷静，需要休息一下。
- 容忍对方的缺点，学会妥协。无论你喜欢不喜欢，解决婚姻问题的唯一方法是彼此包容，求同存异，寻求妥协。夫妻都需要接受对方的某些缺点和不足，才能找到解决冲突的方法，而妥协的基础就是接受对方的影响。冲突的解决不在于改变一个人，而在于协商，寻找共同点，找到双方都能适应的方法。

第五，学会和问题和谐相处。幸福的夫妻都懂得，婚姻的目标之一就是帮助彼此认识他们的愿望和梦想。在冲突中，要学会冷静下来去发现配偶的愿望究竟是什么，然后倾听而不是评判。之后找到可以变通的地方，和对方妥协。最后对对方的努力表示感谢。

婚姻中也时常会出现问题，造成僵局。化解僵局往往不是去解决这个问题，而是摆脱僵局，展开对话与合作。当自己能够在不伤害对方的情况下谈论这个冲突时，也就学会了和这个问题和谐相处。比如，妻子一直不满意丈夫的书房乱糟糟，认为是个严重问题，但经过几次深度沟通，明白这是丈夫的工作习惯，并不是丈夫有意和妻子作对。知道了这个缘由，妻子也就不认为书房的"乱糟糟"是个问题了，他们就学会了和"问题"和谐相处。

第六，夫妻应该创造属于两人的共同意义。幸福婚姻中每个人都应该能坦诚地谈论自己的理想和信念。这也是身心灵的爱情观中的灵性部分。比如，共同创作一部作品，共同设计一个旅游、公益方案等。夫妻双方找到的共同意义越多，夫妻之间的关系将越深沉、越浓厚、越有价值。

子女养育的风险。结婚以后，夫妻所在的家庭就是孩子的原生家庭。就如恋爱不完全是本能一样，养育孩子也需要学习和反思、总结。由于孩子的天性不一，社会环境的复杂多变，加上夫妻自身具有的爱的能力的多寡，孩子的身体发展和心理发展存在诸多的不确定性。子女养育的风险，主要包括如何科学地养育孩子，如何考虑独生子女的特殊性来培养孩子等。一般而言，养育儿童的原则有：

- 要爱孩子，要给予孩子成长发展的时间，要耐心，要允许孩子犯错误，从失败中学习和提高。要多一点正面的鼓励和赞扬，少一些批评和指责。
- 不要过分放纵孩子。无条件爱孩子，是指无条件接纳孩子的情绪。父母要从孩子情绪中去发现孩子的内心需要，对孩子的行为要进行管教和约束，尤其是对孩子的不适当行为要加以限制，培养和训练孩子养成符合社会规范的行为举止。比如，遵守公共道德、待人和善等。
- 给孩子营造一个安全的环境，提供安全保障，这是保证孩子的人身安全和心理安全的需要。
- 父母要提升自己的责任感，从孩子的角度考虑问题，以孩子的成长需要为核心。
- 父母的亲密关系是否和谐，是否心心相印，对孩子非常重要。家庭中如果遭遇灾难、不测等，父母要对孩子表达克服困难的信心，给孩子以力量和勇气，为孩子做榜样。
- 孩子处于青少年时期，父母要理性、正确地对待，要理解这一时期青少年既渴望独立自由，又希望父母帮助的矛盾心理，在恰当时候给予最合适的回应和帮助。

"家庭生命周期"中的情感、婚姻危机有什么典型特点？

有些学者认为，"家庭生命周期"是以夫妻关系为主线，可以分成八个阶段。婚姻家庭都有共同的情感发展规律，而每个家庭又有各自的特点、优势、困扰和危机。如果前一个阶段存在障碍，没有顺利度过，后面的发展就更加困难重重。

从建立婚姻关系并成家开始,夫妻关系和情感走向并不是静止不变的。随着时间推移,夫妻关系从形式到本质均在发展变化。这其中,会出现很多困扰、不适应或危机。西方衡量婚姻寿命用"纸婚""银婚""金婚""钻石婚"等代表,也说明婚姻持续时间越长,考验人们的因素就越多,越需要精心维护和经营。"家庭生命周期"八个阶段的标志主要有:

第一阶段,婚前阶段。男女双方经认识、交往并决定走入婚姻。这个阶段要彼此了解,观察对方的人品、性格、生活习惯,看看对方是不是自己理想的结婚对象。这个阶段中很重要的是个性的磨合,要对对方做比较深入的了解。而且,进入婚姻以后,要面对的不是一个人,是整个家族的认可。但此时,恋人双方基本处于激情状态,爱情将两个人紧密结合起来,爱情也会让彼此把对方的缺点、不足看得很轻,或者视而不见。双方都可能带着玫瑰色的梦幻美化对方。这个时期的主要任务是:带着不同生活习惯和性格的两个人,应该在相互亲近中互相理解、宽容,接受对方的优点,也要看到对方的缺点,并学会包容和应对。

第二阶段,初婚阶段。双方登记结婚,组建家庭,扮演夫妻角色,法律保护双方的性关系和行为。进入"蜜月期"以后,夫妻一方面充满理想、浪漫;另一方面彼此有承诺,开始明确角色的权利和义务。

恋爱里的热情消退,伴侣恢复了理智和正常,激情时期被压抑的问题浮现出来了。这时常见的婚姻"不适应问题"是夫妻角色混乱,对各自应承担的责任需要经过一定时期的磨合和历练。此时要避免谁应该做什么的争吵,要学着平静地商量这些问题:个人空间、家务活、经济开支等。平等、协商是最重要的。对一些无关紧要的问题不要太纠缠,两个人都要把自己遇到的问题说出来,然后妥善处理。比如,夫妻都需要逐渐与原来家庭的父母分离,保持合适的心理距离,维护小家庭的界限与整体性。

结婚后第一年是"纸婚",在婚后一两年,如果夫妻婚前彼此了解不深,这时候就会出现缺点全暴露,而个性又未能磨合,对各自承担家庭角色会极不适应的情况,很容易发生婚姻危机,称为"第一危险期"。

第三阶段,怀孕及哺乳阶段。这一阶段,如果妻子怀孕,男方会非常关心、体贴孕妇。第一个孩子出生了,家庭迎来了新成员,原来的夫妻角色,现在又增加了父母角色。"爱情的结晶"增加了夫妻相爱的情感,但产生的"三角关系",也改变了原来的二人世界,改变了夫妻生活的重心。夫妻原来嬉戏和娱乐的时间减少了,性生活的质量也下降,压力加大。而且,如果妻子过分呵护孩子,会冷落、忽视丈夫;或丈夫对怀孕、生产的妻子缺少关爱,也会使妻子有很强的失落感。

此阶段的常见问题是:夫妻还没有做好各方面准备,难以负担起做父母及养育婴儿的责任和使命。两人都是来自不同的家庭,教育状况、生活经历、价值观等不一样,对于90后的青年夫妻,要认识到除了"我"之外,还有"我们"。在婚姻里,要保持个性,容忍对方的"我"存在,也要有"我们",即两人共同的目标和愿景,伴侣关系才能健康发展。这个阶段,夫妻双方的父母都可能会来帮忙,考验小夫妻的不仅有婴幼儿的养育问题,还有如何处理好与双方父母关系的问题。如果没有一定的独立性和智慧,很容易被裹挟在这错综复杂的家庭事务和关系中而难以自拔、无可奈何。这时的婚姻关系潜伏着危机。

第四阶段,养育子女阶段。在孩子3—6岁左右,进入幼儿园至入学前。这期间夫妻觉得生活平淡乏味,没有了罗曼蒂克,有的是柴米油盐、锅碗瓢盆。夫妻的责任、义务加重。有些会忙于对孩子的培养和塑造,甚至揠苗助长。有些家庭在孩子上幼儿园时,母亲或孩子会产生"分离焦虑"。有些家庭丈夫工作多年,升迁无望,但又懒于做家务;而妻子既要工作又要照看孩子,忙得不可开交。夫妻双方因家务、孩子养育,再加上各自工作上的问题,如果缺乏真诚的交流沟通,极易发生矛盾和争执,这时情感危机、婚姻危机开始显现。这是夫妻婚姻家庭的"第二危险期"。

在孩子6—12岁读小学期间,夫妻对婚姻的满足程度降到最低点。既要工作又要抚育孩子,工作事业上的竞争和对家庭的责任会发生很多冲突。这期间,可能是离婚的高峰期。这时,夫妻应以最大忍耐、最多关怀来帮助对方,以保证婚姻质量。这是婚姻家庭的"第三危险期"。

子女在青春期阶段,家庭和事业的双重压力,继续对夫妻情感和性生活构成负面影响,有些夫妻可能因培养子女工程浩大但见效甚微而疲劳、焦虑,夫妻关系会急转直下,情感沟通不足,交流不畅,性生活减少,彼此对峙,"冷战"不休。如果彼此得不到安慰,Ta就会感到孤立,感情就会出问题。所以,需要多沟通、交流，把自己的感受告诉对方，而不能忽视另一半。

而这个阶段的子女正处于青春期，渴望独立自由，逐渐加大与父母的心理距离，这些会直接或间接影响到夫妻的情绪和行为。父母需要学习养育、管教子女的科学观念、方法，否则与子女间极易产生冲突，造成子女的强烈逆反。

夫妻进入中年，妻子面临更年期的烦躁不安，担心魅力消逝；而丈夫也因日渐衰老而忧心忡忡，才思不再敏捷，提升无望。此时是人生压力最大、身体最容易出问题的时候，伴侣之间在对方疲劳和承受压力时，要给予对方安慰和关怀。丈夫需要妻子的理解和安慰；妻子也同样需要丈夫的关注和爱抚。如果这些需要得不到满足，就可能到婚姻外去寻找。也有一些中年夫妻的关系进入了平稳的局面，但平稳中又潜藏着乏味和矛盾，面对"审美疲劳""情感危机"，中年夫妻需要不断经营和更新情感。这时是婚姻的"第四危险期"。

第五阶段，子女与父母分离阶段。子女 18—25 岁期间，读高中、上大学、就业或恋爱结婚，子女经历了间接、试探过程，逐渐正式离开了父母。亲子关系由"交叉关系"成为"并列关系"，家庭进入子女与父母分离的阶段。

子女离家后，夫妻又重过两人生活。如果两人不习惯"空巢"，会表现出焦虑、伤感，有些夫妻会非常依赖子女，不适应现状，还有些让已婚子女住在自己家里，似乎父母倒成了"断奶期"的孩子。

在抚养孩子阶段，婚姻关系呈下降曲线，孩子青春期时，婚姻关系降至最低点。当孩子成人脱离父母时，婚姻关系又开始回升。"空巢"通常使女性觉得放下了一副重担，使夫妻双方有机会将从前抚养孩子的精力，重新放在自己和夫妻双方关系上。这个时期比较短，是过渡期。

第六阶段，婚姻后期阶段。这时候夫妻在 45—65 岁左右，如何过好无子女、只有两人的家庭生活，又是一个新课题。随着孩子长大、父母衰老或故去、孩子成家、另一半生病等，大部分夫妇已经放弃了对另一半的幻想。他们对生活比较满意，觉得在生活里有人相伴十分重要。

比较好的状态是，夫妻开始梳理自己的生活，回忆过去，把心思用在孩子、父母或自己的身体健康等问题上。这时，学会聆听，学会与另一半相扶而行很重要。很多夫妻有时间、精力重新追寻因忙于工作、养育子女所牺牲的兴趣爱好，特别是共同乐趣,圆自己青少年时的梦。如果可以做到志同道合,就可以享受轻松、清闲的这一黄金阶段。这一时期,妻子因进入更年期可能患更年期综合征,丈夫会出现"升官发财换老婆"。如果夫妻一方或双方因前期积累的矛盾没有得到解决,加上双方长期养育子女精疲力竭和"审美疲劳",老夫老妻看对方会越来越不顺眼,这些问题会加剧夫妻之间的冲突。这一时期的夫妻有些原本为了不给孩子留下心理创伤而尽力维持关系,孩子离开了,夫妻关系恶化,旧事重提老账新算,"算总账"的结果就可能结束婚姻关系。这成为婚姻的"第五危险期"。

第七阶段,婚姻终尾阶段。夫妻65岁以后,进入了老年期。对有些夫妻来说,真正的人生是从60岁开始的,完成了养育子女的责任,结束了职业的忙碌,成了自由人。进入"老年期"后,生理老化,心理衰退。调节生活方式与节律,继续享受人生是这时期的重心。这时的夫妇不再把目光投向外界,而是回归到伴侣感情上来,对于这个时期的伴侣,共同回忆过去的日子是很重要的。这时要关心对方的健康,对家庭其他成员也要关注,学会耐心、理解,培养自己的爱好,与伴侣共同度过夕阳落山的美好时光。如果前面几个"危险期"都能顺利或基本顺利度过,大多数夫妻会化干戈为玉帛,相互搀扶,相濡以沫,安度晚年。当配偶一方先过世,另一方应有计划与心理准备,继续度过余生。

第八阶段,婚姻的自动解除。有位老先生"回光返照"时对老伴说:"生前对你、对家庭犯了许多错误,从今天起保证不再犯了。"是不犯错误了,可婚姻也不存在了。

从以上八个阶段看,潜在的婚姻危险因素几乎存在于整个婚姻进程中,需要我们谨慎把握。民间传说,每对夫妻都要经历至少一次这样的危机。如果迈过了这个"坎",就可以起到稳固婚姻的作用。据社会工作者问卷显示,结婚7年以上夫妻,几乎100%都发生过婚姻危机。由此也提示我们,应该如何为爱情保鲜,让每个阶段都能顺利度过。

婚姻的五大致命伤是什么?

随着激情期的退去,对方身上原本吸引你的东西慢慢在消失,甚至还会出现越来越讨厌对方的感觉。因此,夫妻相处时间长了,彼此需要不断地学习和成长。如果一方提高了,而另一方还停留在原地;或者一方的价值观、信念改变了,会对另一方提出更高的要求,再加上平时生活中很少进行真诚的、深层次的沟通,婚姻就会出现问题。如果彼此之间由于缺少沟通和交流,还总是拿自己的想法来要求对方,固守"我是正确的",而不是给对方空间,有了问题只会无效地争执,会使冲突越来越大。

有了孩子以后,可能因为孩子而忽略了对方,或者因为工作减少了对对方的关心和陪伴。还有些夫妻因为工作或移民的关系分居两地,异地婚姻,会加深双方的隔膜,缺乏沟通会导致婚姻关系紧张。由于家族中几代同堂,或和父母住在一起,会由于不同年代的人因观念不同而有冲突,婆媳关系、翁婿关系以及其他关系处理起来更复杂。或者因为赡养老人,照顾生病的亲属等问题,也会加大夫妻间的隔阂。

此外,导致夫妻关系紧张的还有一个主要原因,是其中一方移情别恋,有了"第三者",这是婚姻关系中很大的冲突来源。有些人总结了婚姻中的五大致命伤:

第一,在共同生活方面,坚持以自己的标准为唯一正确的标准。几乎在每件事情上都强调"我是对的,你是错的",看不到或者是不承认夫妻之间的差异。在很多问题上都固执己见,坚持自己的做法和想法,坚决不放弃自己的观念,也不接受跟自己不同的想法、见解和做法,很难跟伴侣相处。

第二,结婚以后,就把生活起居、工作事业、个人成长等责任托付给另一半,似乎只有靠着别人自己才能活下去,只有依靠别人自己才有价值。这种托付心态注定不会有好的结果。比较理想的状态是,两个人都有足够的能力照顾好自己的人生,既有经济能力,也有心理能力,更有爱的能力,能够互相支持、互相抚慰,共同携手生活。夫妻两个应该各自有相对独立的空间,有各自的兴趣爱好和工作事业。既能够走得很近,彼此心连心,也能够分得开,创造自己的成功和快乐。两个人在一起时,如果能够增添额外的火花,就能产生一些独自一人不能获得的幸福和快乐。

第三,夫妻之间只讨论家务活动、教育孩子等生活层面的事,而不愿意分享彼此内心的感受,尤其是情绪感受。有时把自己的负面情绪压抑起来,有时把情绪发泄在对方身上,不懂得用合适的办法管理自己的情绪,也没有能力与伴侣分享自己的情绪感受。

第四,只满足于维持表面的和谐。即使有矛盾,也相信大事化小、小事化了,息事宁人,认为一旦吵架就是感情破裂了,一旦公开冲突就没有办法相处下去了。夫妻之间没有建立一种对矛盾冲突进行讨论、分析和妥协的机制,也做不到倾听自己和对方的内心想法,这种想法和做法是非常害人的。

第五,夫妻之间有差异,无论是在金钱、性,还是家务劳动、孩子教育、家族关系等方面,有矛盾时不愿意投入时间和精力去处理,或者不懂得用平等尊重的态度进行沟通交流。要么用吵架、打架的方式,要么用压抑、回避、冷漠的态度来处理这些冲突,而不能清晰地表达自己的观点和想法,也不能换位思考,理解和接纳对方的想法和观点,不能平静、理性、有效地来处理这些冲突。

如果有以上五个方面的问题,那对婚姻是非常有害的。

案例　小媛的婚姻悲剧

现年28岁的少妇小媛已结婚5年,发现丈夫有了情人,此后,丈夫向法庭申请离婚。不久小媛遗下5岁的女儿和一盘自己拍摄的VCD后跳楼自杀了。录像中,小媛流着泪对怀里的女儿说:"我是妈妈,知道吗?妈妈准备离开你了,只是想留个样子给你,让你知道妈妈为什么离开你……""我实在是没有办法接受。我和他结婚5年都在家里,没有出过门,你看这个家里这么干净,都是我天天在家做家务。我在家里被他打,在他的工作地被他打……"

小媛是个全职太太,她把家里打扫得干干净净,每天做好家务等待丈夫归来,她认为那就是做好妻子的本分。但她的丈夫不这么想,丈夫说:"你做的那个事情只是一个佣人的工作",也许丈夫希望她做点其他的事情。但是他们并没有认真坐下来好好谈谈,对彼此的妻子和丈夫的角色认知进行沟通,谋求一致,所以造成了很大的分歧,也导致了彼此情感的冷漠。

丈夫有外遇,小媛发现了,千方百计想找到丈夫的情人是谁。她追查丈夫的手机,追踪丈夫的行踪,与丈夫争执。在争执中,丈夫在大街对她一路追打,甚至打出了血。小媛悲痛欲绝,几次服药自杀都被救了回来,但她的丈夫却从不去医院探望她。

小媛虽然认为自己什么都为女儿着想,但在女儿发高烧、拉肚子的时候却不马上把女儿送医院,而是拼命打电话想让丈夫回家带女儿去医院。等到晚上9点,她才将丈夫找到,并将病重的女儿送到医院。医生看到女儿时,生气地对她说:"怎么这么晚送来,已经中度缺水了。"

小媛对丈夫完全失望了,也对这段婚姻完全绝望了,所以她准备自杀。她把对生活的绝望和对丈夫的控诉留在了 VCD 里,想在女儿心目中留下一个爸爸是凶手、妈妈是受害者的印象。

案例分析

小媛的悲剧让人唏嘘和哀叹,她的丈夫在这段婚姻中犯了严重的错误,理应受到舆论的谴责和法律、道德的制裁。我们除了同情,还需要思考一下,为什么会发生这样的婚姻悲剧?

一般而言,几乎在所有的婚姻冲突中,双方都有责任。如果我们暂时不对她的丈夫进行分析,就分析小媛需要承担的责任,可能有这些:

小媛和她的丈夫对婚姻中的角色以及责任有不同的看法,但小媛坚持自己是对的,也没有和丈夫好好地深入交流,以为为家里付出就应该得到丈夫的爱和回报,但她的想法丈夫并不认可。

当婚姻中出现第三者时,她没有用理性的方法和丈夫沟通,说出自己的内心感受,而是追查追踪第三者。事实证明,这样的做法是无效的,反而会让丈夫越走越远。

当女儿生病,她仍然要等丈夫回家才送女儿去医院,以女儿的生命来验证丈夫的不负责任,但是她却忘记了自己作为母亲的责任,这是非常错误的。

小媛结婚以后有比较严重的托付心态,认为自己付出了,就可以依靠丈夫,丈夫就应该好好对待她,而这个想法也是一厢情愿的。和丈夫的关系出现了很大的裂痕,丈夫提出离婚,小媛完全可以在离婚以后,重新开始新的生活,但她却认为失去丈夫、失去婚姻就失去了一切。

小媛最大的错误在于,当着女儿的面控诉、指责丈夫,还准备把录像带留给女儿看。对幼小的孩子来说,家庭破碎和母亲的去世,已经造成了很大的创伤,母亲对父亲的这种看法和做法,孩子内心是无法明白和接受的,反而会给孩子造成巨大的心理障碍,会严重影响她未来的人生幸福。

所以,如果用理性的心态来分析,我们需要从这个悲剧中看到每个人应承担的责任。要避免以上这些思维和行为的误区,需要不断地学习和反省,才能让自己的婚姻生活美满幸福。

如何解读婚姻关系中的外遇?

台湾婚姻问题专家黄维仁认为,据统计,在美国,男性一生中发生外遇的概率是 37%,女性则为 20%。遭遇外遇时,婚姻内外的当事人都有复杂的情感,会感受到痛苦、辛酸、孤独无助,恐惧与彷徨等,因此,无论是受伤背叛的一方、不忠的一方,还是第三者,都要能对自己的心路历程有更深入的理解,并剖析自己内在的种种需求,以及对潜意识中各种动机有足够透彻的了解,才能对自己的人生和前途做出理性的抉择。

外遇有三个特性:亲密感,双方在感情上有很多共鸣,情投意合;秘密性,不愿让自己的伴侣知道这段情;性吸引力,婚外两人有很强的身体吸引力,产生又兴奋又紧张的感觉。国内外学术研究指出,如果存在下列这些因素,比较容易出现外遇:

- 在宗教信仰方面追求少的人发生外遇的概率较高。
- 认为"女人是男人附庸"的大男子主义者较易发生外遇。
- 在政治思想上很自由、很前卫的人外遇的可能性也较大,尤其对女性而言更是如此。
- 夫妻在婚前就发生性行为的,婚后发生外遇的可能会比较大。
- 婚姻品质较低的,发生外遇的概率也较高。
- 在性生活上不满足的,发生外遇的可能性也增高。此点与上一点有强烈的相关性。如果夫妻感情好,性关系自然就比较和谐。专家做性治疗的时候,发现性问题往往是个病症,能反映出夫妻间沟通不良,是情感出问题的主要原因。

- 配偶中觉得自己付出很多、很吃亏的那一方比较容易有外遇。
- 婚姻中权力较大、做最后决定的那一方发生外遇的概率较高。
- 某些时机特别容易发生外遇。当人面对危难(例如战争、灾难),自信心和安全感受到威胁时,容易坠入情网或发生外遇。此外,在生活中遭遇重大变故,例如对男性,当父母去世的时候往往是他外遇的高危险期。因为父母去世时会造成我们心中强烈的不安全感,许多人心理上会退化成婴儿状态,潜意识中渴望有人来宠我们,安慰并保护我们。这时很容易与婚姻之外的人陷入情网,因为正常的婚姻已经很少能起到这些作用,需要感受到更强的爱才觉得满足。
- 环境上遇到重大转变之时。比如已婚留学生到外国,因生活环境发生剧烈变化而发生外遇及婚变。

出现外遇以后,应该迅速去找婚姻治疗师,或者找一个既能保密又能倾听的人进行交流,夫妻要坐下来,好好审视自己,在这场外遇当中,应该负哪些责任,彼此之间是否应该改进些什么,努力去修复夫妻关系,而且把这个事件看作是一个重新认识自己和对方的时机,看作是让婚姻能够在更好的基础上得以持续的一个转折点。

要认识到,一段婚姻包含着很多的因素,伴侣虽然有缺点,但一定有很多优点和长处,如果轻易离婚和另外一个人结婚,在新的伴侣身上也会发现很多无法忍受的缺点。如果能够借着这个时机,发现婚姻当中原本存在的缺陷,并努力加以改进和解决,就是送给彼此,或是送给子女的最宝贵的礼物。让他们知道,即使婚姻有问题也不可怕,是可以通过各种办法去解决和渡过难关的。如果面对年幼的子女,夫妻之间需要通过协议来保护他们,让孩子知道,父母之间产生了一些问题,但父母仍然非常爱他们,会提供各种条件保护他们的安全,并保证他们的正常生活。这对青少年的内心安全感来说,是非常重要的。

我国心理学家李子勋认为,到婚外去寻找满足的人存在着三种情况。第一种是与婚姻无关,与个人对生命或者情感的成熟度有关,有的人并不满足一生仅有一种情欲体验,希望追求更多的幻想、体验和满足,他们内心的伦理道德底线比较低,他们并不认为结婚以后自己所有的性和爱都属于对方,认为这些都可以由自己来把控和享有。所以无论婚姻生活多么美好,都可能出轨或有外遇。第二种情况,是婚姻出现了问题,为了弥补婚姻的不足,用外遇来进行补偿。但是他们又不愿意失去婚姻,在婚姻外找到了知己,似乎就获得了内心的平衡,感觉婚姻也并不那么糟糕。这些人对外遇并不会投入太多的热情和责任,是属于离家不离婚的一类。第三种,外遇是对现有婚姻的否定。原本婚姻中就出现了很严重的问题,已经接近崩溃,外遇的这一方无意识里想把婚姻搞糟,想结束婚姻。在追究外遇责任时还会辩解说控制不了自己,似乎为爱走出婚姻是可让人理解或同情的。

外遇除了以上的三种类型,还存在着以下这些情况。比如,有些是以性为满足的"一夜情",其实质是"一夜性"。有些是因为人格有缺陷,需要不断寻找婚外对象刺激的"拈花惹草型"。有一些是因为自己的配偶有外遇很气愤,故意去找外遇来进行报复。还有一些是由于男权社会观念所导致的"契约型"。比如,有些男性认为古代有三妻四妾,他也可以与原配和第三者都达成默契,同时拥有两方。还有一些是"长期情型",就是遇到婚姻外的某个知己,彼此情投意合,难舍难分。还有一种是"修复型",当婚姻日渐枯萎,其中一方想借着外遇来刺激一下原本平淡乏味的夫妻关系,指望通过外遇事件来使婚姻起死回生,但其实这是非常危险的做法。

外遇事件发生以后,婚姻中的原配选择的对策可能有这样四种:

第一种,打击、伤害和报复外遇方。原配会非常气愤,在激烈的情绪中会使出种种手段去控告对方的不良行为,利用邮件、短信、微信等公开对方的外遇行为,甚至会到对方单位去施加压力,强迫其放弃第三者。但这样的做法非但不能使外遇方回心转意,反而会使其一意孤行离开家庭;而且即使外遇方回归家庭,也会内心受伤,很难再维系原来的亲密关系。

第二种,讨好或委曲求全。比如,外遇方回到家以后,原配百般讨好,做饭洗衣,百依百顺,甚至告诉对方可以把第三者带来。但这样的讨好做法,非但不会让对方对原配产生好感,反而会让对方觉得恶心,产生窒息感,因为一个没有自尊、自信的人,是不会被对方爱和欣赏的。

第三种,长期容忍,耐心等待外遇方回归家庭。原配并没有吵闹和打击外遇方,照常生活作息,也不轻易放弃婚姻,给对方进出家门的足够的自由,与第三者展开暗暗的竞争。这种做法可能会有两种结果:一种是外遇方最终回归家庭,原配胜利了;而第二种,有可能是外遇方脚踩两条船,两边都不放弃,这样会使得事情变得更加复杂,而原配在心理上也会承受非常大的负面情绪。

第四种,以理性态度应对,坚决不姑息外遇方。原配用坚定的语气告诉对方:"我无法容忍你的行为,不是你搬出去,就是我离开家,你必须要负起责任来,做出选择",以此来做出姿态,划定底线。这样的做法会促使外遇方必须面对后果,慎重选择朝向哪一方。而且原配还要告诉对方:"只要你能够终止外遇,我愿意和你一起治疗婚姻关系,重建我们的婚姻。"当原配选择了有理性、有尊严的做法,不情绪化,也不妥协,既设定了底线,维护了自己的尊严,同时也给了对方空间。这种做法,挽回婚姻的可能性比较大,也是比较有智慧的做法。

如果外遇方能够回归家庭,这时重建亲密关系、重建婚姻就显得特别重要。需要双方运用智慧,或者借助专业人员的帮助,去了解彼此内心真正的渴望,了解婚姻当中出现的问题,各自反省自身的缺点,努力改善自己的个性,接纳自己,也接纳别人。用智慧去满足对方的需求,同时保持自己的尊严和底线。这样的有爱心、耐心、不卑不亢的态度,与第三者有智慧的竞争,就可能重建亲密关系,而到那时的婚姻甚至可能比过去更好、更甜蜜。

如果婚姻中出现不可调和的矛盾,彼此也不愿意妥协,那分手和离婚也是个选择。但这时需要做好离婚的很多准备,比如财产的分割、孩子的抚养、各自人际关系的处理等。如果能够保持理性、平等,而又彼此尊重对方,那这样的结果也不失为一种好的选择。

保证婚姻美满幸福的三个条件是什么?

如果要想让自己的婚姻能够更稳定、长久和美满,那必须要具备三个方面的条件:

第一个条件,心理学专家认为,保证一段婚姻能够幸福稳定的最重要条件是伴侣的人格特质,也就是对方的个性和价值观。就像前面提到的,如果按照大五人格理论来分析,良好婚姻最重要的人格特质是宜人性,这个方面的得分比较高,也就是性格开朗、温和,考虑问题倾向于积极方面,能够更多地感受到伴侣的感觉,能够进行换位思考;而最不适合的人格特质是神经质,也就是人格当中有情绪不稳定,容易愤怒、焦虑的这些人。

第二个条件,结婚双方应该是真心相爱而不是主要靠浪漫激情走入婚姻。在最初的一两年中,浪漫的爱情将恋人结合在一起,有激情,有亲密感,也有承诺,彼此之间既有幸福甜蜜和浪漫的时刻,随后也有面对困难、克服困难的时光。具有这样的因素,未来的婚姻才有足够深厚的基础,而其中的深厚感情和亲密感,也可以有效对抗婚后的琐碎和单调。

第三个条件,彼此之间应该有包容、妥协、接纳、感恩等爱的能力,因为个性决定了伴侣能否好好相处,浪漫或深厚的感情也满足了伴侣之间的欲望和需求。而长期的婚姻生活是需要彼此有很好的内心联结,共同处理差异,深层次交流,能够接纳自己和对方的缺点错误,能够重新发现自己,理解别人的这么一个过程。夫妻两人都要能在心理上共同成长,接近自我实现,就需要正视、面对彼此的不足和缺点,把更多的注意力放在自己身上,认真处理、改进和完善自己,而不是更多地去要求对方。

在这三个条件中,第一、二个条件并没有太多的变化空间,因为一个人的人格特质往往相对固定,很难改变自己也很难改变对方;浪漫爱情、两情相悦的进程也有其身体的内在激素,以及彼此的内在人格作引导,也很难被管理和培养,只有第三个条件是我们在改变自己的道路上做出努力,使得自己在这段关系中能够逐步修正的。只有充分认识和处理人性中自私阴暗的那些不足和缺点,才能彼此支持,共同促进,相伴相随,走过一生。

人类的婚姻经历了三个阶段,由制度式的婚姻到陪伴式的婚姻,然后再到个人化婚姻(又叫自我表现婚姻)。这三种婚姻的类型,正好也符合了马斯洛提出的需求理论。人类的需求由低到高,分成生理需求、安全需求、爱与归属的需求、尊重的需求和自我实现的需求。一般来说,只有低层次的需求得到满足以后,才会去追求更高层次的需求。低层次的需求是比较容易满足的,它是一种基本生存的需求,而高层次的尊重需求和自我实现需求是发展性的需求,越是往上的需求就越难满足,也只有很少的人能够达到,获得满足。所以,现在的人们越来越不满足于仅仅依靠婚姻来维持生计,或仅仅只是靠婚姻来相互陪伴,人们都希望拥有一段更好的婚姻,能够彼此共同成长,有更好的自我实现的幸福感,但这也意味着我们需要付出更多。

美国有研究认为,在现代婚姻里投入产出比显得很公平,如果想要获得幸福美满的婚姻,就需要在对方身上,在这段亲密关系里投入大量的时间、金钱和精力,这样彼此才能在物质、精神和情感方面都得到满足。有很多调查研究也证明,那些每周至少有一次和伴侣单独相处的人,比如两个人在一起吃顿晚餐,共同深入交流,共同散步远足,这样的伴侣拥有美满婚姻的可能性是那些达不到此要求夫妻的3.5倍。还有研究表明,经济条件差的穷人比富裕的人更容易离婚。在1990—1994年结婚的夫妻中,10年后,高中以下学历、收入更低的夫妻和大专以上学历、收入更高的夫妻离婚率分别为46%和16%。造成这种离婚率差距显著的原因之一并不是价值观或其他现实因素,也许是因为那些生活得更加艰难的人没有更多的时间来维系和经营这段婚姻。他们需要有更多的时间来养家糊口,为生计疲于奔命。所以,最好的爱是陪伴。现代社会人们总是太过忙碌,这也许就是婚姻质量下降的重要原因。如果夫妻都能投入足够的时间、精力和财力,是能够提高婚姻质量的。

成功婚姻有哪些基本的特征?

有研究认为,成功婚姻必须具备以下的一些特质:夫妻之间有共同的承诺,有一些共同的兴趣。或愿意共同开展一些活动,能够坦诚地进行沟通和交流,彼此对对方有信任感。在家庭生活中注重物质和精神的平衡,不把物质利益放在第一位。能够按照社会规范来履行自己的职责,有正面的角色规范,尊重彼此,注重亲密关系中权力的平等。看问题的角度更倾向于积极方面,更少负面归因,都愿意为对方做出让步和牺牲。

结婚后,自己的伴侣应该成为最重要的人,而父母、孩子、朋友等都应该退居二线。结婚以后身边有了婆媳关系、翁婿关系、各自的父母关系、其他的亲戚朋友关系等,再加上小家庭的生活事务,小夫妻要处理比过去多得多的具体问题。结婚以后丈夫和妻子的关系是家庭中最重要的关系,彼此的关系是第一位的。亲子关系、丈夫和自己父母亲的关系、妻子和自己父母亲的关系等都应该在夫妻关系之下,小夫妻应该花比较多的时间和精力在经营夫妻关系上。

即使有了孩子,妻子也仍然非常渴望获得丈夫的关心和爱。建议妻子尽量少用吵闹、眼泪等方式表达由于被忽略而产生的负面情绪,可以直接说出对丈夫的要求和希望。丈夫虽然也一样渴望妻子能在孩子出生后,仍然给予自己像从前一样多的注意力,但现实中丈夫往往用逃避或愤怒来表达对妻子的不满。所以,学会正确说出自己的心声就很重要。这个时候,如果夫妻花更多时间在彼此身上,就能更容易建立和谐的婚姻关系,孩子也能健康成长。

如果你是男性,下班回家走入家门,你先向妻子还是孩子表达你的问候?

应该是要先问候你的妻子:"亲爱的,我回来了,今天过得好吗?"然后再去拥抱你的孩子。如果是幼小的孩子已经冲到你面前了,你也应该一边抱孩子,一边和妻子打招呼。丈夫要通过各种场合向孩子表明:我非常爱妈妈。当丈夫以夫妻关系为第一位时,孩子就不会以自我为中心,要求什么事都让父母先考虑自己,同时看到爸爸深爱妈妈也会让孩子有更多的安全感。如果你是女性,平时要让孩子听到或看到自己为丈夫做的事情,主动表达对丈夫的爱。在遇到重要事情需要做决定时,应该等丈夫在场的时候一起商量,用尊重、平等的方式和丈夫沟通,主动让孩子征求爸爸的意见,让孩子看到爸爸在家庭中的地位和作用。

婚姻中会遇到很多现实的具体问题,应该如何解决呢?比如:

- 如何对家务活进行分工、合作?

夫妻双方要在新婚时就协商好对家务活的分工,兼顾各自的工作时间、工作繁忙程度,尽可能达成一种公平合理与协同作业的协议。这其中,丈夫不能因为外面工作忙就不管不顾家庭事务。因为这对小家庭的未来,对孩子的影响也很不利。

- 如何进行家庭经济管理?

双方可以一起制定家庭财政预算。大到未来的买房买车或大笔开销,小到计算每天的开支,都需要有个或粗略或详细的计划,要有一定的结余和弹性开支,以保证不时之需。

- 如何处理家人和配偶的关系?

夫妻之间要建立"我们"的意识或小家庭意识。丈夫要站在妻子一边而不是自己的母亲一边。妻子也应该先满足自己小家庭的需要,再考虑其他关系。这样对长期的各方面关系处理效果会更好。

- 当孩子来临了怎么办?

夫妻俩要对生孩子有大致的计划和安排。除了妻子要及时准备好进入自己作为母亲的角色外,丈夫也要努力和妻子一起进入新的角色和家庭状态中。丈夫一定要加入到照顾孩子的任务中,妻子不应对笨手笨脚的丈夫有太多的批评,而应该鼓励和帮助丈夫,更快地承担爸爸的角色。

- 如何应对压力?

因工作和外界环境的压力,很多夫妻会把这种工作压力带回家,成为夫妻彼此不满的重要因素。解决方法是给自己和对方安排一个专门的时间,大家坐下来吐吐槽,心平气和地说说心理的郁闷和不快,彼此应该给予对方理解和同情。

美国现代哲学家桑太耶那说:"爱情并不如它本身所想象的那么苛求,十分之九的爱情是由爱人自己造成的,十分之一才靠那被爱的对象。"在长期的婚姻生活中,男女双方都会暴露出很多缺点和不足,这时候不要想着"我找错了人",而是要学着变成对的人。

"我能想到最浪漫的事,就是和你一起慢慢变老!"选择走入"执子之手,与子偕老"的婚姻殿堂,我们就要遵守承诺,珍惜爱人,一起努力经营好婚姻。任何幸福美满的婚姻都需要终身学习,不断改进自身,不断求同存异,男女双方才能成长为一个好丈夫或好妻子。

案例 执子之手,与子偕老的典范

1937年11月的某一天,35岁的陈云从新疆飞到了延安,在欢迎他的会议上,于若木第一次见到了陈云。坐在主席台上的陈云的讲话给于若木留下了深刻的印象。她说:"他的上海普通话的口音,他的政治家的风采都给我留下了很深刻的印象。"

陈云很小的时候父母就去世了,生活艰难,导致他的身体很虚弱。到了延安以后老毛病复发了,鼻血出得很多,流个不停,急需有一个人在身边照顾他。

就这样,当时18岁的于若木来到了陈云的身边,做护理和值班工作。她每天给陈云点专门止鼻血的药水。陈云需要医生,于若木就去喊。这样照顾了一个月,两人渐渐产生了感情,陈云的病也慢慢地好了。

陈云询问了于若木的历史,也将自己的经历向于若木做了介绍。他说自己结过婚,但和妻子分手了。他问她,愿意不愿意跟他交个朋友?陈云说:"我是个老实人,做事情从来老老实实,你也是一个老实人,老实人跟老实人在一起,能够合得来。"于若木非常欣赏和敬仰陈云,答应了他的求婚。

1938年3月,他们在延安正式结婚。婚后,于若木除了完成自己的本职工作以外,主要承担起照顾陈云饮食起居的重任。他们在工作和生活上都互相关心,互相支持,很难看出彼此在职务、年龄方面的差距。当时,他们身边的人纷纷用好奇甚至羡慕的口气问于若木:"你和陈云同志在年龄、生活经历上相差这么大,你们是怎么处理这些矛盾的?"由此可见,他们婚后的生活是非常和谐融洽的。

由于要照顾陈云的身体健康,学化学的于若木转而专门研究营养学。她还在杂志上发表了很多有关营养方面的专业文章。由于她的专业和精心照顾,晚年的陈云在生活上非常有规律。通常,陈云是晚上11点半上床,早晨8点起床。早餐是豆浆、稀饭和两片面包,中餐是一荤一素,晚餐是一个豆腐、一个蔬菜。于若木还常常做一些陈云爱吃的鱼、豆制品等菜肴,易消化而又有营养,非常契合陈云的身体情况。为了做出软硬适中的米饭,于若木用硬纸片做了两个圆筒,分别盛中午的米和晚饭的米,还专门做了一个有刻度的量水器。经过一次次的实验,做出的饭非常适合陈云的口味。此外,于若木还细心地在豆浆里放入灵芝粉等,以改善陈云的身体状况。陈云以90高寿去世,而于若木也在87岁的高龄到天堂去陪伴她的丈夫。

案例分析

陈云和于若木的婚姻践行了现代年轻人非常羡慕的"执子之手,与子偕老"的承诺,演绎了一场感人的爱情故事。从他们这一对"老实人"身上,我们看到了幸福的婚姻，不取决于环境，不取决于时间和地点，不取决于年龄背景，也不取决于甜言蜜语，而取决于有共同的承诺，注重物质和精神的平衡，都愿意为对方考虑，给对方最需要的支持和照顾，相濡以沫。只要心中有爱，就有克服困难的智慧和勇气，就会收获甜美而幸福的生活。

"中国式幸福婚姻"模式的基本要素有哪些？

在越来越多人的观念中，"爱情是婚姻的基础，婚姻必须建立在爱情基础上"。走入婚姻，必须要有爱情作为铺垫和平台，但婚姻的维系，仅仅依靠爱情就可能造成很多的困惑。

我们在第一章中说过，爱情比较高的境界是身心灵三个层面的满足。身体层面的激情、性，心理层面的温情、亲密、信任，灵性层面的信仰、价值观、人格成长和自我实现，这样三者的融合和匹配的爱情就是比较完美的爱情。而在现实世界里同时具备三者的爱情本来就比较少，进入婚姻以后，随着激情的褪去，日常琐事、生活压力使得亲密感也日渐稀少，灵性层面的追求也会因各自心理成长的不同而很难同步。

也有人认为，爱情和婚姻在本质上格格不入，爱情需要不断变化，而婚姻却寻求稳固不变。如果从这个角度思考，我们就更应该对婚姻抱有理性的态度，怎么让男女双方在漫长的婚姻生活中，在大部分爱情转变为亲情以后，仍然能和睦相处，同步成长，在琐碎生活中依然能看到彼此的美好？

西方国家片面强调婚姻中的爱情，他们认为没有了爱情，婚姻也可能就走到了尽头。但在中国，婚姻即使没有了爱情还能继续存在。维持婚姻的除了爱情，还有亲情、责任、道德、家族观念等，这是很可贵的特点。我们完全可以推广不同于西方的维持发展婚姻的这种模式，发展出符合中华文化的"中国式幸福婚姻"模式。

在"中国式幸福婚姻"中，婚姻的维持和发展除了爱情，还应该是友情、亲情、责任、义务、宽容、感恩等中国文化中的优良品质。友情和亲情为伴侣提供了彼此心心相印、相濡以沫的陪伴和温暖；责任和义务意味着夫妻双方努力工作、持家有道、抚育子女、赡养长辈,具有家庭中的角色意识,坚守自己的底线,维护家庭和睦,有乐观向上的家风;宽容和感恩则要求夫妻对对方所做的一切都抱有积极的心态,学会感恩,对各自的差异学会接纳,对错误和不足学会包容,用善良和勉励去应对。

如果有越来越多的国人都能在风云多变的环境中坚守自己的理想和信念,都能树立这样一种观念:爱情只是婚姻建立的基础,而婚姻的维持和发展更多靠友情、亲情、责任、义务、善良、宽容等中国文化中的优良品质。即使爱情变成了另外一些成分,我们仍然可以使婚姻变得温馨快乐。我们与其羡慕、感叹别人的婚姻充满浪漫,不如感受自己婚姻中的独特地方,经营好家庭生活,珍惜其中的可贵品质、历史渊源和家族情怀。

案例　邓小平与卓琳的婚姻和爱情

1939年8月,邓小平与卓琳在延安结婚。当时35岁的邓小平和23岁的卓琳在延安相识,这两个家庭背景不同的人的生命开始联系在一起。在此后的58年间,他们辗转于全国各地,经历炮火洗礼,饱尝境遇沉浮,但始终陪伴在彼此身边。邓小平去世后,卓琳带着对丈夫的眷恋,又独自生活了12年。她离去时,和丈夫一样也是93岁。

婚后不久,卓琳随邓小平回抗日前线太行山。邓小平回到辽县西河头村的一二九师师部,卓琳则留在麻田八路军总部。那段时间,只有邓小平到八路军总部开会时,夫妻俩才能见上一面。卓琳非常想念丈夫。一次,她问邓小平:"你回去以后可以给我写信吗?"邓小平反问:"写什么呀?"卓琳说:"就写写你每天都干了什么,还有写写……"卓琳的话还没说完,小平就痛快地答道:"要得!我让秘书写个底稿,印上十几份,每月寄给你一份。"听到邓小平这样回答,卓琳只好说:"那还是算了吧。"

两人在一起生活后,快言快语的卓琳慢慢适应了邓小平的沉默寡言,也想出了协调两人性格差异的好办法。卓琳意识到,让邓小平这样一个老干部说家长里短的亲热话,肯定不行,他也说不出什么。

一天,她对邓小平说:"你的性格是不爱说话,我的性格是爱说话。现在我又不能随便跟别人说话。说错了，影响不好。所以我只有跟你说了。我把我的想法说出来，你一定要听下去。我说错了，你可以批评，我来改，但不能不让我说话。"邓小平的回答还是非常简单："要得！"

在江西蒙难的岁月中，邓小平像卓琳关心自己一样，无微不至地照顾卓琳，除了尽量多做些重体力家务外，每当卓琳旧病发作、卧床不起时，邓小平总是为她端饭送水，细心照看。

对卓琳付出的辛劳，他也及时表达敬意，这习惯到他完全从领导岗位上退下来后还仍然保持着。节日里，煮饭烧菜任务往往由卓琳及女儿担当。吃饭时，邓小平总是不忘给卓琳及女儿倒上一杯葡萄酒，并说："辛苦了，节日的厨师，我来敬你们一杯。"这问候声中，饱含着这位伟人对自己妻子多么深厚的情谊啊！

案例分析

邓小平与卓琳是两个家庭背景、性格不同的人，又经历了一般人难以想像的动乱和险境，但他们在长达58年的共同生活中，却有着这么多的默契和温馨，这不仅因为他们对爱情的理解有着高度的共识，还有各自的人格魅力、经营爱情婚姻的智慧和能力在起作用。他们用充满了深情厚谊的语言和行为表达，诠释了"中国式幸福婚姻"的秘诀，给我们留下了极其深刻的印象，其影响力源远流长。